广视角·全方位·多品种

权威·前沿·原创

皮书系列为
"十二五"国家重点图书出版规划项目

舆情蓝皮书
BLUE BOOK OF
SOCIAL OPINION

中国社会舆情与危机管理报告（2014）

THE REPORT ON CHINESE SOCIAL OPINION
AND CRISIS MANAGEMENT (2014)

主 编／谢耘耕

社会科学文献出版社
SOCIAL SCIENCES ACADEMIC PRESS（CHINA）

图书在版编目（CIP）数据

中国社会舆情与危机管理报告. 2014/谢耘耕主编. —北京：
社会科学文献出版社，2014.8
　（舆情蓝皮书）
　ISBN 978 - 7 - 5097 - 6334 - 6

　Ⅰ.①中…　Ⅱ.①谢…　Ⅲ.①社会调查 - 调查报告 - 中国 -
2014　Ⅳ.①D668

　中国版本图书馆 CIP 数据核字（2014）第 178918 号

舆情蓝皮书

中国社会舆情与危机管理报告（2014）

主　　编 / 谢耘耕

出 版 人 / 谢寿光
出 版 者 / 社会科学文献出版社
地　　址 / 北京市西城区北三环中路甲 29 号院 3 号楼华龙大厦
邮政编码 / 100029

责任部门 / 社会政法分社（010）59367156　　　　责任编辑 / 李兰生
电子信箱 / shekebu@ ssap. cn　　　　　　　　　责任校对 / 李孝珍
项目统筹 / 王　绯　　　　　　　　　　　　　　责任印制 / 岳　阳
经　　销 / 社会科学文献出版社市场营销中心（010）59367081　59367089
读者服务 / 读者服务中心（010）59367028

印　　装 / 北京季蜂印刷有限公司
开　　本 / 787mm×1092mm　1/16　　　　　　　印　　张 / 26.75
版　　次 / 2014 年 8 月第 1 版　　　　　　　　　字　　数 / 436 千字
印　　次 / 2014 年 8 月第 1 次印刷
书　　号 / ISBN 978 - 7 - 5097 - 6334 - 6
定　　价 / 98.00 元

舆情蓝皮书（2014）编委会

摘　要

　　适值中国社会的转型期，全球化、市场化、城镇化等带来的利益重新分配，使得某些社会矛盾逐渐凸显；新媒体技术的发展，信息传播速度的加快，客观上增加了社会舆情事件曝光频率。社会舆情不断面临新挑战。科学、全面、系统地开展社会舆情研究，把握中国社会舆情演变规律，预测未来舆情走向，尤为重要。

　　为丰富社会舆情研究成果，打破既有舆情研究框架，《中国社会舆情与危机管理报告（2014）》引入大数据与社会调查相结合的研究方法，创造性地建构"综合舆情研究框架"。全书呈现如下特征。

　　其一，延续上海交通大学舆情研究实验室网络舆情研究的传统优势，基于中国公共事件历史数据，借助大数据挖掘、统计分析技术，运用多学科专业理论知识，对35000余起重大公共事件进行系统研究。研究成果以中国社会舆情事件总报告和公共卫生、教育、反腐倡廉、涉警涉法和企业财经五大分类报告的形式集中呈现，充分探讨了公共（网络）舆情事件的基本特点、传播规律、网民态度、政府应对和热点话题等，并分析舆情事件对公共政策的影响，描述网络舆情事件榜单，绘制2003~2013年舆情压力地图，简单预测了未来社会走势。

　　其二，依托上海交通大学舆情研究实验室社会调查中心，使用国际通用的计算机辅助电话调查（CATI）系统，对全国36个城市的3000多位居民进行了数据采集和调查。报告结果涵盖十六类社会热点领域和问题，重点考察居民对社会舆情的关注度、现状满意度、未来预期、政治经济预期和消费心理评价等，并从不同维度分析各因素之间的相关性。

　　其三，拓展舆情研究广度，丰富专题研究深度。"网民认知与行为研究"基于中国网民互联网使用习惯的调查，聚焦公共事件中的网民传播行为、微博

情绪与微博评论转发行为，并针对网络热词、网络谣言展开研究。"危机管理研究"对中国居民危机意识进行了调查，并就公众对政府应急管理能力、政府网络发布平台的评价及影响因素展开探讨，探索新媒体环境下舆论引导与社会治理的规律。"社会信任与消费信心研究"关注中国居民的社会信任以及居民消费信心的现状，并对个人社会经济地位因素、媒介使用因素、民生现状满意度因素、社会环境因素进行探讨。

《中国社会舆情与危机管理报告（2014）》由上海交通大学舆情研究实验室、社会调查中心、危机管理研究中心主编，已被列入教育部人文社会科学研究报告培育项目。本书适合社会学、政治学、公共管理、工商管理、新闻传播学等专业师生及从业人员使用，也是关注中国社会舆情的读者之有益读物。

目录

ℬ Ⅳ   危机管理研究

ℬ Ⅴ   社会信任与消费信心研究

皮书数据库阅读**使用指南**

序言 构建综合舆情研究框架
开拓舆情研究新思路

　　适值中国社会的转型期，由于市场化、城镇化等带来的利益重新分配，使得某些社会矛盾逐渐凸显，社会舆情不断出现新的问题和新的挑战。尤其是在当今这样一个各种媒体极为发达的时代，社会舆情的传播速度相当迅捷。因此，摆在所有舆情研究者面前的核心问题便是：如何在复杂多变的环境中科学有效地监测和研究社会舆情。

　　上海交通大学舆情研究实验室在对 35000 余起公共事件的海量数据信息进行梳理、统计和挖掘的基础上，努力追索中国社会舆情的演变轨迹，总结中国社会舆情的演变规律，并尝试预测中国社会舆情的未来走向。经过长期的观察统计和审慎的分析思考，我们认为舆情研究领域的未来发展方向应当是：将大数据挖掘和社会调查结合起来，进而构建"综合舆情研究框架"来对舆情进行科学的监测和预警。

创新：构建综合舆情研究框架

　　所谓"综合舆情研究框架"，意即基于创新人才、创新知识、创新技术等方面的综合优势，针对不同的具体舆情，及时调整目标指向和应对策略，并注意归纳总结相关经验教训，不断更新和完善既有研究框架。概要说来，我们所欲构建的"综合舆情研究框架"具有以下四个方面的特点。

1. 研究内容：宏观与微观相结合

　　就研究内容而言，我们的研究既注意在宏观层面上对海量舆情事件的演变特点及规律进行概括总结，同时也注意观照微观层面个体的态度、认知、评价等因素。就前者而言，我们的研究对象覆盖了教育、医疗卫生、环境、食品安

全、社会保障、交通、反腐倡廉、组织人事、企业财经、涉警涉法等众多领域。此外，我们还考察意见领袖、网络谣言、政府干预等内容。就后者而言，我们不仅透彻分析了我国公民对热点舆情事件的关注度、对社会热点问题的评价及预期、对社会制度的信任感、消费信心等问题，还对网民这一不容忽视的巨大群体的认知与行为进行了深入剖析。

2. 分析视角：跨学科的交叉融汇

就分析视角的选择而言，我们注重以跨学科的视角来对社会舆情进行多元的、多领域的综合分析研究。舆情研究实验室不但充分调用新闻传播学、心理学、社会学、计算机科学、信息安全科学、经济管理、公共政策等多学科储备优势，大力推进基础性、综合性研究，而且注意聚焦社会热点问题，并努力探析舆情背后的深层社会因素，力图在复杂的、立体的、系统的网络中客观审视研究对象，以期能为党和国家的决策以及战略性新兴产业发展提供高水平的智力支持。

3. 方法路径：系统科学的定量定性

就方法选择而言，我们综合运用大数据挖掘、模拟仿真、信息监测、语义识别和情感倾向性分析、社会调查、个案研究等多种方法，不断更新和完善国际一流、国内领先的权威舆情样本库和数据库，并参照信息发布系统、抽样及样本管理系统、问卷调查系统、报告生成系统、会员管理系统等科学化程序，力求对舆论发展与社会治理进行实证量化研究以及更深入的定性分析。

4. 服务对象：兼顾政府、个人和企事业单位

就研究价值而言，我们建构的"综合舆情研究框架"，既为相关政府部门提供决策借鉴，也为广大老百姓和众多企事业单位提供参考意见。一则，我们注意对接政府部门的需求，努力捕捉敏感信息，及时提供大量反映社会动态的研究报告，并根据以往数据事态而提供相应的预警监测；二则，我们注意传递广大人民群众的真实想法，为有关政府部门提供有效的决策借鉴；三则，我们注意聚焦社会隐患，积极定位舆情传播的关键环节，并客观地预测舆情发展走势，努力为企事业单位等各类社会组织提供相关研发报告与监测分析工具。

探索：大数据与社会调查相结合

　　大数据挖掘主要是采用 web 信息挖掘技术，通过对数据库中的海量信息进行梳理、分类和整合，来统计分析公共卫生、教育、反腐倡廉、涉警涉法、企业财经等分类舆情特点以及我国年度网络舆情总特点。对于网络舆情研究来说，大数据挖掘更加彰显了网络舆情的价值和潜能。众所周知，在大数据的逻辑中一切指标皆可量化。换言之，所有相关数据都可转化为一定的内参或情报。因此，大数据本身就是不断在扩充的数据"宝藏"。而通过挖掘这些"宝藏"便可以获得相当可靠的统计信息。但有一个问题是不能回避的，即如《大数据时代》的作者所言的那样，更大的数据源于众多个体，因为数字和代码等信息背后的实体是生存在现实社会中的芸芸众生。所以，网络舆情虽然被视为社会的晴雨表，但我们并不能在网络舆情与现实民意之间简单地画上等号。那么，怎样弥补大数据挖掘的缺憾呢？

　　为了应对这个挑战，我们从 2014 年开始进行全新的尝试和探索，即将大数据挖掘同社会调查结合起来，一面利用大数据挖掘来找寻舆情事件中各个因素之间的关联，以及进一步预测舆情事件未来的发展走向；一面通过社会调查探究个体对社会热点问题的认知与评价，力求使得网络舆情研究从单一化、片面化、静态化转向全景化、立体化、动态化。具体而言，在舆情蓝皮书《中国社会舆情与危机管理报告（2014）》中，大数据挖掘与社会调查的相互结合主要体现在如下三个方面。

1. 科学融汇网络舆情与现实民意

　　大数据挖掘主要考察公共事件的传播特点、网民的态度、政府的应对等各个维度的基本情况，并进而重点探寻舆情事件传播过程中各个因素之间的关系以及舆情的未来走势。社会调查主要采用计算机辅助电话调查（CATI），先设计好问卷，然后对事先选取好的城市一一进行随机数字拨号（需要事先设置好城市的区号）调查。大数据挖掘与社会调查的结合，有助于网络舆情与现实民意相互补充，因而能够较为完整地反映社会舆情的变化和特性。

2. 综合考察网民的认知和行为

大数据挖掘的主要对象为网民，即注意对网民在微博、论坛、博客等互联网平台上所发表的意见、观点进行分析和整合。这种研究方法存在着这样一个缺陷，即尽管中国网民人数已经突破了 5 亿，但网民结构和人口结构并不是完全等同的。考虑到这一点，我们有意拓宽研究的视界，不再将目光拘囿于互联网平台数据分析，调查对象也不再局限于数字化的 ID 或者文本背后的隐匿主体；而是通过电话调查直接接触到现实社会中的个人，从而对调查对象的认知、行为等进行更深入的了解。概要说来，本年度的舆情蓝皮书基本实现了对中国网民公共事件传播行为的研究、对微博情绪与网民评论转发行为关系的研究、对我国网民互联网使用习惯与社会认知关系的研究，以及对我国网民对政府网络发布平台的评价研究等。

3. 切实制定可行性对策与建议

以往关于危机应对和危机管理的对策建议，往往偏向于宏观的理论阐说，缺乏具体的调查依据。本年度我们在撰写舆情蓝皮书时，既注意对突发性公共事件中网络谣言的传播进行研究，同时也注意通过电话调查的方式来考察我国居民的危机意识、我国居民的社会信任度以及政府的危机应对能力。因为有了实际调查的支撑，我们的各项研究结果更直观地呈现了我国居民的危机意识、面对危机时的选择和行为、对于当前社会各方面问题的认知和态度，以及对于政府危机应对和危机管理的评价和建议。而依托这些实际调查和进一步的深入研究，本年度舆情蓝皮书的对策和建议既具针对性也具可行性。

收获：社会舆情研究的新进路

上海交通大学舆情研究实验室自创建以来，一直处在探索社会舆情研究的最前沿。回顾过去，我们提出"让舆情研究跟上时代步伐"，建构舆情研究的指标化体系；"化解舆情风险"，创建"中国社会风险调控的都江堰"，建设舆情监测分析系统，自主研发"中国公共事件数据库"等五大数据库；顺应"大数据时代"发展，打通外部数据库，完成十年历时性研究。然而，面对复杂多元的国内外环境和社会权力关系，加之媒介形态呈现日新月异的变化，公共事件、舆论热点话题层出不穷又转瞬即逝，社会舆情研究进入深水期。对舆情研究的探索，既需要资源整合、资金投入、技术和研究方法的不断创新，更需要研究思路和视野的不断拓展。在舆情蓝皮书《中国社会舆情与危机管理报告（2014）》的编撰过程中，我们对舆情研究有了新的收获和反思，提出"综合舆情框架"。通过多元研究方法和不同的研究视角来解析中国社会舆情的现象和本质。全书呈现出如下特点。

1. 研究对象更为全面，让底层声音不被湮没

互联网用户成为舆情研究主要研究对象，但传统的舆情研究往往聚焦活跃的个体或群体，如网络意见领袖等。在"二八定律"下，这部分网络活跃群体的意见具有重要的代表性，往往起着决定性作用。但另一方面，受"沉默的螺旋"影响，部分处于网络社会底层的声音可能因此被湮没。基于此，依托海量数据的支持，2014 年社会舆情报告中，既涵盖网络意见领袖等，又扩大了研究对象的选择。社会各个阶层各种声音都能够进入我们的研究视野。调查对象涉及不同年龄、阶层、性别、职业、地域。政府官员、军人、务农人员、学生、无业人员等各种声音的表达都予以平等地呈现，让底层声音不被湮没。不同研究对象对社会热点问题的关注度，对现状的满意度和对未来的预期都成为我们的关注焦点。从这个意义而言，传达底层声音，让其意见能够上陈下达，进而影响到公共政策，是一家舆情研究机构的责任和担当。

2. 研究方法更为系统，呈现鲜活生动的个人形象

舆情研究的发展离不开技术手段和研究方法的创新。2014 年社会舆情报告中，样本数量进一步扩大，对"中国公共事件数据库"中迄今 35000 余起重大公共事件进行了系统研究。在综合舆情研究框架下，大数据挖掘、模拟仿真、内容分析法、社会调查、信息监测、数据库、语义识别和情感倾向性分析、个案研究等多种跨学科的方法被尝试，定性化研究和实证量化研究被采纳。其中，情感倾向性分析，通过对微博等社交网络的情绪挖掘，不仅能够发现并还原公共事件的热点，更能发掘事件信息和公众情绪的关系。通过社会调查和大数据挖掘的结合，一方面可以全面直观地描摹出精确的数据变化规律，关键节点得以呈现，意见领袖和精英人群观点得到突出；另一方面，可以透过

数字曲线规律看到一个个鲜活的个人形象，而不再是一串抽象的数字符号。

3. 聚焦公众评价，全景了解社情民意

在我国，相关法律、规章制度、公共政策等正式出台之前往往要召开公众听证会，开展民意调查。作为公众参政议政的重要环节，对涉及公共政策等的公众评价展开研究，有助于全面了解社情民意，为政府决策和社会治理提供参考。本书涵盖如下内容：其一，研究对政府各项政策的基本评价、关注度和满意度情况，研究发现"公众对中央政府应急管理能力评价最高，对所在地基层政府机构评价最低"等具有指导性的结论。其二，公众评价研究发现"普通网民的转发、评论行为的影响力和重要性凸显，成为决定公共事件舆论走向的基础性力量"。过去的评论转发研究大多表现为相对简单的数据统计，而在"综合舆情研究框架"指导下，结合社会调查和数据挖掘等多种方法，不仅能够收集普遍人群的态度和行为，也能够观察特定人群或个体的想法，从而实现"既能见到树木，也能见到森林"的宗旨。其三，深入剖析网民的社会心态和社会认知如何影响网络行为，使舆论背后规律得以呈现，如"在公共事件中有传播行为的网民的社会安全感较低，在微博、微信上有转发评论行为的网民社会安全感、社会和谐感均较低"。

发现：二十大研究成果

1. 2013 年影响较大的网络舆情事件数量较 2012 年有所下降，舆情热度同样低于 2012 年，互联网舆情经过不断升温，终于在 2013 年第一次出现了拐点；违纪违规/违法犯罪、时事政治、言行不当类舆情多发，大型活动/科技发现引发的舆情事件媒体和网民平均关注度最高；舆情事件所属公共管理与社会组织行业的比例较高。

2. 对较受关注的社会热点舆情的调查结果显示，受访者对安全类问题如社会治安、环境污染、领土安全问题的关注度较高，对政策类问题的关注度最低；兰州、乌鲁木齐、南宁居民对社会热点舆情的总体关注度较高。

3. 居民对政府反腐工作的满意度最高，73.2% 的受访者对政府反腐败工作的满意度都在 6 分及以上；对房价水平满意度较低，76.3% 的受访者对房价水平的满意度都在 5 分及以下；六成受访者不满意收入分配及物价水平；53.7% 的受访者对生态环境现状的满意度评分在 5 分及以下；55.7% 的受访者对食品安全现状满意度评分在 5 分及以下；52.2% 的受访者对我国医疗服务现状满意度分值为 5 分及以下；61.5% 的受访者对教育现状的满意度评分在 6 分及以上；50.6% 的受访者对就业形势的满意度评分在 6 分及以上。

4. 57.0% 的受访者对未来一年中国政治形势走向持乐观态度，52.9% 的受访者对未来一年中国经济形势走向持乐观态度；对食品安全问题的预期最低。63.7% 的受访者对于我国反腐倡廉预期持乐观态度，85.5% 的受访者认为未来我国物价呈上涨趋势，57.8% 的受访者认为未来房价呈上涨趋势。

5. 公共卫生类事件中，东部地区为舆情高发区。华东地区以环境舆情为主，华北地区的医疗舆情占比最高。言行不当、违法犯罪和产品服务质量问题成为引发医疗舆情的重要原因，医患暴力冲突加剧、医疗体系内部存在的弊端成为医患关系紧张的首要原因。自然灾害、环境污染和人为事故灾难容易引发环境舆情。产品服务质量成为引发食品安全舆情最重要的原因。

6. 2013 年企业财经舆情事件的媒体和网民关注度为三年中最高；产品/服务质量、知识产权/产权交易、企业伦理成为舆情诱因的比重较大；国企高管贪腐问题引关注；企业家舆情事件中，言行不当、违纪违规类舆情突出。

7. 中国网民对于公共事件的关注度较高，近四成受调查网民比较关注公共事件，时事政治、民生问题是获得关注最多的两类事件。当了解公共事件之后，64.7% 的受访者表示会有传播行为，35.3% 的受访者无任何行动；65.2% 的受访者参与公共事件传播的主要目的是提醒家人、朋友规避风险，40.9% 的受访者是为了表达自己的态度。

8. 民生问题是微博微信用户最愿意转发或评论的公共事件类型，其次为灾害事故和时事政治；受访网民的上网时间长短和平均每天使用微信的频率高低与其对社会的认同感评价存在显著负相关关系；对互联网选择倾向性越强的受访网民对社会和谐度感知以及社会安全度感知的评价越低。

9. 对于公共事件关注高的网民群体发生传播行为的比例也高，对公共事件有所关注的微博或微信用户发生转发评论行为的比例较高。

10. 在公共事件中有传播行为的网民的社会安全感较低，在微博、微信上

有转发评论行为的网民社会安全感、社会和谐感均较低。

11. 网民对信源的信任比例普遍不高；在更信任的信源选择问题上，微博用户对娱乐明星的平均信任度最低，对亲朋好友的平均信任度最高；受调查微博用户对传统媒体官方微博、政务微博的信任度较高。受调查的微博、微信用户中，均有超过八成的人表示不会转发未经证实的消息。

12. 热门网络舆情事件公众情绪研究结果显示，公众认可情绪主要针对当事方；质疑情绪主要针对当事方，其次为政府；反对情绪主要针对当事方，其次为政府；微博评论数主要受博主粉丝数及情绪强度的正面影响，且微博情绪强度对微博评论数的影响超越了粉丝数的影响。

13. 互联网使用时长与受访网民对社会和谐度感知和安全度感知评价呈负相关关系；受访网民每天平均使用微信频率与社会安全度感知存在负相关关系；对互联网选择倾向性越强的受访网民对社会和谐度感知及社会安全度感知的评价越低。

14. 2013 年网络热词中，与国家领导人相关的热词增多，与社会民生有关的词汇仍具有较高热度，由事件浓缩而成的成语及造句体增多。

15. 我国居民危机应对主观评价处于中等偏高水平。文化程度越高、收入水平越高的居民对个人危机应对能力的主观评价越高；居民危机应对能力客观评价处于中等偏高水平，男性个人危机应对能力客观评价显著高于女性。

16. 公众对中央政府应急管理能力评价最高，对所在地基层政府机构评价最低；对消防部门应急能力评价最高，对食品药品部门的评价最低；受访者感知到的所在城市公共风险越大，对所在地省市政府应急管理能力评价越低。

17. 首先通过互联网了解突发公共事件的受访者较未使用该渠道的受访者对中央政府、省市政府、基层政府的应急管理能力评价更低。

18. 网络谣言在公共事件中的出现比例较小，对舆情持续时间的增长影响有限，但对提升媒体和网民关注度作用较大；全国多地同时出现的谣言比例较大，北京及东部沿海地区谣言高发。

19. 我国居民对社会的信任感高于"一般"水平，女性对政府机构信任度高于男性；居民对公共事业单位信任度最高，对非政府组织、商业企业信任度最低，对公安部门信任度显著低于检察院及法院；对中央媒体信任度普遍高于地方及商业媒体信任度。

20. 我国居民消费信心现状总体处于中等偏高水平；居民的消费信心最直接地受到对社会环境感知的影响，包括社会安全感和社会信任感，两者均与消费信心呈显著正相关。

寄语：探索中国社会舆情研究新框架

中国人口众多、问题复杂，为了维护社会的持续稳定健康发展，舆情研究已然成为政府部门统筹决策的参考依据。而随着社会转型和媒介环境的改变，舆情研究也需不断调整视角和完善框架。上海交通大学舆情研究实验室自成立以来便秉持开拓创新的理念：一方面，我们注意不断开拓舆情研究的深度和广度；另一方面，我们也一直努力尝试打破既有舆情研究框架。对于我们而言，尝试构建"综合舆情研究框架"和引入大数据与社会调查相结合的研究方法，既是一次大胆的探索，也是一次勇敢的创新。

舆情蓝皮书《中国社会舆情与危机管理报告（2014）》便是在"综合舆情研究框架"这一理念的指引下，围绕国家发展的相关战略目标，针对社会舆情领域的前沿问题而开展的一次创新性探索。首先，在理论层面，通过综合舆情研究框架的建构、大数据挖掘、社会调查等多种研究方法，探索新媒体环境下舆论引导与社会治理的规律，具有较高的理论价值；其次，在实践方面，不仅为舆情的监测与预警提供先进技术手段和平台，还为公共危机管理的实务和实践提供新的方法和手段，为各级政府应对全媒体环境下社会舆情危机提供决策参考与咨询服务；最后，在学术领域建构规范化、科学化的标准体系，在行业领域建构舆情市场的行业规范和标准，引领和指导舆情研究和舆情相关行业的科学化发展，形成具有中国特色的舆情研究体系和舆情市场规范。当然，作为一种尝试，我们将在综合舆情研究框架的指导下，不断探索新的研究方法，与国际接轨，更好地服务于国内决策。

专注决定深度，气度决定格局。数年来，上海交通大学舆情研究实验室在中国社会舆情研究领域辛苦耕耘、执著探索。尽管遭逢过各种各样的挑战，但我们都未改研究的初心，一直努力开拓中国社会舆情研究的新视界！我们的研

究得以顺利展开，并且能够不断取得进步，离不开社会各界人士的关心和支持。上海交通大学、社会科学文献出版社以及舆情研究领域的众多专家和学者，他们为本书的成功问世付出了相当多的心力，在此我谨代表上海交通大学舆情研究实验室所有工作人员向他们致以诚挚的谢意！

谢耘耕

上海交通大学陈瑞球楼

2014 年 6 月

总 报 告

General Report

B.1

2014年中国社会舆情调查报告

上海交通大学舆情研究实验室 *

摘　要：

民生问题成为当下国家发展、社会治理的重要环节。公众对于民生问题的基本观点能为政府开展工作提供有效参考。上海交通大学舆情研究实验室社会调查中心采用电话调查方法，对全国36个城市的1080个居民进行了社会舆情调查。调查结果显示：受访者对安全类问题关注度最高，七成以上受访者关注社会治安、环境污染、领土安全问题，对政策类舆情关注度最低；受访者对政府反腐工作的满意度最高，对房价水平满意度最低；受访者对中央政府满意度较高，对地方政府满意度偏低；六成受访者对未来我国反腐倡廉工作持乐观态度，六成受访者认为

* 课题负责人：谢耘耕；主要执笔人：刘丛、高云微、刘怡、郑广嘉、李明哲；统计分析：荣婷、乔睿、张旭阳、刘丛；课题组其他成员：刘锐、陈玮、秦静、李静、高璐、王瑶瑶、荆喆、杨慧芳、张新苗、于倩倩、王倩、傅文杰、沈迁、杨倩。

未来房价呈上涨趋势；超半数受访者表示"应付日常生活开销"比较轻松或非常轻松，"准时偿还消费贷款"的难度最大；受访者认为现在是"购买大件家用商品"的好时机，而"购买股票"的时机最不好。

关键词：

社会舆情　热点问题　满意度　预期　消费行为

民生问题关系到百姓日常生活、社会主义现代化建设、国家进步和发展。十八大报告不仅指出"提高人民物质文化生活水平，是改革开放和社会主义现代化建设的根本目的"，更详细论述了教育、就业、收入、社保、医疗等具体民生问题。关注民生、重视民生、保障民生、改善民生成为当下国家发展、社会治理的重要环节。而民生问题又与国家内需、经济发展息息相关。

基于前人研究和社会实践经验，依托上海交通大学舆情研究实验室社会调查中心，本研究重点考察了2014年环境、食品安全、医疗、教育、就业、收入分配、物价和房价等与百姓生活联系极为密切的具体领域问题；还涉及了国家政治经济形势和公共政策等议题，如宏观政治、经济形势、领土安全、反腐倡廉、户籍改革、计划生育等。此外，调查还涵盖了居民消费能力、消费倾向及对消费环境的评价。

具体的调查内容包括：（1）居民对十六类社会热点舆情的关注度；（2）居民对各类社会热点问题现状的满意度；（3）居民对各类社会热点问题的预期；（4）居民满意度和预期的影响力；（5）居民社会问题满意度及预期对政府满意度、未来政治经济预期的影响；（6）居民消费能力、消费倾向及对消费环境的评价。

一　研究方法与样本结构

本次调查采用计算机辅助电话调查系统（CATI），在上海交通大学舆情研究实验室电话调查中心完成。调查对象为中国拥有住宅固定电话或手机的、年龄在 15~84 岁的、使用过互联网的常住居民。具体采用多阶段复合抽样，经过综合考虑各城市的政治、经济、文化影响力，从全国地级以上城市中选择了4 个直辖市、27 个省会城市和 5 个国家社会与经济发展计划单列市（以下简称"计划单列市"），较全面地涵盖了我国各行政区域的重要城市。城市的具体区域和等级分布见表1。

表1 调查城市分布表

城市	直辖市	省会城市	计划单列市	合计
东部	北京、上海、天津	石家庄、沈阳、南京、杭州、福州、济南、广州、海口	大连、宁波、青岛、厦门、深圳	16
中部	—	太原、长春、哈尔滨、合肥、南昌、郑州、武汉、长沙	—	8
西部	重庆	呼和浩特、南宁、成都、贵阳、昆明、拉萨、西安、兰州、西宁、银川、乌鲁木齐	—	12
合计	4	27	5	36

本次调查过程中，根据 AAPOR 的应答率公式①计算得到应答率为 38%，同时综合考虑调查城市数量、调查费用以及可行性等因素，最终确定每个城市的有效样本量为 30 个，总有效样本量为 1080 个。受访者以男性居多，占总样本量 64.3%，女性占比 35.7%。存在样本年龄结构偏年轻化的问题。我们在统计分析之前根据第六次全国人口普查资料中的性别分布对样本进行加权处理，使得样本与对应总体的性别、年龄结构吻合。第六次人口普查、加权以前的 2014 年中国社会舆情调查、加权以后的 2014 年中国社会舆情调查的年龄段、性别分布见表2。

加权后，剔除未透露相关信息的样本，受访者中高中及中专学历者占比最高（29.8%），其次为大学本科（26.4%）、大专（18.0%）、初中（16.9%）、小学及以下（5.8%）、研究生及以上（3.1%）。受访者中专业技术人员最多，占比 16.2%，其次为离退休人员（14.8%）、学生（12.5%）、商业或服务业人员（11.9%）。本次调查将个人月收入由高到低划分为 11 个

---

① Response Rate 3 = I/ [(I + P) + (R + NC + O) + e (UH + UO)]。

表2　第六次全国人口普查与2014年中国社会舆情调查的年龄段、性别分布比较

单位：%

年龄段	第六次全国人口普查			2014年中国社会舆情调查（加权前）			2014年中国社会舆情调查（加权后）		
	男	女	合计	男	女	合计	男	女	合计
20岁以下	4.7	4.3	9.0	3.0	3.7	6.7	4.7	4.3	9.0
20~29岁	10.4	10.3	20.7	27.8	16.7	44.5	10.4	10.3	20.7
30~44岁	15.8	15.1	30.9	22.7	10.3	33.0	15.7	15.1	30.8
45~59岁	12.2	11.8	24.0	7.4	3.5	10.9	12.3	11.8	24.1
60岁及以上	7.6	7.8	15.4	3.4	1.5	4.9	7.6	7.8	15.4
合计	50.7	49.3	100.0	64.3	35.7	100.0	50.7	49.3	100.0

注：2014年中国社会舆情调查总体为15~84岁中国居民，第六次全国人口普查的性别、年龄比例也对此总体计算。

收入区间，其中无收入者数量最多（17.5%），其次为3001~4000元收入受访者（17.4%）、2001~3000元（16.0%）、1001~2000元（13.1%）、4001~5000元（10.3%），其他收入区间的受访者比例均在10%以下。受访者中非农业户口者占59.8%，农业户口者占40.2%。

二　社会热点舆情居民关注度调查

本研究从关注度视角，对十六类社会热点舆情进行了深入调查和分析。相关问题中，评分范围为1到5分，分别代表着完全不关注、不太关注、一般、比较关注、非常关注。此外，社会热点舆情总体关注度得分为各项社会舆情关注度（16题）得分的平均值。

（一）十六类社会热点舆情居民关注度排行

受访者对安全类问题关注度最高，对政策类舆情关注度最低。对受访者对十六类社会热点舆情关注度情况进行综合比较，发现大部分受访者的关注均值评分都超过中间值3分（代表一般水平）。但受访者对不同问题的关注度存在一定的差异。居民对社会治安、环境污染、领土安全问题的平均关注度最高，分别为4.07分、4.05分和4.00分，达到了"比较关注"的程度；受访者对食品安全、医疗、教育、物价等民生基本问题，以及经济、政治体制改革的关注度较高，超过了一般水平。此外，居民对计划生育、户籍改革这一类公共政策问题以及对资源能源短缺问题的平均关注度低于一般水平。

表 3   十六类社会热点舆情的居民关注度排行榜

排行	社会舆情	关注度均值	标准差	t 值（$M_0 = 3$）	p 值
1	社会治安	4.07	0.938	37.640	0.000
2	环境污染问题	4.05	1.005	34.241	0.000
3	领土安全问题	4.00	1.097	30.033	0.000
4	食品安全问题	3.89	1.035	28.407	0.000
5	医疗问题	3.82	1.109	24.296	0.000
6	教育问题	3.79	1.099	23.724	0.000
7	物价问题	3.67	1.132	19.465	0.000
8	反腐倡廉问题	3.65	1.228	17.477	0.000
9	收入分配问题	3.40	1.225	10.655	0.000
10	高房价问题	3.39	1.322	9.754	0.000
11	就业问题	3.26	1.241	6.887	0.000
12	经济体制改革	3.18	1.258	4.719	0.000
13	政治体制改革	3.12	1.253	3.097	0.002
14	计划生育政策	2.94	1.182	−1.669	0.095
15	资源能源短缺	2.86	1.204	−3.749	0.000
16	户籍改革问题	2.65	1.211	−9.463	0.000

总体来讲，我国居民对社会治安、环境污染等关乎个人及家庭安全的热点问题关注度最高。这些问题大都与居民的日常生活和切身利益密切相关。具体而言，社会治安方面，2013 年，公安机关紧紧抓住群众深恶痛绝的突出治安问题，强力开展治爆缉枪、"扫毒害保平安"、扫黄 "无声风暴" 等一系列打击整治行动，成功侦办 "3·19" 湄公河特大跨国贩毒案、编造 "飞机诈弹" 案等一批大案要案。公安机关还同有关部门开展 "净网" 清查，重点打击网上贩枪 "黑市场"，共清理涉枪涉爆违法信息 10.8 万条，关闭非法网站（栏目）1233 个，使得 2013 年实现多类案件指标的全面下降，确保了社会治安大局基本平稳。

环境方面，从 2013 年 1 月开始，全国先后有 30 多个省份遭受雾霾天气侵

袭，为 1961 年以来历史同期最多。11 月 30 日至 12 月上旬，我国中东部地区发生大面积灰霾污染，上海实行限产限污，吉林和南京等地中小学停课。雾霾的笼罩严重影响了全国各地区居民的日常出行及正常生活。"昆明 PX 行动"和广东江门核项目所引发的居民群体性抗议、水污染事件频发危及饮用水安全、河南"污水灌溉麦田"等事件，使得环境污染问题持续升温，成为居民关注的焦点。

调查同时也显示，百姓对政策类问题关注度普遍偏低。2013 年国家新出台的相关政策有：提出放宽二胎的计划生育新政策；出台居住证管理办法，分类推进户籍制度改革；大幅取消和下放行政审批权；首次实行城乡"同票同权"等政治体制改革等。但这些政策似乎并未引起居民的全面关注。一方面，反映出我国百姓，特别是新一代年轻人，政策参与热情较低，公民意识薄弱，公民责任感偏低；另一方面，也说明相关政策的宣传力度尚需加强，对政策的解读应落实通俗性、彻底性，还应加大我国公共政策制定的民主化进程、提高公民政治素养、健全公民参与机制、完善相关法律法规、拓宽公民参与渠道等。

此外，居民对于资源能源短缺问题的关注度也较低。这种现象也是公民环保意识薄弱的一种体现。人们通常对已经造成的环境污染比较关注，如雾霾、水污染等，但对环境保护的根本问题，如环境、生态资源的开发利用等，仍不够关注。说明我国还需要大力建立和完善有中国特色的环境教育体系，让百姓深入了解环境保护的深刻意义，增加环境保护实践活动的开展。此外，媒体也应当充分发挥宣传导向作用。最后，加强相关法律约束力，规范人们的日常行为。通过扩展环境权益，强化公民在环境保护政策中的作用，促进百姓积极参与环保工作。

（二）受访者对各类社会热点舆情的关注度

1. 七成以上受访者关注社会治安、环境污染、领土安全问题

研究结果表明，近八成受访者关注社会治安、领土安全问题；超过七成受访者关注环境问题。具体而言，社会治安问题的受访者关注比例最高。近八成受访者比较关注（41.0%）或非常关注（37.5%），14.8% 的受访者持一般态

度，1.8% 的受访者完全不关注，4.9% 的受访者不太关注。

关注领土安全问题的受访者比例仅次于社会治安问题。近八成受访者比较关注（33.5%）或非常关注（40.9%）社会治安问题，近一成半（14.7%）的受访者持一般态度，而不太关注受访者占比为 6.7%，另有 4.2% 的受访者完全不关注。

环境问题方面，七成受访者比较或非常关注环境污染问题，受访者比较关注的比重为 37.8%，非常关注的受访者占 38.8%，而完全不关注和不太关注的仅占 3.3% 和 4.1%。

2. 五成以上受访者关注食品安全、医疗、教育、物价、反腐倡廉、收入分配、房价问题

研究结果表明，五成以上受访者关注食品安全、医疗、教育、物价、反腐倡廉问题。

食品安全方面，超过六成受访者比较或非常关注此问题，分别占 28.4% 和 36.1%。不到一成的受访者表示完全不关注（1.6%）或比较不关注（8.1%）。医疗问题方面，超过六成受访者比较或非常关注，依次占比为 32.2% 和 33.6%。近二成受访者表示一般关注（19.9%），而对医疗问题表示完全不关注（3.1%）或不太关注（11.2%）的比重较少。教育问题方面，超过六成受访者比较或非常关注，依次占比为 30.6% 和 32.6%，23.3% 的受访者表示一般关注，对此表示完全不关注的为 3.0%，不太关注的占 10.5%。

物价问题方面，近六成受访者比较关注（28.2%）或非常关注（29.5%），25.4% 的受访者持一般态度，此外，不太关注的受访者占 13.6%，而完全不关注的为 3.3%。反腐倡廉问题，六成受访者比较关注（30.5%）或非常关注（30.5%），20.2% 的受访者关注程度一般，而 11.5% 的受访者表示不太关注，另有 7.3% 的受访者完全不关注。

五成受访者关注收入分配、房价问题。收入分配方面，五成受访者表示比较关注（29.2%）或非常关注（21.8%），23.8% 的受访者持一般态度，此外，不太关注的受访者为 17.2%，而完全不关注的受访者为 8.0%。房价问题方面，五成受访者表示比较关注（23.4%）或非常关注（27.4%），

19.6%的受访者持一般态度，而不太关注的受访者占20.5%，完全不关注的占9.1%。

3. 四成及以下受访者关注就业、政治和经济体制改革、资源能源短缺、计划生育和户籍改革问题

调查结果表明，四成受访者关注就业问题、政治体制改革和经济体制改革；三成受访者关注资源和能源短缺、计划生育政策；二成关注户籍改革。

其中，就业问题方面，四成半的受访者表示比较关注（25.9%）或非常关注（20.0%），而约三成受访者表示不太关注（24.9%）或者完全不关注（7.5%）。资源和能源短缺问题方面，三成受访者比较或非常关注，其中非常关注的占10.6%，比较关注的为20.3%，26.6%的受访者不太关注，而完全不关注的占14.3%，28.2%的受访者表示一般关注。

政策制度方面，三成受访者关注计划生育政策，且受访者关注呈明显的橄榄型分布。31.1%的受访者持一般态度。对计划生育问题持完全不关注态度的占12.5%，不太关注的占24.3%。其比重整体与关注计划生育问题的受访者相当。比较关注的占20.9%，非常关注的占11.2%。

改革方面的民生热点问题包括政治体制改革、经济体制改革和具体的户籍改革。其中，受访者对政治体制改革问题的关注，持一般态度的占比25.7%，比较关注（24.5%）或非常关注（16.3%）政治体制改革的受访者占四成，持完全不关注态度的为11.7%，不太关注的受访者为21.8%。与政治体制改革的受访者态度分布类似，经济体制改革方面，受访者持一般态度的为26.4%，比较关注的受访者占23.4%，非常关注的受访者为18.5%，完全不关注经济体制改革的为10.8%，不太关注的为20.9%。而户籍改革方面受到的关注度较小，近五成受访者表示不太关注（29.4%）或完全不关注（19.5%），26.6%的受访者对户籍改革持一般态度，15.5%的受访者比较关注，仅有9.0%的受访者非常关注。

（三）社会热点舆情总体关注度的人口学差异

1. 年龄越大，对社会热点舆情的关注度越高

我们将受访者分为不同年龄区间。研究发现，不同年龄区间的受访者对社会热点舆情总体关注度均值存在显著差异（p < 0.001），且随着年龄的增长，总关注度越高。其中 60 岁及以上受访者关注度最高，评分均值为 3.69 分；而 20 岁及以下的受访者对社会热点的关注度最低，为 3.24 分。

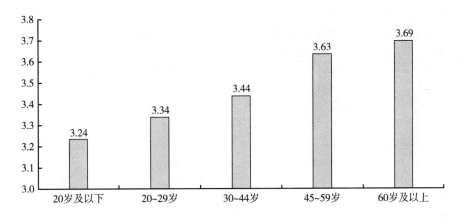

图 1　不同年龄受访者群体对社会热点舆情的总体关注度均值图

2. 高中及以上学历者对社会热点舆情的关注度显著高于高中以下学历者

根据受访者的文化程度进行调查，发现不同文化程度的受访者对社会热点舆情总体关注度均值存在显著差异（p < 0.01）。高中及以上学历者对社会热点舆情的总体关注度均值显著高于高中以下学历者。其中大专学历的关注度最高（3.57 分），其次为高中及中专（3.55 分），研究生及以上学历排在第三位（3.53 分）。小学及以下学历的受访者对社会热点的关注度最低（3.27 分）。

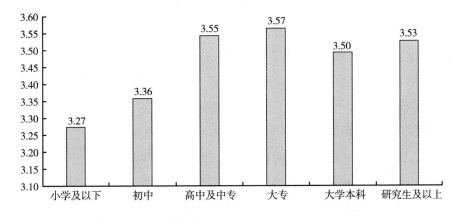

图 2　不同文化程度受访者群体对社会热点舆情的总体关注度均值图

3. 离退休人员对社会热点舆情的关注度最高，无业人员最低

根据受访者职业不同，具体划分为 12 类。研究发现不同职业的受访者对社会热点舆情总体关注度均值存在显著差异（p < 0.001）。离退休人员对社会热点舆情的总体关注度最高，达到 3.81 分；其次为办事人员和有关人员，评分均值达到 3.69 分；党政企事业单位负责人排在第三位，评分均值为 3.66 分。而除其他外（未透露职业者等），无业人员对社会热点舆情关注度最低，仅为 3.25 分。

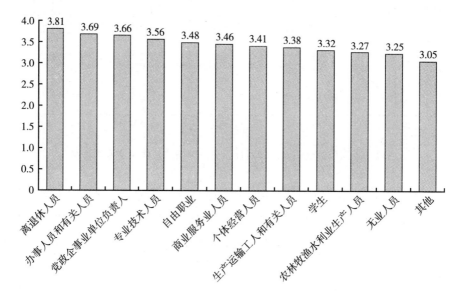

图 3　不同职业受访者群体对社会热点舆情的总体关注度均值图

4. 受访者收入水平与社会热点舆情关注度呈负相关

就不同收入的受访者和社会热点舆情关注度进行分析，无收入群体对社会热点舆情总体关注度均值最低，与有收入人群的平均关注水平存在显著差异（p < 0.001）。剔除无收入人群，进一步在有收入人群中就受访者收入水平与社会热点舆情总体关注度进行分析，发现二者存在显著的负相关（r = - 0.13，p < 0.01），即一般情况下受访者收入越低，对社会热点舆情越表现出较高的关注度。其中关注最高的为收入在 1001 ~ 2000 元的群体，关注度评分均值为 3.68 分；其次为 1 ~ 1000 元的受访者群体，为 3.65 分。而收入在 10001 元及以上的，均值为 3.33 分。

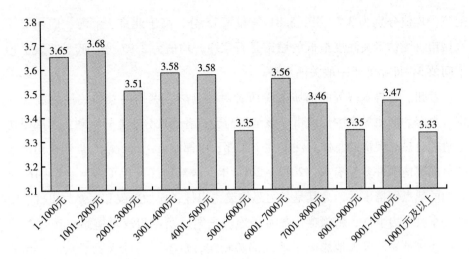

图 4　不同收入受访者群体对社会热点舆情的总体关注度均值图

5. 非农业户口居民对社会热点舆情的关注度高于农业户口居民

就不同户籍的受访者和社会热点舆情关注度进行分析，二者存在显著差异（p < 0.001），即非农业户口居民对社会热点舆情的总体关注度均值显著较高，达到 3.63 分，而农业户口受访者对社会热点舆情的关注度均值为 3.27 分。

6. 西部、东部居民对社会热点舆情的关注度高于中部居民；一线、三线城市居民对社会热点舆情的关注度高于二线城市居民

根据受访者的地域分布情况，发现不同地域的受访者对社会热点舆情的总体关注存在显著的差异。西部、东部居民对社会热点舆情的总体关注度显著高于中部居民（p < 0.01）。西部受访者的关注度均值最高，达到 3.58 分；其次为东部地区的受访者，为 3.49 分；中部地区受访者关注度较低，为 3.38 分。

就城市而言，三线、一线城市居民对社会热点舆情的总体关注度显著高于二线城市居民（p < 0.05）。三线城市受访者的关注度均值最高，达到 3.56 分；其次为一线城市的受访者，为 3.51 分；二线城市的受访者关注度较低，为 3.45 分。

7. 兰州、乌鲁木齐、南宁居民对社会热点舆情的总体关注度较高

对 36 个具体城市（4 个直辖市、27 个省会城市、5 个计划单列市）的受访者对社会热点舆情的关注度进行分析统计发现，兰州、乌鲁木齐和南宁排在

前三，均值分别为3.83分、3.81分和3.75分，高于北京、上海、广州等一线城市。受访者关注度最低的城市是石家庄，均值为2.97分，低于5级平均中间值3，即略低于一般关注水平。

兰州、乌鲁木齐等西部城市受访者对社会热点舆情的总体关注度高于北京、上海、广州等东中部城市。该结果与受访者地域分布差异一致：西部受访者对社会热点舆情的总体关注度高于东部、中部城市。这可能与近年来西部地区负面舆情事件多发有关。2013~2014年，西部地区发生了多起在全国颇有影响的热点舆情事件，尤其是暴力恐怖袭击事件，比如新疆和田暴力事件、新疆莎车县暴力事件、新疆喀什暴力恐怖袭击案以及兰州汽车南站"黑车"暴力抗法事件等，极大地影响了地区局势稳定，危害了各族人民群众的生命安全，给当地人民带来了严重的心理阴影。此外，西部地区居民信息获取渠道有限，媒介资源地区分布不均，使心理不安全感加剧。

（四）各类社会热点舆情关注度的人口学差异

1. 女性更为关注食品安全、医疗、教育、环境污染、物价问题，男性更为关注反腐倡廉、领土安全、政治体制改革、经济体制改革问题

比较男性和女性受访者对各社会热点舆情的平均关注度，独立样本t检验结果显示，在0.05显著性水平下，女性对食品安全、医疗、教育、环境污染、物价问题的平均关注度显著高于男性（$p < 0.001$，$p < 0.01$，$p < 0.05$，$p < 0.05$，$p < 0.05$）。男性对反腐倡廉、领土安全、政治体制改革、经济体制改革问题的平均关注度显著高于女性（$p < 0.001$，$p < 0.001$，$p < 0.05$，$p < 0.05$）。其他社会热点舆情方面，男性和女性受访者的平均关注度无显著差异。

2. 教育问题最受30~44岁受访者关注，就业和资源能源短缺问题最受20岁以下受访者关注

比较不同年龄受访者对各社会热点舆情的平均关注度，方差分析结果显示，在0.05显著性水平下，对食品安全、医疗、教育、物价、就业、收入分配、高房价、反腐倡廉、环境污染、计划生育、社会治安、领土安全、政治体制改革、经济体制改革问题，不同年龄段的受访者平均关注度存在显著差异。

通过均值比较和相关系数，可以发现年龄大的受访者对各类社会热点舆情关注度较高，其中对医疗、物价、收入分配、房价、反腐倡廉、领土安全、政治体制改革、经济体制改革问题，60 岁及以上受访者关注度均值最高。对食品安全、环境污染、社会治安、户籍改革问题，45～59 岁的受访者关注度均值最高。教育问题最受 30～44 岁受访者关注。而对就业问题和资源能源短缺问题，20 岁以下受访者关注度均值最高。

表 4   不同年龄受访者对各类社会热点舆情的平均关注度

	20 岁以下	20～29 岁	30～44 岁	45～59 岁	60 岁及以上	方差分析 F 值	p 值
食品安全	3.24	3.56	3.91	4.21	4.18	26.535	0.000
医疗	3.34	3.49	3.77	4.05	4.30	21.385	0.000
教育	3.55	3.51	4.01	3.86	3.77	8.525	0.000
物价	3.23	3.55	3.55	3.79	4.19	15.133	0.000
就业	3.60	3.58	3.04	3.38	2.89	12.725	0.000
收入分配	3.09	3.29	3.37	3.46	3.67	4.179	0.002
高房价	3.04	3.43	3.34	3.53	3.44	2.580	0.036
资源能源短缺	2.97	2.76	2.95	2.82	2.82	1.213	0.303
反腐倡廉	3.21	3.34	3.52	3.93	4.18	19.668	0.000
环境污染	3.93	3.86	3.96	4.24	4.21	6.263	0.000
户籍改革	2.51	2.58	2.65	2.71	2.69	0.666	0.616
计划生育	2.61	2.77	2.98	3.05	3.13	4.798	0.001
社会治安	3.81	3.96	4.03	4.32	4.08	7.467	0.000
领土安全	3.82	3.78	3.89	4.16	4.42	11.455	0.000
政治体制改革	2.95	2.92	2.95	3.27	3.58	10.133	0.000
经济体制改革	2.87	3.03	3.06	3.33	3.56	7.753	0.000

3. 就业问题、房价问题更受高学历群体关注，社会治安问题更受低学历群体关注

比较不同学历受访者对各类社会热点舆情的平均关注度，方差分析结果显示，在 0.05 显著性水平下。对食品安全、医疗、就业、收入分配、房价、反腐倡廉、户籍改革问题，不同学历受访者的平均关注度存在显著差异，而对其他问题的平均关注度无显著差异。

根据相关系数的结果，发现受教育程度与关注度之间的正相关性非常微弱

或并不显著，只有面对就业问题、高房价问题时，受教育程度高的群体才表现出较高关注度。进一步进行均值比较发现，对食品安全、医疗、房价、户籍改革、计划生育政策问题，研究生及以上学历受访者关注度均值最高；而对教育、就业、收入分配问题，大学本科学历受访者关注度均值最高；领土安全、资源能源短缺、反腐倡廉问题最受大专学历受访者关注；物价问题、环境污染问题、政治体制改革、经济体制改革最受高中及中专学历受访者关注；对社会治安问题，小学及以下学历者的关注度最高。

表5　不同受教育程度受访者对各类社会热点舆情的平均关注度

	小学及以下	初中	高中及中专	大专	大学本科	研究生及以上	方差分析F值	p值
食品安全	3.84	3.86	3.82	4.00	3.87	4.41	2.481	0.030
医疗	3.82	3.60	3.84	3.92	3.83	4.24	2.670	0.021
教育	3.64	3.86	3.67	3.79	3.93	3.74	2.060	0.068
物价	3.68	3.54	3.79	3.67	3.67	3.45	1.384	0.228
就业	2.68	3.06	3.24	3.42	3.47	3.14	5.976	0.000
收入分配	2.98	3.35	3.43	3.39	3.53	3.12	2.494	0.030
高房价	3.14	3.03	3.46	3.52	3.47	3.86	4.672	0.000
资源能源短缺	2.58	2.72	2.92	3.01	2.87	2.97	1.952	0.083
反腐倡廉	3.23	3.62	3.86	3.62	3.58	3.52	3.715	0.002
环境污染	3.83	4.04	4.13	4.07	3.99	3.91	1.359	0.237
户籍改革	2.38	2.40	2.73	2.76	2.64	3.09	3.626	0.003
计划生育	2.87	2.96	2.99	3.03	2.85	3.04	0.756	0.582
社会治安	4.26	4.00	4.14	4.13	3.98	3.96	1.799	0.110
领土安全	4.10	3.90	4.10	4.18	3.86	3.75	3.175	0.007
政治体制改革	2.74	2.86	3.24	3.22	3.18	3.17	3.688	0.003
经济体制改革	2.61	2.92	3.36	3.32	3.20	3.08	6.062	0.000

4. 收入水平越高，对物价、房价问题的关注度越低

比较不同收入水平的受访者对各类社会热点舆情的平均关注度，发现对物价和房价问题的关注度与收入水平存在负相关性。其中收入水平与物价问题关注度的相关系数为 $r = -0.232$（$p < 0.001$）；收入水平与房价问题关注度的相关系数为 $r = -0.112$（$p < 0.01$）。说明收入水平与物价问题关注度、收入水平与房价问题关注度之间呈负相关，即收入水平越高，对物价、房价问题的关注度越低。

5. 中部受访者社会舆情关注度普遍低于东部、西部；对物价、房价、社会治安、领土安全问题，二线城市受访者关注度低于一线、三线城市

比较不同区域受访者对各类社会热点舆情的平均关注度，方差分析结果显示，在 0.05 显著性水平下，东、中、西部居民对医疗、教育、物价、房价、环境污染、计划生育政策、社会治安、领土安全、经济体制改革问题的平均关注度存在显著差异，对其他问题的平均关注度无明显差异。其中，中部受访者对于医疗、教育、物价、房价、环境污染、计划生育政策、经济体制改革问题的关注度明显低于东部、西部地区居民。领土安全方面，西部受访者的关注度明显高于东、中部地区居民。

比较不同城市受访者对各类社会热点舆情的平均关注度，方差分析结果显示，在 0.05 显著性水平下，不同城市居民对物价、房价、社会治安、领土安全问题的平均关注度存在显著差异。二线城市居民对上述问题的平均关注度明显低于一、三线城市居民。

三 社会热点问题居民满意度调查

在日常生活与社会公共生活中的感受和切身体验是个人满意度的重要来源，它能够从一个侧面反映出政府职能部门工作的成效。本研究对九类社会热点问题满意度及政府满意度分别进行了调查和分析。在满意度的相关问题中，评分范围为 0～10 分，一般认为 6 分为及格线。此外，社会热点问题总体满意度得分为各项社会热点问题满意度（9 题）得分的平均值。

（一）九类社会热点问题居民满意度排行

居民对政府反腐工作的满意度最高，对房价水平满意度最低。本次调查中，进一步对于九类社会热点问题满意度整体评分进行分析，调查结果显示，大部分受访者的满意均值都超过 5 分。受访者对于不同领域的满意度存在一定差异。居民对政府反腐败工作、教育现状的平均满意度较高，超过 6 分的及格线。居民对就业形势、医疗服务现状、生态环境现状、食品安全现状、物价水

平的平均满意度超过5分。居民对收入分配现状、房价水平的平均满意度最低，尤其是对房价水平的满意度仅为3.96分。

表6　九类社会热点问题受访者满意度排行

排行	社会问题	均值	标准差	t值($M_0 = 5$)	p值
1	对政府反腐败工作的满意度	6.64	2.275	23.305	0.000
2	对教育现状的满意度	6.02	2.099	15.585	0.000
3	对就业形势的满意度	5.49	1.886	8.108	0.000
4	对医疗服务现状的满意度	5.34	2.270	4.914	0.000
5	对生态环境现状的满意度	5.28	2.053	4.392	0.000
6	对食品安全现状的满意度	5.10	2.245	1.464	0.144
7	对物价水平的满意度	5.03	1.977	0.448	0.654
8	对收入分配现状的满意度	4.77	2.155	− 3.331	0.001
9	对房价水平的满意度	3.96	2.218	− 14.847	0.000

（二）受访者对各类社会热点问题的满意度

1. 超七成受访者对政府反腐败工作表示满意

受访者对政府反腐败工作的满意度最高。调查结果显示，21.8%的受访者选择8分，占比最高；其次对政府反腐工作满意度打7分的人数，占总样本数的16.6%；再次是打6分的人数，占总样本数的16.3%。总体而言，73.2%的受访者对政府反腐败工作的满意度都在6分及以上。也就是说，超过七成的受访者对我国政府反腐败工作总体比较满意，明显高于一般水平。我国在十八大以后，反腐败工作取得明显成效，尤其是新一届党和国家领导人对于我国反腐工作的重视和强调，推动2013年成为反腐工作卓有成效的一年。

2. 超六成受访者对教育现状比较满意，半数受访者对就业形势比较满意

调查发现超过六成的受访者对我国教育现状比较满意，半数受访者对就业形势的满意度打分超过及格线。

对教育现状满意度的调查结果显示，20.3%的受访者选择5分，占比最高；其次为对教育现状打6分的人数，占总样本数的19.4%；再次是对教育现状打 8 分的人数，占总样本数的 17.3%。总体而言，61.5% 的受访者对教育现状的满意度都在 6 分及以上。从整体看，受访者对我国教育现状较满意，高于一般水平。

对就业形势满意度打分的调查结果显示，24.1% 的受访者选择 5 分，占比最高；其次为对就业形势满意度打 6 分的人数，占总样本数的 19.5%；再次是对就业形势满意度打 7 分的人数，占总样本数的 18.2%。总体而言，50.6% 的受访者对就业形势的满意度在 6 分及以上。也就是说，半数受访者对我国就业形势的满意度评价中，比较满意者和比较不满意者基本各占一半。

3. 近八成受访者不满意房价水平，六成受访者不满意收入分配及物价

调查结果表明，受访者对目前房价水平、物价水平、收入分配的满意度较低。接近八成受访者对房价水平的满意度打分低于及格水平；六成左右受访者对收入分配、物价的满意度打分在及格线以下。

具体而言，对房价水平满意度打分的调查结果显示，24.7% 的受访者选择 5 分，占比最高；其次为对房价水平满意度打 4 分的人数，占总样本数的 14.2%；而对房价水平的满意度打 0 分的人数占比高达 11.9%；而 8 分及以上的受访者占比仅为 4.3%。总体而言，76.3% 的受访者对房价水平的满意度都在 5 分及以下。从整体看，接近八成的受访者对我国房价水平比较不满意，低于一般水平。从 1998 年中国开始市场化住房体制改革以后，中国人的居住空间和生活方式发生了巨大的变迁。近些年房价持续走高，民众的购房负担急剧上升，"蜗居""蚁居"等成为流行热词。房价一直是国计民生的重要问题，对房价水平的较低满意度也在一定程度上说明房价问题是政府亟须解决的重要问题之一。

对收入分配现状满意度打分的调查结果显示，26.8% 的受访者选择 5 分，占比最高；其次为对收入分配现状打 6 分的人数，占总样本数的 16.0%；再次是对收入分配现状打 3 分的人数，占总样本数的 11.1%。总体而言，63.7% 的受访者对收入分配现状的满意度都在 5 分及以下。从整体看，受访者对我国收入分配现状比较不满意，低于一般水平。目前的中国社会处于经济转轨和社会转型的变革时期，在一定程度上利益分配不均以及贫富差距凸显，所

以受访者对收入分配现状的满意度调查结果低于一般水平。

对物价水平满意度打分的调查结果显示，26.9%的受访者选择 5 分，占比最高；其次为对物价水平满意度打 6 分的人数，占总样本数的 18.0%；再次是对物价水平满意度打 4 分的人数，占总样本数的 13.0%。总体而言，59.7%的受访者对物价水平的满意度都在 5 分及以下。也就是说，接近六成的受访者对我国物价水平比较不满意，低于一般水平。

4. 半数受访者不满意我国生态环境、食品安全和医疗现状

调查发现，半数受访者对我国生态环境现状、食品安全、医疗的满意度低于及格线。具体而言，对生态环境现状的满意度调查结果显示，23.5%的受访者选择 5 分，占比最高；其次为环境现状满意度打 6 分的人数，占总样本数的 20.1%。总体看来打分为 6 分以下的受访者占比 53.7%，也就是说超过一半的受访者对生态环境现状满意度低于及格线。由于市场化、工业化、城镇化的发展，以及全球气候的变化，我国生态环境受到严重影响。垃圾处理、空气污染、水土流失等问题的困扰，尤其是近年"雾霾"和"PM2.5"问题引起一定范围内的社会舆情和民众关注，所以可能形成受访者对生态环境满意度不高的状况。

对食品安全现状的满意度打分的调查结果显示，24.1%的受访者选择 5 分，占比最高；其次是给食品安全现状打 6 分的人数，占总样本数的 16.6%。总体来看，有 55.7%的受访者对食品安全满意度分值为 5 分及以下。近年来，由于"地沟油""瘦肉精""转基因食品"等问题引发社会舆情，在一定程度上影响到受访者对食品安全现状的满意程度。

对医疗服务现状满意度打分的调查结果显示，23.3%的受访者选择 5 分，占比最高；其次为打 6 分的受访者，占总样本的比例为 15.6%；再次是打 7 分的受访者，占总样本的比例为 14.5%。总体看来，有 52.2%的受访者对我国医疗服务现状满意度分值为 5 分及以下。目前，我国医疗服务方面存在政府监管疏漏、医生滥开处方检查项目、医疗卫生资源分配不够合理，一定程度上存在"看病难、看病贵"的问题。此外医患关系问题近年来持续引发舆情，这些都影响到受访者对医疗服务现状的满意度。

5. 居民对中央政府满意度较高，对地方政府满意度偏低

居民对中央政府及地方政府的满意度调查发现，对中央政府满意度均值水平较高（7.49 分），而对地方政府满意度偏低（5.83 分），未达到及格标准（6 分）。居民对中央政府的平均满意度显著高于对地方政府的平均满意度(t = Z25. 225，p < 0. 001)。

对中央政府近期工作及政策的总体满意度打分的调查结果显示，30.0% 的受访者选择 8 分，占比最高；其次为对中央政府满意度打 7 分的人数，占总样本数的 16.4%；再次是对中央政府满意度打 9 分的人数，占总样本数的 13.5%；最后是打分为 6 分和 10 分的受访者，均占总样本数的 13.2%。总体而言，86.3% 的受访者对中央政府的满意度都在 6 分及以上。也就是说，超过八成的受访者对我国中央政府近期工作及政策总体比较满意，明显高于一般水平。

对地方政府近期工作及政策的总体满意度打分的调查结果显示，19.2% 的受访者选择 5 分，占比最高；其次为对地方政府满意度打 6 分的人数，占总样本数的 18.6%；再次是对地方政府满意度打 7 分的人数，占总样本数的 15.9%；最后是打 8 分的受访者，占总样本数的 15.4%。总体而言，58.5% 的受访者对地方政府的满意度都在 6 分及以上。也就是说，近六成的受访者对我国地方政府近期工作及政策总体比较满意，高于一般水平，但是明显低于对我国中央政府近期工作及政策的总体满意度。

（三）社会热点问题总体满意度的人口学差异

1. 20 岁以下和 45 ~ 59 岁受访者对社会舆情满意度较高，30 ~ 44 岁满意度最低

将受访者分为不同年龄区间，不同年龄的受访者对社会热点舆情的总体满意度均值存在显著差异（F = 4.041，p < 0.01）。其中，20 岁以下、45 ~ 59 岁受访者的总体满意度高于 20 ~ 29 岁、30 ~ 44 岁、60 岁及以上受访者的总体满意度。30 ~ 44 岁受访者满意度最低（见图 5）。

2. 大学本科学历受访者对社会热点问题满意度较低，初中学历受访者满意度较高

根据受访者的文化程度，研究发现不同学历的受访者对社会热点问题的总

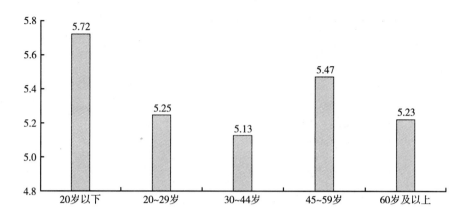

图5 不同年龄受访者对社会热点问题的总体满意度均值图

体满意度均值存在显著差异（F = 2.913，p < 0.05）。其中，大学本科受访者的总体满意度均值最低，为5.08分；研究生及以上学历受访者总体满意度也较低；而初中学历受访者总体满意度均值最高，为5.58分。

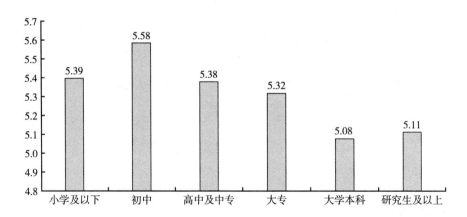

图6 不同文化程度受访者对社会热点问题的总体满意度均值图

3. 离退休人员、办事人员和有关人员的总体满意度较低

根据受访者职业不同，具体划分为11类。研究结果显示，不同职业受访者对社会热点问题的总体满意度均值存在显著差异（F = 4.732，p < 0.001）。在受访者中，农林牧渔水利业生产人员（6.03分）均值最高，此外，生产运输工人和有关人员（5.78分）、学生（5.68分）、党政企事业单位负责人

（5.47 分）的总体满意度均值较高。相比之下，离退休人员、办事人员和有关人员的总体满意度均值较低。

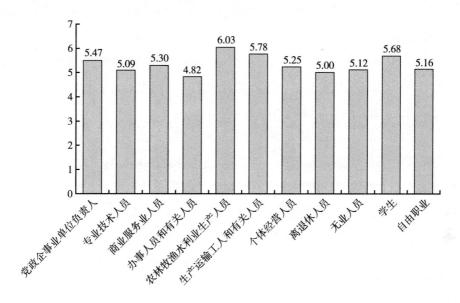

图7 不同职业受访者对社会热点问题的总体满意度均值图

4. 农业户口居民对社会热点问题的总体满意度均值显著高于非农业户口居民

根据受访者的户籍不同，通过独立样本 t 检验，结果显示农业户口居民对社会热点问题的总体满意度均值显著高于非农业户口居民（$t = 4.310$，$p < 0.001$）。其中，农业户口居民的总体满意度均值为 5.55 分；而非农业户口居民的总体满意度均值为 5.15 分。

（四）各类社会热点问题满意度的人口学差异

1. 医疗问题中女性受访者满意度较高，政府反腐败问题中男性受访者满意度较高

比较男性和女性受访者对各类社会热点问题的平均满意度，独立样本 t 检验结果显示，在 0.05 显著性水平下，女性对医疗问题的平均满意度显著高于男性（$p < 0.05$）。男性对政府反腐败工作的平均满意度显著

高于女性（P＜0.001）。其他社会热点问题的满意度分布情况，无显著差异。

2. 20～29岁对就业形势的平均满意度最低，20～44岁受访者对物价水平满意度最低

比较不同年龄段受访者对各类社会热点问题的平均满意度，方差分析结果显示，在0.05显著性水平下，除教育现状外，不同年龄段的受访者对绝大多数社会热点问题的平均满意度存在显著差异。

对食品安全、生态环境、医疗服务、教育现状、政府反腐败工作，30～44岁受访者满意度均值最低。20～44岁受访者对物价水平的平均满意度最低。60岁及以上者对收入分配现状的平均满意度最低。20～29岁、60岁及以上受访者对就业形势的平均满意度最低。处于前一年龄段的受访者可能因为刚从学校毕业或没有太多社会工作经验，相对而言，其对就业形势压力的直观感受较大；而60岁及以上的受访者往往步入了国家法定退休年龄，而国内的退休返聘不够完善，因此可能感到就业形势压力较大。

大多数社会热点问题的平均满意度最高的群体为20岁以下受访者。这部分群体在家庭结构中处于被照顾对象，往往并没有直观感受到诸多社会压力。但在物价水平满意度问题上，60岁及以上受访者的满意度最高；而对政府反腐败工作问题的满意度，45～59岁的受访者平均满意度均值最高。

3. 文化程度越高，对就业、收入分配、房价、反腐倡廉、户籍改革问题满意度越低

比较不同学历受访者对各类社会热点问题的平均满意度，方差分析结果显示，在0.05显著性水平下，除食品安全、医疗服务外，对就业、收入分配、房价、反腐倡廉、户籍改革问题不同学历受访者的平均关注度存在显著差异。

结合均值比较和相关系数可以发现，随着受教育程度的提高，受访者对食品安全（$r = -0.069$，$p < 0.05$）、生态环境（$r = -0.186$，$p < 0.001$）、医疗服务（$r = -0.073$，$p < 0.05$）、教育（$r = -0.124$，$p < 0.001$）、物价水平（$r = -0.073$，$p < 0.05$）、就业形势（$r = -0.111$，$p < 0.01$）、收入分配

（r = -0.092，p < 0.01）的现状满意程度呈下降趋势。

进一步进行均值比较发现，对食品安全、生态环境、医疗服务、就业形势现状，研究生及以上学历受访者的满意度最低；对教育问题现状，大学学历受访者满意度最低；而对物价、收入分配现状问题，大专学历受访者的满意度最低；对反腐倡廉问题，中小学及以下学历受访者最不满意。

4. 对食品安全问题，个体经营人员满意度最低；对物价水平问题，商业服务业人员满意度最低；对教育现状问题，离退休人员满意度最低

比较不同职业受访者对各类社会热点问题的平均满意度，方差分析结果显示，在 0.05 显著性水平下，不同职业对各类社会热点问题的平均满意度存在显著差异。

对生态环境、教育、物价水平、就业形势、房价水平、收入分配现状问题，农林牧渔水利业的受访者满意度最高。另外，对生态环境、医疗服务现状问题，办事人员和有关人员的满意度最低；对食品安全问题，个体经营人员的平均满意度最低；对教育现状问题，离退休人员的平均满意度最低。对物价水平问题，商业服务业人员的平均满意度最低。对就业形势、房价问题，无业人员的平均满意度最低。对收入分配问题，离退休人员的平均满意度最低。对政府反腐败工作，无业人员的平均满意度最低，但党政企事业单位负责人的平均满意度最高。

5. 东部地区受访者对就业形势满意度高于中、西部地区；二线城市受访者对物价水平满意度较高，三线城市受访者对就业形势的平均满意度较低

比较不同区域受访者对各类社会热点问题的平均满意度，方差分析结果显示，在 0.05 显著性水平下，东、中、西部居民对医疗、教育、物价、房价、环境污染、计划生育政策、社会治安、领土安全、经济体制改革问题等的平均满意度存在显著差异

比较不同城市受访者对各类社会热点问题的平均满意度，方差分析结果显示，不同城市居民对物价水平、就业形势的平均满意度存在显著差异。二线城市受访者对物价水平的平均满意度较高，三线城市居民对就业形势的平均满意度较低。

四 社会热点问题居民预期调查

如果说对社会热点问题的满意度反映着社会生活中公众对当下的判断，那么社会热点问题居民信心度与预期调查则是着眼于未来的预测。本研究从信心度与预期的角度，进行了社会热点问题的调查和分析。其中信心度的相关问题中，评分范围为1分到5分，分别代表着非常悲观、有点悲观、一般、比较乐观和非常乐观。而对物价和房价的问题进行的预期判断，评分范围亦为1分到5分，代表大幅上涨、小幅上涨、没有变化、小幅下跌和大幅下跌。此外，社会热点问题总体预期得分为不包括物价和房价在内的各项社会热点问题预期（7题）得分的平均值。

（一）九类社会热点问题居民预期排行

居民对反腐败工作的预期最高，对物价水平的预期最低。本次调查中，进一步对九类社会热点问题居民预期进行分析，调查结果显示，大部分受访者的预期均值都超过3分（代表一般水平）。受访者对于不同领域的预期存在一定的差异。受访者对政府反腐败工作、教育改革、医疗问题、生态环境问题的平均预期均显著高于一般水平。居民对就业形势、收入分配改革、食品安全问题的平均预期相对较低，与一般水平无显著差异。居民对房价水平、物价水平预期显著低于一般水平。

表7 九类社会热点问题受访者预期排行

排行	社会问题	均值	标准差	t值（$M_0 = 3$）	p值
1	反腐败的预期	3.66	0.884	23.996	0.000
2	教育改革的预期	3.42	0.909	14.630	0.000
3	医疗问题的预期	3.24	0.956	7.920	0.000
4	生态环境问题的预期	3.15	0.997	4.789	0.000
5	就业形势的预期	3.04	0.922	1.478	0.140
6	收入分配改革的预期	3.04	0.935	1.457	0.145
7	食品安全的预期	3.01	1.052	0.376	0.707
8	房价水平预期	2.68	1.164	− 8.497	0.000
9	物价水平预期	2.01	0.797	− 39.098	0.000

（二）受访者对各类社会热点问题的预期

1. 六成受访者对我国反腐倡廉预期乐观

对我国反腐倡廉工作预期的调查结果显示，整体来看，对反腐倡廉的预期持乐观态度的受访者占比 63.7%，明显高于持悲观态度的比例（9.6%）。其中，49.5% 的受访者持比较乐观态度，占比最高；26.7% 的受访者对于反腐倡廉的未来预期选择一般。受访者对我国反腐倡廉问题的预期具有很大的信心。

2. 五成受访者对教育持乐观态度，四成以上受访者对医疗、生态环境预期乐观

对我国教育问题预期的调查结果显示，持乐观态度的比例为 50.5%，明显高于持悲观态度的比例（13.4%）。其中，41.9% 的受访者选择比较乐观，占比最高；36.1% 的受访者对教育问题的未来预期选择一般。受访者对我国教育问题的预期具有比较大的信心。

对我国医疗问题预期的调查结果显示，整体来看，对医疗问题的预期持乐观态度的受访者占比 44.6%，明显高于持悲观态度的比例（19.4%）。39.9% 的受访者持比较乐观态度，占比最高；其中 36.0% 的受访者对医疗问题的未来预期选择一般。受访者对我国医疗问题的预期具有一定信心。

对我国生态环境问题预期的调查结果显示，整体而言，42.6% 的受访者持乐观态度，明显高于持悲观态度的比例（26.6%）。其中，4.9% 的受访者持非常乐观态度，37.7% 的受访者持比较乐观态度，占比最高；30.8% 的受访者对生态环境问题的未来预期选择一般；20.7% 的受访者感觉有些悲观，而 5.9% 的受访者选择非常悲观。由此看来，民众对我国生态环境问题具有一定信心。

3. 三成左右受访者对食品安全、就业形势、收入分配持悲观态度

对我国食品安全预期的调查结果显示，32.9% 的受访者持比较乐观态度，占比最高，4.6% 的受访者持非常乐观态度；其中 30.6% 的受访者对食品安全问题的未来预期选择一般；22.9% 的受访者感觉有些悲观，而 9.0% 的受访者

选择非常悲观。

对我国就业形势预期的调查结果显示，39.9%的受访者选择一般，占比最高；其中32.8%的受访者对就业形势的未来预期持乐观态度（其中，非常乐观占3.6%，一般乐观占29.2%）；持悲观态度受访者占比27.3%（其中，非常悲观占4.8%，有些悲观占22.5%）。

根据对我国收入分配改革预期的调查结果显示，42.9%的受访者态度选择一般，占比最高；其中32.1%的受访者对于收入分配改革的未来预期持乐观态度（其中，非常乐观占3.7%，一般乐观占28.4%）；持悲观态度的占比25%（其中，非常悲观占6.5%，有些悲观占18.5%）。

4. 近九成受访者认为未来我国物价呈上涨趋势，六成认为未来房价呈上涨趋势

85.5%的受访者认为我国物价走势呈上涨趋势。对我国物价走势预期的调查结果显示，63.8%的受访者选择小幅上涨，占比最高；21.7%的受访者选择大幅上涨；7.7%的受访者认为没有变化；5.2%的受访者认为小幅下跌；1.6%的受访者认为大幅下跌。

近六成的受访者认为房价走势为上涨。对我国房价走势预期的调查结果显示，46.3%的受访者态度选择小幅上涨，占比最高；11.5%的受访者选择大幅上涨；11.8%的受访者认为没有变化；22.8%的受访者认为小幅下跌；7.6%的受访者认为大幅下跌。从某种程度而言，居民对房价走势的预期影响其对如期付房租或房贷的预期、准时偿还消费贷款的预期。预期未来房价上涨的人群认为未来一年如期付房租或房贷更加困难，准时偿还消费贷款更加困难。

5. 过五成受访者对未来中国政治、经济形势走向预期表示乐观

对未来一年中国政治形势走向的预期调查结果显示，52.7%的受访者持比较乐观态度，占比最高；13.0%的受访者持非常乐观态度；29.7%的受访者对未来一年中国政治形势的预期选择一般。整体来看，预期持乐观态度的受访者占比65.7%，明显高于持悲观态度的比例（4.6%）。受访者对我国未来一年的政治形势走向的预期抱有很大的信心。

对未来一年中国经济形势走向的预期调查结果显示，44.8%的受访者持比较乐观态度，占比最高；8.1% 的受访者持非常乐观态度；35.4% 的受访者对未来一年中国经济形势的预期选择一般。整体来看，预期持乐观态度的受访者占比 52.9%，明显高于持悲观态度的比例（11.7%）。受访者对我国未来一年的经济形势走向的预期抱有比较大的信心。

对未来五年中国经济形势走向的预期调查结果显示，51.0% 的受访者持比较乐观态度，占比最高；9.1% 的受访者持非常乐观态度；33.0% 的受访者对未来五年中国经济形势的预期选择一般。整体来看，预期持乐观态度的受访者占比 60.1%，明显高于持悲观态度的比例（7.0%）。受访者对我国未来五年的形势走向的预期抱有很大的信心。

（三）社会热点问题总体预期的人口学差异

1. 不同年龄受访者对未来总体信心度存在差异，30~44 岁受访者信心最低

分析结果显示，不同年龄受访者对社会热点问题的总体信心度均值存在显著差异（F = 4.503，p < 0.01）。其中，30~44 岁受访者的总体信心度最低，为 3.14 分；而 20 岁以下和 45~59 岁受访者总体信心相对较高。

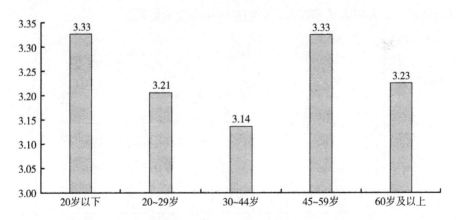

图8　不同年龄受访者对社会热点问题的总体信心度均值图

2. 大专及以上学历者对社会热点问题的总体信心度显著低于大专以下学历者

分析结果显示，不同学历居民对社会热点问题的总体信心度均值存在显著

差异（F = 3.420，p < 0.01）。总体而言，大专及以上学历受访者的总体信心度均值明显低于大专以下学历受访者。

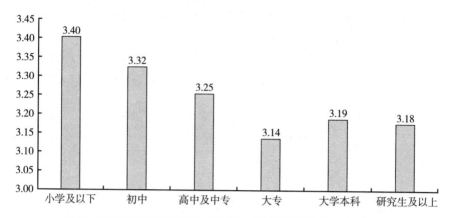

图9　不同文化程度受访者对社会热点问题的总体信心度均值图

3. 农林牧渔水利业生产人员信心度最高，办事人员和有关人员信心度最低

根据受访者职业不同，具体划分为 11 类。结果显示，不同职业居民对社会热点问题的总体信心度均值存在显著差异（F = 4.528，p < 0.001）。在受访者中，农林牧渔水利业生产人员、生产运输工人和有关人员、学生的总体信心度均值最高，办事人员和有关人员的总体信心度均值最低。

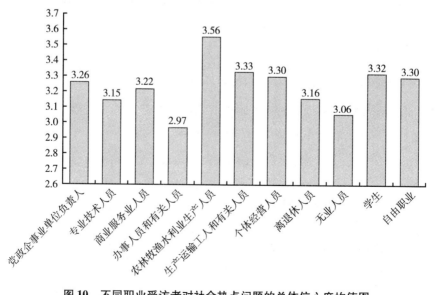

图10　不同职业受访者对社会热点问题的总体信心度均值图

4. 三线城市居民的平均信心度显著低于二线城市居民

分析结果显示,一、二、三线城市居民对社会热点问题的总体信心度均值存在显著差异($F = 4.680$,$p < 0.01$)。二线城市居民平均信心度最高,为 3.28 分,而一线城市、三线城市分别为 3.18 分和 3.16 分。三线城市居民的平均信心度显著低于二线城市居民($p < 0.01$)。

5. 农业户口居民对社会热点问题的总体满意度均值显著高于非农业户口居民

将受访者视户籍不同进行分类。独立样本 t 检验结果显示,在 0.05 显著性水平下,农业户口居民对社会热点问题的总体满意度均值显著高于非农业户口居民($t = 3.761$,$p < 0.001$)。其中农业户口受访者对未来信心度均值为 3.31 分,而非农业户口受访者为 3.17 分。

(四)各类社会热点问题居民预期的人口学差异

1. 对食品安全、反腐败问题的预期,男性受访者比女性受访者更为乐观

比较男性和女性受访者对各类社会热点问题的平均信心度/预期,独立样本 t 检验结果显示,在 0.05 显著性水平下,对食品安全、反腐败问题的平均信心度,男性显著高于女性($p < 0.01$,$p < 0.05$)。男性和女性对其余社会热点问题的平均信心度无显著差异。说明在这两个问题上,男性更加乐观。

2. 20 岁以下受访者对医疗、教育改革、收入分配问题未来信心度最高,60 岁及以上受访者对生态环境问题的信心度最高

比较不同年龄受访者对各类社会热点问题的平均信心度/预期,方差检验的结果显示,在 0.05 显著性水平下,不同年龄受访者对生态环境问题、医疗问题、教育改革、收入分配改革问题的平均信心度存在显著差异。

对医疗、教育改革、收入分配问题的未来预期,与其他年龄段相比较,20 岁以下受访者信心度最高。对生态环境问题的改善等预期,与其他年龄段相比较,60 岁及以上的受访者信心度最高。

3. 大专及以上学历者对生态环境问题的平均信心度明显较低

比较不同文化程度的受访者对各类社会热点问题的平均信心度/预期,方差检验的结果显示,在 0.05 显著性水平下,不同学历的受访者对生态环境问题的平均信心度存在显著差异。大专及以上学历者的平均信心度明显较低,在

其他方面差异不显著。

4. 对生态环境、医疗的预期，农林牧渔水利业受访者最高，办事人员和有关人员最低；对反腐败问题，党政企事业单位负责人预期最高，无业人员预期最低

比较不同职业受访者对各类社会热点问题的平均信心度/预期，方差检验的结果显示，在 0.05 显著性水平下，不同职业的受访者对各类社会热点问题的平均信心度存在显著差异。

具体而言，农林牧渔水利业受访者对生态环境、医疗、收入分配改革的平均信心度高于其他职业。自由职业受访者对教育改革的平均信心度高于其他职业。

办事人员和有关人员受访者对生态环境、医疗、教育改革的平均信心度低于其他职业。离退休、无业的受访者对收入分配改革的平均信心度相对最低。对反腐败问题，党政企事业单位负责人受访者的平均信心度最高，无业的受访者平均信心度最低。

5. 中部受访者对教育改革的预期高于东部、西部；二线城市受访者对教育改革、就业形势的预期高于一线、三线城市

比较不同地区受访者对各类社会热点问题的平均信心度/预期，方差检验的结果显示，在 0.05 显著性水平下，不同区域的受访者对教育改革的平均信心度存在显著差异。来自中部区域的受访者对教育改革的平均信心度高于东部、西部。

此外，比较不同城市受访者对各类社会热点问题的平均信心度/预期，方差检验的结果显示，在 0.05 显著性水平下，不同城市的受访者对教育改革、就业形势的平均信心度存在显著差异。来自二线城市的受访者对教育改革、就业形势的平均信心度高于一线、三线城市。

五 社会问题满意度及预期关乎政府满意度及对政治经济走向的预期

1. 除房价及物价问题外，居民对社会热点问题现状的满意度和未来预期呈正相关

居民对各类社会热点问题的满意度和预期呈正相关，具体包括对食品安全的现状满意度和预期（$r = 0.512$，$p < 0.01$），对生态环境的现状满意度和预期（$r = 0.470$，$p < 0.01$），对医疗问题的现状满意度和预期（$r = 0.554$，$p <$

0.01)，对教育问题的现状满意度和预期（r = 0.568，p < 0.01），对就业形势的现状满意度和预期（r = 0.477，p < 0.01），对收入分配的现状满意度和预期（r = 0.468，p < 0.01），对反腐倡廉的现状满意度和预期（r = 0.607，p < 0.01）。但对物价水平的满意度和未来预期呈负相关（r = -0.12，p < 0.01），对房价水平的满意度和房价走势的预期之间不存在显著相关性。

表8　受访者对社会热点问题满意度和未来预期的相关系数

社会热点问题	Pearson 相关系数	社会热点问题	Pearson 相关系数
食品安全	0.512 **	就业形势	0.477 **
生态环境	0.470 **	房价水平	0.008
医疗服务	0.554 **	收入分配	0.468 **
教育现状	0.568 **	政府反腐败工作	0.607 **
物价水平	-0.120 **		

注：*** p < 0.001，** p < 0.01，* p < 0.05。

2. 居民对各类社会热点问题满意度影响对中央政府及地方政府满意度

对地方政府满意度及对中央政府满意度评价分别进行回归分析，结果显示，在剔除人口学因素影响的情况下，居民对多类社会热点问题现状满意度显著影响对地方政府及中央政府满意度。

对地方政府满意度主要受居民对食品安全现状满意度（β = 0.10，p < 0.05）、对生态环境现状满意度（β = 0.17，p < 0.001），对就业形势满意度（β = 0.14，p < 0.001），对收入分配现状满意度（β = 0.15，p < 0.01）、对政府反腐败工作的满意度（β = 0.24，p < 0.001）的正面影响。其中对政府反腐败工作满意度对地方政府满意度影响最大。说明居民对以上几类社会热点问题的满意度越高，对地方政府的满意度也越高。

对中央政府满意度主要受居民对医疗服务现状满意度（β = 0.14，p < 0.01）、对教育现状满意度（β = 0.17，p < 0.001）、对物价水平满意度（β = 0.08，p < 0.05），对就业形势满意度（β = 0.11，p < 0.01）、对政府反腐败工作的满意度（β = 0.38，p < 0.001）的正面影响。其中对政府反腐败工作满意度对中央政府满意度影响最大。说明居民对以上几类社会热点问题的满意度越高，对中央政府的满意度也越高。

表9　各类社会热点问题满意度对中央政府及地方政府满意度的影响回归模型

变　量		对地方政府满意度		对中央政府满意度	
		β	t	β	t
人口学因素	性别	0.12**	2.66	−0.06	−1.51
	年龄	0.09*	2.01	0.17***	3.81
	文化程度	0.11*	2.25	−0.01	−0.14
	收入水平	−0.02	−0.35	−0.09*	−1.97
	户口	0.00	−0.02	0.00	0.02
社会热点问题满意度	食品安全现状的满意程度	0.10*	2.10	−0.10*	−1.99
	生态环境现状的满意程度	0.17***	3.56	0.01	0.10
	医疗服务现状的满意程度	0.05	1.01	0.14**	3.18
	教育现状的满意程度	0.01	0.31	0.17***	3.77
	物价水平的满意程度	0.06	1.54	0.08*	2.03
	就业形势的满意程度	0.14***	3.64	0.11**	2.76
	房价水平的满意程度	−0.05	−1.26	−0.06	−1.36
	收入分配现状的满意程度	0.15**	3.30	0.05	1.08
	政府反腐败工作的满意程度	0.24***	6.45	0.38***	10.37

注：*** $p < 0.001$，** $p < 0.01$，* $p < 0.05$。

3. 居民对各类社会热点问题的预期影响对我国未来一年的政治、经济走向预期

对居民对我国未来一年的政治及经济走向预期进行回归分析，结果显示（见表10），在剔除人口学因素影响的情况下，居民对多类社会热点问题的未来预期显著影响居民对我国未来政治、经济走向的预期。

居民对我国未来一年政治走向预期主要受居民对生态环境问题的预期（$\beta = 0.12$，$p < 0.001$），对教育改革的预期（$\beta = 0.15$，$p < 0.001$），以及对反腐败成效预期（$\beta = 0.34$，$p < 0.001$）的正面影响。其中政府反腐败成效预期对未来一年政治走向预期影响最大。说明居民对以上几类社会热点问题的预期越高，对未来一年政治走向预期越乐观，信心越强。

居民对我国未来一年经济走向预期主要受居民对教育改革的预期（$\beta = 0.12$，$p < 0.05$），对物价形势的预期（$\beta = 0.13$，$p < 0.001$），对就业形势的预期（$\beta = 0.19$，$p < 0.0001$），对收入分配改革的预期（$\beta = 0.13$，$p < 0.001$），以及对反腐败成效预期（$\beta = 0.13$，$p < 0.001$）的正面影响。其中就业形势预期对未来一年经济走向预期影响最大。说明居民对以上几类社会热点问题的预期越高，对未来一年经济走向预期越乐观，信心越强。

表10　各类社会热点问题满意度对未来一年政治、经济走向预期的影响回归模型

变量		未来一年政治走向预期		未来一年经济走向预期	
		β	t	β	t
人口学因素	性别	−0.09	−1.94	0.01	0.28
	年龄	0.13 ***	2.72	0.02	0.34
	文化程度	0.00	−0.07	−0.09	−1.85
	收入水平	−0.01	−0.19	−0.06	−1.32
	户口	0.04	0.84	0.01	0.15
社会热点问题满意度	食品安全的预期	0.08	1.86	0.03	0.68
	生态环境问题的预期	0.12 ***	2.70	0.07	1.45
	医疗问题的预期	0.08	1.85	0.05	0.95
	教育改革的预期	0.15 ***	3.50	0.12 *	2.52
	物价形势的预期	0.07	1.84	0.13 ***	3.20
	就业形势的预期	0.05	1.16	0.19 ***	4.08
	房价走势的预期	−0.05	−1.25	0.06	1.50
	收入分配改革的预期	0.04	0.92	0.13 ***	2.69
	反腐败的预期	0.34 ***	8.56	0.13 ***	3.09

注：*** p < 0.001，** p < 0.01，* p < 0.05。

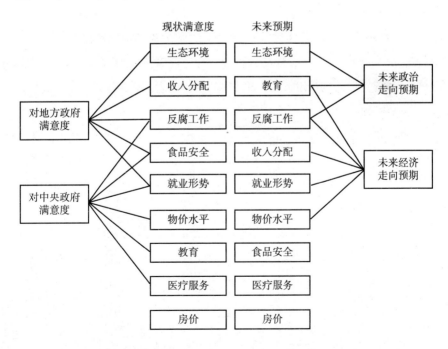

图11　对政府满意度及未来政治、经济走向预期的影响因素示意图

六 居民的消费能力、消费倾向及对消费环境的评价

消费信心可以综合反映消费者对当前济形势评价和对经济前景、收入水平、收入预期以及消费心理状态的主观感受,同时也是能够预测经济形势的一个重要指标。对我国居民当前的消费习惯进行调查发现,关于"在过去一年内您的家庭日常开销是否超支"的回答统计结果显示,50.1%的受访者选择没有超支,44.7%的受访者选择超支,另有5.2%的受访者选择"不了解/不适用"。

(一)居民消费能力调查

1. 超半数受访者表示"应付日常生活开销"比较轻松或非常轻松,"准时偿还消费贷款"的难度最大

考察我国居民对于各类消费的信心状况,通过如下统计比例图(见图12)可看出,54.0%的受访者表示"应付日常生活开销"比较轻松或非常轻松。其次为"应付一万元人民币的意外支出",36.1%的受访者选择比较轻松或非常轻松。"如期付房租或房贷"的难度较高,35.9%的受访者表示非常困难或比较困难。"准时偿还消费贷款"的难度最大,38.3%的受访者表示非常困难或比较困难。

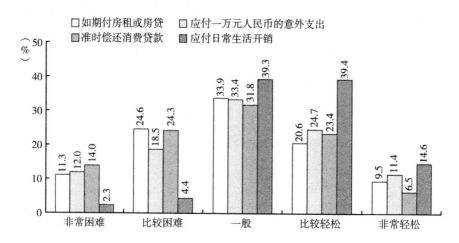

图12 未来一年内各类支出应对难易度比例分布

从均值图（见图 13）来看，通过配对 t 检验，将受访者对不同类型消费支付难易程度评价用 1~5 分计分，分别代表从"非常困难"到"非常轻松"。"应付日常生活开销"均值最高，为 3.60；分别显著高于房租或房贷（t = 18.588，p < 0.001）、"应付一万元人民币的意外支出"（t = 17.810，p < 0.001）、"消费贷款"（t = 21.643，p < 0.001）的消费支付能力评价均值。同时显著高于 5 级质量评价的中间值 3（t = 135.016，p < 0.001）；受访者对"应付一万元人民币的意外支出"的支付能力评价均值为 3.05，显著高于 5 级质量评价的中间值 3（t = 84.560，p < 0.001）。上述结果表明受访者在"应付日常生活开销"和"应付一万元人民币的意外支出"方面较轻松。"准时偿还消费贷款"的均值最低，仅为 2.84，显著低于 5 级质量评价的中间值 3（t = -73.779，p < 0.001）；受访者对"如期付房租或房贷"的支付能力评价均值为 2.92，显著低于 5 级质量评价的中间值 3（t = -76.456，p < 0.001）。这一结果表明受访者在"准时偿还消费贷款"和"如期付房租或房贷"方面较困难。

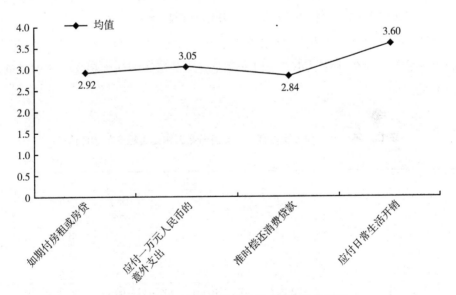

图 13　未来一年内各类支出应对难易度均值图

2. 不同群体对"家庭日常开销是否超支"的选择情况

（1）30~44 岁的受访者群体中认为家庭日常开销超支的比例最高。

不同年龄对"家庭日常开销是否超支"选择有显著差异（$\chi^2 = 67.439$，

p < 0.001）。60 岁及以上的受访者群体中认为过去一年内家庭日常开销没有超支的比例最高，为 65.0%；其次为 20 岁以下的受访者群体，比例为 59.4%。30～44 岁的受访者群体中认为家庭日常开销超支的比例最高，达 54.3%。

表 11   不同年龄受访者对"家庭日常开销是否超支"选择情况

单位：%

| | | 年龄 | | | | | 合计 |
		20 岁以下	20～29 岁	30～44 岁	45～59 岁	60 岁及以上	
在过去一年内您的家庭日常开销是否超支	是	26.0	43.6	54.3	45.9	33.7	44.3
	否	59.4	46.8	42.6	51.4	65.0	50.6
	不了解/不适用	14.6	9.6	3.1	2.7	1.3	5.1
合计		100.0	100.0	100.0	100.0	100.0	100.0

（2）初中文化程度的受访者认为过去一年内家庭日常开销超支的比例最高。

不同文化程度的群体对"家庭日常开销是否超支"选择有显著差异（χ^2 = 23.981，p < 0.01）；初中文化程度的受访者认为过去一年内家庭日常开销超支的比例最高，为 55.0%；小学及以下文化程度的受访者认为超支的比例最低，仅占 32.3%。

表 12   不同文化程度受访者对"家庭日常开销是否超支"选择情况

单位：%

| | | 文化程度 | | | | | | 合计 |
		小学及以下	初中	高中及中专	大专	大学本科	研究生及以上	
在过去一年内您的家庭日常开销是否超支	是	32.3	55.0	48.4	44.5	35.9	44.1	44.5
	否	62.9	39.4	46.2	51.3	58.7	50.0	50.4
	不了解/不适用	4.8	5.6	5.4	4.2	5.4	5.9	5.2
合计		100.0	100.0	100.0	100.0	100.0	100.0	100.0

（3）收入水平在 1001～2000 元的受访者认为过去一年内家庭日常开销超支的比例最高。

不同收入的群体对"家庭日常开销是否超支"选择有显著差异（χ^2 =

44.982，p＜0.001）。收入水平在1001～2000元的受访者认为过去一年内家庭日常开销超支的比例最高，为55.2%；收入水平在2001～3000元和4001～6000元的受访者过去一年内家庭日常开销超支的比例较高，分别占比52.6%和50.6%。

表13　不同收入水平受访者对"家庭日常开销是否超支"选择情况

		在过去一年内您的家庭日常开销是否超支（%）			合计（%）
		是	否	不了解/不适用	
个人月收入	无收入	33.1	55.4	11.5	100.0
	1～1000元	38.7	54.8	6.5	100.0
	1001～2000元	55.2	40.8	4.0	100.0
	2001～3000元	52.6	42.8	4.6	100.0
	3001～4000元	42.2	56.6	1.2	100.0
	4001～6000元	50.6	45.1	4.3	100.0
	6001～10000元	41.9	58.1		100.0
	10001元及以上	42.2	53.1	4.7	100.0
合　计		45.3	50.0	4.7	100.0

（4）农林牧渔水利业生产职业的受访者认为过去一年内家庭日常开销超支的比例最高。

不同职业的群体对"家庭日常开销是否超支"的选择有显著差异（χ^2＝114.349，p＜0.001）。农林牧渔水利业生产职业的受访者过去一年内家庭日常开销超支的比例最高，为64.2%。无业人员、办事人员和有关人员、自由职业者、商业服务业人员、生产运输工人和有关人员、个体经营人员等职业的受访者过去一年内家庭日常开销超支的比例较高，均超过50.0%，分别占比62.5%、54.8%、54.8%、52.4%、52.1%、51.5%。学生受访者群体认为超支的比例最低，仅占23.3%。

（5）农业户口受访者日常开销超支比例高于非农业户口受访者。

不同户口类型的群体对"家庭日常开销是否超支"的选择有显著差异（χ^2＝7.865，p＜0.05）。农业户口受访者中过去一年内家庭日常开销超支的比例较高，占比48.8%；非农业户口认为超支的比例为41.8%。

表14   不同职业受访者对"家庭日常开销是否超支"选择情况

单位：%

职业		在过去一年内您的家庭日常开销是否超支			合计
		是	否	不了解/不适用	
	党政企事业单位负责人	36.8	63.2		100.0
	专业技术人员	46.1	50.9	3.0	100.0
	商业服务业人员	52.4	44.4	3.2	100.0
	办事人员和有关人员	54.8	40.4	4.8	100.0
	农林牧渔水利业生产人员	64.2	26.4	9.4	100.0
	生产运输工人和有关人员	52.1	39.4	8.5	100.0
	个体经营人员	51.5	44.3	4.2	100.0
	离退休人员	29.4	69.3	1.3	100.0
	无业人员	62.5	32.1	5.4	100.0
	其他	24.0	72.0	4.0	100.0
	学生	23.3	60.5	16.2	100.0
	自由职业	54.8	40.3	4.9	100.0
合 计		44.1	50.5	5.4	100.0

3. 不同群体对未来一年各类型消费支付难易程度的选择情况

（1）地域差异。

东、中、西部和一、二、三线地区的受访者在"如期付租房或房贷""应付一万元人民币的意外支出""准时偿还消费贷款"方面有显著差异（东、中、西部：$F = 6.329$，$p < 0.01$；$F = 5.245$，$p < 0.01$；$F = 5.562$，$p < 0.01$。一、二、三线地区：$F = 4.191$，$p < 0.05$；$F = 7.394$，$p < 0.01$；$F = 3.524$，$p < 0.05$）。总体来说，东部受访者群体对各类消费支付相对最轻松，三线城市受访者对所有类型消费的支付相对最困难。

东部受访者群体相对最轻松，其次是西部，最困难的是中部。东中部地区受访者对各种消费支付的难易程度依次为："应付一万元人民币的意外支出""如期付租房或房贷""准时偿还消费贷款"，而西部地区受访者对于"如期付租房或房贷"的难易程度评价最低，均值仅为2.76分。

对于"应付一万元人民币的意外支出"，二线城市受访者最轻松，评价均值为3.15分；对于"如期付房租或房贷""准时偿还消费贷款如买车"，一线城市受访者相对较轻松，评价均值分别为3.01分和2.94分；三线城市受访者

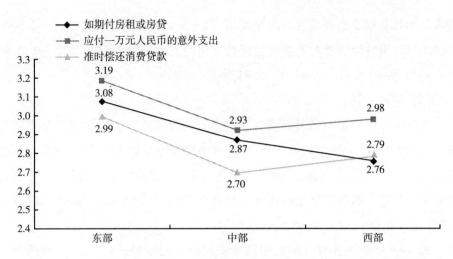

图 14　东、中、西部地区受访者对未来一年各类型消费支付难易程度的选择情况

对所有类型消费的支付相对最困难。二、三线城市受访者对各种消费支付的难易程度依次为："应付一万元人民币的意外支出""如期付租房或房贷""准时偿还消费贷款"，而一线城市受访者对于"应付一万元人民币的意外支出"的难易程度评价低于其他两种类型消费支出。

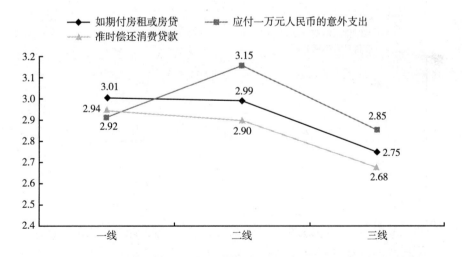

图 15　一、二、三线城市受访者对未来一年各类型消费支付难易程度均值图

（2）性别差异。

男女受访者对未来一年"应付一万元人民币的意外支出""准时偿还消费

贷款"的难易程度的评价存在显著差异（t＝5.053，p＜0.001；t＝－2.660，p＜0.01），男性受访者对上述两种消费支出的支付难易程度（3.22分，2.94分）均显著高于女性（2.86分，2.74分）。

（3）年龄差异。

各年龄层受访者对各种消费支付的难易程度依次为："支付日常生活开销""应付一万元人民币的意外支出""准时偿还消费贷款"。不同年龄受访者关于未来一年"应付一万元人民币的意外支出""准时偿还消费贷款""支付日常生活开销"的难易程度的评价存在显著差异（F＝5.027，p＜0.01；F＝6.377，p＜0.001；F＝3.665，p＜0.01）。

30～44岁受访者对三种类型消费支付感到最轻松，45～59岁受访者对"应付日常生活开销""应付一万元人民币的意外支出"感到最困难，60岁及以上受访者"准时偿还消费贷款"最困难。通过LSD两两比较，结果显示：30～44岁群体对"应付一万人民币的意外支出""准时偿还消费贷款"难易程度显著高于其他群体，45～59岁群体对"应付日常生活开销"的难易程度显著低于其他群体。

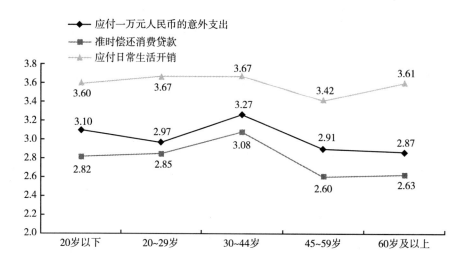

图16　不同年龄受访者对未来一年各类型消费支付难易程度均值图

（4）文化程度差异。

不同文化程度的受访者对"如期付租房或房贷""应付一万元的意外

支出"准时偿还消费贷款""应付日常生活开销"难易程度评价存在显著差异（F=4.294，p<0.01；F=9.915，p<0.001；F=16.369，p<0.01；F=5.862，p<0.001）。对于"如期付房租或房贷"，初中文化程度的受访者评价均值最低，均值为2.59分，感到最困难。其他三种支出难易程度评价中，小学文化程度的受访者评价均值最低；并且基本呈现文化程度越高，支付越轻松的趋势。

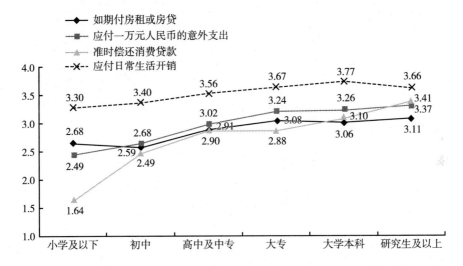

图17 不同文化程度受访者对未来一年各类型消费支付难易程度均值图

（5）职业差异。

不同职业受访者对"如期付租房或房贷""应付一万元人民币的意外支出""准时偿还消费贷款""应付日常生活开销"难易程度评价存在显著差异（F=3.880，p<0.001；F=4.536，p<0.001；F=9.648，p<0.001；F=3.861，p<0.001）。关于"如期付房租或房贷"和"应付日常生活开销"，个体经营人员除其他外最容易，无业人员均最困难。

（二）居民消费倾向调查

1. 受访者认为现在是"购买大件家用商品"的好时机，而"购买股票"的时机最不好

关于"对各类产品购买时机好坏的判断"的调查统计结果显示，相对来

说"购买大件家用商品"时机最好，20.1%的受访者认为现在是"购买大件家用商品"的好时机；其次为购买汽车，19.4%的受访者选择汽车；14.1%的受访者认为现在是"买房"的好时机；只有9.7%的受访者认为现在是"购买股票"的好时机，77.4%的受访者认为现在不是购买股票的好时机。

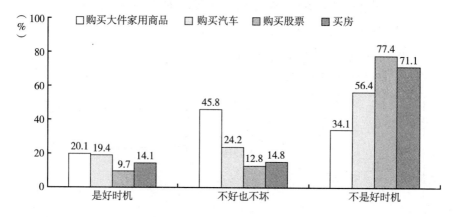

图18　购买各类商品的时机选择分布

2. 居民消费倾向的人口学差异

（1）地域差异。

东、中、西部的受访者在当前是否购买大件家用商品、股票最佳时机的选择上有显著差别（$\chi^2 = 9.525$，$p < 0.05$）（$\chi^2 = 20.091$，$p < 0.001$）。在"购买大件家用商品"上，西部地区受访者认为是好时机的比例最高，达22.4%；中部最低，占比15.5%。在"购买股票"方面，东部地区受访者认为是好时机的比例最高，达13.6%；西部最低，占比仅为3.9%。

一、二、三线地区的受访者在"当前是否购买股票""买房最佳时机的选择"上有显著差别（$\chi^2 = 15.216$，$p < 0.01$）（$\chi^2 = 15.466$，$p < 0.01$）。在"购买股票"方面，一线地区受访者认为是好时机的比例最高，达18.5%；三线最低，占比仅为3.6%。在"买房"方面，一线地区受访者认为是好时机的比例最高，达18.3%；三线最低，占比为9.5%。

（2）性别差异。

男、女性受访者在当前购买股票和买房是否好时机的选择上有显著差别

（$\chi^2 = 8.892$，$p < 0.05$；$\chi^2 = 10.625$，$p < 0.01$）。男性受访者在两者是好时机的选择比例上（13.3%，17.6%）均高于女性受访者（6.3%，10.3%）。

（3）年龄差异。

不同年龄受访者在当前购买大件家用商品、股票、房子是否好时机的选择上有显著差异（$\chi^2 = 23.252$，$p < 0.01$；$\chi^2 = 22.065$，$p < 0.01$；$\chi^2 = 30.978$，$p < 0.001$）。60 岁及以上的受访者认为当前是购买大件家用商品的好时机的比例最高，达 35.9%。20 ~ 29 岁的受访者认为当前是购买股票的好时机的比例最高，达 14.0%。20 岁以下的受访者认为当前是买房好时机的比例最高，为 22.9%，20 ~ 29 岁的受访者认为当前是买房好时机的比例相对较高，达 20.7%，45 ~ 59 岁的受访者群体认为当前是买房好时机的比例最低，为 5.0%。

（4）文化程度差异。

不同文化程度受访者在当前购买大件家用商品、汽车、买房是否好时机的选择上有显著差异（$\chi^2 = 25.711$，$p < 0.01$；$\chi^2 = 39.219$，$p < 0.001$；$\chi^2 = 21.807$，$p < 0.05$）。高中及中专、小学及以下、研究生及以上的受访者认为当前是购买大件家用商品的好时机的比例较高，分别为 28.0%、25.8%、25.0%。小学及以下的受访者认为当前是买车的好时机的比例最高，达 28.6%；研究生及以上的受访者认为是买车好时机的比例最低，为 10.3%。大学本科受访者认为当前是买房好时机的比例最高，为 17.6%；大专比例最低，为 7.5%；研究生认为当前不是买房好时机的比例最高，达 80.0%。

（三）居民对消费环境的评价

1. 居民对我国养老问题的评价

考察受访者与五年前相比当下对于养老问题的担心程度，33.9% 的受访居民表示与五年前相比更担心养老问题，31.2% 的受访者表示目前不太担心养老问题了，而认为担心程度没有变化的受访者占比 15.0%，另有 19.9% 的受访者表示并没有考虑这一问题。而从受访者对于未来退休的预期状况（该题为多选）来看，40.8% 受访者认为退休金可能上涨，28.8% 的受访者认为要储蓄

更多的存款来应对养老问题，26.4%的受访者表示将来自己退休的时间可能比计划时间晚，分别有9.1%和6.9%的受访者表示退休金不会有变化和可能下降。

2. 我国居民对贫困状况的评价

本研究对受访者对我国贫困人口数所占比例的认知情况进行调查，其中有29.2%的受访居民认为当前我国贫困人口数在40%及以上，17.0%受访者认为我国贫困人口数在30%~40%，14.0%受访者认为在20%~30%，认为在10%~20%的受访者占比9.1%，认为在5%~10%和5%以下的受访者分别占比5.0%和5.9%，除此之外19.8%的受访者表示对此并不了解。考察我国贫困状况的变化情况，从全国范围来看，42.5%的受访者认为我国的贫困状况有所改善，21.5%的受访者认为没有变化，认为大幅度改善的受访者占比13.7%，认为略有恶化和严重恶化的受访者各占4.9%和1.9%，另有15.5%表示不清楚。

2013年中国网络舆情年度报告

上海交通大学舆情研究实验室 *

摘　要：

2013年热度较高的舆情事件较2012年有所下降。组织机构类舆情居多但比例有所下降；言行不当、公共政策、违法犯罪类舆情多发；自然灾害类舆情引发的关注最高；北京舆情事件比例在各省市自治区中最高；舆情事件的发生至曝光时间差缩短；微博反应速度有小幅度提升；首曝媒介依然以新媒体为主，传统媒体首曝比例有小幅上升；地方政府为主要干预主体，干预速度较快；追究刑事责任、经济责任运用最多；四川省舆情总压力指数最高，其次为北京、河南、上海；2003～2013年间，2012年舆情压力指数最高，就近11年舆情压力整体分布来看，北京、广东、四川、河南的舆情总压力指数较高。

关键词：

网络舆情　新媒体　干预　网络治理　舆情压力指数

　　2013年，中国社会又迈上新征程：新一届中共领导人走马上任，中国梦的伟大构想寄托着国人对中华民族伟大复兴的殷切期盼；十八届三中全会描绘下一阶段发展路线图，中国改革面临再出发；国内生产总值全年增速7.7%，国民经济发展稳中向好，中国经济正从投资拉动转向消费拉动的良性轨道；上海自由贸易区正式批准设立，成为中国积极主动对外开放的试验田；中国反腐

　＊　课题负责人：谢耘耕；主要执笔人：高云微、李明哲、郑广嘉、刘丛、刘锐、万璇傲、秦静；统计分析：荣婷、乔睿、张旭阳、李静；课题组其他成员：刘怡、陈玮、高璐、王瑶瑶、荆喆、杨慧芳、张新苗、尹丹阳、杨倩、王倩、王孟盈、尹艺蓓、刘伟。

亮出重拳,薄熙来案终审,李春城、衣俊卿、刘铁男等一系列高官的落马表明中共惩治腐败的决心和力度之大。

处于改革深水区的中国前进中亦有坎坷:中国经济的下行压力依然很大,经济转型困难重重;自然灾害频发,汶川地震的记忆依然清晰,雅安地震又再次袭来;周边安全形势严峻,钓鱼岛事件阴影未散;环境污染引发高度关注,雾霾成为国人心中难以磨灭的痛楚;民生问题备受瞩目,城管摊贩矛盾以及医患冲突不断,延安城管暴力执法,湖南临武瓜农与城管冲突案,温岭杀医案等舆情频出;司法舆情热度上升,李天一案、夏俊峰案、王书金案等吸引诸多网民关注;食品安全问题依然揪心,黄浦江死猪、农夫山泉质量门频频警醒国人。

舆情是社会的一面镜子,而舆情事件是舆情的集中反映。从网络舆情事件出发,上海交通大学依据社会舆情指数,选取了2013年1000起影响较大的网络舆情案例进行分析。报告首先将对2013年网络舆情事件进行媒体和网民关注度排行;并梳理2003~2013年以来全国各地区的热点舆情事件,计算压力指数,绘制舆情地图。此外,将2013年影响较大的网络舆情事件与2011、2012年进行比较①,以分析2013年网络舆情事件的特点、传播途径及舆情干预特点,发现2013年网络舆情传播规律,并对2014年网络舆情进行预测。

一 2013年网络舆情事件排行

上海交通大学舆情研究实验室在综合前人研究的基础之上,基于丰富的社会舆情研究经验,借力上海交通大学信息安全、计算机科学技术等强势学科支撑,以第三方学术权威机构的中立视角提出了一套社会舆情指数,用以衡量某一公共事件舆情在网络中受关注的程度。② 这套指数既吸取了目前网络舆情指

---

① 样本选取上,2014年蓝皮书选取2011~2013年各年度中热度排名前1000的网络舆情热点事件作为研究对象。各年度样本量相同,共计3000起。2013年蓝皮书则以2003~2012年十年来热度排名前5000的网络舆情热点事件作为研究对象,其中2011年919起,2012年1593起。由于样本选取标准不同,两年蓝皮书总报告和分类报告中的样本量和数据结果具有一定区别。

② 详见谢耘耕《中国社会舆情与危机管理报告(2011)》,北京:社会科学文献出版社,2011。

数中实证、量化的研究特色，又在研究维度、计算方法上有所创新。经与前人相关研究进行比对，该指标具备良好的效标关联效度和信度。在研究社会舆情热度方面具有一定的可操作性。

借助于这一指标体系，我们从 2013 年 1000 起热点事件中筛选了热度靠前的 60 起影响较大的社会舆情事件，排行见表 1。

表 1　2013 年影响较大的 60 起热点事件舆情热度排行

排行	事件	舆情热度
1	新国五条	75.770
2	雅安地震	72.707
3	李天一案	60.392
4	十八届三中全会	56.734
5	微信收费风波	54.903
6	王菲李亚鹏离婚	54.562
7	冯小刚担任马年春晚导演	54.480
8	中国 H7N9 禽流感疫情	51.522
9	美国政府关门	51.030
10	2014 年放假安排公布惹争议	50.640
11	张艺谋超生缴纳罚款	50.513
12	我国启动单独两孩政策	50.498
13	天津汽车限购政策	50.310
14	"嫦娥三号"月球探测器成功登月	50.175
15	棱镜门事件	50.024
16	微软宣布收购诺基亚手机业务	50.023
17	复旦投毒案	49.750
18	南方持续高温	49.618
19	北京男子当街重摔女童事件	49.611
20	俄罗斯总统普京离婚	49.277
21	薄熙来受审	49.125
22	以房养老政策惹争议	49.047
23	湖南一副局长 14 岁参加工作事件	48.920
24	家电节能补贴政策终止	48.660
25	李开复自曝患淋巴癌	48.586
26	中国宣布划设东海防空识别区	48.543
27	薛蛮子涉嫌嫖娼被抓事件	48.523
28	星巴克暴利门	48.470

续表

排行	事件	舆情热度
29	菲律宾射击台湾渔船事件	48.357
30	朝鲜第三次核试验	48.322
31	泰山火灾	48.318
32	老人摔倒路人围成一圈等救护车不敢扶	48.190
33	王林事件	48.170
34	孙杨无证驾驶事件	48.125
35	神舟十号发射成功	48.116
36	赵本山退出2013年央视春晚	48.111
37	曼德拉逝世	48.098
38	巴基斯坦发生里氏7.8级地震	48.094
39	李安获奥斯卡最佳导演奖	48.032
40	南京幼女饿死事件	48.025
41	埃及首都爆发冲突	48.014
42	金正恩姑父张成泽被处决	47.984
43	《泰囧》破10亿票房	47.936
44	英国前首相撒切尔夫人去世	47.922
45	延安城管暴力执法事件	47.914
46	默多克邓文迪离婚	47.841
47	凤凰古城收取门票事件	47.790
48	丁锦昊到此一游事件	47.744
49	郑州房妹事件	47.706
50	湖南临武瓜农死亡事件	47.696
51	北京首都机场T3航站楼爆炸案	47.687
52	兰考火灾	47.636
53	青岛输油管道爆炸	47.603
54	香港奶粉限购令	47.577
55	光大证券"乌龙指"事件	47.525
56	新交规黄灯细则惹争议	47.518
57	长沙女孩坠井事件	47.413
58	厦门公交纵火案	47.383
59	山东潍坊地下水污染	47.369
60	山西房媳事件	47.342

对比2011～2013年各年度热度排名前60位的热点舆情事件，可以发现，2013年的平均舆情热度（50.066）略低于2012年（50.496），高于2011年

（49.438）。舆情热点事件热度水平较 2012 年有所回落。然而，2013 年热度的偏度系数（3.836）高于 2011 年（2.063）和 2012 年（3.009），即 2013 年热点舆情事件的热度分布呈现出更明显的右偏，存在热度异常高的舆情事件。最热门舆情事件的热度达到 75.770，高于其他年份的舆情事件。

对三年热度排名前 60 的舆情事件新闻关注度进行均值比较发现，由于大量异常值存在，导致三年的平均值变化明显，2011 年最低，2013 年最高。2013 年舆情事件平均新闻关注度明显高于前两年，与该年度获得极高新闻关注度的舆情事件直接相关。"新国五条"事件获得了高达 33500000 的新闻关注峰值，远高于三年内的其他各起事件。

2011～2013 各年度热度排名前 60 位的舆情热点事件中，来自社区、博客、微博三大媒介平台的热度呈现出类似的变化趋势。2013 年热度排名前 60 位的舆情事件来自社区、博客的平均搜索量均比 2011 年、2012 年有所下降（三年中来自社区平台的平均搜索量依次为 147549.45、148743.48、137653.83；来自博客平台的平均搜索量依次为 138133.18、152647.18、59608.77），来自微博平台的平均搜索量（871505.58）虽然高于 2011 年（588656.93），但明显低于 2012 年（1190239.33）。可以发现，2013 年网民在社区、博客、微博平台的平均搜索量较 2012 年均有下降，但对比 2011～2013 年各年度热度排名前 60 位的舆情事件的网民关注峰值，发现网民关注峰值却出现了逐年增大的现象，从 2011 年的 630609（"日本地震"事件）到 2012 年的 2265026（"王立军"事件），再到 2013 年的 3551863（"雅安地震"事件），增长速度迅猛。2013 年网民对前 60 起热门舆情事件的搜索总量下降，但对个别舆情事件的搜索峰值大幅提高，说明网民对舆情事件的关注更加集中，聚焦于点而非面。

二　2003～2013 年舆情地图

为了解我国各年度、各地域网络舆情事件发生的整体情况，上海交通大学舆情研究实验室选取 2003～2013 年热度最高的 5000 起网络舆情事件，依次从发生时间、发生地以及发生地的时间变化三个角度进行分析，重点研究我国各区

域、省份的网络舆情事件整体特征，绘制了 11 年间中国的网络舆情地图。

舆情压力指数公式为：舆情压力指数 = ∑（热度×舆情事件性质）。

其中，舆情热度计算公式为：热度 = ∑（新闻搜索量标准分＋社区平台搜索分＋博客平台搜索量标准分＋微博平台搜索量标准分）＋1

对于舆情事件性质的计分方式如下：正面舆情事件性质 = －1，中性舆情事件性质 = 0，负面舆情事件性质 = 1。

1. 2013 年舆情总压力指数省份分布

2013 年四川的舆情总压力指数明显升高，超越北京成为全国第一，远高于其他省份。这一年四川热度较高的的网络舆情事件数量共 27 起，远低于北京地区的 134 起。但是这些事件多偏向负面性质，且多数事件在全国范围内引发热议，在微博上的影响较大，参与讨论人数较多，舆情持续时间均较长。如 2013 年 4 月 20 日发生的雅安 7 级地震事件。此次地震伤亡人员众多、救援力度较大，事件发生后全国大范围进行了捐资、援助动员，同时海外力量也加入了救援行动。该事件影响较大。另外，十一期间九寨沟景区的游客滞留事件、成都警匪枪战、四川省政协主席李崇禧被调查等负面网络舆情事件都引发全国范围关注，加大了四川省的舆情压力。

北京地区舆情总压力指数排名第二位。2013 年北京地区网络舆情事件共有 134 起，不乏多起负面网络舆情事件出现，以李天一案、北京男子当街重摔女童事件、薛蛮子涉嫌嫖娼被抓事件、张曙光受贿案等事件为主，形成了全国范围的关注和热议。李天一案从曝光、案件审理、判处、上诉到二审整个过程都得到全国公众的关注。舆情持续时间较长，为当地警方、司法机构带来了较大的舆论压力。

河南、上海、山东、江苏、广东、湖北、河北、浙江八个省份分列舆情总压力指数的第 3 ~ 10 位。其中，河南、上海、山东、江苏、广东的总压力指数相对其他前十省份较高。

2013 年湖南省舆情总热度虽然较高，但网络舆情事件偏正面，因此总压力指数全国最低。

2013 年大多数省份的网络舆情事件数量和总热度都出现了下降，但上海两项指标均有所上升，因此 2013 年上海的舆情总压力指数相对较高，排名第四。

复旦投毒案、上海高院法官集体招嫖事件、上海黄浦江漂浮死猪事件等在微博上引发了大范围的讨论，这些负面网络舆情事件在一定程度上增加了上海舆情压力。

表 2　2013 年各省份舆情压力指数排行

		2013 总压力指数排行			
排名	省份/地区	总压力指数	排名	省份/地区	总压力指数
1	四川	90.172	17	辽宁	6.942
2	北京	51.581	18	江西	6.781
3	河南	25.499	19	贵州	6.372
4	上海	25.244	20	黑龙江	5.57
5	山东	24.454	21	重庆	5.252
6	江苏	21.742	22	广西壮族自治区	3.957
7	广东	20.322	23	吉林	3.941
8	湖北	14.456	24	海南	3.822
9	河北	14.015	25	新疆维吾尔自治区	2.535
10	浙江	13.112	26	内蒙古自治区	2.068
11	港澳台	12.542	27	天津	0.895
12	福建	10.677	28	西藏自治区	0.45
13	陕西	9.642	29	青海	0
14	云南	9.395	30	宁夏	0
15	安徽	7.005	31	甘肃	-1.397
16	山西	6.99	32	湖南	-27.523

2. 2003～2013 年舆情压力指数年度分布：2012 年舆情压力指数最大

2003～2013 年 11 年间，网络舆情事件数量呈逐年上升趋势。2011 年、2012 年出现激增。尤其以 2012 年涨幅最大，在 11 年热度最高的网络舆情事件中占比 25.9%。2013 年网络舆情事件数量明显减少，降幅较大。

对 5000 起网络舆情事件进行热度计算，就各年度网络舆情事件总热度而言，2011 年、2012 年网络舆情事件的总热度增幅最大。2012 年网络舆情事件的总热度最高，达到 1319.380；2013 年网络舆情事件的总热度下降，但仍高于其他年份；2008 年网络舆情事件总热度出现 11 年中的小高峰。就平均热度而言，2013 年网络舆情事件总热度虽有所下降，但是平均热度仍处于上升趋势；2008 年网络舆情事件的平均热度出现峰值，为 11 年间最高。

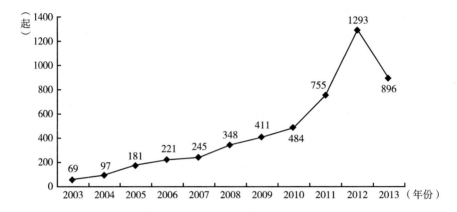

图1 2003～2013 年影响较大的网络舆情事件数量分布

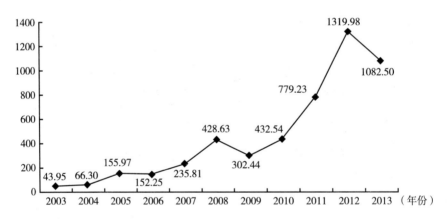

图2 2003～2013 年影响较大的网络舆情事件年总热度

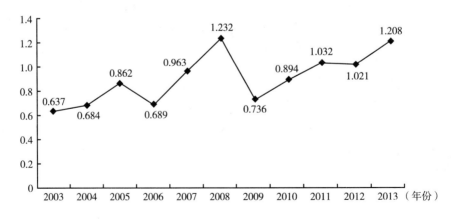

图3 2003～2013 年影响较大的网络舆情事件年平均热度

通过对各年份网络舆情事件热度和网络舆情事件性质进行计算得到各年度的舆情压力指数。统计结果显示，就各年度总压力指数而言，2003～2012 年10 年间基本呈上升趋势；2012 年网络舆情事件的总压力指数最高，增长幅度最大；2013 年网络舆情事件的总压力指数有所下降。就平均压力指数而言，2007 年、2010 年网络舆情事件的平均压力指数出现峰值，2010 年以后各年份的平均压力指数趋于平稳，有小幅上升趋势；2005 年的平均压力指数最低。

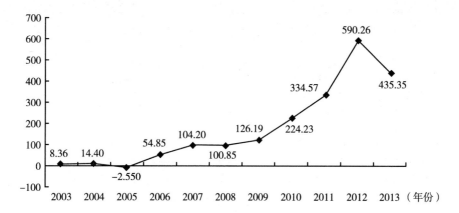

图 4　2003～2013 年影响较大的网络舆情事件年总压力指数

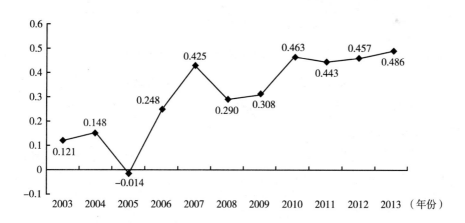

图 5　2003～2013 年影响较大的网络舆情事件平均压力指数

3. 2003～2013 年舆情压力指数地域分布：东部地区总舆情压力指数最高

　　剔除 630 起发生在海外的网络舆情事件，以及 40 起发生地不详的网络

舆情事件，对2003～2013年剩余的网络舆情事件的压力指数进行地域分布分析。

按照舆情总压力指数进行排序，结果如下：东部地区的总压力指数最高。东部地区的网络舆情事件数量最多，在热度最高的5000起网络舆情事件中占比47.3%，总热度和总压力指数均最高；西部地区的总舆情压力指数排名第二位，网络舆情事件数量占比为13.5%；中部地区舆情总压力指数排名第三；涉及全国范围的舆情总压力指数排名第四，这一网络舆情事件类型的数量和总热度均排名第二位；港澳台地区的舆情总压力指数较低。

表3　2003～2013年影响较大的网络舆情事件地域分布

东中西部	数量(起)	百分比(%)	总热度	平均热度	总压力指数	平均压力指数
东　　部	2050	47.3	1784.49	0.87	740.35	0.36
中　　部	709	16.4	588.40	0.83	352.64	0.50
西　　部	584	13.5	591.54	1.01	399.95	0.68
港 澳 台	101	2.3	135.53	1.34	55.98	0.55
全国范围	886	20.5	1090.84	1.23	270.08	0.30
总　　计	4330	100.0	4190.81	0.97	1818.98	0.42

2003～2013年，东部地区网络舆情事件数量在年度分布上均最多。从2011年起，东部地区网络舆情事件数量增幅明显高于其他区域，在各年度的网络舆情事件总量中所占比例稳定在50%左右。东部地区舆情总热度在2011年、2012年出现较大幅度增长，远远超过其他区域。2013年虽然总热度有所下降，但仍显著高于排名第二的全国范围舆情热度。东部地区的舆情总压力指数与该区域的舆情总热度走势基本一致。

西部地区的总压力指数在11年间基本呈上升趋势。即便在2013年其他区域舆情总压力指数处于下降趋势时，西部地区的总压力指数仍保持小幅上升趋势。2012年西部地区舆情总压力指数大幅上涨，与中部地区持平。

4. 2003～2013年舆情压力指数省份分布：北京、广东、四川、河南的舆情总压力指数较高

剔除630起发生在海外的网络舆情事件，以及40起发生地不详的网络舆情事件，对2003～2013年剩余的网络舆情事件进行舆情压力省份分布分析。

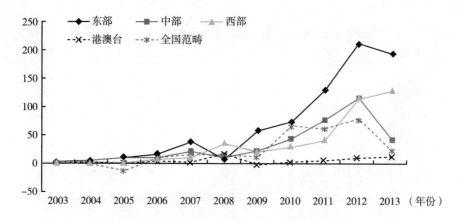

图 6　2003～2013 各地区总压力指数趋势图

全国范围的舆情数量、总热度、总压力指数均高于各省份，分析时不与省份对比。

对 2003～2013 年整体情况进行分析，从数量上看，北京是网络舆情事件的高发地，11 年间，16.6% 的热度较高的网络舆情事件发生在北京。其次为广东省，再次为浙江、上海、河南、江苏、四川、湖北、山东、湖南等省。从热度上看，北京、广东、四川、湖南的网络舆情事件总热度最高，天津、四川、青海、重庆、港澳台、湖南、北京的网络舆情事件平均热度最高。从压力指数上看，北京、广东、四川、河南的网络舆情事件总压力指数最高，重庆、四川的网络舆情事件平均压力指数最高。海南、甘肃、宁夏、西藏自治区的热度较高的网络舆情事件数量较少，因此舆情总压力指数相对较低。

从各省份的事件数量和舆情总热度的年份分布上来看，北京始终是网络舆情事件数量最多、舆情总热度最高的地区，尤其是 2011 年成倍增长，主要由于 2011 年北京地区热度较高网络舆情事件数量倍增，由 2010 年的 42 起增加到 105 起。其次为广东省，广东省的舆情总热度在 2012 年居全国第二，但 2013 年明显下降。2013 年四川省的舆情总热度明显升高，居全国第二；同时湖南省的舆情总热度明显升高，居全国第三。从压力指数在各省份的分布来看，2010 年以前，各省份的舆情总压力指数相对较低，舆情压力较小。2010 年以后，一些省份的舆情压力指数出现大幅增长。2010～2012 年，北京地区的舆情压力总指数始终处于全国第一位。

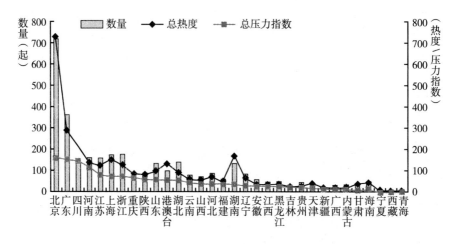

图7 2003～2013年舆情数量、总热度、总压力指数省份分布示意图

三 2013年网络舆情事件与传播特点

1. 互联网舆情经过不断升温，2013年第一次出现了拐点；地方政府、国家部委、民企、事业单位成为舆情高发机构；违纪违规/违法犯罪、时事政治、言行不当类舆情多发

2013年影响较大的网络舆情事件数量较2012年有所下降，舆情热度同样低于2012年。互联网舆情经过不断升温，终于在2013年第一次出现了拐点。2011～2013年网络舆情事件的主体类型存在显著性差异（$\chi^2 = 93.404$，p < 0.05）。三年中组织机构为舆情主体的共1968起，总占比为65.6%，高于个人为舆情主体的舆情（30.5%）。其中，2013年网络舆情事件主体中组织机构类舆情所占比例居高不下，为55.6%，但是相较于2011年（71.6%）和2012年（69.6%）有所下降。进一步分析，发现地方政府（26.1%）、国家部委（21.6%）、民企（18.1%）、事业单位（14.1%）成为2013年网络舆情事件高发机构。

总体而言，2013年的网络舆情事件媒体和网民关注度较2012年有所下降。其中2013年排名前三位的舆情主体所属部门分别为国家部委（1.407）、事业单位（0.968）和社团组织（0.900）。国家部委作为舆情主体引发的媒体和网民关注度逐年上升（2011 年 0.940，2012 年 1.317，2013 年 1.408）。

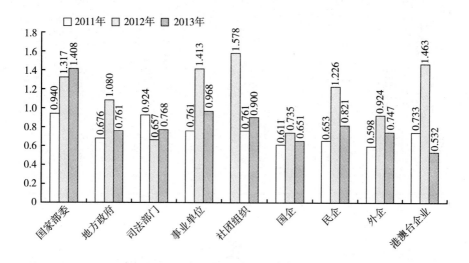

图 8 2011～2013 年舆情事件主体所属部门媒体和网民关注度

网络舆情事件的发生具有一定的复杂性。上海交通大学舆情研究实验室在借鉴以往分类经验的基础上，将引发舆情事件的原因细分为二十四类，并进一步将其整合为时事政治、民生问题、灾害事故、违纪违规/违法犯罪、大型活动/科技发现、企业财经、言行不当和其他八类。所有舆情事件类型均采取单选形式。

进一步对三年整体情况进行分析，对 2011～2013 年网络舆情事件初始原因与年度进行交叉分析（$x^2 = 91.076$，$p < 0.05$），说明不同年度的初始原因的分布有显著差异。其中，2013 年违纪违规/违法犯罪的比例仍是最高，为 21.9%，如李天一案。时事政治为主要原因引发舆情的比例占 20.5%，如新国五条的颁布、我国启动单独两孩政策、天津汽车限购政策等出台、2014 年放假安排公布惹争议、家电节能补贴政策终止等。言行不当为主要原因引发的舆情占比 19.9%，排在第三位，较 2011 年（17.2%）、2012 年（18.0%）呈现出逐年上升趋势。其中比较有影响的舆情事件，如星巴克暴利门、高校推行"恋爱登记制"引热议、凤凰古城收

取门票事件、王林事件和上海一马路装 50 多只探头等。企业财经比例有所
下降。

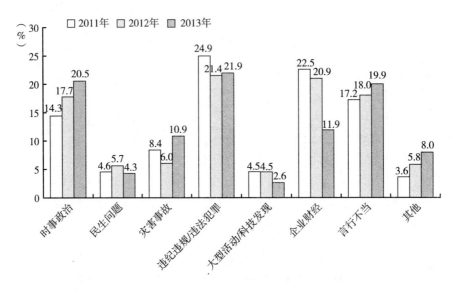

图9　2011～2013 年各类舆情事件分布

2013 年，大型活动/科技发现舆情事件的平均媒体和网民关注度最高，为
1.656，如十八届三中全会、神舟十号发射成功、"嫦娥三号"月球探测器成
功登月等事件引发全国范围关注。其次为灾害事故（1.392），如雅安地震、
四川暴雨、中国 H7N9 禽流感疫情等事件受到公众热议。再次为时事政治类
（1.202），如新国五条、我国启动单独两孩政策、天津汽车限购政策等。接下
来依次为违纪违规/违法犯罪（1.013）、企业财经（0.692）、言行不当
（0.692）和民生问题（0.593）。

2. 行业分布：公共管理与社会组织行业的舆情事件比例最高

从 2011～2013 年影响较大的网络舆情事件行业分布来看，不同年份的所
属行业的分布存在显著性差异（$\chi^2 = 145.382$，$p < 0.05$）。公共管理与社会组
织是比重最大的舆情涉及行业，其涉及的网络舆情事件数量占年度总数的
39.8%。2013 年，公共管理与社会组织占比为 35.6%，较 2011 年（38.6%）
2012 年（45.6%）有所下降。其中，比较典型的网络舆情时间有新国五条公
布和我国启动单独两孩政策等。此类网络舆情大受关注，体现了我国网民日益

高涨的参政议政热情。此外制造业、教育业也是网络舆情事件的多发行业，占比依次为 10.0%、9.8%。总体而言，舆情高发行业往往与网民日常的衣、食、住、行活动息息相关。从媒体和网民关注度而言，文化体育和娱乐业最高，为 1.636705；其次为信息传输计算机服务和软件业，为 1.241641；批发和零售业为 1.173143。

表4　2011～2013 年影响较大的网络舆情事件行业分布

单位：%

	年度			合计
	2011	2012	2013	
家林牧渔业	1.9	0.6	1.6	1.4
采矿业	1.8	1.5	1.7	1.7
制造业	15.4	16.0	10.0	13.9
电力燃气及水的生产和供应	1.0	1.0	0.8	0.9
建筑业	0.8	1.6	1.3	1.2
交通运输仓储和邮政业	3.5	3.9	6.7	4.7
信息传输计算机服务和软件业	2.4	3.7	5.4	3.8
批发和零售业	1.8	3.2	1.9	2.3
住宿和餐饮业	1.9	1.7	1.4	1.7
金融业	5.6	1.8	3.7	3.7
房地产业	1.0	1.7	1.9	1.5
租赁和商务服务业	0.1	0.4	0.4	0.3
科学研究、技术服务和地质勘测业	1.1	0.1	1.6	0.9
水利环境和公共设施管理业	0.6	0.7	1.4	0.9
居民服务和其他服务业	0.3	0.3	1.4	0.7
教育业	11.9	6.2	9.8	9.3
卫生社会保障和社会福利业	3.6	2.8	4.9	3.8
文化体育和娱乐业	2.7	4.8	5.5	4.3
公共管理和社会组织	38.6	45.6	35.6	39.8
国际组织	1.0	0.2	0.8	0.7
军队	3.0	2.2	2.2	2.5
合　计	100.0	100.0	100.0	100.0

3. 地域分布：国内外网络舆情事件比例约为九比一，一半事件发生区域为华北、全国性、华东地区，北京网络舆情事件比例在各省市自治区中最高

2013 年网络舆情事件地域分布中，国内外网络舆情事件比例约为九比一。

2013 年国外占比 8.9%，略低于 2011 年的 9.7% 和 2012 年的 11.4%，国内占比 91.1%，超过九成。

国内网络舆情事件中，对东、中、西区域分布与年度进行卡方检测发现结果存在显著差异（$\chi^2 = 15.981$，$p < 0.05$）。其中 2013 年东部最多，占比 45.4%，但较 2011 年（49.5%）和 2012 年（50.9%）有所下降；约二成事件为全国或部分地区的事件（22.2%），其次为中部（17.3%）、西部（13.4%）和港澳台（1.7%）。但从媒体和网民关注度而言，2013 年港澳台地区的网络舆情事件引发热度最高，达到 1.914，其次为全国范围，为 1.110。接下来依次为西部（1.141）、东部（0.941）和中部（0.914）

进一步将区域分为华北等具体区域，并与年度进行交叉分析，发现不同年份的国内具体区域的分布存在显著性差异（$\chi^2 = 54.825$，$p < 0.05$）。其中，华北、全国性、华东地区的网络舆情事件占比超过五成，占比分别为 20.4%、18.3% 和 15.6%，位居前三。

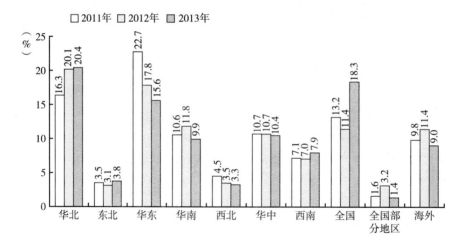

图 10　2011～2013 年网络舆情事件地域分布

在各省市自治区中，北京占比 15.3%，位居第一。广东和上海的网络舆情事件占比为 5.8% 和 4.4%，分别位居第二和第三。北京为舆情发生地的网络舆情事件有新国五条、北京毕业生落户被年龄限制、北京急救车逆行事件、北京男子当街重摔女童事件、清华博士求职门等。广东为舆情发生地的如深圳二套房首付提至七成、微信收费风波等。上海为舆情发生地的有影响力网络舆情事件有上海取消英语"四六级"引热议、中国 H7N9 禽流感疫情、上海一马路装 50 多只探头等。

4. 时间分布：12 月、11 月、1 月为 2013 年网络舆情事件高发期，下半年事件数量高于上半年；2013 年媒体和网民关注度略高于 2011 年，但较 2012 年有明显下降

对网络舆情事件的年份和季度进行交叉分析，发现不同年份的季度分布存在显著性差异（$\chi^2 = 55.673$，$p < 0.05$）。其中，2013 年第四季度发生网络舆情事件最多，共 304 起，占比 30.4%，较前两年有所上升。进一步将月份与年份进行卡方分析，发现 2011～2013 年的舆情月份分布存在显著性差异（$\chi^2 = 99.673$，$p < 0.05$）。

2013 年的年初和年尾是网络舆情事件的高发时间，12 月和 1 月舆情热点事件相对集中，12 月占比 12.2%，位居首位，如红会购别墅风波、北京急救车逆行事件、重庆女孩摔打男婴案件、2014 年放假安排公布惹争议、"嫦娥三号"月球探测器成功登月等；11 月占比 9.5%，居其次，如"十八届三中全会""孙杨无证驾驶事件"我国启动单独两孩政策等。1 月占比 9.4%，位居第三，如埃及首都爆发冲突、新交规黄灯细则惹争议、山东官员办公室受贿事件、兰考火灾等。

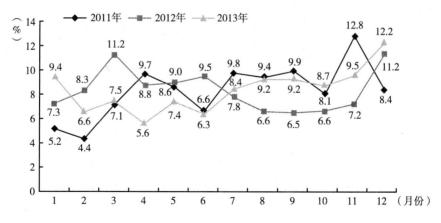

图 11　2011～2013 年影响较大的网络舆情事件月度分布

对不同年份的网络舆情事件的媒体和网民关注度进行检测，运用非参数的 Kruskal – Wallis 检验方法，结果显示，p < 0.001，拒绝原假设，即媒体和网民关注度的分布在年度类别上不相同。2013 年的媒体和网民关注度（1.021）值略高于 2011 年（0.854），但低于 2012 年（1.125）。导致这一结果的原因，一方面可能是与国家开展的互联网治理行动有关。互联网舆论，特别是谣言等舆论大幅度减少。另一方面，微博等互联网舆论平台可能受到微信等的冲击。而微信更有人际圈内的非公开舆论的特点，给媒体和网民关注度的监测带来一定的挑战，也一定程度上影响着热度值的降低。

5. 传播媒介：首曝媒介依然以新媒体为主，传统媒体首曝比例有小幅上升；报纸和网络新闻成为主要的首曝媒体

2013 年网络舆情事件的首曝媒介以新媒体为主，网络新闻和微博成为首曝新媒体中的主导力量。2013 年，传统媒体首曝比例为 36.6%，较 2012 年的 33.1% 有所上升；新媒体首曝比例为 63.4%，较 2012 年的 66.9% 有小幅下降。此外，网络新闻首曝数量最多，占比 37.4%，这一比例在三年中一直呈上升趋势。其次为报纸，占比为 27.6%，较 2012 年的 24.6% 有小幅上升。2013 年微博首曝的事件比例较 2012 年（20.7%）有所下降，为 15.0%。接下来依次为：电视（6.5%）、官方网站（5.9%）、论坛社区（3.2%）、通讯社（2.7%）、广播（0.9%）、博客（0.4%）、杂志（0.3%）、即时通讯（0.1%）。

按照事件的舆情性质进行划分，2013 年正面、中性以及负面网络舆情事件的首曝媒体比重最大的均为网络新闻，占比依次为 34.3%、39.3%、36.7%。在负面网络舆情事件中，2013 年网络新闻为首曝媒体的比例（36.7%），较 2012 年（29.1%）和 2011 年（27.0%）有所上升；但在正面网络舆情事件中，2013 年该比例为（34.4%），较 2012 年（40.5%）和 2011 年（42.3%）比例有所下降；网络新闻为首曝媒体在中性网络舆情事件中比例三年中略有降低（2013 年 39.3%，2012 年 41.5%，2011 年 40.4%）。2013 年，报纸在正面、中性、负面网络舆情事件中的占比分别为 28.1%、29.3%、26.5%，较 2012 年（正面 21.5%、中性 23.9%、负面 25.5%）、2011 年（正面 25.4%、中性 24.5%、负面 30.6%）有小幅度变化。此外，2013 年微博在负面网络舆情事件中的首曝比例为 18.0%，但是这一比例较 2012 年（26.3%）有较大幅度下降，较 2011 年（17.4%）略有上升。

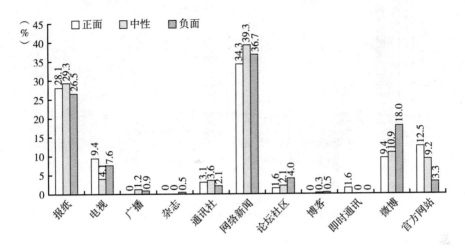

图 12　2013 年首曝媒介与舆情性质的交叉分析

2013 年不同地区的首曝媒体分布较为类似，东部地区网络舆情事件的首曝媒体以报纸为主，占比达 54.3%；其次为网络新闻，占比 54.7%。中部地区以报纸首曝为主，占比 43.5%；其次为网络新闻，达到 26.1%。西部地区以报纸和网络新闻为主，占比均为 33.3%；微博排在第三位，占比 20.0%；全国范围首曝媒体的比重分布情况与上述地区类似，报纸排在首位占比 50.0%，其次为网络新闻 31.3%；官方网站为第三位，占比 18.8%。总体而言，报纸和网络新闻成为主要的首曝媒体。

6. 传播时效：2013 年网络舆情事件的发生至曝光时间差缩短，微博反应速度有小幅度提升，东部地区曝光速度较快

从传播时效的时间差而言，2013 年网络舆情事件的发生至曝光时间差缩短，负面网络舆情事件的发生距曝光时间差明显较长。剔除无效样本后，对 2536 个有效样本进行分析，发现 2011～2013 年度的网络舆情事件的发生至曝光时效分布存在显著差异（$\chi^2 = 137.388$，$p < 0.001$）。

与 2011 年和 2012 年相比，2013 年网络舆情事件的发生至曝光时间差缩短。2013 年发生即曝光的网络舆情事件比例增加，半天以内曝光的事件比例

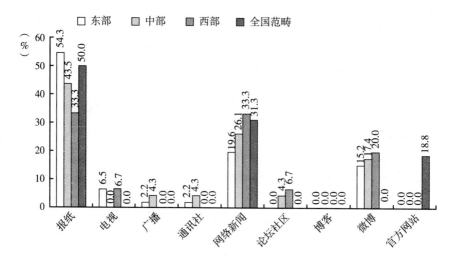

图13　2013年首曝媒介与地域交叉分析

最高，达31.5%，这一比例高于2011年（24.3%）、2012年（25.9%）；72.3%的事件在一天以内曝光，这一比例高于2011年的65.0%，与2012年（72.6%）基本持平。移动媒体的普及为信息的即时性传播提供了条件，随着手机的普及和相关应用的升级，越来越多的网络舆情事件实现了"零时差"传播。受众可以在第一时间获知相关信息并开始信息的扩散传播。

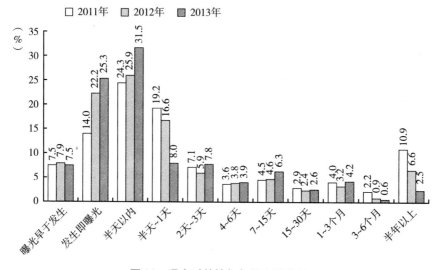

图14　曝光时效性与年份交叉分析

对网络舆情事件性质的传播时效进行分析发现，与正面和中性网络舆情事件相比，负面网络舆情事件的发生距曝光时间差明显较长。2011 ~ 2013 年不同性质的网络舆情事件发生距曝光时间差的分布存在显著性差异（$\chi^2 = 313.747$，$p < 0.05$）。2013 年正面和中性网络舆情事件发生距曝光时间差比负面网络舆情事件要短，负面网络舆情事件在事件发生后一天以内被曝光的比例为 61.8%。这一比例远低于正面网络舆情事件的 87.1% 和中性网络舆情事件的 86.4%。曝光早于发生的比例在负面的网络舆情事件中仅为 2.0%，远低于在正面（13.1%）和中性（15.4%）中的占比。同样，发生即曝光的比例，在负面网络事件中的比重为 18.9%，低于其在正面（39.6%）和中性（33.1%）中所占比重。但发生后半天以内曝光的负面网络舆情事件比例（33.9%）开始高于正面网络舆情事件（21.3%）和中性网络舆情事件（29.4%）。发生距曝光时间差在半年以上的负面网络舆情事件比例为 3.7%，而在正面和中性网络舆情事件中的占比仅为 1.6% 和 0.7%。

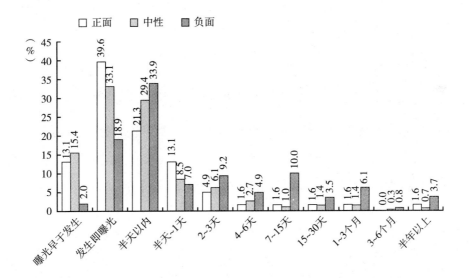

图 15　2013 年网络舆情事件发生距曝光时间差与舆情性质的交叉分析

从事件发生至微博首发时间差而言，2013 年微博反应速度有小幅度提升。对 2517 起有效样本进行分析，发现 2011 ~ 2013 年网络舆情事件发生至微博首

发时效的分布存在显著差异（$\chi^2 = 114.831$，$p < 0.001$）。2013 年事件发生至微博首发时间差在一天以内的占比为 69.7%。这一比例高于 2011 年的57.9%，与 2012 年的 68.4%基本持平；半年以上微博首发的事件比例由 2011年的 11.2%、2012 年的 6.4%降到 2013 年的 2.2%。就 2013 年而言，事件发生至微博首发时间差在半天以内的比例最高，达 36.0%；微博首发在一天以内的事件占比为 69.7%，成为网络舆情事件的主要参与平台。

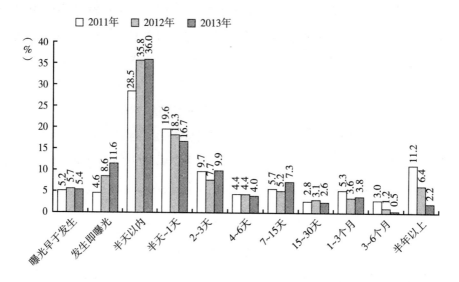

图 16 2011～2013 年网络舆情事件发生至微博首发时效

结合地域分布考察传播时效性，发现 2013 年东部地区曝光速度较快，事件发生在 1 天以内得以曝光的比例最高。2013 年发生在不同区域的网络舆情事件发生距曝光时间差的分布存在显著性差异（$\chi^2 = 94.187$，$p < 0.05$）。从地域角度而言，东部地区，30.1%的网络舆情事件发生到曝光在半天以内，而27.9%的网络舆情事件发生即曝光。中部地区，30.0%的网络舆情事件发生到曝光在半天以内，发生即曝光的为 17.9%，发生到曝光时间在 2～3 天的占比16.4%。西部地区，网络舆情事件在半天以内进行曝光的占比最高，为39.0%；其次为发生即曝光，为 16.2%；发生曝光时间差在 7～15 天的占比为 10.5%。港澳台地区，发生即曝光和时间差在半天以内的占比相当，均为23.1%。总体而言，在事件发生一天以内得以曝光的比例最高的是东部地区，

占比为 70.4%；其次为涉及全国范围的网络舆情事件占比，达 82.3%；西部地区 64.7%；中部地区 61.3%；港澳台地区 69.3%。

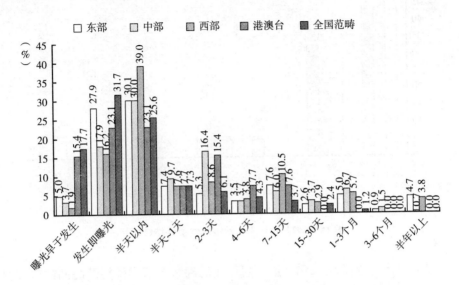

图 17　发生距曝光时间差与所属区域的交叉分析

7. 舆情持续时间：大部分网络舆情事件持续时间在 1 周以内，不同行业的网络舆情事件持续时间存在差异

对 2994 起有效样本进行分析发现，2011～2013 年网络舆情事件的持续时间存在显著差异（$\chi^2 = 81.553$，$p < 0.001$）。2013 年舆情持续时间在 1～2 周的事件占比较 2011 年、2012 年有较大幅度提升，舆情持续时间在半年以上的占比较前两年有所下降，1 周以内的占比较多。三年中，舆情持续时间在 1 周以内的比例均最高，2013 年占比 45.2%，与前两年基本持平；舆情持续时间在 1～2 周的事件比例有所上升，2013 年为 32.4%，高于 2011 年的 22.7% 和 2012 年的 21.3%。

2013 年持续半年以上的网络舆情事件占比大幅下降，比例仅为 1.8%，比 2011 年的 7.0%、2012 年的 7.4% 都有所下降。影响较大的事件如 2013 年 4 月 15 日，复旦大学官方微博发布的"研究生投毒案"。该事件一经公开，迅速成为各大媒体热点话题。因其引发的关注及讨论持续时间超过半年，且一直在持续。

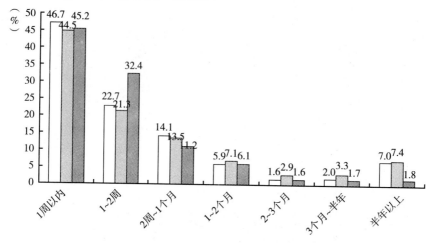

图18　2011～2013年网络舆情事件持续时间

结合具体行业而言，2013年不同行业的网络舆情事件持续时间的分布存在显著性差异（$\chi^2 = 151.384$，$p < 0.05$），大部分行业网络舆情持续时间都集中在1周以内或1～2个月。具体而言，涉及租赁和商务服务业（66.7%）、科学研究技术服务和地质勘测业（53.8%）、住宿和餐饮业（50.0%）、居民服务（50.0%）事件舆情多在1～2周；涉及国际组织（71.4%）、军队（66.7%）和教育行业（50%）的网络舆情事件多持续在1周以内。此外，舆情持续时间亦在1周以内的还涉及制造业（45.2%）、电力燃气及水生产供应（42.9%）、建筑业（45.5%）、交通运输仓储邮政（41.1%）、信息传输计算机服务和软件业（46.7%）、金融业（40%）、卫生社会保障和社会福利业（43.9%）、文化体育和娱乐业（42.2%）、公共管理和社会组织（46.6%）等。

四　2013年地方政府网络舆情特点

1. 舆情主体：地方政府成为重要舆情的高发机构和干预主体

2013年网络舆情事件中，超过一半事件的干预主体不止1个。从干预主体类型来看，2013年地方政府干预网络舆情事件的比例最高，共515起，占比

57.0%，较 2011 年（57.2%）略低，较 2012 年（54.3%）较高。接下来依次为国家部委（29.5%）、个人（26.9%）、企业（22.2%）、司法部门（18.4%）和其他（8.1%）。地方政府在 2013 年网络舆情事件中发挥着较大作用。

2013 年地方政府作为重要的干预主体的事件包括湖南临武瓜农死亡、河南警察摔婴、凤凰古城收取门票、重庆女孩摔打男婴、孙杨无证驾驶、青岛输油管道爆炸等。进一步概括为两大类：以地方政府为舆情主体的网络舆情事件，政府部门因其公共管理和社会管理职责必须介入其中的网络舆情事件；政府官员因其个人言行不当所引发的网络舆情，该类网络舆情事件的涉事主体为政府部门或政府官员。

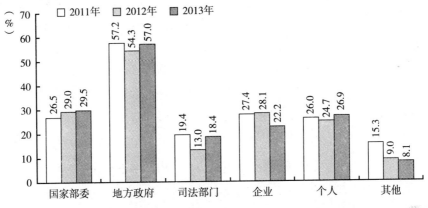

图 19　2011～2013 年影响较大的网络舆情事件干预主体信息

2. 媒体和网民对地方政府的关注度相对较低

2013 年，虽然地方政府仍是重要舆情的高发机构，但是网络舆情事件的媒体和网民关注度相对于其他所属部门来讲比较低。从对 2011～2013 年影响较大的网络舆情事件舆情主体所属部门媒体和网民关注度的分析来看，2013 年以政府为舆情主体的网络舆情事件媒体和网民关注度均值为 0.761，低于国家部委、事业单位等媒体和网民关注度比较高的所属部门，位居第 7 位。同时，与 2011 年的 0.676、2012 年的 1.079 相比，地方政府的网络舆情事件三年来经历了一个小幅度的先升后降的过程。

3. 事件传播：新媒体首曝事件数高于传统媒体，网络新闻为主要首曝媒介

对舆情主体的所属部门为地方政府的网络舆情事件的首曝媒介类型与年度

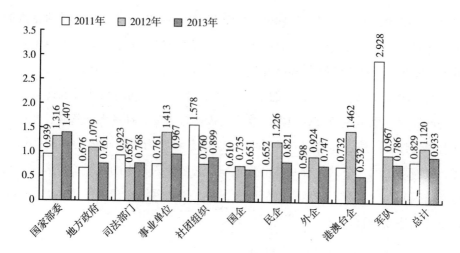

图20　2011～2013年影响较大网络舆情事件主体所属部门媒体和网民关注度

做交叉分析，发现地方政府网络舆情事件的首曝媒体始终以新媒体为主，2011～2013年分别为69.2%、67.9%、60.4%，远远高于传统媒体比重（30.8%、32.1%、39.6%）。其中，新媒体主要以网络新闻、论坛社区与微博为主，传统媒体主要以报纸为主。尤其值得一提的是，近年来网络新闻成为地方政府网络舆情事件的主要首曝媒介类型，2011～2013年三年占比持续位居首位，分别为31.0%、26.6%、36.1%，远远高于报纸、微博等其他媒介平台。

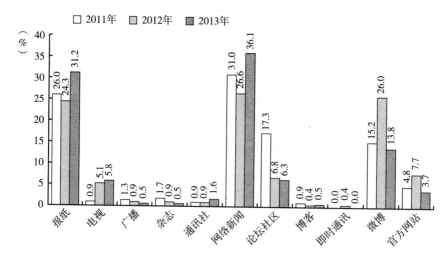

图21　2011～2013年舆情主体的所属部门为地方政府的网络舆情事件的首曝媒介分布

4. 地方政府网络舆情事件中以违纪违规/违法犯罪类、言行不当和灾害类事件居多

对 2011~2013 年网络舆情事件初始原因与年度进行交叉分析，卡方检验结果为 $\chi^2 = 91.076$，$p < 0.05$，说明不同年度的初始原因的分布有显著差异。其中，2013 年违纪违规/违法犯罪的比例仍是最高，时事政治、言行不当的比例有所上升，企业财经比例有所下降。

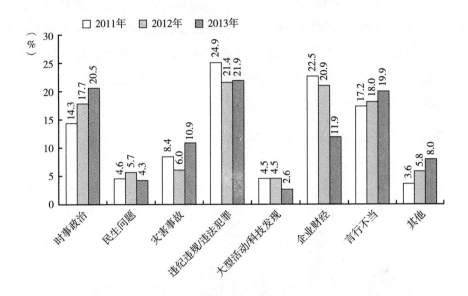

图 22   2011~2013 年影响较大的网络舆情事件初始原因的分析

地方政府持续成为网络舆情事件重要的干预主体。进一步分析发现，地方政府作为主要干预主体的事件以违纪违规/违法犯罪类事件为主，占比 33.0%；其次为言行不当类和灾害事故类事件，分别占比 19.4% 和 18.9%。相关网络舆情事件包括张艺谋超生缴纳罚款、孙杨无证驾驶事件、湖南一副局长 14 岁参加工作事件、上海高院法官集体招嫖事件、郑州房妹事件等。此外，时事政治（10.8%）、企业财经（6.5%）、其他（6.3%）、民生问题（4.5%）、大型活动/科技发现（0.6%）均占有一定比例。

五 2013 年网络舆情事件政府回应效果

1. 信息发布方式：接受媒体访问是主要的信息发布方式

网络舆情事件中主体的信息发布方式不止一种。从信息发布主体来看，2011～2013 年主要发布主体为地方政府，分别占比为 29.7%、29.2% 和 29.3%。进一步研究发现，信息发布方式与年度之间存在显著性差异（χ^2 = 68.767，p < 0.001）。2011～2013 年，接受媒体访问是最主要的新闻发布方式，占比始终在 70% 以上，2013 年比例高达 82.9%。其次，对外公告或文件、微博博客或论坛回应、官方网站发布消息也是重要的新闻发布方式。2013 年上述各方式的比例均超过 20%。

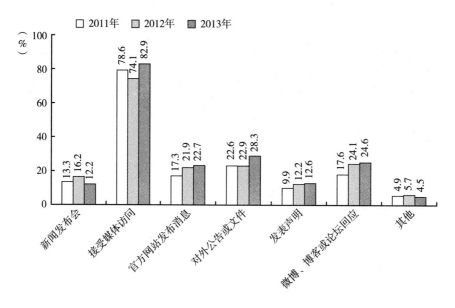

图 23 2011～2013 年影响较大的网络舆情事件新闻发布方式

2. 干预时效性：发生即干预的网络舆情事件比例最高，其次为半天内干预

2013 年，网络舆情事件发生至主体首次干预的时间差为发生即干预的占比最高（46.8%），较 2011 年（25.1%）、2012 年（27.6%）有明显增加。其次是时间差为半天以内干预的网络舆情事件，占比为 20%。总体而言，

2013 年八成的网络舆情事件都在发生一天以内便得到及时干预。以"北京男子当街重摔女童事件"为例，当地政府、司法部门及个人在事发后半天以内便陆续实施了干预，最终将犯罪嫌疑人一举抓获并诉诸法律。在当今以微博为首的自媒体迅速发展的时代，信息的传播扩散速度逐年提升明显。在这种时代背景促进的作用下，各个相关部门办事效率也得到了明显提升。此外个体在加强网络舆情事件的监督、干预等环节中也起到了推波助澜的作用。

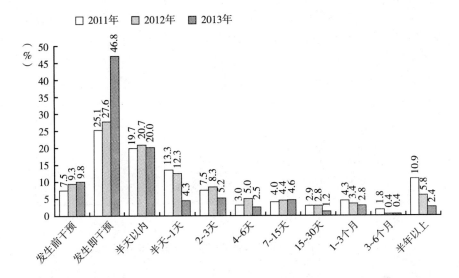

图 24　2011～2013 年影响较大的网络舆情事件发生至主体首次干预的时间差

3. 对政府回应效果持中立态度的网络舆情事件最多，但较前两年下降；广泛肯定和广泛质疑的比例均有所增加

2013 年网民对政府回应效果的态度以中立为主，占 35.5%；政府回应效果得到广泛肯定的事件比例也较高，占 18.7%，比 2012 年的 19.8% 有所降低；与此同时，政府回应效果受到广泛质疑的网络舆情事件比往年有所增加，占 10.7%。总体来讲，对政府回应效果持肯定态度的比例（36.0%）仍高于持质疑态度的比例（28.5%）。从三年来的趋势来看，对政府回应效果持中立和一般肯定态度的占比逐年下降，而对政府回应效果表示质疑或广泛质疑的比例逐年增加。

2013 年的网络舆情事件中，政府对"网络发票管理办法公布""泰山火灾""王林事件"等的回应效果均得到了民众的广泛肯定；而回应遭到广泛质

疑的网络舆情事件包括"红会购别墅风波""张艺谋超生事件""专家称最早退休年龄为 64.14 岁"等。

随着信息的透明化,事件干预主体对网络舆情事件的处理程度、回应效果等有了更直接的了解和更便捷的反馈平台,民众更有意愿发出自己的声音,表达自己的立场。这可能是持极端立场者比重增加、持中立态度者比重降低的原因之一。

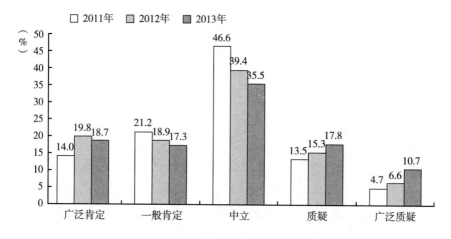

图 25 2011~2013 年影响较大的网络舆情事件政府回应效果

4. 回应效果与回应时效关系

网络舆情事件发生后,特别是政府回应后,公众会对此评价,大体分为"肯定""中立""质疑"三类。从回应时效来看,一般而言,回应越迅速,得到公众"肯定"评价的可能性越大,越慢则越容易受到质疑。

纵观整个 2013 年的网络舆情事件政府回应效果,整体质疑偏多。以"雅安地震"和"张艺谋超生缴纳罚款"为代表,前者的政府回应得到了肯定评价,后者受到了质疑。结合政府回应时效进一步分析。北京时间 2013 年 4 月 20 日 8 时 2 分在四川省雅安市芦山县发生 7.0 级地震,在 1 分钟之后,国家地震局官方微博发布地震发生的消息。在第一时间发布准确信息满足公众的信息需求,减少谣言产生的可能性。传统媒体与新媒体实时发布来自官方的权威抗灾救灾信息,实现了信息的公开透明,获得了普遍肯定。与此相比,"张艺谋超生缴纳罚款"事件于 2013 年 5 月曝光,半年之后,在

2013 年 11 月 24 日当地政府才进行首次回应，且给出了"找不到张艺谋夫妇"的说法，令公众不满。

当然，回应效果与回应时效之间还存在其他影响因素。总体而言，及时、准确地公布具有权威性的信息能够满足公众的需求，但并不是只要迅速发布信息就可以获得肯定，例如"湖南临武瓜农死亡事件"虽然在一天后发布信息，仍遭到公众质疑。

表 5 回应效果与回应时效关系（部分）

典型事件	曝光时间	首次回应时间	回应时滞	回应效果
中国 H7N9 禽流感疫情	2013 年 3 月 30 日	2013 年 3 月 31 日	1 天	肯定
菲律宾射击台湾渔船事件	2013 年 5 月 9 日	2013 年 5 月 9 日	2 小时	肯定
雅安地震	2013 年 4 月 20 日	2013 年 4 月 20 日	1 分钟	肯定
李天一案	2013 年 2 月 19 日	2013 年 2 月 22 日	3 天	肯定
微信收费风波	2013 年 2 月底	2013 年 3 月 31 日	一个月	中立
薄熙来受审	2012 年 2 月 6 日	2012 年 2 月 9 日	3 天	中立
张艺谋超生缴纳罚款	2013 年 5 月	2013 年 11 月 24 日	半年	质疑
湖南临武瓜农死亡事件	2013 年 7 月 31 日	2013 年 8 月 1 日	1 天	质疑
湖南一副局长 14 岁参加工作事件	2013 年 5 月 23 日	2013 年 5 月 30 日	7 天	质疑
复旦投毒案	2013 年 4 月 11 日	2013 年 4 月 11 日	当天	质疑

5. 网络舆情事件回应主体呈现不同的变化特点

在事件中，具体的回应主体不断变化。从回应主体层级角度来看，一些网络舆情事件回应主体始终是同一部门，如微信收费风波事件；另一些网络舆情事件回应主体会发生变化，如中国 H7N9 禽流感疫情事件。且这种变化往往呈现出从低层级主体到高层级主体再回到低层级政府及部门，如雅安地震、李天一案、湖南临武瓜农死亡事件、菲律宾射击台湾渔船事件。此外，还有少量事件回应主体呈现不规则变化，包括张艺谋超生缴纳罚款案、薄熙来受审案；另有事件回应主体在高低层级间不断变换，如复旦投毒案、湖南一副局长 14 岁参加工作。

从回应主体职能角度看，主要包括两大类型：第一种是回应主体比较单一，如微信收费风波事件。第二种是回应主体较为多元，涉及不同层级、职能、性质的主体，包括雅安地震、薄熙来受审案。总体观察，回应主体多元化

有利于提高舆情应对效果。

具体观察回应过程中不同职能、性质主体的变换，有以下类型：其一，沿着公安－检察院－法院或公安－法院－检察院的主体路径变化，如复旦投毒案、湖南一副局长 14 岁参加工作事件；其二，回应中有多部门参与，如雅安地震、薄熙来受审案、菲律宾射击台湾渔船事件。一般而言，较高层级领导介入有利于取得网民的认可，缓解网民情绪，且有利于提高舆情应对效果。此外，还存在当事人直接进行舆情回应的情况，如张艺谋超生缴纳罚款案。但由于回应时间距离事件发生较长，当事人直接回应的效果有限，反而加剧了舆情的发酵。

表6 回应主体变化与效果的关系（部分）

事件	回应主体的变化
中国 H7N9 禽流感疫情	国家卫生和计划生育委员会→卫生部→上海市动物疾病中心
菲律宾射击台湾渔船事件	台湾东港区渔会总干事→台湾"农委会"渔业署副署长→外交部→国台办→马英九→台"总统府"
雅安地震	国家地震局官方微博→四川省启动地震预案响应→成都军区→民政部→中国红十字总会启动应急预案→李克强→芦山地震新闻发布会→中国地震局→公安部交通管理局→国务院应急办→中国邮政→外交部→台湾红十字会→国务院办公厅→农业部→教育部→中国铁路总公司→国家安监总局→国土资源部→国家防总、水利部→中国气象局→环保部→商务部→国家民委→国家电网→工信部→国家旅游局→国家粮食局→国家食药监局→中国保监会→中国银监会→三大国有航空公司→三大电信运营商
李天一案	北京市公安局海淀分局→海淀检察院→海淀检察院→北京警方→北京警方→海淀检察院→海淀法院→海淀法院→海淀法院→北京市第一中级人民法院→北京市第一中级人民法院
微信收费风波	工业和信息化部
薄熙来受审案	外交部→全国政协→国务院总理→中共中央→中共中央纪律检查委员会→重庆市人大常委→济南市人民检察院→济南市中级人民法院→济南市中级人民法院→山东省高级人民法院
张艺谋超生缴纳罚款	张艺谋→无锡市计生委→网友→无锡市计生委→张艺谋→无锡市计生委→无锡滨湖区计生局→无锡滨湖区计生局
湖南临武瓜农死亡事件	当地公安部门→临武县政府有关负责人→临武县公安局→临武县公安局→临武县委常委会、县政府常务→郴州市公安局
湖南一副局长 14 岁参加工作事件	衡阳市地税局雁峰分局知情人→衡阳市地税局负责人→衡阳市地税局雁峰分局主管领导→衡阳市地税局相关负责人
复旦投毒案	上海市公安局文化保卫分局→上海警方→上海警方→黄浦区人民检察院→上海市公安局文化保卫分局→上海市检二分院→上海市第二中级人民法院→上海市第二中级人民法院

6. 政府回应呈现多元性特点

政府回应呈现多元性特点，表现在两个方面：一方面，参与事件回应的政府部门、层级以及人员是多元的；另一方面，不同政府部门、层级以及人员的回应策略也是多元的。

综观 2013 年发生的网络舆情事件政府回应行为，政府的回应策略存在两种不同的效果：一种是积极型策略，包括承认政府行为或处理的错误或不足，向公众公开道歉，并积极通报政府的调查、处理进展或处置措施，表态将改进制度、体质、程序等，如在 H7N9 禽流感疫情事件、菲律宾射击台湾渔船事件、雅安地震事件中，政府均采取了积极性的策略回应。另一种是消极性策略，由于互联网大众麦克风时代的到来，互联网已成为民意表达的集散地。在突发事件中，政府部门容易因对事件回应不及时或回应不当，引起公众广泛批评或质疑。消极性策略除了回应不及时、不恰当，还包括政府推卸责任，不回应或不正面回应，否认某个事件或信息等。如湖南临武瓜农死亡事件、湖南副局长 14 岁参加工作事件中，政府采取消极回应、推卸责任、信息不公开等方式。

从回应策略变化路径来看，2013 年网络舆情事件存在两种政府回应类型：一种是先否认或指责，后因舆论压力而改变策略，公开道歉或通报处理进展等，即从消极性策略向积极性策略转换，如湖南临武瓜农死亡事件、湖南副局长 14 岁参加工作事件；另一种是回应主体从一开始便积极采取处理或处置措施，这类回应路径在中国 H7N9 禽流感疫情、菲律宾射击台湾渔船事件、雅安地震等事件中得到体现。

从应对效果与回应策略变化关系来看，政府积极应对的事件通常回应策略较为多元，如中国 H7N9 禽流感疫情事件，从疫情情况、病毒研究最新进展、告知公众预防措施等多种策略进行回应，得到公众赞誉。不过，虽然湖南瓜农死亡事件等首次回应失当，但由于回应策略由消极变为积极，使得此类事件最终呈现出较为满意的结果。这表明，某次回应失误并不一定影响最后应对效果，即当政府意识到回应不当时如果迅速调整策略，仍可取得良好效果。

表7　回应策略变化与应对效果的关系（部分）

事件	回应主体策略的变化
中国 H7N9 禽流感疫情	发布疫情→通报感染人数及地区→病毒研究最新情况→预防措施→治疗方案
菲律宾射击台湾渔船事件	通报情况→强烈谴责菲律宾行为→马英九要求查明真相将凶手绳之以法
雅安地震	官方发布地震消息→中共中央总书记习近平、国务院总理李克强在地震发生以后指示要把抢救生命作为首要任务,最大限度减少伤亡→四川省委书记做出应急预案批示→各部委积极响应→辟谣→地震伤亡信息发布→通报抗震救灾进程
李天一案	通报事件→进入审查起诉→辟谣→辟谣→提起公诉→驳回公开审理申请→通报开庭情况→通报判刑 10 年结果→证实依法不公开审理该案上诉→公开宣判,维持原判
微信收费风波	正在协调运营商微信收费一事→微信是否收费由经营者依据市场情况自主决定
薄熙来受审案	正在调查→调查工作取得进展→中央高度重视→发布撤职决定→开除党籍和公职→罢免人大代表职务→提起公诉→一审开庭→公开宣判→二审判决
张艺谋超生缴纳罚款	无锡市滨湖区计生局决策书→问题被媒体曝光→张艺谋回复→找不到张艺谋→无锡市计生委报告新进展→张艺谋工作室发表声明→确认超生属实、回应事件、道歉 - 申辩 - 无锡市计生委发声明→未收到罚金→收到罚金上缴国库
湖南临武瓜农死亡事件	法院审理→城管获刑→二次审理→终审宣判
湖南一副局长 14 岁参加工作事件	透露违规调动,突击提拔→介绍调职详情→主管领导及部门回避→拒不公开简历调动、提拔等相关文件
复旦投毒案	对林某实施刑事传唤→依法刑事拘留→以涉嫌故意杀人罪向检察机关提请逮捕嫌疑人→依法批准逮捕→出具诊断书证明嫌疑人无精神异常→正式受理此案→公开开庭审理→一审判决

六　2013 年网络舆情事件政府问责方式

　　行政问责制是有效履行政府职责，建立和完善责任政府，实现依法治理，进而构建和谐社会的必由之路。2013 年网络舆情事件中呈现的问责制存在如下特点。

　　其一，一起网络舆情事件中，问责的方式可能不止一种。其中，问责方式出现最多的为"追究刑事责任"（39.1%），其次为"经济责任（赔偿或处罚）"（34.0%），且比例较 2012 年上升。总体来看，2013 年各项问责方式均较前两年呈上升趋势。这说明各相关职能部门对负面网络舆情事件的处理力度有所加强，处理负面网络舆情事件的经验和能力也有了明显提升。

"经济责任（赔偿或处罚）"比重较 2012 年有所上升。例如"孙杨无证驾驶事件"，游泳巨星孙杨驾驶汽车在杭州市中心与公交车发生刮擦事故。孙杨虽然无事故责任，但因为疑似无证驾驶而被杭州交警带走调查。知情人透露，孙杨已经不止一次无证驾驶。按照法律规定对孙杨罚款 2000 元，并拘留 7 天。有关部门不仅追究涉案方的刑事责任，同时也追究了经济责任并实施相应的惩罚。

"追究刑事责任"为 2011 ~ 2013 年影响较大网络舆情事件问责方式，2013 年甚至达到了 39.1%。例如"河南林州警察摔婴案"，被告人郭增喜被判处有期徒刑 3 年。刑事责任是依据国家刑事法律规定，对犯罪分子依照刑事法律的规定追究的法律责任。例如"湖南临武瓜农死亡事件"，2014 年 5 月 15 日，郴州市中级人民法院对"湖南临武瓜农事件"二审公开宣判，对被告人廖卫昌等 4 名城管驳回上诉维持原判，以故意伤害罪分别判处 4 名被告 3 年零 6 个月至 11 年有期徒刑不等。刑事责任追究的是具体过错，不问功劳苦劳，不搞将功抵过，做到了真正的赏罚分明。

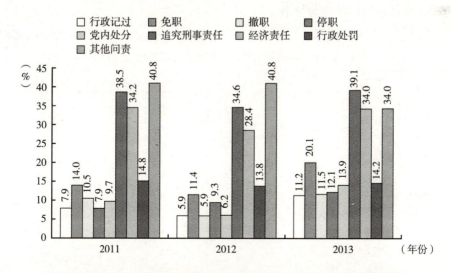

图 26　2011 ~ 2013 年影响较大的网络舆情事件问责方式与年度的分析

其二，问责方式中存在单一问责与多种问责方式并存的特点。其中"长沙女孩坠井事件"和"兰考火灾"是较为典型的单一问责方式。前者由于政府部门在道路设施维护中的失职造成了悲剧的发生。在事件发生后进入问责程序，当地政府进行73万元的经济赔偿。"兰考火灾"中遇难的是弃婴，发生地点在弃婴收容所。在政府部门中主要是民政局负责，故在启动了问责机制之后，民政局、社救股等相关机构负责人受到行政处罚。在事件中，相关部门还依据其自身职能进行问责，做出相应的处理决定。

其三，问责事件更为明显的一个特征是多种问责方式并存。在"雅安地震"中，由于伤亡人数众多，损失惨重，故对政府相关负责人进行了免职、停职、党内处分的决定。这一类案件主要与事件本身性质相关。此外，随着反腐力度的加大，2013年"房姐""房爷"等利用公职谋取私利的"贪官"进入公众视野，并受到行政处罚、刑事判决以及经济处罚。

从问责方式的组合来看，经济赔偿在诸方式中所占比重最大，也最易与其他问责方式形成组合。随着反腐力度的增大，行政类处罚诸如免职、撤职处罚会有所增加，并伴随经济惩罚。同时，随着我国法治完善与服务型政府的建设与对政府问责的重视，2013年各项问责方式均较前两年呈上升趋势，问责方式也更趋合理。不论是单一还是组合的问责方式，做出怎样的决定，最终还是取决于事件本身的性质与情节。

表8　2013年影响较大的网络舆情事件问责情况（部分）

事件	行政处罚	免职	撤职	停职	党内处分	刑事责任	经济责任
郑州房妹事件	√				√		
浙江余姚水灾事件	√						
雅安地震		√		√	√		
湖南临武瓜农死亡事件		√				√	
上海高院法官集体招嫖事件	√	√	√		√		
河南警察摔婴案			√	√		√	
刘铁男案			√		√		√
河北两男子夜闯初中抢劫女生案				√			
山东官员办公室受贿事件				√			
延安城管暴力执法	√			√	√		

续表

事件	行政处罚	免职	撤职	停职	党内处分	刑事责任	经济责任
薄熙来事件					√	√	
吉林德惠禽业公司火灾事故					√		
天津第一口奶事件					√		
广东"房爷"事件					√	√	
菲律宾射击台湾渔船事件						√	√
长沙女孩坠井事件							√
兰考火灾	√						

七　2013 年微信的崛起与传播生态变迁

2013 年 8 月 1 日，国务院发布《"宽带中国"战略及实施方案》，明确提出加快宽带网络建设的技术路线、发展时间表、五项重点任务和七个方面的扶持措施，将宽带网络建设提上国家战略层面。据《第 33 次中国互联网络发展状况统计报告》，截至 2013 年 12 月，我国 IPv4 地址数量为 3.30 亿，IPv6 地址数量为 16670 块/32，较去年同期增长 33.0%，位列世界第二位；域名总数为 1844 万个；中国网站数量（即网站的域名注册者在中国境内的网站数）增至 320 万个，较 2012 年同期增长 19.4%；网页数量为 1500 亿个，相比 2012 年同期增长了 22.2%；国际出口带宽为 3406824Mbps，年增长率达 79.3%。[①] 互联网基础资源的扩展与丰富，网络硬件设施建设的普及与完善，为我国网民互联网的接入和使用提供了便捷迅速的条件，各类互联网应用正逐渐改变着人们的生活形态和交流方式。

截至 2013 年 12 月，中国网民规模达 6.18 亿人，互联网普及率为 45.8%。在整体网民规模和互联网普及率增幅放缓的同时，手机网民继续保持良好的增长态势，规模达到 5 亿。网民中使用手机上网的人群占比提升至 81.0%。类似移动即时通信等以社交元素为基础的平台应用发展迅速。[②] 2013 年 12 月 4

---

① http：//finance. chinanews. com/it/2014/01－16/5745005. shtml.

② 中国互联网络信息中心（CNNIC）：《第 33 次中国互联网络发展状况统计报告》，2014 年 1 月。

日，工业和信息化部宣布向中国移动通信集团公司、中国电信集团公司和中国
联合网络通信集团有限公司颁发"LTE/第四代数字蜂窝移动通信业务（TD –
LTE）"经营许可，我国社会正式进入 4G 时代。①

随着网络技术的进一步普及，智能手机和无线网络的应用越来越广泛。用
户上网设备向手机等移动终端转移，移动社交媒体逐渐嵌入人们的日常生活。
2013 年，微信异军突起，在移动网络时代掀起了一场传播变革。

1. 传播生态变迁

微信是腾讯公司推出的一款为智能手机提供即时通讯服务的免费应用程
序。它跨越了运营商、硬件、软件、社交网络等壁垒，将现实生活中人们的关
系沉淀到手机等移动终端上，从而实现现实世界与虚拟世界的"无缝链接"，
使移动终端成为新的社交节点。自 2011 年 1 月 21 日推出以来，微信用户数量
呈爆发式增长。截至 2013 年底，微信注册用户数已突破 6 亿，活跃用户数超
过 2.7 亿，微信公众平台账号超过 200 万个，并保持每天 8000 个的增长速
度。② 在微信的强势冲击下，2013 年微博的发展空间被挤占了不少，用户规模
和使用率均有所下降。截至 2013 年 12 月，我国微博用户规模为 2.81 亿，较
2012 年底减少 2783 万人，降幅达 9.0%。网民中微博的使用率为 45.5%，较
上年底降低 9.2 个百分点。③

微信和微博共同组成了当前占主导地位的微传播平台。在信息获取、传
播、分享，用户关系沟通以及综合性社会服务等方面，二者在功能意义上存在
较强的共通性，但在社会属性、传播原理、营销模式等方面也具有相异之处。
随着微信的崛起，由微博主导的微传播生态正发生着变迁。

第一，平台属性变迁。公共空间向私人空间转移。尽管微信与微博均是公
共区域，但是微博偏向对所有用户普遍开放，其传播行为基本上是公开性的大
众传播，具有较强的个人媒体属性；相比之下，微信作为熟人圈社交平台，具
有高度的实名化和私人化特点，用户信息更具私密性。微信的崛起使个人传播

---

① http：//world. kankanews. com/tech/2013 – 12 – 04/3380135. shtml.
② 《广东政务微信报告》，腾讯·大粤网，2013 年 12 月 27 日，http：//gd. qq. com/a/20131227/
015410. htm。
③ 中国互联网络信息中心（CNNIC）：《第 33 次中国互联网络发展状况统计报告》，2014 年 1 月。

的空间范围大大缩小，并开始向私人社交圈发展。

第二，传播属性变迁。大众传播向小众传播转移。微博的传播属于大众传播，传播不受限制，内容丰富，速度快，传播形式呈多向错落，可产生裂变式、几何级的传播效应。微信是点对点封闭式传播，所有的微信公共讯息均为选择性传播，只有在用户个人意愿的情况下，才能推送信息。微信限制公开场合下的自由传播和自由分享，使信息始终处于小规模、低频率的小众传播，体现了微信对个人信息传播意愿的充分尊重。

第三，关系属性变迁。弱关系链向强关系链转移。微博以单向关注的弱关系人际关系为主，用户可以随意关注他人以接收信息，形成一种开放性的不对称关系；微信交往圈以强关系交往为主，大多属于现实生活中就有较多交集的熟人圈子，微信交往是对现实社会好友关系的虚拟复制，是私人化的社交网络的重构。除此之外，微信也包括少量通过摇一摇、千米好友等方式添加陌生人好友。

2. 政务微信开辟网络问政新途径

2013 年被称为"政务微信元年"，截至 2013 年 10 月 31 日，经腾讯微信平台认证的政务微信已超过 3000 个。"政务微信"成为与"政府新闻发言人制度""政府网站"并列的第三种政务公开途径。政务微信的开通和使用情况已被纳入中国政府网站绩效评估指标体系，成为政府网站绩效评估的重要环节之一。① 政务微信在政府信息公开、网络问政、官民对话等诸多方面发挥的作用日渐凸显。

第一，精准化传播，到达率高。微信的精准化覆盖特点，使得政务微信一经用户关注，便可以非常精准地、有针对性地将政府的服务信息、相关政策传递给老百姓。"广州公安"微信是广州市公安局官方微信，也是广州首家政务微信，其推送的内容包括了交通、消防、招警、出入境、户政、刑事侦查等多个方面，为用户免费提供 46 项业务查询、6 项网办服务和 4 项预约服务。用户在关注了"广州公安"微信后，可以根据需要回复数字指令，获取相关信

---

① 《政务微信成就"指尖上的政民对话"》，中国信息产业网，2013 年 12 月 9 日，http：//www.cnii.com.cn/informatization/2013 - 12/09/content_ 1267590.htm。

息，提高了政务信息的到达率和行政服务的效率。

第二，封闭式沟通，互动性强。相对于微博的公开性、大众化传播，微信作为社交工具，其信息传播形式相对隐蔽，信息表现形式更加多元化。政务微信一对一的封闭式、双向性沟通，进一步拉近了政府与民众的距离，很多在微博里不方便咨询的问题，人们可以通过微信这一私密性交流平台寻求帮助，增强了官民互动，更有利于实际问题的解决。例如，湖南长沙岳麓区学士街道借助微信平台提供计生等公共服务，通过互不见面答疑"悄悄话"，解决了人们在获取计生服务时的尴尬。

第三，即时移动传播，流通性好。微信的移动性通讯属性，使其在突发事件发生后，能够充分发挥点对点信息到达、语音传送、查看附近的人等功能，成为通信资源稀缺的情况下信息流通的主要媒介。2013 年 4 月 20 日，四川省雅安市芦山县发生 7.0 级地震，在电话与短信无法进行正常通信的情况下，成都市政府新闻办官方微信"微成都"在地震发生 19 分钟后及时发出一条包含地震震级、震源、影响范围等信息的微信，13 万关注了"微成都"的用户第一时间在手机上收到了官方权威消息。灾区群众通过手机将自己的地理位置、救助内容、现场照片等发给"芦山地震救助"等政务微信平台，微信成为连接灾区内外的重要纽带。

八　网络治理

互联网的迅猛发展，使得舆论生成方式和传播方式发生了革命性变化。在当前传播环境下，舆论传播生态与社会治理的环境和理念都在发生相应的变化，新的传播技术崛起势必伴随着一些负面效应，互联网传播衍生出的如非理性集体行动、情绪传播、谣言滋生、信息过载、虚假信息泛滥等问题冲击着传统的治理模式，对政府监管和治理提出了新的要求。如何依据网络治理的现实问题和网络信息的传播规律，在微传播形态基础之上形成新的网络治理范式，成为政府改善公共治理所面临的一项重大挑战。当前，政府网络治理以参与式管理和强制性干预相结合的方式进行，从借助政务微博、微信加强政务信息公开，出台相关法律政策，开展专项行动、集中整治等方面入手，多管齐下，确保网络治理的有效性和规范性。

1. 参与式管理：加强政府信息公开，政务微博应用深入化

政府有效管理与控制的最基本方面取决于对信息的掌控力和引导力。2013 年 10 月 15 日，国务院办公厅下发《关于进一步加强政府信息公开回应社会关切提升政府公信力的意见》，明确指出"着力建设基于新媒体的政务信息发布和与公众互动交流的新渠道。各地区各部门应积极探索利用政务微博、微信等新媒体，及时发布各类权威政务信息，尤其是涉及公众重大关切的公共事件和政策法规方面的信息，并充分利用新媒体的互动功能与公众进行交流"。

政务微博已经成为政府信息公开和网络问政的主力军，截至 2013 年 10 月 31 日，经腾讯微博平台认证的政务微博已超过 16 万，达 160068 个，其中党政机构 92130 个，党政官员 67938 个。① 政务微博功能由单一的问政渠道逐渐向办公平台扩展，在监测网络舆情、辟除网络谣言、化解社会矛盾等方面发挥着越来越重要的作用。政务微博应用走向结构化、系统化和深入化。

2013 年，大案、要案庭审微博直播成为政法系统微博的一大特色，法院通过网络向社会发布庭审相关情况逐渐成为一种工作常态，较为典型的案例如"@河北省高级人民法院"微博直播王书金案、济南市中级人民法院微博直播薄熙来案等。2013 年 8 月 22 日，济南市中级人民法院公开开庭审理原中央政治局委员、中共重庆市委书记薄熙来被控受贿、贪污、滥用职权犯罪案，济南中院官方微博对庭审情况进行了全程实时播报，引发公众对案件本身和微博直播形式的关注。此次庭审微博直播是我国首例高级官员贪腐案件微博直播，具有标志性意义。庭审微博直播实现了线上线下、场内场外、新旧媒体的无缝对接，保障了政府在网络舆论场中的话语主导权，作为政府信息公开的有效方式之一，最大限度地满足了社会公众对重大敏感案件的知情权，确保信息的权威性、准确性、公开性和透明性。

2. 强制性干预：开展专项行动，加大网络犯罪打击力度

互联网在畅通信息、反映民意、疏解情绪的同时，也不可避免地引发网络谣言、网络诽谤等乱象，严重妨碍了互联网积极作用的发挥，政府对此采取了

---

① 人民网舆情监测室：《2013 年腾讯政务微博和政务微信发展研究报告》，2013 年 12 月。

一系列强制性干预手段。

2013 年 8 月 20 日，公安部启动打击网络谣言专项行动，网上掀起了整肃网络谣言、营造良好网络环境的风潮。网络红人秦志晖（"秦火火"）、杨秀宇（"立二拆四"）因通过微博、贴吧、论坛等组织策划并制造传播谣言，蓄意炒作网络事件，扰乱网络秩序，非法获取经济利益等被公安部门刑拘；周禄宝、傅学胜分别因在网上发布攻击、诋毁有关单位和个人的帖文，编造、传播中石化"非洲牛郎门"等诽谤谣言被公安部门刑拘；记者刘虎、"边民"董如彬、"环保董良杰"等涉嫌传播网络谣言的网络大 V 也相继被抓。

在这一背景下，2013 年 9 月 9 日，最高人民法院、最高人民检察院颁布的《关于办理利用信息网络实施诽谤等刑事案件适用法律若干问题的解释》明确规定，捏造损害他人名誉的事实，在信息网络上散布，或者组织、指使人员在信息网络上散布的；将信息网络上涉及他人的原始信息内容篡改为损害他人名誉的事实，在信息网络上散布，或者组织、指使人员在信息网络上散布的，即可认定为"捏造事实诽谤他人"。情节严重的，处三年以下有期徒刑、拘役、管制或者剥夺政治权利。并指出，"同一诽谤信息实际被点击、浏览次数达到 5000 次以上，或者被转发次数达到 500 次以上的"，应当认定为诽谤行为"情节严重"，从而为诽谤罪设定了非常严格的量化的入罪标准。① "两高"的司法解释明确了网络诽谤、寻衅滋事等不法行为的适用条件，将网络治理纳入法治轨道，为网络谣言传播的治理提供了充分的法律依据，是依法治网的深度拓展。

3. 网络信息安全管理有待提高

在互联网信息化时代，公民个人信息安全和国家机密数据信息安全面临着巨大风险，2013 年爆发的"棱镜门"事件给世界各国敲响了数据安全的警钟。在我国，目前相关的信息安全保障法律法规还未出台，网络信息安全成为政府

---

① 2013 年 9 月 9 日最高人民法院、最高人民检察院《关于办理利用信息网络实施诽谤等刑事案件适用法律若干问题的解释》发布，根据《解释》，同一诽谤信息实际被点击、浏览次数达到 5000 次以上，或者被转发次数达到 500 次以上的，应当认定为诽谤行为"情节严重"，构成刑法第二百四十六条规定的诽谤罪，处三年以下有期徒刑、拘役、管制或者剥夺政治权利。http：//news. sina. com. cn/o/2013 – 09 – 10/063028175998. shtml.

网络治理的一大难题，加强网络信息安全管理迫在眉睫。

在信息分享、交流沟通等社交应用的基础上，互联网移动通信增加了网上购物、网上转账、在线支付等金融服务类应用，为用户的日常生活提供了极大的便利。2013 年，中国网络购物用户规模达 3.02 亿人，使用率达到 48.9%，比2012 年增长 6.0%，互联网金融服务类应用继续保持较高的发展速度。[①] 但与此同时，用户个人信息泄露、网络诈骗等事件频频发生，例如"支付宝转账信息被谷歌抓取""搜狗手机输入法漏洞导致大量用户敏感信息泄露""如家等快捷酒店开房记录泄露事件""腾讯 QQ 群数据库泄露，用户隐私'被裸奔'"等，网络信息泄露的范围不断扩大，泄露的手段和方式更加复杂化，公民的个人隐私和财物安全受到威胁，严重影响网民对中国互联网络信息安全的信心。

2013 年 11 月 9 日，中共十八届三中全会在北京召开，全会通过的《中共中央关于全面深化改革若干重大问题的决定》（以下简称《决定》）要求"加大依法管理网络力度，完善互联网管理领导体制，形成从技术到内容、从日常安全到打击犯罪的互联网管理合力，确保网络正确运用和安全"。习近平总书记在关于全会《决定》的说明中，再一次强调网络和信息安全牵涉到国家安全和社会稳定，是我们面临的新的综合性挑战。政府部门应尽快出台网络信息安全保障相关法律，从法律上对网络运营商如何加强防范等问题进行细致化规范，使得互联网用户信息安全和造成损失后的追偿问题有法可依，以增强依法治网的力度、精度、信度。

九　2014 年网络舆情预测

1. 网络舆情事件曝光和传播速度将得到进一步提升，网络舆情热度将有所缓和

2013 年，国务院发布的《"宽带中国"战略及实施方案》指出，到 2015 年，基本实现城市光纤到楼入户、农村宽带进乡入村，固定宽带家庭普及率达

---

① 数据来源为 2014 年 1 月 16 日中国互联网络信息中心（CNNIC）在京发布第 33 次《中国互联网络发展状况统计报告》。

到50%；第三代移动通信及其长期演进技术（3G/LTE）用户普及率达到32.5%。① 随着互联网技术的发展和在全国范围的普及，移动互联网使用比例的提升，公共事件的曝光速度和传播速度将得到进一步提升。2012年网络舆情热度达到高潮，2013年影响较大的网络舆情事件数量有小幅下降，随着微博、微信等新媒体的使用趋于平缓，政府网络治理力度的加大，网络舆情的热度将有所缓和，但将依然保持在相对较高的水平。

2. 新媒体将依然为网络舆情事件的主要首曝和传播载体，微信将加入微博成为公共事件主要的参与平台

2013年，新媒体首曝比例为63.4%，占据近三分之二的席位，2014年将仍是以网络新闻和微博为代表的新媒体首曝为主。微博首曝比例在2013年出现大幅下降趋势，微博虽然仍是主要的新媒体首曝平台，但是其地位将部分地被其他新媒体平台取代。2011年推出的微信平台，在经历两年的用户关系建构与维护的基础之上，由于其私人性和隐秘性更高，因此将成为主要的公共事件传播和参与讨论平台。多元媒体的参与将有助于推动公共事件的解决，但是私密性更高、亲密度更大的平台也在一定程度上加快了信息的传播，并可能滋生谣言。

3. 以政府为主的网络治理能力将得到进一步提升，网络环境逐渐完善

2013年，公安部启动打击网络谣言专项行动，最高人民法院、最高人民检察院颁布了《关于办理利用信息网络实施诽谤等刑事案件适用法律若干问题的解释》。这一系列行动和法律法规的制定标志着我国的网络社会治理进入了新的阶段。2014年，网络法律法规将得到进一步完善，网络使用行为将得到进一步规范。随着强制性法律和措施的出台，网络谣言将得到较大程度的治理，网络环境进一步净化。以政府为主的网络社会治理是网络环境完善的关键一步，也是形成多元主体网络社会治理体系的第一步。

4. 由事件引发的话题性讨论将成为网络舆情的重要组成部分

2013年，有关"雾霾""转基因""医患关系矛盾"等环境、食品安全、

---

① 国务院发布《"宽带中国"战略及实施方案》，OFweek 光通讯网，2013 年 8 月 17 日，http：// fiber. ofweek. com/2013 – 08/ART – 210022 – 8120 – 28713181. html。

医疗相关话题讨论持续时间较长，引发公众广泛关注和热议。网络舆情出现由事件性舆情向话题性舆情转变的趋势。话题性网络舆情多由事件为引爆点，探讨事件关涉的一系列内容。这类网络舆情更具深度，讨论主题呈多元化、发散式形态，是对于急需解决的问题的长时间、大范围讨论。随着我国公众媒介素养的日益提升，话题性网络舆情将与事件性网络舆情并重，同时话题性网络舆情更具议程设置功能，将为政府进行社会治理提供新的材料和思路。

分 类 报 告

Public Opinion on Different Topics

B.3

2013 年中国企业财经舆情年度报告

上海交通大学舆情研究实验室 *

摘　要：

2013 年媒体和网民对企业财经舆情事件的关注度上升；曝光速度加快；近七成舆情事件干预主体为企业；接受媒体访问成为最主要的企业财经舆情信息发布方式；产品或服务质量成为制造业和交通运输仓储和邮政业舆情的主要诱发原因，企业家言行是金融业舆情的主要诱发原因，知识产权/产权交易成为信息传输/计算机服务/软件业舆情的主要诱发原因；就企业所有制类型来看，产品/服务质量是引发国企、民企、外企舆情事件的主要原因；民营企业家依旧是舆论关注的焦点，国企高管贪腐问题引关注；企业家舆情事件所属行业集中于制造业、金融业、计算机服务和软件业。

关键词：

企业财经　舆情　宏观经济形势　地区企业舆情　企业家舆情

---

* 课题负责人：谢耘耕；主要执笔人：高云微、李明哲、郑广嘉、秦静；数据分析：荣婷、乔睿、张旭阳；课题组其他成员：孙儒为、李瑞华、杨倩、仪梦、刘璐、沈赟。

2013 年的国际经济形势错综复杂、充满变数，世界经济已由危机前的快速发展期进入深度转型调整期。2013 年中央经济工作会议公报指出，我国经济运行总体平稳，物价涨幅稳步回落，农业基础地位进一步稳固。但是部分企业仍然面临一些问题，如产品或服务质量危机、企业伦理问题、管理疏漏、环境污染等，这些事件引发的公众关注和热议，在一定程度上对企业形象造成负面影响。

上海交通大学舆情研究实验室依托自主研发的"中国公共事件数据库"，从 1994 年至今的 36000 余起网络舆情热点事件中，以舆情热度为标准，分别筛选出 2011～2013 各年度热度排行在前 1000 的热点事件，共计 3000 起。① 其中，企业财经类舆情事件共计 822 起。在此基础上，本报告从企业舆情事件的特点、宏观经济形势、重点行业舆情、企业所有制舆情、重点地区企业舆情、企业家舆情六个方面进行企业财经舆情整体分析，为企业、国家相关管理部门的舆情应对提供决策依据。

一 2013 年企业财经舆情事件传播与特点

（一）企业财经舆情事件特点

1. 2013 年企业财经舆情事件媒体和网民关注度为三年中最高，产品/服务质量、知识产权/产权交易、企业伦理成为舆情诱因的比重较大

总体上，企业财经舆情事件呈现逐年增加趋势。但就入选公共数据库的情况而言，2011～2013 年影响较大的企业财经舆情类事件略有减少，2011 年有 303 起事件，2012 年有 293 起，2013 年有 226 起。2011～2013 年企业财经舆情事件的媒体和网民关注度存在显著差异（非参数独立样本 Kruskal – Wallis 检验结果显示 p < 0.001）。2013 年媒体和网民关注度为 0.782，2011 年为

---

① 样本选取上，2014 年蓝皮书选取 2011～2013 各年度中热度排名前 1000 的网络舆情热点事件作为研究对象，各年度样本量相同，共计 3000 起。2013 年蓝皮书则以 2003～2012 年十年来热度排名前 5000 的网络舆情热点事件作为研究对象，其中 2011 年 919 起，2012 年 1593 起。由于样本选取标准不同，两年蓝皮书总报告和分类报告中的样本量和数据结果具有一定区别。

0.673, 2012 年为 1.002。

　　根据文献资料和实际舆情,进一步将企业财经舆情诱因分为 16 类。2011 ~ 2013 年企业财经舆情事件的具体诱因分布存在显著差异 ($\chi^2 = 96.650$, p < 0.001)。其中,产品/服务质量类比重最大,2013 年达到 24.8%。三年呈现先升后降的变化。此外,知识产权/产权交易(9.7%)、企业伦理(9.3%)类占比接近一成。接下来依次为:安全事故(8.4%)、企业家言行(8.0%)、企业竞争(7.5%)、新产品/服务开发(6.2%)、内部管理(4.9%)、产品/服务价格(4.0%)、环境污染(3.5%)、薪酬福利/劳资纠纷(3.1%)、经济政策(3.1%)等。不同年份企业财经舆情的媒体和网民关注度有显著性差异(非参数独立样本 Kruskal – Wallis 检验结果显示 p = 0.000)。2013 年,企业上市类舆情的媒体与网民关注度最高,为 3.660;其次知识产权/产权交易类达到 2.714;第三位为经济政策类(2.351)。

表1　2011 ~ 2013 年影响较大的企业财经舆情具体类型分布

单位:%

企业舆情 ＼ 年度	2011	2012	2013	合计
宏观经济政策	1.3	1.0	1.8	1.3
经济政策	2.3	5.1	3.1	3.5
产品/服务质量	28.1	30.7	24.8	28.1
产品和服务价格	4.6	5.8	4.0	4.9
新产品/服务开发	2.6	5.8	6.2	4.7
内部管理	14.5	11.9	4.9	10.9
薪酬福利/劳资纠纷	4.6	2.0	3.1	3.3
人事变动	4.3	2.7	1.8	3.0
环境污染	8.6	1.7	3.5	4.7
企业伦理	2.6	2.0	9.3	4.3
安全事故	8.9	3.4	8.4	6.8
知识产权/产权交易	5.3	11.9	9.7	8.9
企业上市	4.0	1.7	1.3	2.4
企业竞争	2.6	5.8	7.5	5.1
其他	3.0	2.4	2.7	2.7
企业家言行	2.6	5.8	8.0	5.2
合　计	100.0	100.0	100.0	100.0

2. 时间分布：2013 年企业财经舆情主要分布在 1 月和 12 月

2011～2013 年企业财经舆情事件的季度分布存在显著差（$\chi^2 =$ 22.161，p < 0.01）。总体而言，2013 年四个季度的数量分布比较均匀，但 2013 年第二季度发生的企业舆情事件数量明显低于 2011 年和 2012 年，为 19.9%；第三、四季度发生的企业舆情事件数量较 2012 年同期有所上升。

月份方面，2011～2013 年度企业财经舆情事件的月份分布存在显著差异（$\chi^2 = 36.045$，p < 0.05）。其中，2013 年 1 月（10.6%）和 12 月（10.2%）发生的企业财经舆情事件较多，比重各占一成以上。1 月份发生了"昆明长水国际机场航班延误事件""抢票插件之争""中石化牛郎门""戴尔私有化事件""江西铜业重金属污染"等事件；12 月发生了"李亚鹏基金会被指涉嫌违规""深圳一公司年终奖：10 辆奔驰""女子 2011 年网购床垫 2 年后送到""香港假钞恐慌""上海崇明造船基地爆炸"等，引发媒体和公众热议。

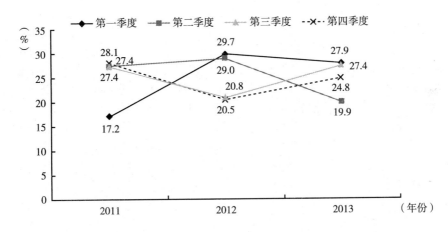

图 1　2011～2013 年影响较大的企业类舆情的季度分布

3. 三成多企业财经舆情所属行业为制造业；三成企业财经舆情涉嫌违法/违规操作，比重较前两年呈下降趋势

根据文献和舆情的实际情况，进一步将其分为 20 个行业。对有效样本进行分析，发现 2013 年制造业的舆情事件数量居首位，共 61 起，占比 27.5%。相比较 2012 年（35.7%）和 2012 年（43.8%），该比重有所下降。如天津第一口奶事件、广药诉加多宝虚假宣传案、上海老凤祥等金店涉嫌操纵金价遭调查、中石化牛郎门、中石化老总称职工买不起房引热议。此外，超一成的舆情事件涉及信息传输/计算机服务/软件业（16.7%）、交通运输仓储和邮政业（10.8%）、金融业（10.4%）。其中，三年中信息传输/计算机服务/软件业增幅明显，如微信收费风波、搜狗 360 爆发中秋大战、网易与中国电信推易信、腾讯诉 360 案宣判、人人网关闭开心农场等。此外，媒体和网民热度值排在前五的为信息传输/计算机服务/软件业（1.275）、公共管理/社会组织（0.927）、制造业（0.844）、国际组织（0.817）、科学研究/技术服务/地质勘测业（0.81）。

表 2　影响较大的企业舆情事件的行业分布

行业＼年份	2011 年（%）	2012 年（%）	2013 年（%）	合计（%）	媒体与网民关注度均值
农林牧渔业	0.7	0.3	0.9	0.6	0.598
采矿业	3.4	3.8	4.5	3.8	0.507
制造业	35.7	43.8	27.5	36.3	0.844
电力燃气水生产/供应	2.0	1.4	2.3	1.9	0.798
建筑业	0.7	1.7	2.3	1.5	0.731
交通运输/仓储/邮政业	7.1	5.6	10.8	7.6	0.688
信息传输/计算机服务/软件业	6.1	9.7	16.7	10.3	1.275
批发/零售业	4.0	5.9	5.0	5.0	0.712
住宿/餐饮业	5.1	3.1	4.1	4.1	0.774
金融业	15.2	4.5	10.4	10.0	0.659
房地产业	2.4	2.8	1.4	2.2	0.718
租赁/商务服务业	0.3		0.9	0.4	0.443
科学研究/技术服务/地质勘测业	1.0	0.3	0.5	0.6	0.810
水利环境/公共设施管理业	1.3	0.7	0.5	0.9	0.511
居民服务/其他服务业	1.0	0.3	2.7	1.2	0.605
教育业	1.0		0.5	0.5	0.428
卫生社会保障/社会福利业	0.7		1.4	0.6	0.587
文化体育/娱乐业	2.4	1.0	1.8	1.7	0.543
公共管理/社会组织	9.4	14.9	6.3	10.5	0.927
国际组织	0.7			0.2	0.817
合　计	100.0	100.0	100.0	100.0	1.334

对企业财经舆情事件性质分析，2011～2013 年度企业财经舆情事件中涉嫌违法或违规操作的比例存在显著性差异（$\chi^2 = 26.082$，$p < 0.001$）。2013 年较 2011 年（53.5%）、2012 年（38.9%），比重有所下降。如"山东潍坊地下水污染""天津第一口奶事件""广药诉加多宝虚假宣传案""上海老凤祥等金店涉嫌操纵金价遭调查"等。

进一步结合媒体和网民关注度进行分析，发现三年来对不涉嫌违法或违规操作的热度都高于对涉嫌违法或违规操作的热度。其中，2013 年对不涉嫌违法或违规操作的媒体和网民关注度达到 1.399，较 2011 年（1.401）、2013 年（0.998）经历了先降后升的变化。对涉嫌违法/违规操作的媒体和网民关注度逐年升高（2011 年为 0.657，2012 年为 0.795，2013 年达到 0.858）。

（二）企业财经舆情传播特点

1. 传播时效性：三成事件发生距离曝光在半天以内，二成发生即曝光；曝光早于发生和发生即曝光的比重呈现明显的增加趋势；发生距离曝光在半天～1 天和发生在半年以上的降幅明显

2011～2013 年企业财经舆情事件发生距曝光时间差的分布存在显著性差异（$\chi^2 = 45.796$，$P < 0.01$）。2013 年中国企业财经舆情事件中三成事件发生距离曝光在半天以内（28.9%），如"腾讯诉 360 案宣判""青岛飞温州航班因故障返航""四川泸县煤矿瓦斯事故"等。22.5% 的企业财经舆情事件发生即遭到曝光，如"马云卸任阿里巴巴 CEO""茅台五粮液因实施价格垄断被罚 4.49 亿元""同仁堂被曝两款中药朱砂超标"等。事件发生距离曝光在半天～1 天、2～3 天、4～6 天、7～15 天、15～30 天、1～3 个月、3～6 个月和半年以上各占据一定的比重。从变化趋势来看，2011～2013 年企业财经舆情事件中，曝光早于发生的比重呈现明显的增加趋势；发生距离曝光在半天～1 天和发生在半年以上的降幅明显，如"网易与中电信推易信""美国航空与全美航空宣布合并"等。

2. 传播媒介：63.4% 的企业财经舆情事件由新媒体首次曝光；网络新闻首曝比重居首位（40.7%），其次为报纸（26.2%）

2013 年 63.4% 的企业财经舆情事件由新媒体首次曝光。该比重较 2011 年

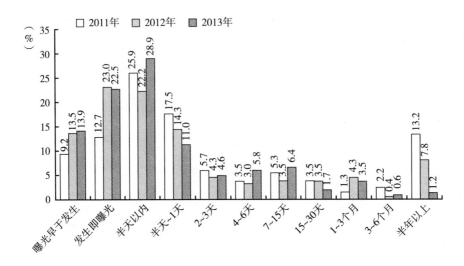

图2　影响较大的企业财经舆情事件发生距曝光时间差分布

（57.4%）增加了近6个百分点，与2012年（63.2%）相当，如"抢票插件之争""天津第一口奶事件""人人网关闭开心农场"等均由新媒体首次曝光。相比之下，2013年仅36.6%的事件由传统媒体曝光，较2011年（42.6%）有所下降，与2012年（36.8%）基本持平。

进一步将媒体类型细分为报纸、电视、广播等10大类，发现2013年网络新闻、报纸、微博成为企业财经舆情曝光的重要方式。其中，网络新闻首曝比重居首位，且呈现出明显的增加趋势，2011年为30.0%，2012年达到36.5%，2013年增加至40.7%。例如，"微信收费风波"最早由中国企业家网首曝，"肯德基冰块菌落超标"由浙江在线首曝，而"网易与中国电信推易信"和"腾讯诉360案宣判"由新浪科技首曝。其次为报纸，经历了先减后增的趋势，2013年达到26.2%。"抢票插件之争"的首曝媒体为《扬子晚报》，"中石化老总称职工买不起房引热议"最早由《南方都市报》曝光，《重庆商报》最早对"马云卸任阿里巴巴CEO"进行了报道。与报纸的变化趋势相反，微博呈现了先增后减的变化趋势，2013年为14.9%，如搜狗360爆发中秋大战、山东潍坊地下水污染、昆明长水国际机场航班延误事件。

进一步将企业财经舆情事件的首曝媒介类型与媒体/公众关注度进行分析，发现2013年引起媒体和公众高度关注的事件依次由电视、报纸和网络新闻首

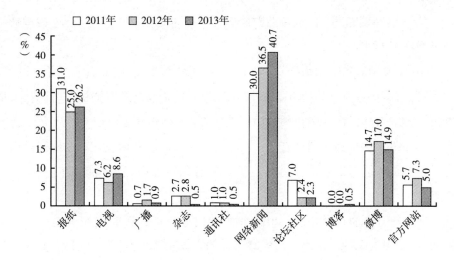

图3　2011～2013年企业财经舆情事件首曝媒介具体类型

次曝光。电视和报纸作为首曝媒介关注度在三年中呈现逐年递增的趋势。其中电视从2011年的0.773、2012年的1.575增加到2013年的1.807；报纸的增幅略小于电视，相较于2011年（0.706）和2012年（0.941），2013年达到1.159。网络新闻呈现出先减后增的变化，2013年达到1.140；微博的媒体和网民关注度也是先减后增，在2013年达到1.071。此外，广播、杂志、通讯社、官方网站等三年的媒体和网民关注度呈现明显下降。

表3　企业财经舆情事件首曝媒介类型的媒体/公众关注度分布

	2011	2012	2013
报　　纸	0.706	0.941	1.159
电　　视	0.773	1.575	1.807
广　　播	1.972	1.121	1.033
杂　　志	1.101	0.449	0.882
通 讯 社	1.129	0.434	0.503
网络新闻	0.787	0.763	1.140
论坛社区	1.147	0.554	0.719
博　　客	0.519	—	—
即时通讯	14.250	—	—
微　　博	0.954	0.902	1.071
邮　　件	—	—	0.464
官方网站	3.477	0.877	0.779

3. 舆情持续时间：四成企业财经舆情持续时间在 1 周以内，近四成舆情持续时间在 1 ~ 2 周

2011 ~ 2013 年企业财经舆情持续时间的分布存在显著性差异（$\chi^2 = 59.732$，$p < 0.001$）。2013 年，四成（39.1%）企业财经舆情持续时间在 1 周以内。如"青岛飞温州航班因故障返航""马云卸任阿里巴巴 CEO"等。近四成（36.9%）舆情持续时间在 1 ~ 2 周，如"微信收费风波""肯德基后厨黑幕风波""网易与中电信推易信"等。所有的企业财经舆情持续时间不超过半年。

从趋势分布而言，2011 ~ 2013 年企业财经舆情持续时间在 1 周以内的事件和 1 ~ 2 周的事件比重均呈现先减后增的变化趋势；舆情持续时间在 2 周 ~ 1 个月的舆情事件变化不大；舆情持续时间在 1 ~ 2 个月、2 ~ 3 个月、3 ~ 6 个月、6 个月以上的比重变化趋势均为先增后减。

2013 年舆情持续时间在 1 ~ 2 周的企业财经舆情事件媒体和网民关注度均值最高，达到 1.021；1 周以内的媒体和网民关注度较低，仅为 0.563。此外，舆情持续时间在 2 周 ~ 1 个月、1 ~ 2 个月、2 ~ 3 个月以及 3 个月以上的媒体和网民关注度分别为 0.785、0.819、0.512 和 0.734。

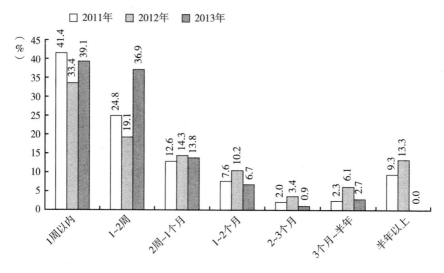

图 4　2011 ~ 2013 年企业财经舆情事件舆情持续时间分布

（三）舆情干预与应对

1. 干预主体：近七成舆情事件干预主体为企业，与前两年比重相当；三成半事件受到地方政府干预，近二成半受到国家部委干预，二者比重较前两年有所下降

对企业财经舆情事件进行干预的主体包括国家部委、地方政府、司法部门、企业、个人和其他等，不少舆情事件中的干预主体不止一个。研究发现，2013 年 66.7% 的事件干预主体为企业本身，与 2011 年（66.7%）、2012 年（68.49%）比重接近，包括微信收费风波、广药诉加多宝虚假宣传案、人人网关闭开心农场等。35.3% 的事件中有地方政府参与干预，较 2011 年（43.8%）、2012 年（41.1%）有显著下降，代表案例如山东潍坊地下水污染、上海老凤祥等金店涉嫌操纵金价遭调查、山东"毒姜"事件、四川泸县煤矿瓦斯事故、湖南"世界第一高楼"事件等。2013 年 24.2% 的干预主体为国家部委，比重较 2011 年（28.3%）、2012 年（27.8%）有所下降，如中国铁路总公司正式挂牌成立、中石化牛郎门、四川泸县煤矿瓦斯事故、哈大高铁提速提价事件。此外，个人、司法部门和其他依次占比 23.2%、13.5% 和 4.8%。从变化趋势来看，地方政府和国家部委作为企业财经舆情事件干预主体的比重三年呈现明显的下降趋势，而个人比重呈现上升趋势。

2. 干预时效：近五成（49.6%）企业财经舆情事件的干预早于曝光，近二成（18.6%）事件在曝光的同时得到了主体的干预

2011～2013 年企业财经舆情事件发生至主体首次干预的时间差分布存在显著性差异（$\chi^2 = 41.672$，$p < 0.01$）。就企业财经舆情遭到曝光到主体首次进行干预的时间差而言，剔除不需要干预、无明显干预的样本，对剩余有效样本进行分析。2013 年近五成（49.6%）企业财经舆情事件的干预早于曝光，低于 2011 年（55.2%）、高于 2012 年（48.9%），代表案例如"微信收费风波""抢票插件之争""网易与中电信推易信"等。近二成（18.6%）事件在曝光的同时得到了主体的干预，较 2011 年（9.1%）、2012 年（8.0%）增幅明显，如"百度收购 PPS""农夫山泉质量门""三星在美申请禁售苹果产品""盘古

即刻合并"等。此外，事件遭到曝光至主体首次干预时间差分布比重依次为2～3天（8.8%）、半天以内（8.0%）、半天～1天（5.3%）、4～6天（4.4%）、1～3个月（3.5%）以及7～15天（1.8%）。样本中，没有事件时间差在3～6个月以及半年以上。

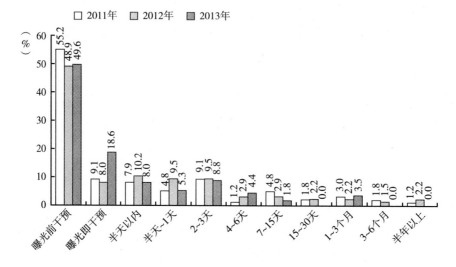

图5　2011～2013年企业财经舆情事件曝光至政府首次干预时间差分布

3. 信息发布：接受媒体访问成为最主要的企业财经舆情信息发布方式；微博/博客/论坛回应、对外公告或文件、官方网站发布消息等比重在四分之一左右

企业财经舆情事件中舆情主体的信息发布方式包括新闻发布会、接受媒体访问、官方网站、对外公告/文件、发表声明、微博博客或论坛回应等，而一起舆情事件中可能存在2种以上的信息发布方式。2011～2013年企业财经舆情事件的新闻发布方式存在显著差异（$\chi^2 = 44.217$，$p < 0.001$）。

2013年，接受媒体访问成为企业财经舆情中最主要的信息发布方式，占比79.3%，如"山东潍坊地下水污染""肯德基后厨黑幕风波""肯德基冰块菌落超标"等事件中舆情主体均接受了媒体采访。此外，微博/博客/论坛回应（25.6%）、对外公告或文件（23.6%）、官方网站发布消息（23.2%）比重相当，在四分之一左右。其中微博/博客/论坛回应的有"马云卸任阿里巴巴CEO""百度收购PPS""娃哈哈集团董事长宗庆后遇袭""万得城退出中国""南昌地下天然气管道爆炸"等；对外公告或文件有"中国铁路总公司正式挂牌成立""青岛飞温州航班因故障返航""中欧光伏贸易摩擦案"；官方网站发布消息的有"中国铁路总公司正式挂牌成立""马云卸任阿里巴巴 CEO""青岛飞温州航班因故障返航"等。

其中，官方网站发布消息所引起的媒体和网民关注度值相对最高，为1.834；接下来依次为发表声明（1.693）、对外公告或文件（1.481）、微博/博客/论坛回应（1.292）、接受媒体访问（1.216）和新闻发布会（1.184）。

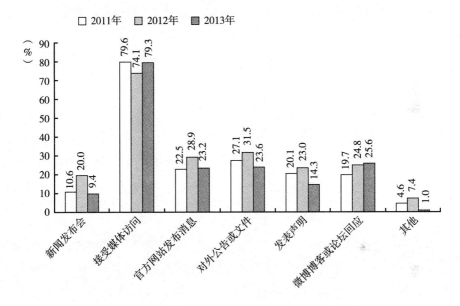

图6　2011~2013 年企业财经舆情事件信息发布方式

二　2013 年宏观经济形势与经济政策舆情分析

2013 年的国际经济形势错综复杂。我国政府工作报告指出："2013 年是全面贯彻落实党的十八大精神的开局之年，是实施'十二五'规划承前启后的关键一年，是为全面建成小康社会奠定坚实基础的重要一年。"①

————————

① 《全面贯彻落实党的十八大精神的开局之年》，《四川日报》2013 年 2 月 4 日。

2013年涉及宏观经济形势的企业财经舆情事件较多：国内方面，"国五条"细则出台，国务院加大对房地产市场的调控力度；国务院推进行政审批信息、财政预算决算和"三公"经费、保障性住房信息等九大重点领域信息公开；城市群的相关发展战略被列为城镇化健康发展的重点之一；中国铁路总公司正式挂牌成立，铁路政企分开。国际方面，中国对外投资同比增长16.8%；上海自贸区挂牌，大批企业蜂拥入驻；葛兰素史克在华行贿遭调查，反商业贿赂震荡医药行业。此外，新媒体新技术冲击着我国经济形势，4G时代到来，三大运营商之战再起"硝烟"；互联网金融开始兴起，余额宝等互联网基金风生水起。

总体而言，宏观经济政策包括财政政策、货币政策、收入分配政策和对外经济政策四类。

1. 财政政策

财政政策是指国家根据一定时期政治、经济、社会发展的任务而规定的财政工作的指导原则，通过财政支出与税收政策的变动来影响和调节总需求。2013年，为了保持经济平稳较快发展，国家继续实施积极财政政策。

在财政支出方面，优化财政支出结构，继续向教育、医药卫生、社会保障等民生领域和薄弱环节倾斜，严格控制行政经费等一般性支出。从地域分布来看，2013年国家继续加大对西部重大项目的支持力度，用于西部大开发重点工程的投资总规模达到3265亿元，新开工的重点工程共20项。[①] 这些集中在公路整治改造、机场建设等基础设施建设和炼油、煤层气开发等地区优势产业的项目，改善了群众生产生活条件。同时，国家继续增加"三农"投入，巩固农业基础地位，2013年在农田水利建设、强化粮食直补和产量大县奖励政策方面力度有所加大，同时还扩大了农机具购置补贴范围，完善主要农产品收储政策，加大农业科技投入，推动农业产业化发展等。

税收政策方面，2013年，国家继续落实和完善财税扶持政策，落实和完

---

① 江国成：《今年西部大开发新开工20项重点工程投资3265亿元》，新华网，2013年12月20日，http://news.xinhuanet.com/fortune/2013-12/20/c_118646177.htm。

善促进民间投资和中小企业发展的财税优惠政策；引导和支持企业兼并重组和技术改造，加快淘汰落后产能和抑制产能过剩。备受人们关注的涉及房地产、环保等领域的税收政策也陆续出台。其中，环保税收政策的出台引发了舆论的高度关注。绝大多数媒体和公众对现行排污收费改为环境保护税，并将二氧化碳排放纳入征收范围，表示了高度认可，并认为此举有助于提升社会公众的环境意识。不过也有人担忧要落实将二氧化碳纳入征收范围并非易事，需要技术支持。

房地产政策与百姓生活密切相关。2013 年 2 月，国务院常务会议出台了房地产市场调控细则，即"国五条"细则，媒体对此给予了高度的肯定，认为"内容更丰富、更具体、目标更清晰、方向更确定、打击力度更重、范围更广"①。但当"国五条"出台满百天时，部分媒体认为尽管房价环比涨幅有所收窄，但是房价上涨的趋势并没有改变，与政策之初的预期相差甚远。

2. 货币政策

2013 年，金融危机对经济造成的负面影响依然存在，全球的宏观经济发展虽然略有起色，但依然存在诸多不确定因素，经济复苏尚需一定时间。世界经济的低速增长和不确定性通过贸易、金融等对中国经济产生了负面冲击，明显降低了中国总需求的扩张速度。

面对复杂的国内外经济形势，我国在 2013 年并未采取 2008～2009 年那样的大规模刺激需求的措施，而是通过稳增长、调结构、促改革的统筹方式，执行稳健的财政政策。实现了货币政策操作与经济结构调整紧密结合，加强了窗口指导和信贷政策引导。信贷方面，尤其注重加强对"三农"、中小企业、城镇化建设、经济结构调整和产业升级、保障性安居工程、就业等民生工程和地方政府融资平台清理规范等方面的金融服务工作。

2013 年，货币政策操作相对于经济运行保持了一定的独立性。2013 年

---

① 中国广播网：《"国五条"细则发布六大措施加码楼市调控》，2013 年 3 月 2 日，http：//news. xinhuanet. com/house/2013 - 03/02/c_ 124406872. htm。

的主要经济任务是"稳增长"而非"保增长",并提出推进经济结构调整的要求,谨慎、稳健的货币政策一方面体现了适时适度预调微调的要求,另一方面也有助于防止再次出现大规模刺激计划的现象,有利于为经济结构调整营造良好的货币环境。中国央行在 6 月 25 日正式出手救"钱荒",并承诺对符合条件的银行提供资金支持。同时,为稳定货币市场,央行向一些符合宏观审慎要求的金融机构提供了流动性支持,一些自身流动性充足的银行也开始发挥稳定器作用向市场融出资金,最终使货币市场利率显著回稳。

3. 收入分配政策

收入分配制度是社会经济发展中一项具有根本性、基础性的制度,是社会主义市场经济体制的重要基石。作为一项重要举措,收入分配改革不仅能够扭转多年来经济高速发展中各种收入分配的失衡问题,更能够通过调整财富分配格局,提高居民收入,为中国经济的转型和可持续发展创造一个坚实的制度基础。

改革开放以来,我国收入分配制度改革逐步推进,破除传统计划经济体制下平均主义的分配方式,在坚持以按劳分配为主体的基础上,允许和鼓励资本、技术、管理等要素按贡献参与分配,不断加大收入分配调节力度。

2013 年 2 月 3 日,国务院批转国家发改委、财政部和人力资源社会保障部报送的《关于深化收入分配制度改革的若干意见》,从税收、就业、医保、农民收入、收入秩序等方面对目前我国收入分配方面存在的诸种问题进行分析。十八大提出"千方百计增加居民收入"战略部署,继续深化收入分配制度改革,优化收入分配结构,调动各方面积极性,促进经济发展方式转变,维护社会公平正义与和谐稳定,实现发展成果由人民共享,为全面建成小康社会奠定扎实基础。[①]

总体而言,2013 年我国的收入分配政策主要集中于缩小收入分配差距、

---

① 新华网:《国务院批转〈关于深化收入分配制度改革的若干意见〉》,http://news. xinhuanet. com/politics/2013 – 02/05/c_ 114625358. htm。

调整收入分配秩序、扩大居民收入等方面。农民收入方面，通过增加农民家庭经营收入，健全农业补贴制度等来形成促进农民收入较快增长的长效机制。城镇居民收入方面，强调增加中低收入者收入，建立健全职工工资正常增长机制，健全覆盖城乡居民的社会保障体系。此外，还通过促进就业公平、提高劳动者职业技能以及加强国有企业薪酬管理等来继续完善初次分配机制，集中更多财力用于保障和改善民生，同时加强个人所得税与房产税的调节。

4. 对外经济政策

对外经济政策是一国对外贸易、金融、投资、能源、经济援助与制裁等一系列政策、法规和行动的总和。近年来，中国对外投资一直呈现高速增长的势头。中国商务部 2014 年 1 月 16 日发布数据显示，2013 年，中国境内投资者共对全球 156 个国家和地区的 5090 家境外企业进行了直接投资，累计实现非金融类直接投资 901.7 亿美元，同比增长 16.8%。[①] 2013 年中国进出口保持了稳定增长态势，中国占全球贸易份额继续小幅提升。这些与 2013 年陆续颁布的对外经济政策存在很大关系。

首先，国家加紧落实外贸扶持政策，具体涉及出口退税政策、出口信用保险政策、贸易融资等金融支持政策等。针对一些小微企业，国务院出台相关措施，加强指导，支持对外贸小微企业的融资贷款优惠，鼓励信贷机构为订单多、效益好、产品档次高的小型外贸企业提供金融支撑，同时积极创新信贷服务方式，完善小企业信用担保体系。

其次，在进出口政策方面，国家针对外贸企业要素成本快速提高、利润下滑的问题，全面清理涉及进出口环节的各项不合理收费，适当降低了部分行政事业性收费。此外，还针对性地扩大稀缺性产品进口，通过拨付专项资金、降低进口关税、实施进口补贴等方式，加快了粮食、能源原材料、关键零部件、先进技术设备的进口。

① 中商情报网：《2013 中国对外非金融类直接投资额同比增长 16.8%》，2014 年 1 月 16 日，http://www.askci.com/news/201401/16/16176221615.shtml。

表4   2013年宏观经济政策

类别	时间	机构	内容	备注
财政政策	2013-2-28	国务院办公厅	《关于继续做好房地产市场调控工作的通知》	"国五条"细则出台
	2013-4-1	财政部、国家税务总局	《关于享受资源综合利用增值税优惠政策的纳税人执行污染物排放标准有关问题的通知》	享受相关政策的纳税人,污染物排放必须达标
	2013-5-23	国家有关部门	《中华人民共和国环境保护税法(送审稿)》	二氧化碳排放税纳入环保税,污染物排放税(费)率则有所提高
	2013-5-24		《关于2013年深化经济体制改革重点工作的意见》	扩大个人住房房产税改革试点范围
	2013-7-29	财政部、国家税务总局	《财政部、国家税务总局关于暂免征收部分小微企业增值税和营业税的通知》	扶持小微企业发展
	2013-11-12	国务院	《全国资源型城市可持续发展规划(2013~2020年)》	
	2013-12-24	中央农村工作组	将城镇化时间表进一步细化,提出了三个"1亿"目标	
	2013-12-16	财政部	《2014年关税实施方案》	对767种进口商品实施低于最惠国税率的年度进口暂定税率
货币政策	2013-2-7	中国人民银行	《中国人民银行办公厅关于做好2013年信贷政策工作的意见》	
	2013-6-23	中国人民银行	提出"适时适度进行预调微调",继续实施稳健的货币政策	
	2013-6-25	央行	出手救"钱荒",并承诺对符合条件的银行提供资金支持	
	2013-7-5	国务院办公厅	《关于金融支持经济结构调整和转型升级的指导意见》	
	2013-7-20	国务院、中国人民银行	全面放开金融机构贷款利率管制	

续表

类别	时间	机构	内容	备注
收入分配政策	2013 - 2 - 5	国务院	《关于深化收入分配制度改革若干意见》	明确要在发展中调整收入分配结构
	2013 - 5	国务院	要求制定出台合理提高劳动报酬、加强国有企业收入分配调控、整顿和规范收入分配秩序等重点配套方案和实施细则	
	2013 - 10 - 30	国务院常务会议	讨论建立健全社会救助制度,提出统筹城乡居民最低生活保障制度	
	2013 - 11 - 12	十八届三中全会	《决定》指出,要形成合理有序的收入分配格局	
对外经济政策	2013 年 7 月	国务院办公厅	《关于促进进出口稳增长、调结构的若干意见》(国办发〔2013〕83 号)	

三　2013 年重点行业舆情分析

企业财经舆情具体涉及 21 大行业,根据舆情事件数量分布比重排序,2013 年四大重点行业依次为制造业、信息传输/计算机服务/软件业、交通运输/仓储/邮政业、金融业。四种行业在 2013 年共发生 145 起热点舆情事件,其中,制造业 61 起,信息传输/计算机服务/软件业 37 起,交通运输/仓储/邮政业 24 起,金融业 23 起。

1. 四大重点行业的企业所有制分析

2013 年企业财经舆情事件所属四大重点行业的企业所有制形式存在显著差异($\chi^2 = 63.732$,$p < 0.001$)。制造业中,国企、民企和外企三种所有制类型分别占比 26.2%、36.1% 和 31.1%;交通运输/仓储/邮政业中,国企占比最高,达 82.6%;信息传输/计算机服务/软件业、金融业中,民企占比较高,比例分别为 72.2% 和 60.0%。

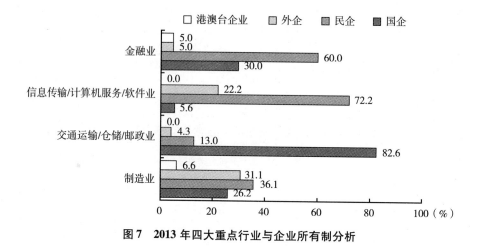

图7　2013年四大重点行业与企业所有制分析

2. 四大重点行业舆情诱因分析：产品或服务质量成为制造业和交通运输/仓储/邮政业舆情的主要诱发原因，企业家言行是金融业的主要诱发原因，知识产权/产权交易成为信息传输/计算机服务/软件业的主要诱发原因

整体来看，四大行业所涉及的企业财经舆情在舆情诱因上的分布存在显著性差异（$x^2 = 96.650$，p < 0.001），即不同行业的舆情诱因不同。2013年，当行业为制造业和交通运输/仓储/邮政业时，舆情诱因为产品或服务质量的占比较高，分别为31.1%和45.8%。当行业为金融业时，以企业家言行为舆情诱因的占比最大，为21.7%。当行业为信息传输/计算机服务/软件业时，舆情诱因为知识产权/产权交易的比例最高，占比为29.7%。

整体而言，2011～2013年的四大重点行业依次为：制造业、公共管理和社会组织、信息传输/计算机服务/软件业、金融业。三年间，制造业发生的影响较大的企业舆情的主要舆情诱因是产品或服务质量，共115起，占比39.2%；信息传输/计算机服务/软件业发生的影响较大的企业舆情的主要舆情诱因为知识产权/产权交易、产品或服务质量类和企业竞争，分别占比22.9%、19.3%、16.9%；金融业发生的影响较大的企业舆情的主要舆情诱因是内部管理、产品或服务质量，分别占比27.2%、18.5%；公共管理和社会组织行业发生的影响较大的企业舆情的主要舆情诱因是经济政策，占比29.4%。

表5　2013 年四大重点行业与事件类型交叉分析

单位：%

事件类型＼重点行业	制造业	交通运输/仓储/邮政业	信息传输/计算机服务/软件业	金融业	合计
宏观经济政策	0.0	0.0	0.0	13.0	2.1
经济政策	0.0	0.0	0.0	4.3	0.7
产品/服务质量	31.1	45.8	5.4	17.4	24.8
产品/服务价格	0.0	16.7	2.7	0.0	3.4
新产品/服务开发或举措	4.9	0.0	18.9	4.3	7.6
内部管理	4.9	4.2	0.0	8.7	4.1
薪酬福利/劳资纠纷	4.9	0.0	2.7	0.0	2.8
人事变动	1.6	0.0	5.4	0.0	2.1
环境污染	4.9	4.2	0.0	0.0	2.8
企业伦理	13.1	4.2	5.4	13.0	9.7
安全事故	6.6	8.3	0.0	0.0	4.1
知识产权/产权交易	9.8	4.2	29.7	4.3	13.1
企业上市	0.0	0.0	0.0	4.3	0.7
企业竞争	6.6	4.2	21.6	8.7	10.3
其他	1.6	8.3	2.7	0.0	2.8
企业家言行	9.8	0.0	5.4	21.7	9.0
合　计	100.0	100.0	100.0	100.0	100.0

3. 2013 年四大重点行业整体以负面舆情事件为主，信息传输/计算机服务/软件业以中性事件为主，其他行业均以负面事件为主

2013 年，负面舆情事件发生最多，共 78 起，占比为 53.8%；中性事件为 64 起，占比 44.1%；正面事件最少，仅有 3 起，占比 2.1%。不同行业的企业舆情事件性质的分布存在显著性差异，除信息传输/计算机服务/软件业中中性事件占比（70.3%）最高外，其他行业均以负面事件为主。

2011～2013 年，负面性质的舆情事件占比始终最高，2011 年负面事件占比 74.2%，2012 年下降为 65.0%，2013 年下降至 53.8%。具体到四大重点行业，制造业中，负面性质的舆情事件比例有所下降，从 2011 年的 83.0% 下降至 2013 年的 60.7%；交通运输/仓储/邮政业中，负面舆情事件比例有所上升，从 2011 年的 61.9% 上升到 2013 年的 79.2%；信息传输/计算机服务/软

件业中，负面舆情比例大幅下降，从 2011 年的 55.6% 下降到 2013 年的 27.0%，下降了一半；金融业中，负面舆情事件数量也呈现下降趋势，从 2011 年的 66.7% 下降至 2013 年的 52.2%。

表6　2011～2013 年四大重点行业与舆情性质的交叉表

单位：%

年份	重点行业 性质	制造业	交通运输/仓储/邮政业	信息传输/计算机服务/软件业	金融业	合计
2011	正面	0.0	4.8	0.0	2.2	1.1
	中性	17.0	33.3	44.4	31.1	24.7
	负面	83.0	61.9	55.6	66.7	74.2
	合计	100.0	100.0	100.0	100.0	100.0
2012	正面	1.6	0.0	0.0	0.0	1.1
	中性	27.8	37.5	57.1	38.5	33.9
	负面	70.6	62.5	42.9	61.5	65.0
	合计	100.0	100.0	100.0	100.0	100.0
2013	正面	0.0	4.2	2.7	4.3	2.1
	中性	39.3	16.7	70.3	43.5	44.1
	负面	60.7	79.2	27.0	52.2	53.8
	合计	100.0	100.0	100.0	100.0	100.0

4. 四大重点行业的事件干预情况分析：四大重点行业中大多数舆情事件发生距离干预的时间差在 1 天以内，制造业、信息传输/计算机服务/软件业中政府干预的比例有所提升

2013 年，总体来说，制造业、信息传输/计算机服务/软件业中政府干预的比例有所提升；而交通运输/仓储/邮政业和金融业中政府干预比例有所下降。2013 年，制造业中，50.8% 的事件受到了政府干预，这一比例较 2011 年（39.6%）、2012 年（45.2%）有所提升；交通运输/仓储/邮政业中，45.8% 的事件有政府干预，这一比例较 2012 年（56.3%）有所下降；信息传输/计算机服务/软件业中，83.8% 的事件有政府干预，这一比例较 2011 年（66.7%）、2012 年（60.7%）有所提升；金融业中，47.8% 的事件有政府干预，这一比例较 2011 年（64.4%）、2012 年（76.9%）降幅明显。

表7　2011～2013 年四大重点行业与政府干预情况

单位：%

| | | 是否有政府干预 | | |
		否	是	本身是职能部门
2011	制造业	39.6	60.4	0.0
	交通运输/仓储/邮政业	23.8	52.4	23.8
	信息传输/计算机服务/软件业	66.7	33.3	0.0
	金融业	64.4	35.6	0.0
2012	制造业、	45.2	54.8	0.0
	交通运输/仓储/邮政业	56.3	31.3	12.5
	信息传输/计算机服务/软件业	60.7	39.3	0.0
	金融业	76.9	23.1	0.0
	房地产业	0.0	0.0	0.0
2013	制造业	50.8	49.2	0.0
	交通运输/仓储/邮政业	45.8	50.0	4.2
	信息传输/计算机服务/软件业	83.8	13.5	2.7
	金融业	47.8	52.2	0.0

　　从干预时效性来看，四大重点行业中大多数舆情事件发生距离干预的时间差在1天以内，其中制造业、交通运输/仓储/邮政业、信息传输/计算机服务/软件业和金融业的占比依次为73.7%、85.0%、92.3%和78.6%。进一步分析发现，42.9%的金融业舆情事件和50.0%的信息传输/计算机服务/软件业舆情事件中，事件发生即得到了干预；而40.0%的交通运输/仓储/邮政业的舆情事件在发生后半天以内获得干预。

　　具体而言，2013年，制造业中，事件发生即干预的占比最高，达47.4%；其次为事件发生后半天以内进行干预的占比，为18.4%；1天以内进行干预的比例共计73.7%。2011～2013年不同年份的制造业的企业舆情事件从事件发生到干预的时间差分布存在显著性差异（p<0.01）。2011年占比最高的是半年以上进行干预的事件，达23.0%；事件发生1天以内进行干预的比例为50.8%。2012年1天以内进行干预的比例为65.8%。可见制造业事件的干预速度逐渐加快。

　　交通运输/仓储/邮政业中，2013年比例最高的是事件发生后半天以内进行干预的事件，占比为40.0%；1天以内进行干预的比例为85.0%。这一比

例高于 2011 年的 64.3% 和 2012 年的 83.2%。

信息传输/计算机服务/软件业中,2013 年比例最高的是事件发生即干预,占比 50.0%;1 天以内进行干预的比例为 92.3%。2011～2013 年信息传输/计算机服务/软件业的企业舆情事件从事件发生到干预的时间差分布存在显著性差异。2013 年该行业的干预速度较快,发生前干预和发生即干预二者的比例都远远高于前两年,1 天以内干预的比例高于 2011 年的 84.7% 和 2012 年的 66.7%。

金融业中,2013 年比例最高的是事件发生即干预,占比 42.9%;1 天以内进行干预的比例为 78.6%;其次为事件发生后 7～15 天进行干预的事件比例,占比 21.4%。2011～2013 年金融业的企业舆情事件从事件发生到干预的时间差分布存在显著差异($\chi^2 = 28.982$,p < 0.05)。2013 年该行业的干预速度较 2011 年有显著下降,1 天以内干预的比例低于 2011 年的 80.0%,但是远远高于 2012 年的 40.0%。

5. 信息发布方式:接受媒体访问成为四大重点行业的主要信息发布方式,信息传输/计算机服务/软件业及金融业对于新媒体的利用在三年中逐渐上升

2013 年,制造业中,接受媒体访问占比 75.5%,这一比例较 2012 年(69.7%)有所提升。其次为对外公告或文件和官方网站发布消息两种方式,各占比 28.3% 和 26.4%,但这两种方式的比例较 2012 年都小幅下降。利用新媒体平台进行回应的比例大幅下降,通过微博、博客或论坛进行回应的比例远远低于 2012 年的 24.4%,也稍低于 2011 年的 16.7%。

2013 年,交通运输/仓储/邮政业中,接受媒体访问占比 75.0%,这一比例远低于 2011 年(94.7%),稍低于 2012 年(78.6%)。其次为通过微博、博客或论坛进行回应的比例,为 25.0%,但也低于 2011 年的 26.3% 和 2012 年的 35.7%。

2013 年,信息传输/计算机服务/软件业中,接受媒体访问占比 80.0%,这一比例在三年中呈上升趋势,高于 2011(68.8%)、2012 年(73.1%)。其次为通过微博、博客或论坛进行回应的比例,这一比例在四大行业中最高,达到 45.7%,同时这一比例高于 2012 年的 30.8%。

2013 年，金融业中，接受媒体访问占比 77.8%，这一比例在三年中呈上升趋势，高于 2011（72.5%）、2012 年（75.0%）。其次为通过微博、博客或论坛进行回应的比例，占比 27.8%，这一比例在三年中呈逐渐上升趋势，高于 2011 年的 10.0% 和 2012 年的 16.7%。

表8　2011~2013 年四大重点行业信息发布方式

单位：%

		发布方式						
		新闻发布会	接受媒体访问	官方网站发布消息	对外公告或文件	发表声明	微博博客或论坛回应	其他
2011	制造业	11.8	76.5	20.6	27.5	20.6	16.7	4.9
	交通运输/仓储/邮政业	5.3	94.7	21.1	31.6	26.3	26.3	0.0
	信息传输/计算机服务/软件业	12.5	68.8	31.3	12.5	43.8	50.0	6.3
	金融业	12.5	72.5	10.0	30.0	17.5	10.0	0.0
2012	制造业	20.2	69.7	31.1	33.6	29.4	24.4	8.4
	交通运输/仓储/邮政业	14.3	78.6	35.7	35.7	14.3	35.7	0.0
	信息传输/计算机服务/软件业	15.4	73.1	46.2	30.8	19.2	30.8	7.7
	金融业	16.7	75.0	16.7	16.7	16.7	16.7	8.3
	房地产业	0.0	0.0	0.0	0.0	0.0	0.0	0.0
2013	制造业	9.4	75.5	26.4	28.3	7.5	15.1	0.0
	交通运输/仓储/邮政业	0.0	75.0	20.8	16.7	16.7	25.0	0.0
	信息传输/计算机服务/软件业	11.4	80.0	20.0	17.1	22.9	45.7	0.0
	金融业	5.6	77.8	16.7	22.2	5.6	27.8	0.0

四　2013 年不同所有制舆情分析

2013 年涉及不同所有制企业的舆情事件共 226 起，涉及国企 73 起，民企 87 起，外企 42 起，港澳台 7 起，其他 6 起、不详 11 起。

2013 年近五成企业财经舆情事件主体所有制为民企，国企、外企各占二成左右。在 2011~2013 年影响较大的企业类舆情事件所属部门中，民企所占比重最高，相较 2011 年（44.3%）和 2012 年（48.8），在经历了先升后降后，2013 年达到 46.3%，如"微信收费风波""搜狗 360 爆发中秋大战""腾

讯诉 360 案宣判"等。其次为国企，相对于 2011 年（21.8%）和 2012 年（17.0%），2013 年所属部门为国企的舆情事件比例较高，为 23.2%，如"昆明长水国际机场航班延误事件""火车票抢票插件之争""广药诉加多宝虚假宣传案"等。再次，外企也占据一定比重，2013 年达到 17.2%。如"肯德基后厨黑幕风波""美国航空与全美航空宣布合并""肯德基冰块菌落超标"等。此外，还包括国家部委（4.9%）、地方政府（3.4%）、司法部门（3.4%）、社团组织（1.0%）、港澳企业（0.5%）等。

从事发地来看，2013 年国企、民企、外企、港澳台企业舆情事件的高发地为东部，占比分别为该类企业舆情事件的 36.6%、51.8%、50.0%、42.9%。企业类舆情事件属于全国的事件占比最高，涉及国企、民企和外企的舆情事件分别占该类事件总数的 19.7%、37.3% 和 46.2%。除此之外，发生在北京的企业舆情事件占比较高，涉及国企、民企、外企的舆情事件发生于北京的比例分别占该类事件的 19.7%、25.3% 和 19.2%。

1. 行业分布：2013 年，涉及国企的舆情事件以交通运输/仓储/邮政业为主，占比 26.4%；涉及民企的舆情事件主要发生在信息传输/计算机服务/软件业，占比 29.9%

2013 年的企业类舆情事件中，涉及国企的舆情事件主要行业分布是交通运输/仓储/邮政业，占比 26.4%；其次为制造业，占比 22.2%。涉及民企的舆情事件主要发生在信息传输/计算机服务/软件业，占比 29.9%；其次为制造业，占比 25.3%。涉及外企的舆情事件以制造业为主，占比 45.2%；港澳台企业共 7 起事件，其中有 4 起为制造业所引发。

从三年来的变化趋势看，2013 年国企的舆情事件中属于交通运输/仓储/邮政业的比例较前两年大幅提高，从 2011 年的 17.9%、2012 年的 11.8% 提升至 2013 年的 26.4%。2011 年和 2012 年，涉及国企的舆情事件多发生于制造业，2011 年占当年总数的 22.1%，2012 年为 36.5%，2013 年为 22.2%，几乎与 2011 年持平。采矿业引发的涉及国企舆情事件逐年增加，从 2011 年的 8.4%、2012 年的 9.4% 上升到 2013 年的 11.1%。

信息传输/计算机服务/软件业是涉及民企的舆情事件主要行业，2013 年占所有涉及民企事件的 29.9%，该比例与前两年相比大幅度提高（2011 年为

8.5%，2012 年为 16.2%）。2013 年制造业和金融业是涉及民企类舆情事件居于第二和第三的行业。2011 和 2012 年制造业涉及民企的舆情事件最多，分别占当年事件总数的 44.1% 和 45.0%，2013 年该比例大幅度下降（25.3%）。金融业在前两年分别为 11.9% 和 3.6%，2013 年该比例上升至 13.8%。

2011～2013 年，制造业都是涉及外企的舆情事件最主要的行业分布，2011 年为 51.9%，2012 年为 59.3%，2013 年该比例下降至 45.2%；信息传输/计算机服务/软件业涉及外企舆情事件总数位居第二，该行业占比三年来逐渐提高，从 2011 年的 5.6%、2012 年的 10.2% 上升至 2013 年的 19.0%。

2. 舆情诱因：产品/服务质量成为国企、民企和外企舆情事件的主要诱发原因

2013 年不同所有制企业舆情事件在舆情诱因分布上存在显著性差异（$\chi^2 = 65.989$，$p < 0.05$），产品/服务质量成为国企、民企和外企舆情事件的主要诱发原因，分别占 26.0%、21.8%、42.9%。对于国企来说，除产品/服务质量外，企业伦理和安全事故引发舆情事件较多。对于民企来说，知识产权/产权交易和企业竞争所引发的舆情事件分别位居二、三，各占 13.8% 和 11.5%。对于外企来说，知识产权/产权交易引发舆情事件位居第二，占比 16.7%。而港澳台企业以内部管理引发的舆情事件居多，占比 28.6%。

从 2011～2013 年不同所有制企业舆情事件变化趋势来看，国企总体呈下降趋势，内部管理引发的舆情事件下降趋势较明显，而企业伦理引发的舆情事件大幅度增加。民企方面，2013 年由产品/服务质量、内部管理和安全事故引发的企业舆情事件大幅度下降，知识产权/产权交易引发的舆情事件略微上升，从 2011 年的 5.0% 上升至 2013 年的 13.8%。

3. 干预时效性：2013 年涉及不同所有制企业舆情事件在曝光前即干预的比例较大

2013 年，涉及国企的舆情事件中，干预主体在事件曝光前干预的比例最高，占事件总数的 47.6%；曝光即干预和半天以内干预均占 17.5%。涉及民企的舆情事件中，58.2% 在曝光前被干预，19.4% 曝光即干预，11.9% 在半天内受到干预。涉及外企的舆情事件中，37.5% 在事件曝光前被干预，25.0% 曝光

表9　2013 年不同所有制企业舆情与事件类型的交叉表

单位：%

事件类型　　企业所有制	国企	民企	外企	港澳台企业	合计
宏观经济政策	0.0	2.3	2.4	14.3	1.9
经济政策	1.4	1.1	2.4	0.0	1.4
产品/服务质量	26.0	21.8	42.9	0.0	26.8
产品和服务价格	8.2	2.3	2.4	0.0	4.3
新产品/服务开发或举措	4.1	8.0	9.5	0.0	6.7
内部管理	8.2	2.3	2.4	28.6	5.3
薪酬福利/劳资纠纷	2.7	3.4	2.4	14.3	3.3
人事变动	2.7	2.3	0.0	0.0	1.9
环境污染	4.1	3.4	0.0	0.0	2.9
企业伦理	12.3	6.9	7.1	0.0	8.6
安全事故	12.3	2.3	4.8	14.3	6.7
知识产权/产权交易	2.7	13.8	16.7	14.3	10.5
企业上市	0.0	3.4	0.0	0.0	1.4
企业竞争	4.1	11.5	4.8	14.3	7.7
其他	4.1	3.4	0.0	0.0	2.9
企业家言行	6.8	11.5	2.4	0.0	7.7
合　　计	100.0	100.0	100.0	100.0	100.0

即干预，9.4%在半天以内被干预。如图 8 所示，涉及民企的舆情事件在曝光前干预的比例高于涉及其他所有制企业的事件。

从三年来的变化趋势看，涉及国企的舆情事件曝光即干预的比例在三年间逐渐上升，从 2011 年的 7.0%到 2012 年的 10.0%，再上升到 2013 年的 17.5%；2013 年曝光前干预的比例较 2012 年相比所有提升，2012 年占比 31.4%，2013 年升至 47.6%；在半天内干预和半天到 1 天内干预的比例有所下降。涉及民企的舆情事件中，2013 年曝光前干预的事件比例为三年内最高，占比 58.2%；曝光即干预的事件比例逐年升高，2011～2013 年依次为 6.5%、7.1%、19.4%；半天内干预的比例有所下降，从 2012 年的 19.0%降低至 11.9%。

4. 2013 年 55.1%涉及国企舆情事件和 52.9%涉及民企舆情事件有政府干预；接受媒体访问为各类企业主要信息发布方式

2013 年，55.1%的国企舆情事件有政府干预，较 2011 年（62.4%）有所

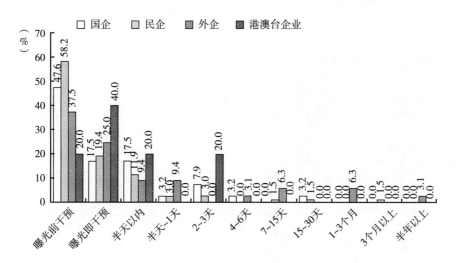

图 8　2013 年影响较大的企业舆情企业所有制与事件曝光至主体干预事件差

下降，但较 2012 年（47.8%）有所提升。民企方面，有政府干预的舆情事件逐年降低，由 2011 年的 56.5% 降到 2012 年的 54.6%，2013 年降低到 45.9%。涉及外企的舆情事件，政府干预较少。2013 年 22.0% 的事件受到政府干预，相较于 2011 年的 43.4% 和 2012 年的 38.6% 大幅度降低。港澳台企业方面，2013 年有政府干预的比重为 43.9%，较 2011 年（55.6%）和 2012 年（80.0%）有明显下降。

不同所有制的企业当面对舆情事件时，采用的新闻发布方式大致相同，2013 年接受媒体访问为其新闻发布的最主要方式，其中国企 80%，民企 86.4%，外企 67.6%，港澳企业 80.0%。其他信息发布方式比重不高。

5. 事件解决情况：11.0% 的国企舆情事件、16.1% 的民企舆情事件和 16.7% 的外企舆情事件未解决

2013 年涉及国企的舆情事件 46.6% 已解决，未解决事件占比 11.0%，不需要解决事件占比 20.5%。其中已解决事件比例三年来逐年升高，从 2011 年的 38.1%，上升至 2012 年的 42.4% 和 2013 年的 46.6%；未解决的事件比例相较于 2012 年的 12.9% 有所下降，2013 年为 11.0%；近四成（39.1%）涉及民企的舆情事件不需要解决；已解决的事件占比 21.8%，较 2012 年（32.4%）有所降低；未解决的事件比例为三年最高，为 16.1%，2011 年和

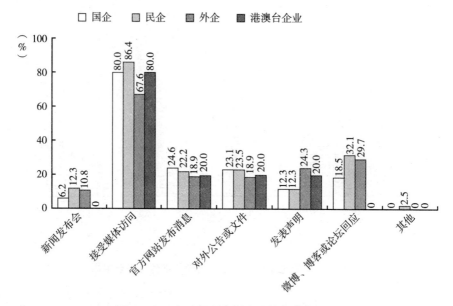

图9　2013年不同所有制企业信息发布方式

2012年分别为14.3%和8.1%。涉及外企的舆情事件，除不需要解决的事件（31.0%）外，已解决的事件比例逐年降低，从2011年的40.7%、2012年的37.3%降低至2013年的31.0%；未解决的事件比例逐年提高，2011年和2012年分别占比5.6%和8.5%，2013年占比16.7%。总体而言，涉及国企的舆情事件解决的情况略好于民企和外企。

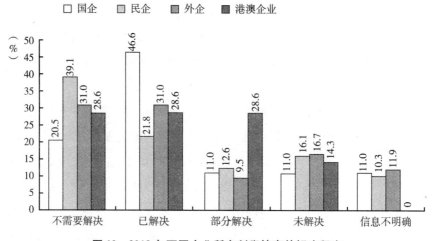

图10　2013年不同企业所有制舆情事件解决程度

五 2013 年全国重点地区企业舆情分析

（一）2013 年全国企业财经舆情事件

1. 全国性企业舆情事件类型分布

依据舆情事件的内容不同，涉及全国性企业的舆情事件大致分为"宏观经济舆情""企业舆情"和"企业家舆情"三类。

首先，"企业舆情"指某一或某几个具体企业、公司等发生的舆情事件。研究发现"企业舆情"所占比例最大，2013 年企业舆情事件共 56 起，占比 88.1%，高于 2012 年（85.7%），但低于 2011 年（93.9%）。此类舆情事件更容易受到社会和媒体的关注，如 2013 年央视"3·15"晚会曝光苹果售后歧视事件、2013 年 8 月网易与中国电信合力推出"易信"，以及 2013 年 9 月发生的 360 搜狗中秋大战等。

其次，排第二的为"宏观经济舆情"，此类舆情主要涉及针对全国企业的国家经济政策发布、经济形势调整等舆情事件，2013 年比重为 9.0%，较 2012 年（10.4%）有所降低，但较 2011 年（3.7%）增幅明显。此类型的舆情事件牵涉较广，如 2013 年 5 月底结束的家电节能补贴政策以及 2013 年 12 月国务院发布的保护投资者"国九条"等。

再次，"企业家舆情"针对具体企业家等经济领域重要人物，多表现为企业家的言行等形成舆情热点事件。2013 年此类舆情占比 2.9%，较 2011 年（2.4%）和 2012 年（3.9%）变化相对平稳。

2. 全国性企业舆情事件原因

按照全国性企业舆情事件引发关注的主要原因，将企业舆情事件分为宏观经济形势、经济政策、产品/服务质量、产品/服务价格、新产品/服务开发或举措、内部管理等 16 个类别。

三年内全国性企业热点舆情事件共 226 起。从三年合计数来看，占比排名第一的是产品/服务质量，占比 33.6%，产品/服务价格、内部管理和企业竞争并列第二，占比均为 8.8%，但明显低于产品/服务质量，相差 24.8 个百分

点。而这四类舆情事件累加，占事件总数量的60%，由此可见最引人关注的企业舆情事件其背后的原因往往趋于一致。

产品/服务质量类舆情事件永远是人们关注的第一类事件。2013年22.4%的全国性企业财经舆情事件诱因为产品/服务质量；其次为企业竞争，占比14.9%；再次为新产品/服务开发或举措以及知识产权/产权交易，各占11.9%。

细化来看，2011年，占比排名前三的事件分别是产品/服务质量（39.0%）、内部管理（14.6%）和产品/服务价格（7.3%）。2012年，第一顺位的全国性企业舆情事件不变，但二、三位发生了变化，第二位变为产品/服务价格（11.7%），第三位变为经济政策（10.4%）。

由此可以大致看到，2011～2013年，社会对全国性企业舆情事件的关注点正在发生一定程度的变化和转移，从最初更多关注产品/服务的价格、企业内部管理，逐步转至经济政策这样的外部大环境，再转至企业竞争、新产品/服务开发或举措以及知识产权/产权交易等企业科研创新和竞争力提升等能力细化层面。

3. 2013年媒体和网民关注度排名前十的全国性企业舆情热点事件

在对2013年全国性企业舆情热点事件进行分析时，对媒体和网民关注度排名前十的事件进一步分析，按类型划分，"家电节能补贴政策终止"和"首批虚拟运营商牌照发放"属于宏观经济舆情，其余8起均为"企业舆情"，而企业家舆情并未进排行榜前十位。

依据企业舆情事件受人关注的主要原因进行分类分析，可以发现，在这10起热门舆情事件中，新产品/服务开发为舆情事件诱因的，共3件，占比30%；产品/服务质量类为"恒天然乳品污染事件"，1起；"抢票插件之争"属于企业竞争一类，占比10%。

从行业而言，在10起事件中，有5起事件涉及IT行业，分别是"抢票插件之争""网易与中国电信推易信""乐视超级电视开售""新版12306网站上线试运行"和"首批虚拟运营商牌照发放"。可见对企业类舆情事件的关注相对集中在IT行业，这从一个侧面反映了目前互联网络时代的时代特征，网络公司与线下公司的行为更容易受到舆论的关注。

另外，从曝光时间来看，2013 年媒体和网民关注度排名前十多集中于下半年，特别是暑期和年末两个时间段。一般而言，知名度相对较高的企业，其舆情事件更能引发媒体报道，成为社会关注热点。2013 年国家层面的涉及企业舆情的事件亦引起了较大的关注度。在这 10 起舆情事件中，与铁道部相关舆情事件有 2 起，国家部门出台相关政策、进行某经济行为的有 2 起，备受关注的央企事件有 1 起。

表 10　2013 年全国性企业舆情媒体和网民关注度排行榜（前十）

	曝光时间	媒体和网民关注度
家电节能补贴政策终止	2013. 5. 31	5. 504
乐视超级电视开售	2013. 7. 17	4. 241
星巴克暴利门	2013. 10. 21	3. 644
光大证券"乌龙指"事件	2013. 8. 16	1. 757
新版 12306 网站上线试运行	2013. 12. 6	1. 176
首批虚拟运营商牌照发放	2013. 12. 26	1. 149
恒天然乳品污染事件	2013. 8. 4	1. 089
抢票插件之争	2013 年底	1. 070
网易与中国电信推易信	2013. 8. 19	1. 034
部分亏损央企高管被曝薪酬不降反升	2013. 3	1. 026

（二）2013 年北京地区企业财经舆情事件

据统计，2011 ～ 2013 年，北京地区影响较大的企业舆情事件有 130 起。其中，2011 年 39 起，占总量的 30%；2012 年 46 起，占总量的 35.4%；2013 年 45 起，占总量的 34.6%。

2011 ～ 2013 年北京地区影响较大的企业财经舆情事件数量先大幅增加，后维持稳定的态势。

从媒体与网民关注度来看，2013 年北京地区影响较大的企业财经舆情事件中媒体和网民关注度排行的前三，为"百度收购 91 无线"（2.735）、"首

都机场 T3 航站楼爆炸案"（1.859）、"北京 1.3 亿天价学区房事件"
（1.179）。

在舆情事件内容分布上，2013 年，企业舆情事件占比为 82.2%，较 2011
年的 92.3% 下降近 10 个百分点；与 2012 年的 78.3% 相比，增加了 3.9 个百
分点。三年企业舆情总数所占比例较高。宏观经济舆情事件占比为 4.4%，较
2011 年（7.7%）、2012 年（13.0%）有所下降。企业家舆情占比 13.3%，较
2012 年（8.7%）有所增长（2011 年企业家舆情事件未入榜单）。

进一步分析，发现 2013 年北京地区企业舆情事件类型主要集中在两方面，
即食品药品企业监管和企业违规处理。这两类舆情事件曝光度关注度高，影响
范围广。

其中，食品药品企业监管类舆情事件涉及的企业有肯德基、真功夫、
同仁堂等。网曝肯德基油条保质期 9 个月，快餐均系冷冻食品，肯德基后
厨的黑幕风波引发了社会对食品安全的再度热议；真功夫米饭吃出蟑螂事
件，消费者成功维权获取索赔，提升了消费者维权意识，同时推动了餐厅
自查自检工作的启动；同仁堂被爆两款中药朱砂超标，再度陷入"质量
门"，引发公众担忧。该类舆情事件引发的关注和讨论，客观上也推动了食
品药品安全监察力度的加强，推动职能部门监管、企业自检自查和公众监
督的良性循环。

企业违规处理类舆情事件涉及的企业有神州数码、北京出租车公司、百
度、万科、茅台五粮液、中粮等。神州数码作假事件被查处，罚 3 年不得参与
政府采购；北京出租车公司变相涨份钱，查明油补维保存在问题，专家呼吁政
府应积极规定标准；百度涉嫌盗版遭搜狐腾讯等 10 个机构联合起诉，并索赔
3 亿元；央视曝万科等 45 家房企欠缴 3.8 万亿元土地增值税，造成国家税款
流失，引发税收违纪问题；茅台五粮液因实施价格垄断被罚 4.49 亿元；国资
委查处中粮试吃门，指出央企领导人绝不允许搞特权。企业违规处理类舆情事
件规范了企业的违法竞争行为，强化企业监督规范管理。2013 年引发热议的
企业舆情事件还涉及北京喜隆多商场火灾、京东商城完成新一轮 7 亿美元融
资、团购网站 24 券正式关闭等。

表 11　2013 年北京地区影响较大的企业舆情事件（部分）

	事件名称	曝光时间	相关新闻数量 （百度新闻）	相关微博数量 （当月新浪微博）
食品药品企业监管类	肯德基后厨黑幕	2013.1	177	4944
	真功夫吃出蟑螂	2013.6	15	19776
	同仁堂中药朱砂超标	2013.5	1410	545
企业违规处理类	神州数码作假事件	2013.2	188	469
	北京出租车公司涨份钱	2013.7	1010	109
	百度盗版被起诉	2013.5	93	30
	央视曝光房企欠税	2013.11	848	384
	茅台五粮液价格垄断被罚	2013.3	8660	162
	国资委查处中粮试吃门	2013.12	17	56

2013 年企业家舆情事件共计 6 起，占总量的 13.3%。相比 2011 年有大幅度增加，较 2012 年的 8.7% 提升了近 5%。由此可见，2011~2013 年，企业家舆情事件数量持续上升，关注度显著提升。2013 年企业家舆情事件有 2013 年 4 月罗永浩锤子 rom 发布，引发热议；2013 年 12 月李亚鹏基金会被指涉嫌财务违规，借基金会开发房地产、支出与财务报表不符等问题相继曝光，陷入信任危机等。2013 年企业家舆情事件的相继曝光，使公众对企业家的关注度显著上升。

（三）2013 年上海地区企业财经舆情事件分析

2011~2013 年，上海地区影响较大的企业财经舆情事件数量总体呈下降趋势。2013 年影响较大的企业财经舆情事件较 2011、2012 年，分别下降了 33.3%、25%。从媒体和网民关注来看，2013 年上海地区影响较大的企业财经舆情事件中媒体和网民关注度排行前三的为上海金山水污染事件（0.670）、上海老凤祥等金店涉嫌操纵金价遭调查（0.495）、上海致癌毒校服事件（0.485）。

其中，企业舆情事件数量比重最大。2013 年企业舆情事件占当年上海地区企业财经舆情事件的 91.7%，较 2011、2012 年的 100% 下降了近 9 个百分点。2013 年影响较大的企业舆情事件有"上海致癌毒校服事件""上

海金山水污染事件""光明莫斯利安产品事件""阿斯利康贿赂风波""上海崇明造船基地爆炸事件""上海老凤祥等金店涉嫌操纵金价遭调查事件"等。

2013 年影响较大的企业家舆情事件，占上海地区全年的 8.3%，打破了 2011 年与 2012 年企业家舆情事件零呈现的状态。企业家舆情事件破零，开始呈现增长势头，如"上海家化董事长葛文耀申请退休""泛鑫美女高管陈怡携 5 亿潜逃"等企业家舆情事件。在调查样本中，上海地区涉及宏观经济的舆情事件连续三年为 0。

通过整体特征的分析发现，2011~2013 年上海地区影响较大的企业财经舆情事件其实主要呈现了两大变化：企业舆情事件在数量上的减少，企业家舆情事件在数量上的增加。

2013 年上海地区企业舆情事件的减少直接导致当年企业财经舆情事件总数的减少。据分析，三年中上海地区企业舆情事件呈现的减少趋势可能主要由两个因素造成：企业监管体系不断完善，经营日益规范，不合理事件逐渐减少；企业应变沟通能力增强，应急处理反应提速，面对危机舆情的预警谈判与后续处理能力不断提高，对于舆情事件的处理渐趋彻底。不管是因为不合理事件的日渐减少，还是由于企业舆情应急处理能力的提高，企业舆情事件数量的减少都表明了，伴随着我国经济体制的不断变革与发展，我国经济市场中的国企、民企与外企的发展水平日渐提高。

2013 年上海地区有影响力的企业家舆情事件破零，开始出现增长状态。一方面，伴随着企业经济的不断发展，企业家的曝光率增加，企业家的个人社交等行为容易受到媒体和大众的关注；另一方面，整个社会媒介环境的变化，为企业家舆情事件曝光提供较为便利的渠道，从而增加了引发公众舆论关注的概率。新环境下，企业家一方面要加强对自身言行的约束，另一方面也要不断提高自身的危机处理能力。

六 2013 年企业家舆情分析

2011~2013 年，影响较大的企业家舆情事件共计 84 起，主要集中于制造业、金融业、信息传输/计算机服务/软件业等行业；民营企业家依旧是舆论关注的焦点；舆情事件性质以负面和中性舆情为主，企业家言行不当、违纪违规等问题成为诱发舆情的主要原因；在舆情事件信息发布和应对方面，舆情主体主要通过接受媒体访问的方式发布信息，对论坛、微博等社交媒体的利用率低，舆情干预缺乏积极性和主动性。

（一）2013 年企业家舆情特点分析

1. 企业家所属企业所有制类型以民企为主，国企高管贪腐问题引关注

2011～2013 年，企业家舆情事件所属企业所有制类型主要以民企为主，占比 57.1%，高于国企（33.8%）、外企（6.5%）和港澳台企业（2.6%）。在近年良好经济发展环境以及国家各项利好政策的刺激下，民营企业在市场经济中表现活跃，党的十八届三中全会《决定》中特别强调要"让国企和民企拥有更平等的市场地位，形成更良性的竞争环境"①。民营企业已成为我国国民经济重要的增长点之一，民营企业家的社会影响力和受关注度不断攀升。

2013 年，民营企业家成为舆论关注的焦点之一。影响较大的企业家舆情事件中，民企所占比例超过一半（60.0%），较 2011 年（50.0%）有所上升，与 2012 年（60.7%）基本持平。事件性质以负面舆情为主，舆情诱发原因多集中于企业家个人言行不当、企业家违法犯罪等，典型事件如"严介和投资 220 亿推平 700 座荒山再造兰州城引质疑""浙江义乌土豪定亲给 888 万现金""李亚鹏基金会被指涉嫌违规""山西女商人丁书苗涉嫌非法经营罪和行贿罪被公诉""上海跑路富豪夫妇被捕""泛鑫美女高管陈怡携 5 亿潜逃"等。

三年间，国企企业家舆情事件所占比率呈增长趋势，在 2013 年达到 36.0%，略高于 2011 年（33.3%）和 2012 年（32.1%）。国企企业家涉嫌违法违规被调查、企业家贪污腐败事件频发成为引爆负面舆情的关键因素。典型事件如"柳钢集团董事长被调查""义煤集团董事长被双规""中石油副总王永春被调查""中电通信董事长涉强奸被拘"等，武予鲁、纪向群、宋林、吴

---

① 《2013 中国企业家犯罪（媒体样本）研究报告》，《法制日报·法人》2014 年 1 月。

志阳等多名国企高管被立案调查,引发舆论广泛关注。此外,2013 年,企业家舆情所涉所有制为外企的占 4.0%,样本中没有企业家舆情事件涉及港澳台企业。

2. 企业家舆情事件所属行业集中于制造业、金融业、信息传输/计算机服务/软件业

2011～2013 年,企业家舆情事件所属行业主要集中于制造业、金融业、信息传输/计算机服务/软件业等行业,合计所占比率分别为 27.3%、22.1% 和 16.9%。

2013 年,制造业和金融业成为企业家舆情事件爆发最集中的两个行业,分别占比 34.6% 和 23.1%。其中,三年中所属制造业的企业家舆情事件处于多发期,且在 2012 年(32.0%)和 2013 年(34.6%)均为同期企业家舆情事件发生比率最高的行业,企业家贪腐问题、个人言行问题、个人生活等方面均有涉及,典型案例如"柳钢集团董事长被立案调查""农夫山泉新闻发布会董事长大战《京华时报》""上海家化董事长葛文耀请辞事件""娃哈哈集团董事长宗庆后遇袭"等。

值得注意的是,一直受到媒体和网民较多关注的房地产业在 2013 年影响较大的企业家舆情事件中所占的比率仅为 3.8%,较 2011 年(11.5%)和 2012 年(12.0%)有明显的下降,说明房地产业企业家对舆情的预判和识别能力有所提升。该行业热度较高的企业家舆情事件来源仍是以个人言行不当为主,如"任志强胸罩与房价对比论遭围攻""房地产大佬身陷'潘任美事件'"等。

3. 企业家舆情事件类型:言行不当、违纪违规类舆情突出,违法犯罪类舆情逐年下降

对 2011～2013 年 84 起影响较大的企业家舆情事件类型与年度进行交叉分析,发现三年间企业家违法犯罪类舆情事件呈现出明显的下降趋势,所占比率由 2011 年的 42.9% 降至 2013 年的 14.8%。言行不当类舆情事件在 2013 年所占比率较 2012 年(41.4%)有所下降,但仍然是 2013 年比重最大的舆情事件类型,占 2013 年总样本量的 22.2%。违法犯罪类舆情在 2013 年为 14.8%,较 2011 年(42.9%)和 2012 年(27.6%)有大幅下降。

表12   2011~2013 年影响较大的企业家舆情事件所涉行业分布

单位：%

年 份 行 业 大 类	2011	2012	2013
采矿业	0.0	12.0	7.7
制造业	15.4	32.0	34.6
电力燃气及水的生产和供应	0.0	0.0	3.8
交通运输/仓储/邮政业	3.8	0.0	0.0
信息传输/计算机服务/软件业	11.5	20.0	19.2
住宿和餐饮业	3.8	4.0	0.0
金融业	26.9	16.0	23.1
房地产业	11.5	12.0	3.8
租赁和商务服务业	0.0	0.0	3.8
科学研究、技术服务和地质勘测业	3.8	0.0	0.0
教育	3.8	0.0	0.0
卫生社会保障和社会福利业	0.0	0.0	3.8
文化体育和娱乐业	7.7	4.0	0.0
公共管理和社会组织	7.7	0.0	0.0
国际组织	3.8	0.0	0.0

十八大以来，中国的反腐工作被提上前所未有的政治高度，中央政府加大对腐败的打击力度，刘铁男、梁景理、王永春、武予鲁等多位国企高管因涉嫌严重违纪被立案调查，企业家违纪违规类舆情在 2013 年尤为突出，所占比率较 2011 年（3.6%）和 2012 年（0）大幅上升，达到 18.5%，成为 2013 年第二大舆情事件类型。此外，新媒体平台低门槛、匿名性、把关不严等特性，可能滋生谣言，2013 年中石化"非洲牛郎门"正是由网络谣言引起的舆情事件，给事件当事人和所在企业造成了严重的负面影响。

4. 企业家舆情事件性质以负面舆情为主

2011~2013 年，媒体和网民关注度较高的企业家舆情事件以负面舆情为主。其中，2013 年影响较大的企业家舆情事件中，负面舆情事件占比已超过五成（55.6%），较 2011 年（50.0%）和 2012 年（41.4%）有所上升。"华润集团董事长被举报事件""珠海国企高管奢侈消费事件""谷歌总裁被曝妻妾成群""中石化发言人称内部员工都自认为是人民的功臣""中铁建总裁赵广发回应天价招待费称纯属扯淡"等负面舆情事件在社会上引起热议，对企业形象影响较大。相比之下，2013 年中性事件为 44.4%，比重略高于 2011 年

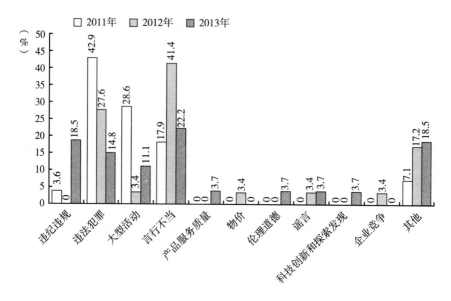

图11　2011～2013年影响较大的企业家舆情事件类型

（39.3%）、低于2012年（58.6%）。样本中影响较大的企业家舆情事件中，仅2011年有10.7%的为正面事件，2012年和2013年正面事件为0。

这说明，相较于企业家参与慈善活动、企业家获得荣誉、企业业绩提升等正面事件，企业家涉嫌违法违规、企业家贪污腐败问题、企业家言行不当以及危机应对不力等负面事件更容易引爆舆论，成为媒体和公众关注的焦点。另外，在新媒体时代，随着公众公民意识和舆论监督意识的提升，普通民众利用论坛、博客、微博等自媒体监督企业家言行、揭发企业家违法违规行为的现象逐渐增多，自媒体对负面舆情事件的曝光作用进一步凸显，这也为企业家负面舆情事件的披露和引发热议提供了条件。

5. 信息发布以接受媒体访问为主，舆情干预缺乏积极性和主动性

2011～2013年，企业家舆情事件主体信息发布方式以接受媒体访问为主，所占比率呈逐年攀升趋势，在2013年达到91.3%；其次是通过对外公告或文件的方式发布信息，所占比率为17.4%；2013年舆情主体通过微博、博客或论坛回应的比率（13.0%）相较于2011年（20.0%）和2012年（27.3%）有所下降。这说明企业家在应对舆情事件时仍然倾向于传统的被动式信息发布，舆情干预缺乏积极性和主动性。对微博、博客和论坛等社交媒体的低利用率以及对网络社交平台上沸腾的舆论的重视程度不足，使企业家错失了在舆情事件爆发的第一时间与民众互动沟通、引导舆论走向、澄清不实言论、回应公众质疑的良好时机。另外，网络舆论环境碎片化、病毒式传播、复杂多变等特性使得企业家在应对舆情事件时很容易因言行不慎和自身媒介素养限制引发"次生灾害"，扩大负面舆情的影响范围，典型案例如"华润集团董事长被举报事件""任志强回应非法交易质疑连爆粗口"等。

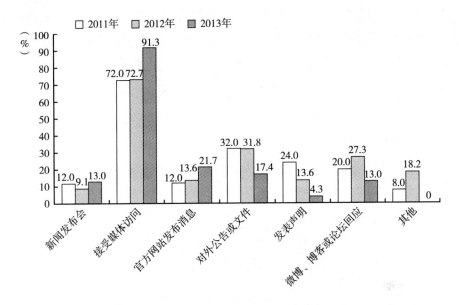

图 12　2011～2013 年影响较大的企业家舆情信息发布方式

（二）2013 年企业家舆情事件与企业形象分析

在企业品牌形象塑造的过程中，企业家起着举足轻重的作用。作为企业形象的代言人，企业家的一言一行都与其所在企业密切相关，企业家形象已成为企业品牌形象的重要组成部分，对企业的知名度和美誉度影响深远。

企业家形象是公众或消费者对企业家众多属性的模糊感知，受企业家言语和行为的影响，公众对企业家形象的感知会影响其对企业形象的评价，进而影响公众的品牌消费行为。认知平衡理论认为，如果公众对一个企业家有好感，也会对其企业的产品和服务有好感；相反，当企业家出现负面的言语和行为

时，公众就会降低对企业家形象的评价①，其所在企业的品牌形象也会在一定程度上受到损害。

在 2013 年 27 起影响较大的企业家舆情事件中，因企业家言行不当、企业家涉嫌违纪违规等问题引发的负面舆情事件达 15 起，占样本总数的 55.6%。负面舆情事件频发，企业的声誉和形象面临危机。

1. 企业家言行不当引热议

在近年爆发的企业家舆情事件中，企业家言行不当一直是舆情的主要来源之一。企业家不仅是企业形象的代言人、企业决策的制定者，同时也是处于高曝光率、高关注度的高风险人群，尤其是一些国企高管和有一定知名度的民营企业家，其言论和行为稍有不慎，便会招致媒体和公众热议。

2013 年多起因企业家言语失当引发的舆情事件具有以下一些共同之处：一、企业家言行经传统媒体报道后，引发公众的强烈不满，通过微博、博客、论坛等新媒体的发酵与扩散，舆情事件被迅速传播开来。二、网友在借助微博、论坛、博客等社交媒体平台发泄不满情绪时，还会将涉事企业和企业家过往的负面事件搜索出来，对其批判和吐槽，进一步加深负面舆情的影响程度。例如，2013 年，中石化董事长傅成玉"我们职工买不起房，没有福利分房，和你们一样"的说法以及中石化新闻发言人吕大鹏"内部员工都认为中石化是人民的功臣"的言论将中石化这家国有企业一次又一次推向舆论的风口浪尖，网友将中石化之前被曝光的"裸油价""环评门""天价酒"等丑闻一并披露出来，网络上充斥着公众对中石化"无耻""压榨人民""垄断行业"的批判，使企业形象遭受极大的损害。

2. 企业家违法违纪遭曝光

2013 年，企业家因贪污腐败、违纪违规等问题引发的舆情事件不在少数。究其原因主要有两点：一是十八大以后中央政府加大对腐败的打击力度，多位省部级高官落马，一批国有企业高管和民营企业家被立案调查，较为典型的如山西女商人丁书苗涉嫌非法经营罪和行贿罪被公诉等；二是随着互联网新媒体

---

① 何志毅、王广富：《企业家形象与企业品牌形象的关系》，《经济管理》2005 年第 7 期，第 47 ~ 50 页。

技术的迅猛发展和公民媒介素养的提高，网络监督、网络爆料成为舆论监督的一种新方式。在 2013 年影响较大的企业家舆情事件中，有 5 起都是由网民爆料或通过微博实名举报而曝光的，例如"李亚鹏基金会被指涉嫌违规""华润集团董事长被举报事件""珠海国企高管奢侈消费事件"等。这些负面事件的曝光使企业家在公众心目中的形象受到重创，企业的业绩和声誉也因此受到影响。在 7 月 17 日华润集团董事长宋林被实名举报贪腐的消息传出后，华润集团在香港的五家上市公司股价全线下跌，市值两日内蒸发了 231 亿港元。① 在 7 月 26 日义煤集团董事长武予鲁被双规后，短短三天时间其控股公司大有能源股票的跌幅已超过 10%。②

3. 企业家应对不力致舆情事件升级

舆情事件发生后，企业家应对危机时的表现直接影响着事件发展方向和舆论走势，处理得当将转危为安，应对不力则会导致舆情升级。2013 年，房地产大佬身陷"潘任美"事件，起因源于司马南在微博上发表 2009 年法学教授陈界融等人的"举报信"，质疑任志强、潘石屹涉嫌非法交易。在遭到司马南的质疑后，任志强发布微博回应质疑，并在微博中大爆粗口称司马南"不如猪""是个疯狂咬人的造谣者"，引发网友跟帖指责其身为公众人物却自辱形象。司马南和任志强的微博骂战，使得舆情事件不断升级，网上"围剿潘任美""彻查潘任美"的呼声一浪高过一浪，一时间"潘任美"成为网络热词，新浪微博上与之相关的微博达 49 万条之多，房地产大佬的个人形象和企业形象遭受巨大冲击。

另外，不少企业家在舆情事件发生后选择以沉默、不回应等消极方式面对媒体和公众，舆情干预缺乏积极性和主动性，这不仅不利于事件的解决，还会给公众留下不敢承担责任、不愿正视舆论等负面印象，使企业的公信力大打折扣。

---

① 《华润水泥回应华润集团被举报涉贪事件：只属集团事情》，凤凰财经综合，2013 年 7 月 29 日，http://finance.ifeng.com/a/20130719/10217238_0.shtml。
② 《义煤集团董事长被双规大有能源跌幅三天超 10%》，人民网－财经频道，2013 年 7 月 30 日，http://finance.people.com.cn/n/2013/0730/c1004-22376478.html。

B.4

2013 年中国公共卫生类舆情事件报告

上海交通大学舆情研究实验室*

摘　要：

公共卫生类舆情事件涉及医疗、食品安全、环境等多项领域，成为关系国家和社会民生的重要问题。上海交通大学舆情研究实验室选取 2011～2013 年影响较大的 547 件公共卫生类舆情事件样本进行统计和分析。研究发现 2013 年公共卫生类舆情事件多为负面事件；东部为舆情高发地区。报纸、网络新闻成为重要的首曝媒介，医疗和食品安全舆情事件首曝媒体以传统媒体为主，环境舆情事件以新媒体为主。舆情时间普遍持续在 1 周以内和 1～2 周。地方政府和国家部委成为主要干预主体，干预力度较高；地方政府成为主要信息发布主体，接受媒体访问是最主要的信息发布方式。医患暴力冲突、"雾霾""转基因食品"成为公共卫生类舆情热点话题。

关键词：

公共卫生　医疗　环境　食品安全　网络舆情

　　公共卫生类舆情事件涉及医疗、食品安全、环境等领域，与公众生活密切相关，属重要的民生问题。近年来，公共卫生类舆情事件频发。重大传染病疫情、药品安全、医患矛盾、医德问题等逐渐成为政府决策、媒体报道和社会公众关注的焦点。十八届三中全会通过的《中共中央关于全面深化改革若干重

*　课题负责人：谢耘耕；主要执笔人：高云微、李明哲、袁会；统计分析：乔睿、韩文萍、刘芳、杨孟阳；课题组其他成员：荆喆、杨慧芳、尹艺蓓、王孟盈、傅文杰、杨倩、谢添、李瑞华、王倩、刘伟。

大问题的决定》提出，要统筹推进医疗保障、医疗服务、公共卫生、药品供应、监管体制综合改革。进一步表明政府对医疗卫生服务重视的态度和对医疗体系改革的决心。此外，食品安全舆情事件和环境舆情事件频发，例如"2013 年农业部称全球 4/5 人口都吃转基因食品""农夫山泉质量门""上海金山水污染事件""南方持续高温事件""昆明 PX 事件"以及"多地雾霾天气"等都成为社会热议的话题。

本调查依据舆情热度、影响力等指标，充分利用"中国公共事件数据库"和上海交通大学社会调查中心"中国民生调查数据库"，根据舆情热度筛选出 2011 ~ 2013 年 3000 起网络舆情热点事件。其中，公共卫生类舆情事件共计 547 起，其中环境类舆情事件 244 起，食品安全类舆情事件 183 起，医疗类舆情事件 120 起。① 本研究对 2011 ~ 2013 年 547 起影响较大的公共卫生舆情事件进行比较研究，重点分析 2013 年网上和网下的舆情特点，并就公共卫生的热点话题、相关政策等展开论述，针对公共卫生类舆情提出相关建议。

一 公共卫生类网络舆情事件特点

1. 时间分布：2013 年医疗舆情事件主要发生在第三和第四季度；食品舆情事件不呈现明显的季节分布；环境舆情事件第一季度爆发较多，与前两年相比各季度分布较为平均

2011 ~ 2013 年医疗舆情事件的季度分布存在显著性差异（$\chi^2 = 15.922$，$p < 0.05$），即医疗舆情事件的季度分布随着年度的变化而发生显著变化。其中，2013 年影响较大的医疗舆情事件主要发生在第三、四季度，所占比例分别是 37.5%、30.0%。第三季度事件有"政府投入医疗费 80% 为干部传闻""福建漳州医疗腐败案""天津第一口奶事件"等，第四季度的事件有"康泰乙肝疫苗致死案""河北男子自锯病腿事件""北京急救车逆行事件"等。

---

① 样本选取上，2014 年蓝皮书选取 2011 ~ 2013 年各年度中热度排名前 1000 的网络舆情热点事件作为研究对象，各年度样本量相同，共计 3000 起。2013 年蓝皮书则以 2003 ~ 2012 年十年来热度排名前 5000 的网络舆情热点事件作为研究对象，其中 2011 年 919 起，2012 年 1593 起。由于样本选取标准不同，两年蓝皮书总报告和分类报告中的样本量和数据结果具有一定区别。

2011 年与 2013 年类似，第三季度比重为 31.7%，第四季度为 36.6%；2012 年影响较大医疗舆情事件主要发生在第一和第二季度，占比分别为 28.2%、41.0%。

环境舆情方面，从样本数量上来看，2013 年环境舆情事件较前两年明显减少。季节分布方面，2013 年的舆情事件整体较少，且四个季度之间差异并不明显。相比之下，2011 年影响较大的环境舆情事件的高发季度是第二、三、四季度；2012 年第二季度发生的环境舆情数量较多，一、三、四季度发生的数量都比较少。

食品安全舆情方面，每一年度食品安全事件高发的月份分布存在显著性差异（$\chi^2 =40.650$，$p<0.01$），即食品安全事件的月份分布随着年度的变化而发生显著变化。其中以 10 月、11 月分布较多。

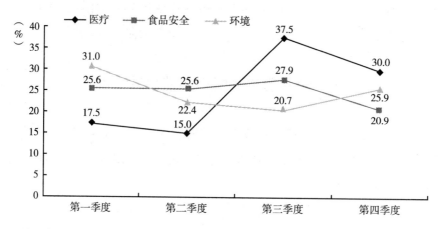

图1　2013 年公共卫生类网络舆情事件季度分布

2. 地域分布：东部为舆情高发地区，其中华东地区环境舆情占比最高，华北地区医疗舆情占比最高

2013 年近一半医疗舆情事件发生在东部地区，其中，2013 年华北医疗舆情事件较多，比重为 22.2%；华东、华南、华中比重相当，并列第二（13.9%）。如 2013 年"浙江温岭 3 名医生被捅事件""北京急救车逆行事件"等，但较 2012 年比重有所下降。其次，2013 年发生在全国范围的医疗舆情事件比重较前两年有所上升，从 2011 年的 2.6%，增加到 2013 年的 22.2%，影响较大的事件如"H7N9 禽流感疫情""大病医保个税政策""八部委联合整治虚假违法医疗广告专项行动"等。北京（16.7%）成为 2013 年医疗舆情事件高发省份，但与 2012 年相比其比例均有下降；其次为湖北和广东，比例均为 8.3%。

2013 年食品安全舆情事件主要集中在东部地区，占全年比重 56.1%，如"北京专家夫妇 20 年不喝自来水事件""山东'毒姜'事件""肯德基冰块菌落超标""上海'染色瓜子'事件""福建漳州病死猪肉案"等。就省份分布而言，除全国范围外，北京分布最高，占比 24.4%。其中，全国范围的食品安全舆情事件有"农业部称全球 4/5 人口都吃转基因""恒天然乳品污染事件""《人民日报》公布我国转基因作物名单""农夫山泉质量门"等。发生在北京地区的有"北京专家夫妇 20 年不喝自来水事件""国航疑供过期烧饼致乘客腹泻""家乐福'牛丸无牛肉'风波""网曝肯德基油条保质期 9 个月"等。

2011～2013 年东部地区爆发影响较大的环境舆情事件比例最高，三年占比分别为 50.0%、57.6% 和 35.2%。2013 年影响较大的环境舆情事件中占比较高的是上海和全国部分地区，占比均为 11.1%。其中，发生在上海的"金山水污染事件""黄浦江漂浮死猪事件"等环境污染事件引起了社会的广泛关注；而全国范围环境舆情事件主要是雾霾问题引发的舆情事件，尤其是冬季雾霾波及 25 个省份 100 多个城市的事件引起了全国人民的关注。其次为云南和四川，均占比 7.4%，云南和四川处于板块交接的地震多发地带，环境舆情事件主要是一些自然灾害事故，如 2013 年 1 月 11 日的云南镇雄山体滑坡事件、4 月 20 日四川的雅安地震等。

3. 行政级别：2013 年医疗舆情事件发生地区行政级别多为市级和直辖市

从行政级别而言，市级成为医疗舆情事件的主要发生地级别。其中，对 2011～2013 年医疗舆情事件有效样本进行卡方分析，发现每一年度医疗舆情事件发生地的行政级别存在显著差异（$\chi^2 = 21.927$，$p < 0.05$）。其中，涉及医疗舆情事件的行政级别主要是市级，2011～2013 年的比例依次为 51.3%、45.9%、36.1%；其次是直辖市级，三年总占比为 22.3%。具体来看，2013 年医疗舆情事件发生地行政级别主要为市级和直辖市级，其占

比为36.1%、22.2%，遥遥领先于其他行政级别。2011年医疗舆情事件发生地行政级别主要为市级、直辖市级和省级，其比重依次为51.3%、28.2%、12.8%；2012年，医疗舆情事件涉及的行政级别中，市级占比为45.9%，相比2011年下降了5.4%，直辖市占比相比2011年下降了12%，降为16.2%，中央（16.2%）占比跃居第二位，与直辖市级达到了相同的比例。

但食品安全舆情事件和环境舆情事件的年度和行政级别不存在显著差异。就食品安全舆情事件而言，2013年除全国范围（31.7%）外，市级和直辖市级舆情事件较多，分别占29.3和26.8%。其中市级比重较2011年（44.6%）和2012年（48.5%）呈明显下降趋势，而直辖市级的比重较前两年略有上升。环境舆情方面，2011～2013年环境舆情事件发生在市级的占比最高，整体比例达到42.9%，三年的占比分别是39.0%、33.3%和42.9%。此外，直辖市和县级比重相当，均为16.7%。

4. 类型分布存在较大差异：医疗舆情事件主要集中在卫生社会保障和社会福利业；环境舆情事件以灾害事故和环境污染事件居多；食品安全舆情事件主要发生在制造业

2011～2013年医疗舆情事件涉及的行业存在显著差异（$\chi^2 = 32.120$，$p < 0.05$），即医疗舆情事件涉及的行业随着年度的变化而发生显著变化。医疗舆情事件主要集中在卫生社会保障和社会福利业，该行业2011～2013年三年在医疗舆情事件涉及的行业中总占比达到52.5%。具体而言，2011年医疗舆情事件主要涉及的行业类型为卫生社会保障和社会福利业，所占比例高达63.4%；其次是公共管理和社会组织业，占比为14.6%。2012年主要涉及的行业类型仍然为卫生社会保障和社会福利业与公共管理和社会组织业，二者所占比例相差不大，分别为48.7%、33.3%。2013年卫生社会保障和社会福利业仍然保持较高的比例，为44.7%，与前两年不同的是位居第二位的是制造业，占比为21.1%。

2013年环境舆情事件灾害事故和环境污染事件居多，环境污染事件中污染源主要为工业污染。事件原因以自然原因占主导，如地震、山体滑坡、持续高温等造成的自然灾害事故，占2013年环境舆情事件总量的51.2%。2011～

2013 年影响较大的环境舆情事件中灾害事故占比最高，其次是环境污染。比较三年环境舆情事件类型的变化，灾害事故三年呈上升趋势，而环境污染在2012 年有所下降，在 2013 年有所提升。2013 年的环境舆情事件中以自然灾害事故为主，占比 41.7%，环境污染其次，占比 33.3%。环境政策类舆情事件较 2012 年（19.4%）下降了 9 个百分点，占比 10.4%。

食品安全事件主要发生在制造业，该行业 2011 ~ 2013 年三年中在食品安全事件涉及的行业中总占比达到 55.2%；其次是住宿和餐饮业，三年总占比达到了 13.1%；其余行业所占比例均较小。2013 年食品安全舆情事件所属制造业较多，占比 44.2%，但较 2011 年（50%）和 2012 年（66.7%）存在较大的下降趋势。此外，住宿和餐饮业排在第二位，占比为14.0%。

5. 事件性质：2013 年公共卫生类舆情事件多为负面事件

整体而言，2013 年公共卫生类舆情事件多为负面事件，其次为中性事件，正面事件相对较少。

具体来看，2011 ~ 2013 年超过六成医疗舆情事件为负面事件，其中，2013 年负面事件最多，占 62.5%，如"H7N9 禽流感疫情""福建漳州医疗腐败案""天津第一口奶事件""康泰乙肝疫苗致死案"等；其次为中性事件，占比为 27.5%，如"政府投入医疗费 80% 为干部传闻""河北男子自锯病腿事件""北京人大代表：公立医院应对学生堕胎实行免费"；仅有约一成事件为正面事件。就年度变化而言，负面事件的比重经历了先降后升的变化；而正面事件比重呈现明显的逐年增加趋势。

环境舆情方面，2011 ~ 2013 年影响较大的环境舆情事件中大多数是负面舆情事件，负面舆情事件三年比重分别为 76.5%、59.7% 和 74.1%，呈先下降后上升的趋势，正面舆情和中性舆情呈先上升后下降的趋势。2013 年正面、中性和负面舆情占比分别为 3.4%、22.4% 和 74.1%。

食品安全舆情方面，不同年度食品安全事件舆情性质分布存在显著差异（$\chi^2 = 12.289$，$p < 0.05$）。具体来看，三年中负面性质总占比为 87.6%，中性事件的总占比为 9.7%，而正面事件则很少，总占比仅为 2.7%。具体而言，2011 ~ 2013 年负面事件比例分别为 94.1%、87.5%、81.4%。

二 公共卫生类舆情传播特征

1. 公共卫生类舆情事件原因分析

言行不当、违法犯罪和产品服务质量问题成为引发医疗舆情的重要原因。根据文献资料和实际情况，将引发舆情的原因分为 15 大类，进一步研究发现，2013 年，言行不当（17.5%）、违法犯罪（17.5%）和产品服务质量问题（12.5%）成为引发医疗舆情事件的重要原因。其中，三年中违法犯罪行为比重上升幅度最大，从 2011 年的 4.9%、2012 年的 10.3%，增加到 2013 年的 17.5%。如"福建漳州医疗腐败案""康泰乙肝疫苗致死案""浙江新昌毒胶囊事件涉事官员获刑"等。相比之下，产品服务质量和伦理道德的比重下降较为明显。前者从 2011 年的 24.4%下降到 2013 年的 17.5%，如"有毒维 C 银翘片事件""同仁堂被曝两款中药朱砂超标""强生召回婴幼儿布洛芬"等；后者从 2011 年的 22.0%下降到 2013 年的 7.5%。言行不当和公共政策舆情经历了先升后降的变化。

自然灾害、环境污染和人为事故灾难容易引发环境舆情。根据文献资料和实际情况，将引发舆情的原因分为 15 类，研究发现 2013 年自然灾害（48.3%）、环境污染（22.4%）和人为事故灾难（10.3%）问题成为引发环境舆情的重要原因。其中，自然灾害较 2011 年（10.1%）和 2012 年（20.9%）比重增长幅度较大；而环境污染的比重较 2011 年（50.4%）和 2011 年（34.3%）比重下降幅度明显，间接说明我国环境的好转。此外，人为环境污染舆情经历了先降后升的变化；而公共政策舆情与之相反，经历了先升后降的变化。

产品服务质量成为引发食品安全舆情最重要的原因。根据文献资料和实际情况，将引发舆情的原因分为 15 类，研究发现与医疗和环境不同，在引发食品安全舆情原因方面，产品服务质量成为最主要的原因，2013 年近七成事件（69.8%）均由此引发。这一比重较 2011 年（83.8%）、2012 年（93.1%）有所下降。由此可见，提高产品和服务的质量问题成为有效解决食品安全危机的重要手段。

2. 约六成医疗舆情事件由新媒体首曝，食品安全舆情事件首曝媒体以传统媒体为主，环境舆情事件首曝以新媒体为主

2013 年，约六成医疗舆情事件（57.5%）由新媒体首次曝光，传统媒体比重为 40.0%，境外媒体为 2.5%。进一步对首曝媒介进行具体分类，发现 2011～2013 年排在首位的医疗舆情事件首曝媒介出现了较大的变化。2011 年报纸作为首曝媒介的比重排在第一（51.2%），2012 年首位为微博（31.6%），而 2013 年报纸（33.3%）、网络新闻（30.8%）、微博（20.5%）成为重要的医疗舆情事件首曝媒体。整体趋势上，报纸呈现下降趋势（从 2011 年的 51.2% 到 2012 年的 26.3%，再到 2013 年的 33.3%），而网络媒体呈现小幅度增加趋势（从 2011 年的 14.6% 下降到 2012 年的 10.5%，此后又上升到 2013 年的 30.8%）。微博和官方网站呈现了先升后降的变化趋势，微博由 2011 年的 17.1% 上升为 2012 年的 30.8%，在 2013 年下降为 20.0%。

2013 年，59.5% 的食品安全舆情事件中首曝媒介为传统媒体，相比之下，新媒体仅为 40.5%，境外媒介涉及的比较少。进一步分析，发现 2013 年报纸占比较大（38.1%），其次为电视（19.0%）、网络新闻（19.0%）。其中，报纸和电视经历了先降后升的变化，而网络新闻和微博经历了先升后降的变化，此外官方网站呈现出逐年下降的趋势。

2013 年，环境舆情事件中新媒体的首曝率达到 80.7%，与 2010 年（62.5%）和 2012（61.5%）相比大幅度增加；而传统媒体首曝率显著降低，由 2011 年的 37.3%、2012 年的 38.5%，降低到 2013 年的 19.3%。进一步对具体类目进行分析，发现 2013 年的环境类舆情事件 54.4% 由网络新闻首曝，其次有 17.5% 由报纸首次曝光，微博与官方网站均占 12.3%，电视、通讯社是首曝媒介的比例均为 1.8%，而广播、杂志、论坛社区为 0。

3. 2013 年媒体时效性排序依次为：食品安全类最快，环境类其次，医疗舆情最慢

超过六成事医疗舆情事件从发生到曝光时间在 3 天以内，四成在半天以内。对样本医疗舆情事件从发生到曝光时间差进行分析，2013 年 1/4 的医疗舆情事件从发生到曝光时间在半天以内（25.8%），如"政府投入医疗费 80% 为干部传闻""贵州禽流感"等；发生即曝光的事件为 19.4%，如"有毒维 C

银翘片事件""广州病患家属聚众怒砸一妇产医院""同仁堂被曝两款中药朱砂超标"等；从发生到曝光在 2～3 天的为 12.9%。2011～2013 年，曝光早于发生、从发生到曝光在半天以内和 4～6 天的医疗舆情事件比重逐年增加；从发生到曝光在半天到 1 天和 7～15 天的事件比例逐年递减。

超半数食品安全舆情的事件发生即曝光。研究发现，2013 年 51.6% 的食品安全舆情事件发生随即遭到曝光，16.1% 的事件从发生到曝光在半天以内，而从发生到曝光在半天～1 天的比重为 12.9%。从趋势上看，发生即曝光的比重三年内呈现较大增幅，从 2011 年的 9.1% 增加到 2012 年的 30.9%，再到 2013 年的 51.6%；相比之下，从发生到曝光在半年以上的舆情事件较 2010 年（20.5%）和 2011 年（10.9%）出现明显下降趋势，2013 年为 3.2%。

近半数环境舆情事件媒体在事件发生半天内曝光。研究发现 2013 年环境舆情事件从发生到首曝在半天以内居多（48.1%），其次为发生即曝光（13.5%）和半天到一天内曝光（11.5%）。从趋势上来看，2011～2013 年在半天以内曝光的事件比例呈逐渐上升趋势，2013 年 48.1% 的舆情事件在事发半天内被曝光。

4. 微博影响力分析：越来越多的公共卫生事件有微博参与，微博时效性大多在半天以内，约三成事件微博起重要作用

医疗舆情事件中，一半事件曝光距离微博首发在半天以内；三成事件中微博起重要作用。研究发现越来越多的医疗舆情事件有微博的参与或涉及，2011～2013 年三年影响较大的医疗舆情事件中，除 2011 年和 2012 年各有一个事件微博没有参与外，2013 年微博都参与或涉及了医疗舆情事件。从微博具体类别而言，2013 年腾讯微博参与医疗舆情事件比例最高，为 100%，其次为新浪微博（97.5%）、搜狐（90.0%）、网易（85.0%）和人民微博（82.5%）。进一步分析医疗舆情事件曝光和微博首发的时间差，发现 2013 年五成（52.5%）影响较大的医疗舆情事件曝光距离微博首发时间差在半天以内占比最高，如"H7N9 禽流感疫情""福建漳州医疗腐败案""康泰乙肝疫苗致死案"等。其次是事件曝光微博即首发，2013 年为 20.0%；曝光到微博首发时间差在半天至一天内的比重持续下降，2013 年为 7.5%；而曝光距离微博首发为 2 天的比重持续上升，2013 年达到 15.0%。

2013 年环境舆情事件中，微博时效性大致在半天以内；微博首曝率逐年上升；三成事件中微博起重要作用。2013 年所有环境舆情事件中均有微博的参与。从各个微博的影响力来看，新浪微博略胜一筹，达到 100%；腾讯微博的占比 98.3%；搜狐微博的比例为 94.8%；人民微博的比例为 93.1%；网易微博的比例为 87.9%。从微博的时效性来看，2011～2013 年三年的环境舆情事件由微博首曝与事件发生的时间差大多在半天以内，2013 年 50.0% 的环境舆情事件从事发到微博曝光的时间差在半天以内，微博首发与事件曝光的时间差 79.3% 在半天以内，同时 12.1% 的环境舆情事件由微博首发。2011～2013 年的环境舆情事件中，微博起到重要作用的事件分别占比 20.2%、28.4% 和 20.7%，大部分环境舆情事件中微博的作用较弱。

2013 年食品安全舆情事件中，微博时效性大致在半天以内；微博首曝率呈下降趋势；不足三成事件中微博起重要作用。除 2011 年 7.4% 的食品安全舆情事件和 2012 年 12.5% 的食品安全事件外，2013 年影响较大的食品安全舆情事件中均有微博的参与。就具体类别而言，2013 年新浪微博和腾讯微博参与食品安全舆情事件比例最高，均为 100%，其次为搜狐（93.0%）、网易（90.7%）和人民微博（81.4%）。进一步分析食品安全舆情事件曝光和微博首发的时间差，2013 年影响较大的食品安全舆情事件在半天以内的比例高达 64.3%，其次是半天～1 天为 16.7%。三年中影响较大的食品安全舆情事件中微博起到重要作用的比例分别为 26.5%、34.7%、25.6%，呈现先上升后下降的趋势。

三 公共卫生类舆情事件主体、应对特点和解决情况

1. 干预主体：地方政府和国家部委成为主要干预主体，干预力度较大

一起公共卫生类舆情事件中干预主体不止一个。从地方政府干预情况来看，2013 年近九成（88.9%）医疗舆情事件受到地方政府干预。如"中国 H7N9 禽流感疫情""贵州禽流感""湖北妇女结扎致死"等事件。环境舆情事件中，2013 年 87.3% 的舆情事件是地方政府作为干预主体，该比例与 2012 年（87.4%）接近。就食品安全类舆情事件来说，地方政府作为干预主体的

舆情事件呈现逐年下降的趋势，2011 年和 2012 年分别为 32.6% 和 30.6%，2013 年最低，为 23.8%。

从国家部委的干预情况来看，2013 年医疗舆情事件中近三成（25.9%）受到国家部委干预；2013 年环境类舆情事件中，38.2% 事件由国家部委作为干预主体，该比例与前两年相比有所提升。食品安全类舆情事件中，国家部委作为干预主体的事件由 2011 年的 14.8% 下降为 2012 年的 11.9%，随后上升至 2013 年的 12.7%。

综合三类舆情事件，2013 年地方政府和国家部委为主要干预主体，但由于食品安全问题涉及诸多企业，企业作为干预主体的食品安全类舆情事件占比 28.6%，该比例超过了地方政府和国家部委。

2. 干预时效

近五成医疗事件干预早于事件曝光，半天以内进行干预和曝光即干预的比重逐年上升。2013 年对影响较大的医疗舆情事件的干预发生在曝光前的比重为 48.3%，比较 2011 年（47.1%）和 2012 年（48.3%），呈现小幅度先下降后上升的趋势。其次为半天以内进行干预（17.2%）和曝光即干预（13.8%），三年中此两类的比重呈现逐年上升的趋势。此外，曝光即干预、曝光到干预在半天 ~ 1 天、2 ~ 3 天、15 ~ 30 天的比重分别为 13.8%、10.3%、6.9%、3.4%。此外，4 ~ 6 天和 7 ~ 15 天的比重均为 0。2013 年，曝光距干预时间最长在 1 个月内和 1 ~ 3 个月内的为 0。

曝光前干预的环境类舆情事件呈逐年下降趋势，2013 年占比 40.4%；半天以内干预和曝光即干预的事件比例逐年增多，2013 年分别占比 29.8% 和 23.4%。2011 ~ 2013 年度的事件曝光至主体首次干预时间差有显著差异（$\chi^2 = 29.480$，$p < 0.05$），影响较大的环境舆情事件大多数是曝光前得到了干预，三年占比分别为 63.2%、52.7% 和 40.4%，但曝光前干预的占比呈下降趋势。第二位为半天以内干预，事件比例逐年上升，从 2011 年的 11.5% 上升到 2013 年的 29.8%；曝光即干预的比例也呈逐年上升趋势，2013 年 23.4% 的环境舆情事件是曝光即被干预。此外曝光时间距离干预时间在半天 ~ 1 天、2 ~ 3 天、4 ~ 6 天、7 ~ 15 天依次为 0、2.1%、2.1%、2.1%。样本中没有环境类舆情事件干预时间差在 15 天以上的。

食品安全类舆情事件中，三成事件曝光前遭到干预；近三成曝光同时干预。2011～2013 年影响较大的食品安全类舆情事件曝光至主体首次干预时间差有显著差异（$\chi^2 = 36.615$，$p < 0.05$）。其中，2013 年占比最高的为曝光前进行干预，达到 30.3%；但较 2011 年（47.5%）和 2012 年（32.8%）有所下降。其次为曝光的同时得到干预，约 18.2%，较 2011 年（5.1%）和 2012 年（6.3%）有显著增加。此外，曝光距离干预时间在半天以内、半天～1 天、2～3 天、4～6 天、7～15 天、15～30 天、1～3 个月的比重依次为 18.2%、9.1%、3.0%、0、6.1%、3.0% 和 3.0%。样本中没有食品安全类舆情事件干预时间差在 3 个月以上的。

3. 信息发布方式：地方政府成为主要信息发布主体，接受媒体访问是最主要的发布方式

医疗舆情方面，2013 年，地方政府成为最主要的信息发布主体，由 2011 年的 39.1% 下降为 2012 年的 36.8%，在 2013 年上升为 48.1%。如 "H7N9 禽流感疫情" "贵州禽流感" "天津第一口奶事件" "泉州婴儿保温箱内死亡事件" 等。国家部委作为发布主体 2013 年仅为 3.7%，在三年中呈现先上升后下降的趋势，由 2011 年的 8.7% 上升至 2012 年的 10.5%，随后下降。就发布方式而言，一起医疗舆情事件中存在多种信息发布方式。其中，接受媒体访问是最主要的发布方式，2013 年为 92.1%；21.1% 的事件中信息发布方式为对外公告或文件，排名第二；官方网站发布信息和发表声明均为 15.8%；微博博客或论坛回应为 13.2%；而新闻发布会由 2011 年的 23.7% 下降至 2013 年的 5.3%。

2013 年环境舆情事件的信息发布主体以地方政府为主，其比例逐年下降。2011～2013 年影响较大的环境舆情事件中地方政府发布占比最高，三年分别为 46.2%、58.2% 和 37.9%。其次为国家部委、企业和个人，2013 年分别占比 15.5%、13.8% 和 5.2%。就发布方式而言，一起环境类舆情事件中存在多种信息发布方式。其中，2013 年八成（84.3%）环境舆情事件信息发布方式以接受媒体访问为主，但该方式所占比例较 2011 年（88.6%）和 2012 年（84.6%）逐年下降。其次为采用对外发布公告或文件、官方网站发布消息、新闻发布会、微博博客或论坛回应和发表声明，占比依次为 27.5%、25.5%、

19.6%、13.7%和9.8%。

企业和地方政府成为 2013 年食品安全舆情事件中主要的信息发布主体，分别占比 27.9% 和 18.6%。但 2013 年企业的比重较 2012 年（51.4%）有较大幅度下降。此外个人（11.6%）、国家部委（9.3%）占有一定比例。就发布方式而言，一起食品安全类舆情事件中存在多种信息发布方式。接受媒体访问成为 2013 年食品安全舆情事件最主要的信息发布方式，达到 86.1%，较 2011 年（77.6%）和 2012 年（73.6%）有显著增加。其次为通过微博博客或论坛回应，2013 年为 27.8%，较 2011 年（17.9%）和 2012 年（25.0%）有所增加。此外，官方网站发布消息和对外公告或文件均为 25.0%，而发表声明和新闻发布会占比依次为 16.7%、13.9%。

4. 事件解决

医疗舆情事件中，七成半事件得到了政府回应，对回应效果持中立态度和认为无效果的各占三成；追究刑事责任和经济责任成为 2013 年最主要问责方式。研究发现 2011～2013 年大多数舆情事件政府均有回应，三年占比呈逐步上升趋势（2011 年 63.4%，2012 年 71.8%，2013 年政府回应舆情事件占 75.0% 为三年之最）。从政府回应效果而言，2013 年对回应效果持中立态度的为 26.7%，较 2011 年（50.0%）和 2012 年（57.1%），有明显下降。2013 年出现了认为政府回应无效果的态度，占 30.0%。此外，对回应效果广泛肯定的，呈现先下降后上升的趋势，分别为 11.5%、7.1% 和 16.7%。一般肯定的答复为 23.1% 和 17.9% 以及 16.7%。政府回应效果受到质疑的发展趋势为下降趋势，由 2011 年的 15.4% 下降为 2013 年的 10.0%。得到广泛质疑的占比由 2012 年的 7.1% 下降为 2013 年的 3.3%。

2013 年环境舆情事件六成以上（63.2%）获解决；就问责方式而言，免职和停职成为最主要问责方式。2011～2013 年环境舆情事件的最终解决情况存在显著差异（$\chi^2 = 28.268$，$p < 0.05$）。就解决方式而言，2013 年的大部分（63.2%）已经具体问题具体解决，10.8% 问题部分解决，"解决了问题，民众仍不满意"的比例较 2011 年和 2012 年有所下降，"未解决问题，恶化舆论环境"的比例从 2011 年的 6.3% 降为 0。在一起事件中，可能存在多种问责方式，2013 年的环境舆情事件中，免职（80.0%）和停职（66.7%）成为主要

的问责方式，此外党内处分占 50%，42.9% 为撤职，行政处罚、行政记过、追究经济责任赔偿和其他分别占 35.7%、33.3%、22.2%、9.3%。

2013 年六成食品安全舆情事件得到政府回应；四成获得解决，但未解决的比例呈现上升趋势；经济责任赔偿或处罚成为主要的问责方式。研究发现2011～2013 年大多数舆情事件政府均有回应，但三年占比呈现下降趋势（2011 年70.6%，2012 年 69.4%，2013 年下降至 62.8%）。从政府回应效果而言，2013年回应效果被肯定的达到 40.7%。此外，持中立态度的为 7.4%，较 2011 年（37.5%）和 2012 年（32.0%）有显著下降。三年内舆情事件本身是否解决存在显著性差异（p < 0.001）。2013 年已经解决的舆情事件占 42.1%。2013 年31.6% 的事件未解决，且较 2011 年（5.0%）和 2012 年（15.9%）呈上升趋势。在一起事件中，可能存在多种问责方式，2013 年的食品安全舆情事件中，27.6% 的事件问责方式为经济责任赔偿或处罚，13.8% 的事件存在追究刑事责任方式。此外，行政记过、免职、党内处分、行政处罚均占 3.4%。

四　公共卫生情况调查

为进一步了解我国居民对公共卫生情况的评价，作为对互联网舆情分析的重要补充，上海交通大学舆情研究实验室社会调查中心进一步对医疗服务问题展开了大规模全国性计算机辅助电话调查（CATI），涉及全国 32 个城市。调查围绕受访者关注的医疗服务水平、食品安全、环境保护等展开。

1. 公众对医疗服务水平基本满意，非农业户口和中部地区公众对医疗服务满意度较低

医疗服务水平是衡量人民生活质量的重要标准之一。"医疗服务是指医疗服务机构对患者进行检查、诊断、治疗、康复和提供预防保健、接生、计划生育等方面的服务，以及与这些服务有关的提供药品、医用材料器具、救护车、病房住宿和伙食的业务。"[①] 通过调查，发现受访者对所在城市当前医疗服务的整体水平趋于满意，均值为 3.09 分，显著高于 5 级满意度的中间值 3（t =

---

① 财政部、税务局：《关于医疗卫生机构有关税收政策的通知》，2000 年第 42 号文件。

2.503，p＜0.05）。

医疗服务水平满意度受到是否购买医疗保险（3.18分）、户籍和地区的差异的影响。其中"不买保险，靠自己储蓄"来支付医疗费用的受访者的平均满意度（2.77分）均显著低于购买"社会基本医疗保险""社会基本医疗保险与商业保险结合""商业医疗保险"的平均满意度（分别为3.18分、3.05分、3.02分）（p＜0.001）。此外，非农业户口满意度低于农业户口者；中部地区的平均满意度（2.93分）最低，显著低于东部（p＜0.05，均值为3.15分）和西部地区（p＜0.05，均值为3.14分）。

2. 医疗费用偏高导致公众"看病难、看病贵"，加强政府监管成为关键

"看病难、看病贵"的问题已存在多年。调查结果显示，近八成受访者认为当前医疗费用偏高，整体而言对于医疗费用评价的平均值为4.07分，显著高于5级满意度的中间值3（t＝39.897，p＜0.001）。超过半数的受访者认为"检查费用过高"（58.9%）、"药价过高"（56.7%）是医疗费用高的主要表现，此外为住院费及其他费用过高（39.7%）和诊费过高（27.2%）。

进一步对"看病难、看病贵"的原因进行分析，46.9%的受访者认为"政府监管不严"，占比最高；其次为"医生滥开处方检查项目"，42.0%的受访者选择此项；32.9%的受访者选择"医疗保险发展不完善"，选择"医院市场化"（32.7%）、"医疗卫生资源分配不够合理"（28.3%）的人数也较多。[1]

在如何解决"看病难、看病贵"问题上，受访者对当下政府解决该问题的评价持一般态度，而且偏向不满意。除去"不清楚"一项的选择者，态度平均值为2.64，显著低于5级满意度的中间值3（t＝－10.167，p＜0.001）。政府、医院成为解决该问题的重要主体，59.2%的受访者选择"政府应加大对医疗药品市场的监管"，占比最高；54.2%的受访者选择"加强医院内部管理，打击医疗腐败"，46.0%的受访者选择"增加公共医疗投入，完善医疗保障体系"。

3. 受访者对环境状况整体评价不高，五成受访者认为环境状况不好

对受访者对环境状况整体评价水平的调查发现，五成受访者认为环境状况

---

① 《中国民生调查报告（2014）》，社会科学文献出版社，2014。

不容乐观（认为环境状况不太好的占比 31.6%，认为很不好的占比 18.8%），认为环境比较好和非常好的受访者合计占比仅为 15.0%，34.6% 的受访者认为我国环境状况一般。导致这一现象的原因，一方面与近年来大气污染、水污染、垃圾处理问题、水土流失问题、水灾问题、生物多样性破坏等问题频现，受访者能够直接感知的环境问题增多有关；另一方面在于国家对于环境问题的重视程度提高，媒体对环境问题曝光率提升，如 2012 年我国居民对 PM2.5 的高度关注、2013 年对雾霾的大范围讨论。

进一步对地域进行分析发现，不同区域受访者对环境状况的评价存在显著差异（F = 10.039，p < 0.001），环境舆情事件从地域分布上来看主要集中在东部地区，三年中西部的环境舆情事件逐年增加。但就受访者的评价来看，西部受访者对于环境的评价高于中、东部，评分较高，均值为 2.70 分，高于中、东部受访者评分，中、东部评分均值分别为 2.41 分和 2.38 分。从我国现阶段的实际情况来看，环境的污染主要来自第二产业。东、中、西部环境分布的差异可以用环境库兹涅茨曲线[①]来阐释，在经济发展早期环境质量逐渐恶化，经济发展到一定水平后，环境质量会逐渐改善，目前我国的东、中、西部地区仍处于经济快速发展时期，经济发展水平仍处于早期阶段，因此在我国目前的阶段，经济越发达的地区环境污染程度越高，当地的环境状况倾向于越差。

4. 近四成受访者比较满意城市绿化状况，环境污染以四大传统污染为主

绿化空间具有提升城市的空气自净能力的作用。近几年全国各地纷纷开展了多项城市绿化工程，如北京的环保草毯屋顶绿化工程、上海市屋顶绿化示范项目等。在这样的情况下，通过对受访者环境绿化状况评价分值的计算，发现全体受访者的评分均值为 3.59 分，显著高于 5 级满意度的中间值 3（t = 22.511，p < 0.001），表明受访者对所在地区目前的绿化程度较为满意。其中，

①　库兹涅茨曲线是 19 世纪 50 年代由诺贝尔奖获得者、经济学家库兹涅茨提出的，用来分析人均收入水平与分配公平程度之间关系的一种学说。研究表明，收入不均等现象随着经济增长呈现先升后降的特点，即倒 U 型曲线关系。当一个国家经济发展水平较低时，环境污染的程度相应较轻，但伴随人均收入的增加，环境污染程度由低变高，环境状况随经济的增长而恶化；然而当经济发展达到某一特定水平后，如果人均收入进一步增加，环境污染程度就又会由高逐渐变低，其环境污染的程度也逐渐减缓，环境质量逐渐得到改善，这种现象被称为环境库兹涅茨曲线。

53.4%的受访者认为所在城市绿化状况比较好或非常好。

环境污染源方面,受访者认为空气、水、固体废弃物以及噪声四大传统污染是环境污染的主要类别。通过考察受访者对各类污染程度的评价,以1~5分对"完全不严重"至"非常严重"打分,发现空气污染程度以均分3.24分明显高于其他类别,空气质量是居民可感知度最高的环境要素,加之近年来我国许多城市受到雾霾天气的影响,因此空气污染成为公众最关心的问题。其次为固体废弃物污染、水污染和噪声污染,受访者对这三项内容的污染程度打分均值依次为2.85分、2.84分和2.79分。公众对以光污染和辐射污染为代表的新型污染的严重程度评价相对较低,这可能与两种污染出现频率较低、被关注时间较短、曝光率较低有关,受访者对其接触较少,了解程度和可感知程度较低,因此认为其严重程度较低。

5. 公众对政府期望高,希望"在经济发展过程中优先考虑环境保护"

受访者对于企业、政府和公众在环境保护中应负责任的排序中,选择"企业-政府-公众"的受访者数量最多,50.5%的受访者选择这一排序。但就环保影响力而言,58.3%的受访者认为在环保问题中,政府起到的作用最大。其次为媒体(15.8%)、公众(9.7%)、企业(8.4%)和公益组织(5.6%)。由此可见,受访者对政府期待较高,认为相比于造成环境问题的主要责任机构企业来说,政府的政策和举措可以更有效地确保环境保护工作的展开。

进一步就受访者在环境保护问题上对政府的工作期待展开调查,发现受访者对政府期望值排在前三位的分别是:在经济发展过程中优先考虑环境保护(59.1%),增加环保投入(47.9%)和加强法规建设(42.9%)。因此,政府要想在环境保护工作方面获得较高的公众满意度,加强对环境问题的预测、监管和治理,高度关注与居民生活状况密切相关的环境污染问题,在经济发展过程中首先考虑环境保护十分必要。

通过对环境舆情事件的研究发现,2011~2013年环境舆情事件在数量上逐年减少,2013年虽然舆情事件仍旧涉及全国21个省份,但是从事件类型来看以自然灾害事故居多,环境污染问题尤其是人为造成的污染现象有所缓解,政府的应对效果也有所改善。对未来生态环境改善是否有信心的调查结果显示,受访者信心评分均值为3.87分,显著高于5级满意度的中间值3(t=

26.712，p < 0.001）。经统计，选择"比较有信心"和"很有信心"的受访者达到 70.0%。整体上看，受访者对我国未来生态环境的改善有信心。

6. 食品生产经营备受关注，公众最担心"假冒伪劣""食品添加剂"和"农药残留"

调查结果发现，32.9% 的受访居民对所在城市食品安全情况不太放心。假冒伪劣、食品添加剂、农药残留是受访居民最担心的三类食品安全问题。68.0% 的受访居民认为食品安全最大的隐患存在于生产加工环节。32.0% 的受访居民遇到过食品安全问题，其中以过期食品仍在销售、假冒伪劣、食品卫生不达标情况为甚。总体而言，食品的生产经营问题成为消费者关注的热点。2013 年，在食品生产经营卫生方面，影响较大的舆情事件有"肯德基冰块菌落超标""农夫山泉质量门""宁波被曝鲜奶合格率不足七成"等。此类事件一般都与企业生产行为密切相关，事件一经曝光，会对相关企业的品牌形象和日常运营产生极大影响。

2013 年 7 月，央视报道称，肯德基冰块菌落超马桶水。对此，肯德基在其官方微博表示"十分抱歉出现这样的情况"，并表示会尽快处理问题。食品生产经营卫生问题也不只与企业直接相关，2013 年 6 月 13 日，四川省眉山市东坡区映天学校数百学生出现呕吐、发烧和腹泻等症状，经诊断，确定为沙门氏菌污染食品引起的感染性腹泻。发病学生均系该校幼儿园、小学、初中部的学生，其中还有 29 名为中考生。此事件一经爆出，骤然引起全国公众的广泛关注。6 月 27 日，东坡区纪委正式向社会公布事件处理结果，免去东坡区食品药品监督管理局党组书记、局长王勇前和区教育局分管安全工作的纪委书记黄金泉的职务，另外 10 名官员也分别被处理。

食品生产企业的生产卫生问题，不仅涉及道德评价、企业声誉，也会受到法律的监督。对于生产、销售不符合卫生标准食品的行为，我国法律有明确的罪名阐释和相关的制裁措施。生产、销售不符合卫生标准的食品罪，即指违反国家食品卫生管理法规，生产、销售不符合卫生标准的食品，足以造成严重食物中毒事故或者其他严重食源性疾患，危害人体健康的行为。此类犯罪活动不只严重扰乱市场经济秩序，还会对消费者的健康构成威胁，甚至会引发全社会的恐慌。

五 公共卫生舆情热点话题

1. 医患暴力冲突加剧，医疗体系内部存在的弊端成为医患关系紧张的首要原因

医患关系是指医生和病人之间的互动，多起医患纠纷引起的暴力事件更是将"医患关系"这一话题推向了风口浪尖。如何构建和谐的医患关系成为社会各界人士共同关注的话题。

2013 年，医疗舆情事件中，医患暴力冲突集中体现为医方和患者的肢体冲突，医方成为弱势方，据不完全统计，2013 年被媒体报道的伤医案件已经发生近 30 起，如 10 月 25 日发生的温岭杀医案——3 名医生在门诊为病人看病时被一名男子捅伤；10 月 21 日，广州医科大学附属第二医院数名患者家属获知家人抢救无效死亡后情绪激动，对多名 ICU 医生进行群殴，致 ICU 主任鼻部撕裂伤，身上多处软组织挫伤，肾挫伤伴血尿，另有两名医生轻伤；10 月 20 日在沈阳医学院附属奉天医院骨外一科医生办公室里，一位患者将一名医生连刺 6 刀；10 月 17 日，上海中医药大学附属曙光医院西院一名患者因病重转至该院重症监护室，后因抢救无效死亡，该患者的六七名家属不顾医护人员阻拦，闯进重症监护室进行打砸，并对在场医务人员拉扯打骂；10 月 11 日凌晨，已有 14 周身孕的宝安人民医院护士白巍在巡查产科病房时，遭到一位家属的拳打脚踢，最后右耳鼓膜穿孔，身上多处软组织挫伤等。

据调查发现，医疗体系内部存在的弊端成为医患关系紧张的首要原因，如 53.9% 的受访者认为"医疗人员职业道德素质低"，36.6% 的受访者认为医疗水平低治疗效果差，35% 的受访者认为医疗体制不合理。患者自身原因也会导致医患关系紧张，35.4% 的受访者认为部分患者自身认知存在局限。[①] 此外，媒体关于医患关系的负面报道和法制法规不完善等也可能是导致医患关系紧张的原因。

进一步对受访者对"医闹"等现象的认识进行分析，近四成受访者认为

---

① 《中国民生调查报告（2014）》，社会科学文献出版社，2014。

非理性的"医暴""医闹"现象是维权无门所致（37.2%），但33.2%的受访者直接将这种行为归纳为完全不理性的行为。大多数受访者认为医院和医护人员是主要责任主体（51.0%、49.2%），46.5%的受访者认为患者及其家属也需要为此负责。在医患关系行为上，36.9%的受访者或其家属表示向医务人员送过红包或宴请，且这种现象更多发生在中部。中部地区的受访者中，有47.7%表示向医务人员送过红包或宴请，这一比例明显高于东部（34.1%）、西部（31.6%）。[①]

2. 2013 年"雾霾"成为全民话题

盘点 2013 年中国环境事件，雾霾问题居首，其发生频率之高、波及面之广、污染程度之重前所未有，"雾霾"当之无愧成了 2013 中国年度关键词。从地域分布来看，雾霾重度污染地区以中、东部为主。据中国气象局统计，2013 年我国中、东部地区平均雾霾天数达 35.9 天，[②] 大部分地区霾天在 10 天以上，其中华北大部、黄淮、江淮、江南、华南及四川中东部在 40 天以上。

从时间分布来看，雾霾天气在全年 12 个月份均有出现，高发时间主要集中在第一季度和第四季度。为了更准确地统计雾霾多发时间段以及人们对此的关注度，上海交通大学舆情研究实验室对新浪微博 2013 年全年包含"雾霾"这一关键词的所有用户微博进行了统计，统计数据显示，2013 年 1 月、2 月、3 月、4 月，以及 10 月、11 月、12 月这 7 个月份，新浪微博用户对"雾霾"的讨论超过 2000000 条，其中 12 月份与雾霾相关的微博数量最多，高达17497816 条，可见发生在 12 月的中、东部严重雾霾事件影响范围之广以及影响强度之大。

上海交通大学舆情研究实验室社会调查中心调查结果显示，受访者对雾霾情况的关注程度较高，41.2%的受访者表示经常关注雾霾情况，27.4%的受访者表示关注程度一般；80%以上的受访者认为所在城市存在雾霾现象，其中认为居住地雾霾现象严重的受访者比例高达 30.7%。[③] 大部分受访者对雾霾的感

---

① 《中国民生调查报告（2014）》，社会科学文献出版社，2014。
② 人民网，《2013 年全国 74 城市仅 3 城市达标雾霾天平均 35.9 天》，2014 年 6 月 5 日，转自京华时报，http://leaders.people.com.cn/n/2014/0605/c58278-25105553.html。
③ 《中国民生调查报告（2014）》，社会科学文献出版社，2014。

知度较高，他们中的大多数表示受雾霾影响已经不同程度地减少了非必要性外出及户外活动。

与受访者对雾霾感知程度较高形成鲜明对比的是，受访者对雾霾成因的了解程度较低。只有38.3%的受访者知道雾霾的成因，这一数字低于受访者对雾霾情况的关注比例；并且35.4%的受访者不知道雾霾成因，另有26.4%的受访者表示对雾霾成因"模棱两可"。这在一定程度上反映出雾霾相关知识在我国居民中的普及程度较低。

3. 转基因食品成为热点，公众对其接受度和了解程度较低

转基因技术的诞生为农业生产带来了新的革命，但是，此类食品一经推入市场，也在全球范围内引发了极大的争议。特别是在2009年农业部为两种转基因水稻颁发安全证书后，转基因食品的安全性问题日益成为公众议论的焦点。

2013年7月，转基因与食品安全国际研讨会在北京举行，该次研讨会上，美国科学家胡伯博士提出他的研究发现，指用转基因大豆、玉米及其成分饲料喂养动物可以致流产，且死胎中发现不明病原体。来自法国的塞拉利尼教授曾在2012年发表文章称，使用抗除草剂的NK603转基因玉米喂养的试验鼠出现高致癌率，在此次会议中，他再一次强调了其实验的科学性。2013年6月，巴西农业部称中国已批准包括孟山都Intacta RR2在内的三种转基因大豆的进口，此消息公布后，中国农业部公开了中国进口转基因作物名单。我国目前对境外转基因作物采用保守进口制，此外，我国当前对转基因粮食作物的商业化尚未放开，也不允许转基因粮食种子进口后实行商业种植。2013年6月21日，根据央视网报道，黑龙江大豆协会副秘书长王小语曾经说，据中国抗癌协会专家推测，肿瘤发病诱因，与环境气候、当地饮食风俗等有一定关系，食用转基因大豆油的消费者更容易患肿瘤、不孕不育病。此后，名为"央视承认转基因食物可能致癌"的视频便在互联网上被大量转发，视频内容称，使用美国孟山都转基因玉米喂养的小白鼠患上肿瘤。

对许多消费者而言，转基因食品尚属于新生事物。上海交通大学舆情研究实验室社会调查中心调查结果显示，35.8%的受访居民表示担心转基因食品。受访居民对转基因食品了解较少，39.0%的受访居民对转基因食品不清楚、不了解，同时对转基因食品的接受程度较低，32.7%的受访居民不接受转基因食品，完全接受的比例仅为 0.9%。① 由于缺乏了解，许多消费者谈之色变，甚至经常将其与有毒、不洁食品相提并论。其实，对于转基因食品的优劣，目前并无定论。当前，发达国家纷纷把发展转基因生物等技术作为抢占未来科技制高点的重要战略，许多发展中国家也在积极跟进。加强对转基因食品的科学研究，是我国相关部门应抓紧进行的工作之一。

六　公共卫生类政策分析

（一）医疗类政策

2013 年，我国医疗卫生改革进入深水区和攻坚期。对 2013 年医疗卫生政策内容进行梳理发现，2013 年的医疗卫生政策主要涉及医疗保障、医疗服务、公共卫生、药品供应和管理体制五个领域。各个领域的政策内容与之前相比，内容更加完善，体系更加系统。

1. 医疗保障类政策：医院安全与医生素养得到重视

近年来，我国由医疗纠纷引起的"医暴""医闹"事件在社会上引起强烈的反响，一方面患者的个人权益受到侵犯；另一方面，医生的个人安危受到威胁，也加剧了医患关系的紧张。2013 年 10 月 23 日，国家卫生计生委办公厅、公安部办公厅印发《关于加强医院安全防范系统建设指导意见》，要求保安员数量应当遵循"就高不就低"原则，医院保安数量按照不低于在岗医务人员总数的 3% 或 20 张病床 1 名保安或日均门诊量的 3‰的标准配备。② 医院要建立门卫制度，门卫室、各科室、重点要害部位要安装一键式报警装置。公安机关要与医院建立联系机制，及时会同医院有关部门，梳理排查可能影响医院安全的事件苗头，指导医院落实预警防范措施。该政策的实行给患者和医护人员提供了更多的安全保障。

除此之外，医护人员的专业素养得到重视。中国医师协会建议，在《执

---

① 《中国民生调查报告（2014）》，社会科学文献出版社，2014。

② 凤凰网，《20 张病床要配 1 名保安》，2013 年 10 月 24 日，转自城市信报，http://news. ifeng. com/gundong/detail_ 2013_ 10/24/30612646_ 0. shtml。

业医师法》中应增加"终身禁医"法条。中国医师协会受国家卫计委委托，已正式启动执业医师定期考核工作，意味着在两年一次的考核中，因医德医风问题未通过考核的医生将被列入"黑名单"，推行医生"年审"制有助于督促、规范医生提高医术。

2. 医疗服务政策：简政放权、鼓励民间资本支持养老产业

2013 年，对于医疗行业来说，政府鼓励民间资本办医是一重要举措。2013 年 10 月 14 日，国务院发布《关于促进健康服务业发展的若干意见》（即国发 40 号文）。这是继 2010 年国务院办公厅发布《关于进一步鼓励和引导社会资本举办医疗机构的意见》之后，又一个鼓励社会资本进入医疗等健康相关领域的纲领性文件，其广泛动员社会力量、多措并举发展健康服务业的改革思路赢得了社会各界的一致好评。该文件的推行表明了政府向社会资本全面、平等开放的变革思路。同时，养老问题是近年来我国居民广泛关注的重点，2013 年 9 月 9 日，国务院印发《关于加快发展养老服务业的若干意见》，对加快发展养老服务业作出系统安排和全面部署。今后总体思路是"要强化政府的职能，通过简政放权、创新体制机制激发社会活力，民政部副部长窦玉沛表示，对于新建的公办养老机构，原则上实行公建民营，营造公办养老机构和民办养老机构公平竞争的氛围"①。一方面要放宽条件，降低门槛，鼓励民营资本进入。同时要依法进行制度化、规范化、标准化、信息化的管理。

3. 公共卫生政策：单独两孩政策备受瞩目

2013 年 11 月 15 日发布的《中共中央关于全面深化改革若干重大问题的决定》提出，坚持计划生育基本国策，启动实施单独两孩政策。这是我国进入 21 世纪以来生育政策的重大调整完善，是国家人口发展的重要战略决策。

单独两孩政策如何启动实施？符合政策条件的公众什么时候可以生育第二个孩子？实施单独两孩，是否意味着今后计划生育工作将放松？政策出台后，针对群众关心的相关问题，国家卫生计生委对单独两孩政策予以解读：启动实

---

① 国际在线，《民政部：新建公办养老机构原则上实行公建民营》，2013 年 12 月 5 日，http：// gb. cri. cn/42071/2013/12/05/3365s4346757. htm。

施单独两孩政策，全国不设统一时间表，将由各省（区、市）根据实际情况，确定具体时间；当符合政策条件夫妇的户籍所在省份修订了人口与计划生育条例或人大常委会作出专门规定，允许单独夫妇可生育两个孩子后，即可按程序申请再生育。

除上述政策以外，2013 年医疗政策中还包括药品供应政策、公共卫生行业的一些管理政策等。如国家食品药品监督管理总局要求零售单体药店不得开展网上售药业务，同时对含麻黄碱类药物、处方药管理及药物配送提出了具体要求。为解决捐献器官严重不足的问题，国家强制使用人体器官分配与共享系统，《人体捐献器官获取与分配管理规定》（以下简称《规定》）于 2013 年 9 月 1 日正式实施，《规定》明确要求，具有器官移植资质的 165 家医院，将强制使用人体器官移植分配与共享系统。

（二）环境政策

1. "国十条"打响治理雾霾攻坚战

全国两会期间，环境污染问题尤其是大气污染问题被热议。据公开的报道统计，在全国 31 个省份的两会期间，共有 24 个省份的两会代表提及空气质量问题。其中，北京、江苏、山东、河北等省市把雾霾治理写入了政府工作报告中。

十八届三中全会通过的《中共中央关于全面深化改革若干重大问题的决定》，再次确立了生态文明制度建设在全面深化改革总体部署中的地位，并把资源产权、生态红线、有偿使用、生态补偿、管理体制等内容充实到生态文明制度体系中来。

雾霾直接催生了一系列环保政策出台，而伴随雾霾连片发生的趋势，政策也呈现出联动的特点。在工业领域，2 月 27 日，环保部发布《关于执行大气污染物特别排放限值的公告》，对京津冀、长三角等"三区十群"19 个省区市 47 个城市，火电、钢铁、石化等 6 大行业及燃煤锅炉项目实施更加严格的排放标准。在交通领域，2 月 26 日，国务院常务会议决定加快油品质量升级，提出"2013 年 6 月底前发布第五阶段车用柴油标准（即国五柴油标准，硫含量不大于 10ppm），2013 年底前发布第五阶段车用汽

油标准（即国五汽油标准，硫含量不大于 10ppm），过渡期均至 2017 年底"①；财政部、科技部、工信部和国家发展改革委研究将新能源汽车补贴政策计划再延长三年，并扩大试点范围，各地也频出新政鼓励私人购新能源车。

在建筑领域，住建部 4 月份发布《"十二五"绿色建筑发展规划》，提出大力推动绿色建筑发展，实现绿色建筑普及化，力争到"十二五"末完成新建绿色建筑 8 亿平方米的目标，并要求政府部门率先执行绿建标准。

此外，针对雾霾治理，2013 年 1 月 14 日，环保部发出通知，要求京津冀、长三角、珠三角地区建立和完善区域大气污染防治联防联控机制，进一步增强区域治污整体合力；10 月 23 日，京、津、冀、晋、内蒙古、鲁六省区市领导在京共聚，共商区域协作、联防大气污染；12 月 9 日，上海、江苏、浙江筹建长三角大气污染防治协作机制。有关政府部门并采取建立完善的监测网络、实施大气污染特别排放限值、控制煤炭总量消费、加快机动车污染治理、治理情况纳入官员考核等具体措施，采取一定的经济手段，并充分发挥价格杠杆作用。如环保部对中石油、中石化开罚单，以及中央财政安排 50 亿元资金用于京津冀及周边地区大气污染治理工作。同时，9 月份，国家发展改革委公布环保电价调整方案，将脱硝电价上调 2 厘/千瓦时至 1 分/千瓦时，调动了电厂脱硝和除尘改造的积极性。

总之，以大气污染治理"国十条"为代表的一系列政策措施，充分发挥出"政策之手"的引导和指挥作用，以大气污染防治为导引，将环境治理向能源结构调整、产业结构调整、经济转型的方向深化。

2. 节能环保产业换挡加速

一方面我国能源紧张及环境污染压力加大，需要大力发展节能环保产业缓解压力；另一方面，我国经济历经多年的外延式扩张后需要寻求新的经济增长点。在此背景下，节能环保产业作为国民经济新的支柱产业的地位已经得到国家层面确认。2013 年 8 月 11 日，国务院印发《关于加快发展节能环保产业的

---

① 和讯网，《成品油进口放权开放进入倒计时三中全会后或有路线图》，2013 年 10 月 26 日，http：//news. hexun. com/2013－10－26/159096458. html。

意见》，明确了今后 3 年的发展目标，包括"节能环保产业产值年均增速 15%以上，到 2015 年，节能环保产业总产值达到 4.5 万亿元"① 等目标。提出将节能环保产业打造成为拉动经济增长、促进结构调整的先锋军。

由于节能环保产业所具备的政策驱动性，2013 年所出台的环境治理政策均对环保产业有倾斜或者推动。例如，2013 年 2 月发布的"史上最严"环保新政《关于执行大气污染物特别排放限值的公告》，要求火电机组从 2014 年 7 月 1 日起执行 30 毫克/立方米的烟尘排放标准，重点地区执行 20 毫克/立方米标准。5 月 13 日，国家发展改革委和财政部公布第五批节能服务公司备案名单，将 888 家节能服务公司纳入国家认可的"正规军"，并给予一定的国家财政奖励资金。9 月 12 日印发的《大气污染防治行动计划》，明确提出"大力发展循环经济，培育壮大节能环保产业""调整完善价格、税收等方面的政策，鼓励民间和社会资本进入大气污染防治领域"等措施，无疑都对节能环保产业利好。

专家预测，"雾霾天气"让越来越多的国人意识到我国大气治理工作已经到了刻不容缓的地步，未来随着全国范围内大气污染综合治理工作全面展开，该领域将会出现新的增长机会，而该领域也有望成为环保产业兼并重组活动的新热点。

（三）食品安全政策

1. 乳（粉）安全的相关政策较为突出

自三聚氰胺毒奶粉事件后，洋奶粉在我国备受推崇，然而 2013 年先后曝出新西兰奶粉中含有双氰胺化学残留、荷兰美素丽儿奶粉中被曝掺入过期奶粉、雅培奶粉致女婴性早熟等负面消息。在此背景下，2013 年乳（粉）安全的相关政策主要集中在进出口乳制品和婴幼儿乳制品领域，影响较大的三项国家级政策有：

2013 年 5 月 1 日颁布的《进出口乳品检验检疫监督管理办法》要求，进

---

① 搜狐网，《稳增长调结构促改革惠民生》，2013 年 8 月 12 日，http：//roll. sohu. com/20130812/n383938757. shtml。

口乳品标签上标注获得国外奖项、荣誉、认证标志等内容，应提供经外交途径确认的有关证明文件。

2013年6月16日，国家食品药品监督管理总局、工业和信息化部、公安部等发布《关于进一步加强婴幼儿配方乳粉质量安全工作的意见》，要求婴幼儿配方乳粉生产企业须具备自建自控奶源；对原料乳粉和乳清粉等实施批批检验，确保原料乳（粉）质量合格；严格执行原辅料进货查验、生产过程控制、产品出厂全项目批批检验、销售记录和问题产品召回等制度；建立完善电子信息记录系统。

2013年12月25日，国家食品药品监督管理总局发布《婴幼儿配方乳粉生产许可审查细则（2013版）》。细则共分为适用范围、生产许可条件审查、生产许可产品检验和其他要求四大部分，重点提高了对企业质量安全管理、生产设备设施、原辅料把关、生产过程控制、检验检测能力、人员素质条件、环境条件控制和自主研发能力等方面的要求。

此外，在税收方面，国务院关税税则委员会下发的《关于2013年关税实施方案的通知》，自2013年1月1日起实施。其中特殊配方婴幼儿奶粉2013年暂定进口税率为5%，远低于最惠国20%的税率。

2. 国家加大力度整治"食品污染"，相关政策频发

2013年食品安全舆情事件频发，"假冒伪劣""食品添加剂"和"农药残留"成为公众最为担忧的食品安全问题。2013年出台了相关政策、标准等，为食品添加剂、农药残留的标准提供规范，有助于食品安全。

2013年1月6日农业部与卫生部联合发布了食品安全国家标准《食品中农药最大残留限量》。作为我国监管食品中农药残留的唯一强制性国家标准。新标准制定了322种农药在10大类农产品和食品中的2293个残留限量，基本涵盖了我国居民日常消费的主要农产品。该标准于2013年3月1日起实施。

2013年1月29日，卫生部发布了《食品中污染物限量》（GB2762 – 2012）。该标准于2013年6月1日正式施行。目前，已公布的302项食品安全国家标准覆盖了各类食品中涉及健康危害的数千项指标。此举标志着我国食品安全标准体系中的食品安全基础标准清理整合工作基本完成。

2013年4月，卫生部在其官方网站发布，拟撤销38种食品添加剂，而像茶黄色素、茶绿色素、黑加仑红等不少着色剂也位列其中。

2013 年 12 月 6 日，国家卫生和计划生育委员会发布《食品添加剂标识通则》《食品用香料通则》等 75 项食品安全新国家标准。据介绍，《食品添加剂标识通则》对食品添加剂的标签、说明书和包装等内容进行了规范；《食品用香料通则》是食品用香料通用的质量规格与安全要求标准，共对 1600 多种食品用香料的质量规格作出规定，基本解决了食品用香料质量规格标准缺失问题。

3. 酒及饮料类等的国家标准颁布

2013 年 7 月 19 日，由中国饮料工业协会技术工作委员会组织起草，国家质量监督检验检疫总局、国家标准化管理委员会发布的《固体饮料》国家标准，于 2014 年 2 月 1 日实施。这是我国首部《固体饮料》综合产品标准，从分类、定义、技术指标等方面对固体饮料产品提出了更高的要求。

2013 年 11 月 1 日商务部颁布实施了《酒类行业流通服务规范》。此举针对酒类行业酒精门事件，塑化剂事件，少数企业采用酒精、香精加水勾兑冒充粮食蒸馏酒事件。Camus（卡慕）、Frapin（法拉宾）、Remy Martin（人头马）三个法国干邑白兰地酒品牌产品因塑化剂超标被中国海关查扣的消息使洋酒的质量问题也成为关注的焦点。价格不菲的洋酒也要经历层层把关才可进入中国市场。

2013 年，食品安全相关法律、标准的制定和出台较多，特别是两会关于国家食药监总局的设立体现了国家对食品安全问题的重视和行动力度。食品安全政策涉及农药残留、食品污染、乳（粉）制品、固体饮料及酒类等多个方面。

2013 年发布的影响较大的食品安全政策中，政策的制定与发布仍遵守传统的发布模式，由相关部门讨论形成政策，之后在社会中征求民众意见，最后经由媒体发布给公众。但在政策制定环节受到公众议程的重要影响，例如《关于加强进口婴幼儿配方乳粉管理的公告》的发布是由如下事件推动的：2013 年 1 月 26 日，新西兰乳制品被测含有毒物质双氰胺，且中国八成进口奶粉来自该国，北京超市决定暂不下架被曝含双氰胺相关产品。2013 年 3 月，雅培奶粉被曝致女婴性早熟。2013 年 3 月 29 日，美素奶粉陷入"活虫门"，美素丽儿奶粉被曝掺入过期奶粉，京东、淘宝仍在销售。《关于加强进口婴幼

儿配方乳粉管理的公告》的核心内容包括：4月1日起，进口婴幼儿配方奶粉的中文标签必须在入境前已直接印制在最小销售包装上，不得在境内加贴；从5月1日起，未经注册的境外生产企业的婴幼儿配方奶粉不允许进口。

七　公共卫生类舆情事件应对策略与建议

（一）增强风险意识和责任意识

公共卫生类舆情事件以负面舆情为主，波及范围广、受关注程度高，事件一经曝光，涉事主体极易处于舆论的风口浪尖之上，对其形象和日常工作、运营造成极大的影响。近年来，组织机构一直是引发医疗、食品安全、环境等领域舆情事件主要的舆情主体，增强组织机构的风险意识和社会责任意识，是应对当前公共卫生类舆情事件的首要任务。

2013年，以网络新闻、微博为代表的新媒体成为公共卫生类舆情事件主要的首曝媒体，几乎所有影响较大的医疗、食品安全、环境等领域舆情事件都有微博的参与或涉及，在近三成事件中微博发挥着重要的作用。网络舆情一定程度上代表着社会民众的所思、所想、所求，是反映社情民意的"晴雨表"，是现实社会的折射和延伸。各组织机构应致力于网络与现实社会之间关系的常态化建设，增强网络舆情敏感度和社会风险意识，事先建立问题预防机制和危机应对机制；在危机事件爆发后，第一时间启动应急预案，召开新闻发布会，如实通报事件进展情况，快速解疑释惑，及时安抚民众情绪，避免谣言、流言的滋生。

另外，医院、企业、社会保障和社会福利等部门应事先建立危机事件合理补偿机制，对在危机事件中利益受损的民众给予补偿。有条件的企业还可以通过开放公司设施供周边居民使用、支持社区居民文化活动、参加慈善活动等方式及时回报社会，不仅可以宣传企业文化，扩大企业声誉，还可以彰显企业的社会责任感，赢得民众的好感与信任，树立企业形象。

（二）注重信息传播的有效性

近年来，医疗行业违法犯罪事件、工业污染引发群体性事件、食品药品非法生产经营等一系列公共卫生类舆情事件频频发生，拷问着政府部门的执政能力和危机应对能力，对各级政府和相关管理部门造成了巨大的压力。2013 年，六成以上公共卫生类舆情事件得到政府部门的回应，但是回应效果并不佳，医疗类舆情事件中对政府回应持肯定态度的占比仅为三成，而食品安全事件中认为政府回应无效果的比例占到了一半以上。在信息发布方式上，政府部门多选择接受媒体访问为主要的信息发布方式，而对微博、博客或论坛等新媒体的利用存在明显不足。

公共卫生类舆情事件所涉及的公众利益范围以全国公众利益和区域公众利益为主，地方政府作为舆情事件主要的干预主体和信息发布主体，在加大医疗、食品安全、环境等领域监管、治理力度的同时，还应注重信息传播的有效性以及沟通反馈渠道的畅通性。要主动介入，积极面对，掌握信息发布权和舆论引导权，用具有权威性、针对性、新闻性的政府议程推动媒体议程，消除信息传播中的"熵"值；要整合多方媒体资源，搭建多样化信息发布平台，加强政务微博群之间的联动、呼应，强化政务微博在信息传递、沟通联络、应急预警和舆论引导等方面的作用，改变传统的单向度传播方式，实现官、媒联动，官、民互动；各级政府新闻发言人和领导干部要重视倾听民意，采用符合新闻传播规律、更为人性化的手段与民众互动，表明官方立场和态度，回应民众诉求，从而确保舆情应对的有效性以及舆论引导的号召力和向心力。

（三）提升公民科学素养和媒介素养

公共卫生类舆情事件囊括了医疗、食品安全、环境等多个领域，与民众的日常生活密切相关，属于重要的民生问题，一旦被曝光，极易成为热点话题，引发社会的普遍关注。但与此同时，由于医疗、食品、环境等领域的专业性较强，公众接触相关领域专业知识的机会有限，对光污染、辐射污染、二甲苯（简称 PX）、雾霾成因、转基因食品等专业术语和专业知识缺乏足够的了解和科学的认知，遇到与切身利益息息相关的公共卫生类事件时，常常将以往滞后的经验和错误的认识作为评判标准，人云亦云。加之当前我国正处于社会转型期，还没有形成完整的道德体系和新时期公民文化，公民的媒介素养和责任意识较低，在面对媒介所传递的纷繁复杂的信息时，缺乏理性的思考、分析和判

断力，极易被情绪化信息所蛊惑，出现群体极化、集体幻觉、盲从等现象，无形中成为网络谣言的传播主体。不仅不利于问题的解决，还加剧了社会恐慌，危及公共安全和社会正常秩序。

因此，有必要面向全社会加大对公共卫生领域相关专业知识的科普和宣传力度。各级政府部门应通过开展社区活动、发放宣传册、微博平台交流等方式普及医疗、食品安全、环境等领域科学知识和技术信息，提升公众的科学素养；应充分发挥媒体的知识传承、教育引导功能，通过社会主流文化价值观的挖掘、传播与加强，引导公众形成广泛的社会共识。同时，要加强公民的传媒素养教育，规范公民的媒介使用行为，引导、教育公民理性、成熟地利用媒介资源参与公共事务的讨论，提高信息的辨别、判断、免疫能力，不信谣、不传谣，防止媒介成为一些人发泄情绪、制造社会恐慌、谋取利益的工具，降低民众被盲目动员到群体性事件中的可能性。

2013 年中国教育舆情年度报告

上海交通大学舆情研究实验室 *

摘　要：

教育是重要的民生问题，关系国家和社会的整体发展，教育已
成为我国软实力的重要组成部分，每年的热点事件中教育事件
占据主要地位。上海交通大学舆情研究实验室选取2011～2013
年影响较大的 321 个教育舆情样本进行统计和分析，研究发现：
华东地区取代华北地区成为教育舆情热点事件高发区域；北京
教育舆情事件数量仍领跑全国；组织机构依然为教育舆情主要
主体；三成教育事件由师生个人言行引发舆情；传统媒体势力
回升，成为教育事件首曝媒体主体；事件曝光速度较快，干预
主体干预速度较快；校园安全类舆情事件在学前教育阶段占比
最高，教育政策类舆情事件在中小学阶段占比最高，师生个人
言行类舆情事件在高等教育阶段占比最高。

关键词：

教育　网络舆情　教育政策　应对策略

教育一直是民生领域的重要问题，近几年，教育领域的舆情事件始终是公
众关注和热议的重点。2013 年，教育热点舆情事件仍然处于多发态势，复旦
投毒案、北京重污染天学校运动会照开、首师大本科变专科事件、清华女教授
"50 岁退休 65 岁领养老金"言论被批、万宁幼女开房案、温州父亲体罚女儿

＊ 课题负责人：谢耘耕；主要执笔人：郑广嘉、秦静；统计分析：乔睿、刘芳、杨孟阳、韩文萍；
课题组其他成员：沈赟、刘璐、李文慧、王倩、王孟盈、尹艺蓓、李瑞华、尹丹阳、刘伟、傅
文杰、沈迁、杨倩、张馨心、仪梦。

致死案等事件，成为舆论焦点。

本报告依据舆情热度、影响力等指标，充分利用"中国公共事件数据库"和上海交通大学社会调查中心"中国民生调查数据库"，根据舆情热度筛选出2011～2013年3000起网络舆情热点事件。① 其中，影响较大的教育舆情事件为321起。为对2013年教育舆情进行分析和梳理，厘清教育界出现的问题并提出相关对策，本报告就教育舆情事件特点、传播特点、干预特点、教育分阶段舆情对比、教育政策舆情五个方面展开了探讨，并提出了我国教育舆情应对策略，以期对我国教育发展提出有效建议。

一 2013年教育舆情事件特征

2013年，影响较大的教育舆情事件共103起，与2012年相比有较大幅度上升。2011～2013年共发生了321起影响较大的教育舆情事件，其中2011年131起，2012年大幅下降到87起，2013年上升到103起。

1. 时间分布：9月成为教育舆情热点事件高发期

2011～2013年影响较大的教育舆情事件数量在月份上的分布存在显著性差异（$\chi^2 = 44.787$，$p < 0.05$）。2013年，教育舆情高峰值出现在9月，9月为入学季，很多教育政策或措施都在此月颁布，因此9月成为教育舆情事件的热门月份。2013年，共15起教育热点舆情事件出现在9月，如教育部拟规定小学不留书面作业、"减负十条"、《中小学生守则》修订事件，大多为教育政策或措施，颁布后引发公众热议。在2011年，9月也成为教育舆情事件的小高峰。2013年教育舆情热点事件的最低点为7月，此月出现的教育舆情事件为0，这与前两年情况有显著差异。2011年教育舆情高峰值分别出现在3月、9月和11月，最高值出现在11月，2012年则出现在3月和7月。

---

① 样本选取上，2014年蓝皮书选取2011～2013年各年度中热度排名前1000的网络舆情热点事件作为研究对象，各年度样本量相同，共计3000起。2013年蓝皮书则以2003～2012年十年来热度排名前5000的网络舆情热点事件作为研究对象，其中2011年919起，2012年1593起。由于样本选取标准不同，两年蓝皮书总报告和分类报告中的样本量和数据结果具有一定区别。

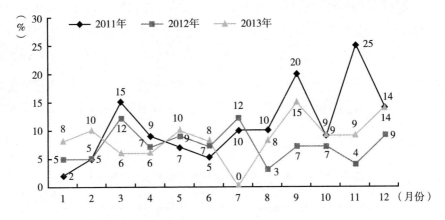

图 1　2011～2013 年影响较大的教育舆情事件月度分布

2. 地域分布：东、中、西部热度较高教育舆情事件占比呈依次递减趋势，华东地区取代华北地区成为教育舆情热点事件高发区域，北京地区仍为教育舆情高发地带

（1）东、中、西部教育舆情分布。

2011～2013 年影响较大的教育舆情事件在东、中、西部的分布上存在显著性差异（$\chi^2 = 22.469$，$p < 0.05$），即教育舆情事件的区域分布随年度的变化而发生显著变化。2013 年除去涉及全国范围的舆情事件外，东部地区的教育舆情热点事件数量最多，占比为 46.6%；中部地区占比为 23.3%；西部地区仍为教育舆情少发地区，占比为 14.6%，变化幅度较小。

（2）区域和省市教育舆情分布。

2011～2013 年影响较大的教育舆情事件在不同区域的分布存在显著性差异（$\chi^2 = 40.181$，$p < 0.05$）。2013 年，华东地区的教育舆情热点事件数量占比最高，达 20.4%；其次为华中地区，占比 19.4%；排名第三的是华北地区，占比 18.4%。这与前两年的统计结果有差异，2011 年和 2012 年华北地区始终是教育舆情事件数量最多的地区，2012 年华中地区与华北地区持平。2013 年华东、华北、华中三个地区的教育舆情事件数量占比相差较小，同时这三个地区的教育舆情事件数量占全部教育舆情事件数量的 58.2%，约六成。东北和西北两个地区的占比最低，分别为 2.9% 和 1.9%。

北京地区仍为教育舆情高发地带，12.6%的事件发生在北京，如清华拒绝承认四川"二级运动员"高考加分、重污染天学校运动会照开、北京打工子弟学校因拆迁断电等。北京的教育舆情事件较2011年（19.2%）、2012年（19.5%）有所下降。较2012年大幅度下降的省份还有湖南，从10.3%下降到2.9%。上海地区的教育舆情事件大幅上升，从2011年的3.8%、2012年的3.4%上升到2013年的8.7%。

表1　2011～2013年影响较大的教育舆情事件地域分布

单位：%

所属区域	年度		
	2011	2012	2013
华　　北	23.8	23.0	18.4
东　　北	3.8	4.6	2.9
华　　东	20.8	17.2	20.4
华　　南	10.8	9.2	9.7
西　　北	10.0	3.4	1.9
华　　中	13.1	23.0	19.4
西　　南	4.6	5.7	11.7
全　　国	11.5	4.6	15.5
全国部分地区	1.5	2.3	0.0
合　　计	100.0	100.0	100.0

3. 行政级别分布：教育舆情热点事件发生地为市级的数量最多

在2011～2013年的321个样本中，剔除行政级别为全国的样本28个，海外的样本5个，不详的样本1个，对剩余287个有效样本进行分析。2013年影响较大的教育事件发生地行政级别占比最高的是市级，占比为45.7%。三年中市级的教育舆情事件占比均最高，2011年为46.2%，2012年为43.6%。其次为直辖市，2013年占比21.7%，与2012年持平，较2011年有较大幅度下降。教育舆情发生地的行政级别占比分布无太大变化。

4. 舆情主体分布：组织机构依然为教育舆情主要主体，按照细分类别划分，学校为主要教育舆情主体，其次为教师

统计结果显示，2013年，影响较大的教育舆情事件中舆情主体仍以组织机构为主，占比为56.3%。这些以组织机构为舆情主体的事件中以教育政策

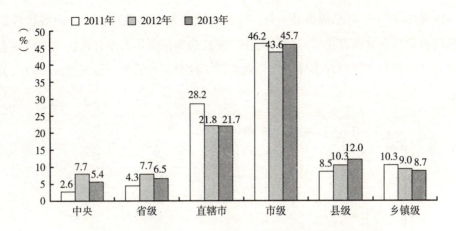

图2 2011～2013 年影响较大教育舆情事件发生地行政级别分布

事件为主，教育政策事件多由教育管理部门颁布，易成为公众热议的主要对象，如国家版权局与国家发展和改革委员会联合公布《教科书法定许可使用作品支付报酬办法》、国务院法制办公布的《教育法律一揽子修订草案（征求意见稿）》中拟规定每年 9 月 28 日为教师节。这些政策、规定都由教育主管部门发布，组织机构成为舆情主体。这三年，组织机构成为教育舆情主要主体，2011 年占比最高。2013 年以个人为舆情主体的教育热点事件占比为 41.7%，较 2011 年（31.3%）有所上升，较 2012 年（47.1%）有所下降。2012 年组织机构和个人作为舆情主体的比例有相对持平趋势，但是 2013 年二者比例差距拉大。

研究发现 2011～2013 年不同舆情主体的教育舆情事件发生情况存在显著差异（$\chi^2 = 25.313$，$p < 0.05$）。2013 年，以学校为舆情主体的教育舆情事件占比最高，达 30.1%，首师大本科变专科事件、北京重污染天学校运动会照开等事件，公众热议的主体都是学校。这一比例较 2011 年的 40.4% 有大幅度下降，但是较 2012 年的 16.1% 有大幅度上升。其次是以教师为舆情主体的教育事件占比，为 23.3%。清华教授提议"外来人口想要落户北京应考试"言论、河北副校长杀害 6 岁女童的行为等令教师舆情主体受到公众广泛关注。近年来，教师言行成为教育领域中受公众广泛关注的话题。教育主管部门以 20.4% 的比例居于教育舆情主体第三位，较 2012 年的 28.8% 有所下降，较

2011 年的 17.6% 有小幅提升。近些年教育政策发布、教育人事任免等事件的热议引发公众对教育主管部门的关注。家长为舆情主体的事件占比较前两年有所上升，这与家庭教育事件进入公众视野、社会对家庭教育逐渐重视有较大关系。

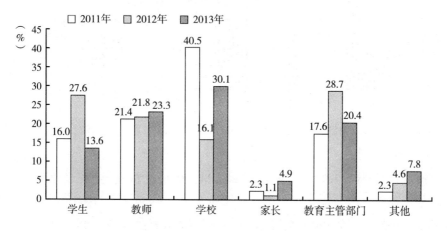

图 3　2011～2013 年影响较大教育舆情事件主体分布

5. 舆情性质分布：教育舆情仍以负面为主

2013 年，教育舆情仍以负面为主。2011～2013 年负面舆情占大多数，三年占比都在 60.0% 以上并且呈上升趋势，分别为 61.8%、65.5% 和 66.0%。正面舆情占比相对较少，在 2012 年占比最高，达到 10.3%，2011 年为 9.2%，2013 年下降至 3.9%。

6. 引发舆情的初始原因分布：三成影响较大教育事件由师生个人言行引发舆情

统计结果显示，2013 年，31.1% 的教育舆情热点事件都由师生个人言行引发，如清华教授提议外来人口想要落户北京应考试、清华博士求职门、北京大学研究生发退学声明等事件，均以教师或学生言行为主，尤以高等教育院校的师生个人言行为重点，较 2012 年有小幅度上升。其次为公共政策的颁布易引发公众关注和热议，占比 14.6%，较 2011 年（16.0%）、2012 年（17.2%）有所下降。伦理道德也成为教育事件中引发公众舆情的重要原因，占比 13.6%，较 2011 年（5.3%）、2012 年（6.9%）有所上升。如海南校长带小学生开房事件。2011～2013 年，师生个人言行、公共政策为引发教育舆情的主要原因，伦理道德事件在 2013 年凸显，同时违法犯罪（11.7%）也是主要初始原因，排在第四位，如河北副校长杀害 6 岁女童事件。

二 2013 年教育舆情传播特征

1. 首曝媒介类型：传统媒体势力回升，成为教育事件首曝媒体主体，报纸成为具体媒介类型中最主要的首曝媒体

2011～2013 年教育舆情事件的首曝媒介类型分布存在显著差异（χ^2 = 10.943，$p < 0.05$）。2013 年，教育事件的首曝媒体以传统媒体为主，54.4% 的事件由传统媒体首曝，高于新媒体的 45.6%。这与前两年的情况有极大差异，2011 年和 2012 年均为新媒体首曝占比最高，新媒体首曝比例分别为 57.3%（2011 年）、65.5%（2012 年），但 2013 年被传统媒体反超。这三年，传统媒体首曝的占比先下降后上升；而新媒体的占比先上升后下降。

2. 报纸、网络新闻、微博成为主要的首曝媒体

对媒体进行具体类型划分，统计结果显示，2013 年，教育事件的主要首曝媒体是报纸，48.0% 的事件由报纸首曝，这一比例较 2012 年的 28.2% 大幅提升，远远超过网络新闻和微博。以网络新闻和微博为首曝媒介的事件数量均较 2012 年有所下降。由图 4 可知，三年来报纸、网络新闻和微博是主要首曝媒体，报纸的占比先下降后上升，占比从 2012 年的 28.2% 上升到 2013 年的 48.0%，网络新闻和微博占比均是先上升后下降。

虽然微博在 2013 年教育舆情事件的首曝比例有所下降，但是微博的事件参与比例有所上升。2013 年，几乎所有的教育舆情中都有微博的参与，占比为 99.0%，教育事件发生后，多数都在微博平台中得到讨论，微博已成为公众参与公共事件讨论的主要平台。2013 年为三年间微博参与事件比重最大的年份，高于 2011 年的 98.5% 和 2012 年的 93.1%。新浪微博和腾讯微博成为主要的微博发声平台，其中新浪微博涉及 99.0% 的教育事件，腾讯微博涉及 98.1% 的教育事件，都较前两年有所上升；搜狐微博涉及 32.4% 的事件，较 2011 年的 39.4% 有所降低，较 2012 年的 28.2% 有小幅上升；网易微博涉及

33.6%的事件，与搜狐微博基本持平，低于2011年的38.6%，高于2012年的27.9%；人民微博涉及33.8%的事件，低于2011年的36.4%，高于2012年的29.8%。这与微博平台的使用人数紧密相关，新浪和腾讯微博成为不可忽视的新媒体力量。

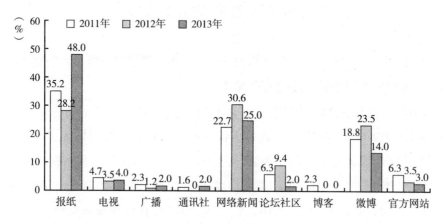

图4　2011~2013年影响较大教育舆情事件首次曝光细分媒体类型

3. 事件发生至曝光时间差较短：发生即曝光、半天以内、半天~1天之内得以曝光的事件占比较大

统计结果显示，2013年的教育舆情事件中25.0%的事件在发生半天以内被曝光，20.0%的事件发生即曝光，事件发生1天以内被曝光的事件比例为60.0%，这表明教育舆情事件的曝光速度较快。但同时还有13.8%的事件在事件发生后的半个月以上的时间才得以曝光，7.5%的事件在发生后半年以上的时间里得以曝光，这部分事件的曝光速度较慢。纵观2011~2013年影响较大的教育舆情事件，在321个样本中，剔除51个不详样本，对剩余的270个样本进行分析，发生至曝光时间差在发生时即曝光、半天以内、半天~1天的事件占比居多。总体上说，教育舆情热点事件的曝光速度均较快，但是事件发生后4~15天曝光的事件比例在三年间呈上升趋势，值得媒体部门关注。

4. 舆情持续时间小幅增加：舆情持续在1周以内的占比最高，1~2周的事件比例大幅增加

2013年，教育事件中舆情持续在1周以内的占比最高，为45.6%，近五

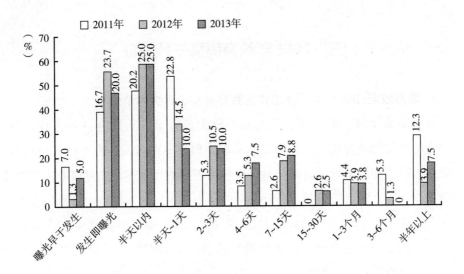

图5 2011～2013 年影响较大教育舆情事件发生至曝光时间差

成事件引发的舆情在一周以内得以消解，这一比例较 2011 年（52.6%）、2012 年（50.7%）有小幅度下降。舆情持续时间在 1～2 周的事件占比大幅上升，达 34.0%。总体来看，教育事件舆情持续 2 周以内的事件数量占比最高。纵观三年情况，对 2011～2013 年 321 个样本进行年度与舆情持续时间的交叉分析，结果显示 $p < 0.05$，表明不同年份的舆情持续时间有显著差异。舆情持续时间主要是在 1 周以内、1～2 周和 2 周～1 个月。

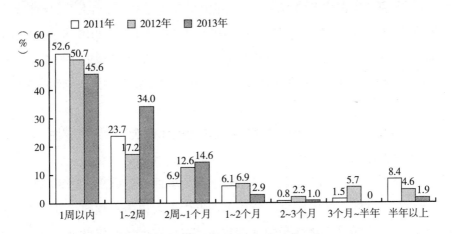

图6 2011～2013 年影响较大教育事件舆情持续时间

三 2013 年教育舆情干预特征

1. 地方政府作为事件干预主体的数量最多，其次为个人

统计结果显示，2013 年，地方政府作为教育事件干预主体的占比最高，57.3%的事件由地方政府干预。2013 年教育舆情事件多发生在市级行政单位，因此地方政府中的教育主管部门对于事件的干预数量较多。北京毕业生落户被年龄限制、北京重污染天学校运动会照开等事件中，地方教育主管部门都进行了干预。其次为个人干预事件，占比 37.1%，教育事件中以师生个人言行事件为主，因此个人应对舆情的事件数量较多，比如大学教授对自我言论的应对、学生对自身行为的舆情应对等。以国家部委为干预主体的事件多为教育政策事件，如教育部将书法纳入中小学教学体系、全国电子学籍系统明年开通的规定等，国家部委作为舆情引发者，因此也成为主要干预主体。由司法部门介入的事件多为触及违法犯罪或违背伦理道德的教育事件，如海南校长带小学生开房、河北副校长杀害 6 岁女童、北京大学两厨师雨夜轮奸女生，都由司法部门出面干预。

2011～2013 年，地方政府作为干预主体是最多的，并且呈现逐年减少的趋势，2011 年达到最大值，为 60.2%，2012 年为 60.0%，2013 年为 57.3%。个人在干预主体中占比名列第二，在三年中趋势呈现先下降后上升的趋势，其中 2013 年达到最大值，为 37.1%，2011 年为 35.6%，2012 年为最小值28.8%。国家部委在干预主体中位列第三，三年中呈现轻微的下降趋势，由2011 年的 25.4%下降为 2013 年的 23.6%。司法部门和企业分别位列第四和第五。

2. 教育事件中干预主体干预速度：发生至主体首次干预速度较快，半年以上干预的事件比例大幅下降

统计结果显示，2013 年事件发生即干预的事件占比最高，达 30.4%，发生半天以内干预的事件占比 25.4%，事件发生 1 天以内干预的事件占比总和为 77.9%，大部分热点事件干预速度较快。事件发生后半年以上进行干预的事件占比为 8.5%，与 2011 年持平，较 2012 年有所上升。纵观三年情况，事

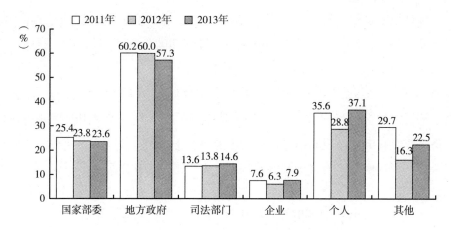

图7 2011～2013 年影响较大教育舆情事件干预主体分析

件发生至主体首次干预时间差为发生即干预的事件占比最大，分别为30.8%、31.2%、30.4%。

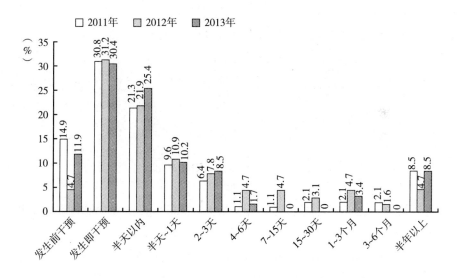

图8 2011～2013 年影响较大教育舆情事件干预速度分析

3. 政府干预情况：接受媒体访问成为政府进行事件干预的最主要方式

2013 年，我国大部分教育事件都有政府部门的干预，接受媒体访问成为政府进行事件干预的最主要方式。

统计结果显示，2013 年，教育事件发生后，政府最主要的干预方式为接受媒体访问，占比 84.7%。这是政府干预教育事件的最主要方式。对外公告或以文件形式作出回应的事件占比位列第二，为 26.5%，这一干预方式比例较 2011 年的 16.3% 和 2012 年的 13.3% 有小幅提升。同时，在微博、博客或论坛等自媒体上进行回应的占比位列第三，为 23.5%，这一比例与前两年相对持平。在官方网站发布消息也成为政府进行干预的方式之一，比较前两年有所上升。利用网络平台成为政府进行教育事件干预的稳定模式。

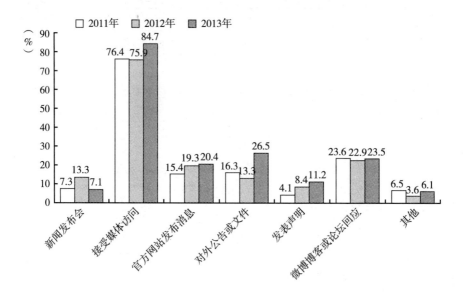

图 9 2011～2013 年影响较大教育舆情事件政府干预方式

4. 问责方式：追究刑事责任的比例最大，免职问责的事件比例有所上升

在一起事件中问责方式可能存在两种或两种以上。统计结果显示，2013 年教育舆情热点事件中，59.0% 的事件需要问责，这一比例较 2011 年的 61.8% 有所降低，较 2012 年的 54.7% 有所上升。无需问责的事件主要包括教育政策、师生一些不触及法律的言行，而其他类型的教育事件均需问责。

统计显示，2013 年需问责的教育事件中，67.3% 的事件有问责，32.7% 的须问责事件还没有问责。有问责事件比例较 2011 年（68.8%）、2012 年（77.9%）均有所降低，这些还没有问责事件在一定程度上对于教育部门的公信力有一定影响，同时表明教育管理部门在某些事件的处理中仍存在一定问题，因此这些未问责事件应得到相关部门重视。同时未问责事件比例的上升应引起教育相关部门重视。问责方式中，追究刑事责任的比例最大，占40.0%；经济责任赔偿或处罚的责任追究方式占比30.0%。值得注意的是，免职这一问责形式在2013年大幅增加，由2011年的10.0%、2012年的6.5%上升为23.3%，成为2013年的主要问责方式之一。

表2　2011～2013年影响较大教育舆情事件问责方式年度分布

单位：%

	2011	2012	2013
行政记过	5.0	16.1	3.3
免职	10.0	6.5	23.3
撤职	5.0	12.9	3.3
停职	10.0	16.1	16.7
党内处分	2.5	9.7	3.3
追究刑事责任	27.5	45.2	40.0
经济责任赔偿或处罚	35.0	22.6	30.0
行政处罚	15.0	16.1	10.0
其他问责	42.5	41.9	33.3

5. 政府回应效果：三成公众对政府回应持肯定态度，两成公众持质疑态度，质疑态度在近三年中有上升趋势

统计结果显示，2013年，教育事件发生后，68.9%的事件中政府都有回应，这一比例与2012年持平。公众对于政府回应以肯定态度为主，公众持肯定态度的事件占比32.4%，18.3%的事件中公众持一般肯定态度，14.1%的事件中公众持广泛肯定态度。但是这一比例较2011年、2012年均有小幅下降。其次为中立态度，29.6%的教育事件中公众对政府回应持中立态度。21.1%的事件在政府作出回应后公众持质疑态度，这一比例从2011年的14.5%上升到2012年的18.3%，到2013年则上升到21.1%，而公众持广泛质疑态度的也有5.6%。因此重构信任是教育部门今后的工作重点之一。

6. 推动公共政策的事件比例大幅度上升

卡方检验结果发现，在2011～2013年影响较大的舆情事件中，是否推

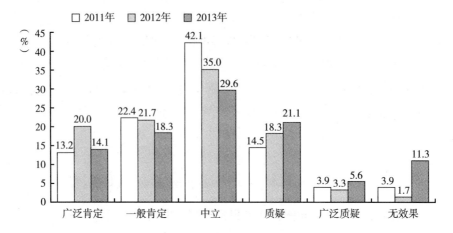

图 10　2011~2013 年影响较大教育舆情事件政府回应效果

动公共政策的卡方值为 p＜0.001，表明不同年度的舆情事件中，教育事件是否推动公共政策有显著差异。2013 年中，67.0％的教育事件推动了公共政策，如 2013 年高考政策的制定。这一比例较 2011 年、2012 年大幅度上升，同时可以看到公众舆论在教育政策制定中的推动力量。在推动公共政策的教育事件中，除去"其他"外，以修改政策为主，占 11.6％，如教科书不能免费使用作品；教育部要求：就业招聘严禁限定"985""211"高校。

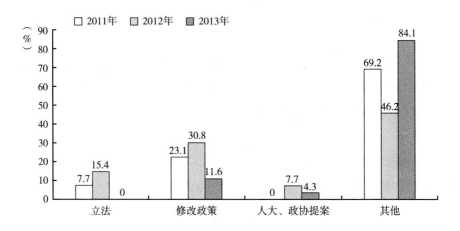

图 11　2011~2013 年影响较大教育舆情事件推动公共政策的方式

四　不同教育阶段教育舆情分析

不同教育阶段发生的舆情事件类型不同，社会关注重点也不同。本报告将教育阶段分为学前教育、小学教育、初中教育、高中教育、高等教育、家庭教育等六个阶段，对其从舆情地域分布、类型分布、事件主体、首曝媒体等四个主要方面进行分析，以厘清 2013 年各教育阶段的特点及存在的问题。

1. 我国各阶段教育舆情事件数量整体呈下降趋势：高等教育仍是教育舆情热点事件高发阶段，小学教育热点事件数量不断攀升，家庭教育事件逐渐进入公众视野

一起教育舆情热点事件中，可能涉及两种或两种以上教育阶段。2013 年，高等教育事件仍占教育舆情热点事件主体，40.2% 的事件发生在这一阶段，虽然 2011 ~ 2013 年高等教育舆情占比逐年下降，三年的比例分别为 46.6%、44.8%、40.2%，但是高等教育阶段的舆情事件仍然远远多于其他教育阶段。一系列教育政策的出台、高校校园安全事件、部分高校师生言行不当等问题多次引发高校的舆情危机，使得高等教育持续成为年度舆论广泛关注和重点讨论的领域之一。与此同时，我国对教育的关注逐渐向其他教育阶段转移，各阶段占比逐渐均衡。其中对小学教育、高中教育、家庭教育的关注度均有所上升。

其次为小学阶段的教育舆情事件，占比 31.4%，从 2011 年的 16.0%、2012 年的 20.7% 升至 2013 年的 31.4%，达到峰值。诸如教育部"减负十条"引争议、万宁幼女开房案、教育部将书法纳入中小学教学体系、江西女童遭伤害事件、湖北小学踩踏事件等，涉及目前我国小学教育阶段中教育方式、学生安全、心理健康等多个方面的问题。

三年中，学前教育阶段影响较大的舆情事件数量占比呈现明显的下降趋势，从 2011 年的 19.8% 降至 2012 年的 12.6%，再减少到 2013 年的 6.9%，降幅坡度显著。其中国家在学前教育阶段出台的政策和举措在一定程度上减少了负面舆情事件的发生。如 2011 年农村学前教育推进工程试点资金增加至 15 亿元，试点范围扩大到中西部 25 个省份，规划建设幼儿园 891 所；2012 年出台《校车安全管理条例》，为校车安全与发展开出"治病良方"；2013 年教育

部等四部门联合发布《预防少年儿童遭受性侵工作的意见》等。政策的制定只是处理和预防问题的开始，政策的普及、有效的执行才是减少负面舆情事件的根本。

此外，家庭教育影响较大的舆情事件占比从 2011 年的 2.3% 下降至 2012 年的 0，再增加到 2013 的 3.9%，这一变化体现出社会对家庭教育的关注度有所提高。

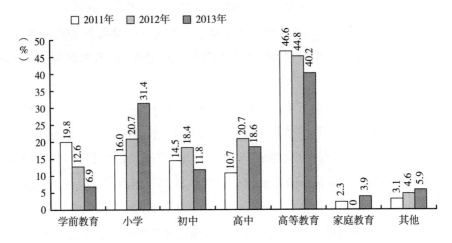

图 12　2011~2013 年影响较大的教育舆情事件所属教育阶段

2. 2013 年，中、西部地区舆情事件整体占比相对较高，其中西部地区整体教育阶段舆情事件最多，东部地区高等教育阶段舆情事件最多

2013 年，随着中、西部地区媒体的发展与经济水平的提高，两大地区教育舆情事件占比较东部偏高。由于教育投入不足，基础设施不完善等问题，西部地区整体舆情事件数量最多，其中小学阶段占比 32.6%。东、中、西部发生在中学以下教育阶段的负面舆情事件较多，如河北幼儿园老板猥亵 12 名幼女、湖北小学踩踏事件、上海致癌毒校服事件等。

东部地区经济发达，传媒业发展较为完善，教育投入多，社会对教育问题的重视程度也普遍高于中、西部地区，因此在此地区中的教育舆情事件受到较高的关注，尤其是高等教育舆情事件，远远高于其他地区。2013 年东部地区高等教育阶段舆情事件获关注最多，这与东部地区高校数量较多、传媒业较为发达有关。从 2013 年东部地区教育事件类型看，学校管理类案件累计 15 件，占 44.1%，如武汉高校推行"恋爱登记制"等；教育政策类累计 15 件，占 39.6%，如上海取消英语四六级考试、教育部"减负 10 条"书法列入中小学教育体系等；教育招生类累计 10 件，占 76.9%，如国务院提出提高重点高校招收农村学生比例。此问题随着中、西部地区媒体的发展和经济水平的提高，亟待国家和地方政府关注并解决。

3. 2013 年，校园安全类舆情事件在学前教育阶段占比最高，教育政策类舆情事件在中小学阶段占比最高，师生个人言行类舆情事件在高等教育阶段占比最高。值得一提的是，高等教育阶段学术造假舆情事件占比较高

不同的教育阶段发生的舆情事件类型不同，社会关注的重点也不同。在学前教育阶段，社会对校园安全类舆情事件关注度一直居高不下，2013 年，此类事件占到了学前教育阶段舆情事件的 40.5%。虐童、猥亵幼童事件的频繁发生，公众对幼童生命安全、健康成长的关注，对立法上是否有必要增设虐童罪的讨论，都令 2013 年学前教育阶段的校园安全类舆情事件的媒体与网民关注度升高。

给中小学生，尤其是小学生减负一直是全社会的呼声。2013 年 8 月，教育部就《小学生减负十条规定》公开征求意见，其中"不留作业""严禁违规补课""一科一辅"等规定引发社会热议。高考历来是国家关注的重点，自 2010 年 12 月国家试点山东、湖南、重庆三个地区解决异地高考问题后，关于异地高考政策的讨论就成为全民关注的热点。2013 年是我国异地高考的"破冰"之年，共有黑龙江、吉林、辽宁、河北、湖南、重庆等 12 个省份启动实施了这项政策，由于涉及的地域广和利益群体多，所以，媒体和网民都对此项政策的实施给予了极大关注。

2013 年，师生个人言行类舆情事件仍在高等教育阶段占比最大，这与新媒体的飞速发展紧密联系，尤其是微博发展壮大，成为此类舆情事件传播的主力军。如在复旦投毒案、清华女教授"50 岁退休 65 岁领养老金"言论被批等事件中，微博凭借自身强大的传播效力，成为舆论的聚集地，掀起了舆论的热潮。值得注意的是，2013 年，学术造假事件比 2012 年有所增加，出现了"烟草院士"学术造假、医学院院长在已发表文章上 PS 自己名字等学术腐败行

为，严重违背了学术道德和科学精神，败坏了学术风气，高等教育阶段有6.3%的舆情事件属于该类型。

4. 在舆情主体方面，教育主管部门在各教育阶段舆情事件中都较为集中，学校主体则在学前和小学教育阶段成为舆论焦点，高等教育阶段的学生、教师、学校类舆情事件普遍受到关注

2013年，教育主管部门的身影继续活跃在不同教育阶段。这一年，主管部门提出的"将书法纳入中小学教学体系"这一措施成为小学、初中、高中三大教育阶段普遍关注的焦点事件。这一措施既能培养良好的写字习惯，也是传承中国传统文化的一种途径，主管部门的措施得到舆论肯定。在高等教育阶段，教育部门关于高考改革的相关方案受到广泛关注，进一步提高重点高校招收农村学生比例、清理并严格规范各类加分政策等政策将在一定程度上确保高考改革的公平公正。

在学前和小学教育阶段，学校作为事件主体频频出现在新闻报道中。学前教育年度最受关注前五名的事例中，幼儿园作为事件主体全都占据，幼儿园招生、虐童、猥亵幼女等各类负面报道受到舆论广泛关注。幼儿园本该是孩子快乐成长的乐园，而其中负面事件却屡次发生，折射出相关部门在资格审查、监管方面的不到位。

高等教育阶段，学生、教师和学校作为舆情主体，纷纷上榜。复旦投毒案引发了全国范围内对高校室友关系的大拷问；在价值多元的社会形态下，高校教师职业道德建设已经成为一个重要的社会问题，值得探讨。另外，学校主体方面则多有一些新奇举措推出，被媒体关注，如武汉某高校推行恋爱登记制度，对该院恋爱的学生进行摸底，并由老师充当恋爱学生的"爱情保镖"，调解情侣争吵等。一时间，掌声和非议声纷至沓来，引发社会争议。

5. 报纸作为首曝媒体在各教育阶段曝光事件数量在事件总量中占比最大，新媒体力量日益突显，报纸、微博和网络新闻成为各教育阶段首曝媒体的三大主力

就媒介平台而言，报纸的力量仍然不容忽视。2013年，报纸作为首曝媒体在高等教育、中学教育、小学教育、学前教育等方面影响较大，其曝光事件数量在事件总量中占比最大。近年来新媒体来势汹汹，对传统媒体冲击很大。但由于报纸在曝光事件前往往有更充分、翔实的准备，其解读往往更具深度，因此，报纸作为首曝媒体，在当今信息多元的媒介生态系统中依然牢牢占据一席之地。2013 年约有 37% 的教育舆情事件是由报纸曝光的，例如高校推行"恋爱登记制"引热议、河北两男子夜闯初中强奸女生案、成都女孩上大学遭父亲反对事件、上海取消英语四六级引热议、教育部"减负十条"引争议等。

同时，微博力量突显。基于庞大的用户群和微博平台的推广，公众自主话语权的意识逐步增强，越来越多的人通过微博曝光、传播事件，其所曝光的事件传播更为迅速，使得微博在舆情曝光方面发挥着越来越大的作用。其中高等教育阶段的舆情事件曝光数量最多，例如复旦投毒案、人大招生就业处处长被调查、湖北小学踩踏事件、河南学生打砸食堂事件、深圳家庭资助贫困生 400元到手只 40 元等。

此外，小学阶段教育舆情事件多由网络新闻曝光，例如教科书将不能免费使用作品、10 岁男孩跳楼自杀留言"老师我做不到"、趴课桌午休收费事件等；高等教育阶段教育舆情事件多由报纸、微博和网络新闻曝光。报纸、微博和网络新闻已各自成为各教育阶段首曝媒体的三大主力。

五　教育政策舆情分析

对 2013 年的教育政策内容进行梳理发现，2013 年颁布的教育政策数量多、内容翔实、体系庞杂。从基础教育到高等教育，从学生到校长、教师，从招生考试到日常学习，都有相应改革，遍及各大省份，涵盖小升初、中考、高考、考研等一系列大型考试。经过分析，现将政策内容归纳为基础教育政策（以贫困地区为主）、高考政策、高等教育政策和教师管理政策共四类。

（一）2013 年教育政策舆情解读

2013 年，教育考试招生制度"最强"改革与"史上最严"减负令叠加，"分类考试、综合评价、多元录取"将逐步取代"一考定终身"制度，一系列

表3　2013年教育政策概况

基础教育政策 （以贫困地区为主）	高考政策	高等教育政策	教师管理政策
村小学和教育点经费保障	打破"一考定终身"，文理不分科，英语社会考，考试招生制度改革总体方案制定完成	首部研究生教育质量"国家标准"出台	中小学教师职业道德征集意见
中西部项目和幼师国培项目	省市随迁子女今年可就地参加高考，北京、上海等一线城市异地中高考方案相继出台	高等学校财务信息公开	实行校长教师轮岗制度
中西部农村偏远地区学校教育巡回支教	教育部关于进一步深化高校自主选拔录取改革试点工作的指导意见	研究生取消年龄限制，全部实行自费	中等职业学校教师专业标准
中国小学"史上最严减负令"《小学生减负十条》全社会征集意见	高校招生信息公开	改革科研评价体系，论文由重数量到重质量	改革院士遴选和管理体制，实行院士退休和退出制度
全国学生营养改善计划建立整套规范管理制度		高校学分制改革	
改善贫困地区教师待遇实施乡村教师生活补助		英语四六级改革	
实行中小学督学制度		制定高校章程	
		高等职业招生考试标准	

深化教育改革的政策措施以及建立健全师德教育长效机制的举措在社会上引起了巨大反响。本报告挑选2013年媒体和公众最为关注的四项教育政策舆情事件对其进行内容分析，梳理出媒体和公众对相关政策的评价和意见。

样本抽取分别以"考试招生改革总体方案""小学生减负十条规定""师德建设""研究生自费"为关键词，对四个教育政策在百度新闻和新浪微博两个平台中所呈现的内容进行文本分析。样本选取时间跨度为政策发布后的一个月。媒体样本以"新闻全文"为抽取范围，以"焦点排序"为抽取标准，抽取前20篇新闻报道进行内容分析，微博样本根据每个教育政策舆情事件搜索总数，等距抽取50条微博进行内容分析，对相关内容进行整理，形成表4。

表4 四大教育政策的媒体和公众关注角度分析

	媒体的报道角度	公众的观点和意见
考试招生改革总体方案制定完成	多数媒体:对改革指导思想、改革总体目标、改革步骤以及七大改革举措进行解读 少数媒体:关注高考改革能否改变"一考定终身"状况	转发考试招生改革政策新闻 高考外语改革政策引发对外语学习的反思 质疑高考不分文理是增负还是促进培养"全才"
《小学生减负十条规定》发布	多数媒体:政策的主要内容以及向社会公开征求意见的情况 少数媒体:质疑政策的实施效果	转发政策新闻 痛斥现行小学教育的沉疴痼疾,支持新政策的实施 对政策能否落实、能否奏效表示怀疑
发布《关于建立健全中小学师德建设长效机制的意见》	多数媒体:各地对政策的落实情况;政策出台的原因、具体内容;认为将师德纳入教育评估体系是有益尝试 少数媒体:对政策的建议;质疑政策能否抑制师德滑坡	转发政策新闻 对规范教师行为表示认可 转发各地政策实施情况的新闻 对落实情况尚存质疑
研究生2014年秋季学期起全部实行自费	多数媒体:政策的主要内容和解读;重点讨论政策的利与弊 少数媒体:对政策可能造成的负效果进行探讨和反思	转发政策新闻 对自费政策进行质疑,是否削弱研究生教育福利

1. 媒体和公众热议考试招生制度改革总体方案

2013年，教育部对传统的高考招生制度发出"最强"改革的声音。12月7日，教育部网站发布消息称，按照十八届三中全会《中共中央关于全面深化改革若干重大问题的决定》精神，教育部研究制定出考试招生制度改革的总体方案以及高考改革等各领域改革实施意见，将建立分类考试、综合评价、多元录取的高考制度，并将于2014年上半年向社会公开征求意见。其中，"外语退出统一高考，实行社会化考试，一年多考""高考文理不分科，减少考试科目"等举措引发社会热议，媒体和公众关注的焦点主要集中在以下几个方面：

第一，多数媒体和公众对"外语拟退出统一高考"的规定持支持态度，认为高考"去外语化"，一方面有利于摆正学生学习外语的态度，让外语学习从考试中退出来，真正回归外语的工具属性，使外语学习变得更加多元化和具有现实价值；另一方面也有利于中文的正本清源，保证母语教学的主导地位，以便更好地弘扬中国的传统文化。但是，高考外语改革只是其中的一个环节，

当"一考定终身"变成"多考定终身"之后，如何杜绝其中暗箱操作的可能，确保高考公平是公众最为关注的问题。

第二，针对"高考不分文理科"这一决策是否有利于学生的发展，不少公众和专家学者对此持怀疑态度，认为高考文理不分科在一定程度上可以避免学生知识结构的偏差，有利于学生整体素质的培养，但是在现有的集中录取制度下实行，可能会有很大难度，尤其是在应试教育下，几乎所有学科的教育都重视知识教育，应试化和功利化现象较为严重，想要通过这种方式提高学生的人文素养很难实现，只会增加学生的学业负担。

2. 媒体和公众解读《小学生减负十条规定》

2013 年 8 月 22 日，教育部公布《小学生减负十条规定》（征求意见稿）（以下简称《规定》），面向全社会公开征求意见，切实减轻小学生过重课业负担，将减负落实到学校教育、家庭教育、社会教育等各个方面。《规定》提出阳光入学、均衡编班、"零起点"教学、不留作业、规范考试、等级评价、一科一辅、严禁违规补课、每天锻炼 1 小时、强化督查等十项措施，被称为是中国小学"史上最严减负令"。

此次的"十条规定"一经发布立刻引起社会各界人士的关注，一些措施还引发了不小的争议，媒体和公众对新规定最终能否真正减轻学生负担普遍持怀疑态度，对新规定的实施前景并不看好。

第一，对于"小学不留书面式家庭作业""一至三年级不举行任何形式的统一考试""全面取消百分制，避免分分计较"等措施，媒体和公众表示担忧，认为在现行教育体制下，这些举措是不现实的，此次减负规定的出发点是好的，但似乎有些矫枉过正，当前学生的升学压力大，出台这些硬性规定，具体执行起来会有一定难度，只要应试教育的大环境不变，减负十条所起到的作用也令人怀疑。

第二，在学校、老师和家长针对留不留作业、考不考试进行争论的同时，"孩子放学去哪儿"也成为困扰学校和家长的一大现实问题，希望有关部门在做出减负决定的同时，还应丰富学生的课余生活，为学生参加课外活动和社会实践提供必需的场地和设施，保证小学生放学以后有地方去。

3. 媒体和公众热议中小学校教师师德建设问题

2013 年 9 月 2 日，教育部印发了《关于建立健全中小学师德建设长效机制的意见》（以下简称《意见》）。该《意见》将创新师德教育、加强师德宣传、严格师德考核、突出师德激励、强化师德监督以及规范师德惩处等六个方面纳入其中，希望进一步推进师德建设工作，引导教师立德树人，为人师表，不断提升人格修养和学识修养，努力建设一支师德高尚、业务精湛、结构合理、充满活力的中小学教师队伍。

师德建设是教师队伍建设的首位，加之近期各地频发的少年儿童被性侵案件，《意见》一出，就引发了媒体和公众的广泛热议，大家普遍认为：

第一，把师德建设纳入教育督导评估体系，并建立行之有效的师德投诉、举报平台，能有效地将违反师德行为消除在萌芽状态。一方面，"师德一票否决"是一种较为严厉的评价机制，它意味着师德一旦失范，当事人就会面临"丢饭碗"的惩罚；另一方面，将师德作为评优奖励的条件，同时对教师形成道德激励，不仅于课堂教学有利，还能对学生润物无声，形成示范。

第二，在不少教育专家看来，关注师德问题，仅靠一纸文件要管住所有教师群体的行为并不现实。师德本就是一个模糊化的概念，不能完全依赖指标体系进行衡量评判。也正因为以上种种担忧与混沌，教育部在 2013 年 9 月底制定出台《中小学教师违反职业道德行为处理办法》，明确了教师不可触犯的师德禁止行为，使得师德评价明晰化，可操作性增强。除了政策的落实，提升教师的内部约束力，增强教师对职业道德的敬畏感和职业认同感也非常重要。

第三，对于新出台的政策，媒体和公众多持肯定态度，但也有少数媒体提出不同看法。有媒体建议引入媒体、家长等社会各界力量，加强对教师违反师德行为的监督。有的则表示，在抓师德建设的同时也要依法保障教师权益，给予老师们应有的尊重，让他们能从心底珍惜这份事业。一些教师表示，教师必须沉下心来学习，向书本、向社会、向学生学习，要领风气之先，教育社会而不是被社会教育。

4. 媒体和公众解读研究生自费政策

2013 年 2 月 28 日，经国务院同意，财政部、教育部印发了《关于完善研究生教育投入机制的意见》（以下简称《意见》），从财政拨款制度、奖助政策

体系、收费制度三个方面完善了研究生教育投入机制。其中研究生教育收费制度规定：从2014年秋季学期起，向所有纳入国家招生计划的新入学研究生收取学费。现阶段全日制学术学位研究生收费标准，原则上每年硕士生不超过8000元、博士生不超过10000元，全日制专业学位研究生以及已按规定实行收费政策的研究生暂执行原收费政策。对于这一政策，我国媒体和公众观点如下：

第一，实行新的收费制度后，有不少教育界人士和公众担心会影响研究生培养总体水平，影响教育公平，还有可能不利于寒门学子。针对普遍存在的担忧，多数媒体的报道都侧重对研究生自费政策进行解读。指出自费政策落实的同时，国家也将更加注重财政拨款制度和奖助政策体系的完善。实际上，新的政策措施实施后，研究生所获资助总体上超过其应缴纳的学费，资助水平将得到提高。

第二，对于新政策，媒体多持肯定态度，认为新的奖助金制度实行的是动态的管理模式，这种阶段性考核，使研究生自身价值体现、创新热情的激发与科学研究紧密联系起来，还原了研究生培养过程的特征，即科学研究是研究生教育的本质。

第三，分析公众的看法，多数人对自费政策依然存在怀疑。有网友表示，学生如果前期无法缴纳学费，就根本无法进入大学，这是一种由教育政策导致的社会不公。也有不少大学生网友认为，政策制定过于急躁，对于某些基础学科和与高危艰苦行业直接相关的学科专业的研究生，就应该有一定的政策扶持。

（二）2011~2013年教育政策的特点和变化趋势

2011~2013年相继出台了一系列的教育政策，为了解这三年教育政策的特点及其变化趋势，首先对这三年的教育政策进行梳理，将每年出台的教育政策按照学前教育、义务教育、高中教育、职业教育、高等教育等教育阶段进行分类，对于教育政策的变化从历时与共时两方面进行交叉分析。通过汇总分析发现，这三年出台的教育政策呈不断增多的趋势，且每一年都各有侧重。2011年的教育政策主要侧重于职业教育，校车安全、高考加分"减肥瘦身"也是当年的热点。2012 年主要集中于高等教育,研究生国家奖学金、高校学术造假以及停止普通本科大规模扩招都是当年的舆论重心。学前教育与中小学教育也是当年关注的重要方面。2013 年无论是义务教育、高中教育、高等教育都出台较多政策,如义务教育阶段以贫困偏远地区为重、英语高考采取社会考、异地高考方案试点、文理不分科、高等教育调整、四六级改革等皆引发社会热议。总体而言,2011~2013 年的教育政策呈不断增多的趋势,且很多教育政策都触及教育发展的关键问题,教育政策的颁布与实行为促进我国教育体制的转型以及教育向良性轨道发展奠定了基础。

1. 学前教育

纵观 2011~2013 年我国学前教育政策的发展,中国学前教育政策的制定紧紧围绕《国家中长期教育改革和发展规划纲要(2010~2020)》(以下简称《规划纲要(2010~2020)》),更加关注对儿童的发展与保护。在幼儿安全、幼儿教师以及农村幼儿教育等方面的政策制定上更加具有系统性、全面性与针对性,为我国幼儿的身心发展提供了良好的政策保障。

从政策发展的关联性来看,幼儿安全与学前教育三年行动计划是 2011~2013 年我国学前教育政策发展的重中之重。减少幼儿意外伤害的发生,保证幼儿的生存安全是我国在学前教育政策方面自始至终都在关注的问题。2011 年,教育部办公厅先后于 1 月 11 日、4 月 13 日两次发布关于中小学幼儿园安全工作的预警通知,通知要求各相关单位及时做好灾害天气的安全防范工作,做好安全隐患的排查工作以及开展学生针对性安全教育工作。针对"夺命校车"事故频发现象,2012 年 3 月,国务院总理温家宝主持召开国务院常务会议,审议并原则通过了《校车安全管理条例(草案)》,并于 4 月正式发布了《校车安全管理条例》,对校车使用许可、校车驾驶人以及相关服务提供者等方面进行了明确的法律制度性规定,充分保障了乘坐校车学生的人身安全。2012 年 8 月 6 日,教育部等 20 部门又再一次发布了《关于贯彻落实〈校车安全管理条例〉进一步加强校车安全管理工作的通知》,严格保障校车的安全运行。2013 年教育部等相关部门针对关于做好预防少年儿童遭受性侵的工作出台了相关意见。

实施学前教育三年行动计划,是国务院为加快发展学前教育、有效缓解

"入园难"问题而做出的一项重大决策。《国务院关于当前发展学前教育的若干意见》明确要求各省（区、市）以县为单位编制实施学前教育三年行动计划。为了更好地实施三年行动计划，教育部办公厅于 2011 年 3 月 8 日发布了《关于成立教育部学前教育三年行动计划推进工作领导小组的通知》，地方各级政府纷纷建立了学前教育联席会议制度或三年行动计划领导小组，并完善了督促检查和问责机制等相关内容。

2. 义务教育

总体来讲，2011～2013 年三年间，国家针对义务教育阶段出台的政策逐年增多，且依照提出、试点、全面落实的步调逐步展开，愈发具体细化而可操作。依据《规划纲要（2010～2020)》，对九年义务教育阶段的政策涵盖安全、素质教育、义务教育均衡发展和学校、教师管理等多个方面，尤其是 2013 年政策出台更为丰富而多元。而这三年出台的政策，主要包括以下四个方面：

（1）义务教育均衡发展——向偏远贫困地区倾斜。

义务教育均衡发展涉及人们最为关心的话题——教育公平，偏远地区、贫困地区、农村地区等经济、文化水平尚待发展地区基本均为教育相对落后地区，为改善这一状况，让中国大地上所有孩子享受同等受教育的机会，拥有基本均等的教育资源，国家和有关部门作了较多努力。

以《规划纲要（2010～2020)》为指导，2011 年，教育部与首批 15 省（区、市）签署义务教育均衡发展备忘录，为推进义务教育均衡发展作总体部署；2013 年为解决一些地方对村小学和教学点不够重视、经费保障政策落实不到位等问题，发布了《教育部关于进一步做好村小学和教学点经费保障工作的通知》，以期通过出台政策来保障弱势地区同样享有教育经费保障。

同时，对农村及西部偏远地区的教师实施一定程度的奖励和补助计划，2013 年，为改善贫困地区教师待遇，特实施对乡村教师生活补助计划，稳固和吸引教师留在这些教育待发展地区。

（2）营养改善计划。

营养改善计划也是对农村地区中小学的教育优待政策，为保障农村地区中小学生营养均衡，保证食品安全，促进其身体健康发展，特推出这项健康政策。中央财政先后拨款 160 亿元用于解决 2600 万贫困地区学生吃饭经费不足问题，先后利用公益组织的希望厨房、桂馨厨房、春苗厨房、幸福厨房、免费午餐等项目为我国少年儿童健康成长奠定了基础。[①] 2011 年，首次提出这一计划，2012 年《农村义务教育学生营养改善计划实施细则》等配套文件发布，2013 年则为全国学生营养改善计划建立整套规范管理制度。

（3）史上最严减负令。

自《规划纲要（2010～2020）》提出开始，国家就已逐步增加对素质教育的探索，均衡学生学业和其他特性的全面发展。2012 年，教育部发布《关于推荐首批全国中小学心理健康教育示范区的通知》，足可见国家对中小学生心理健康教育的重视。2013 年，被人们称为"史上最严减负令"的《小学生减负十条》在全社会征集意见，共同探讨为学生彻底减负的措施。

（4）中小学教师德行标准及管理。

对中小学教师德行标准的讨论和学校管理等话题的关注是近年来的热门，尤其经历 2012 年的酝酿，于 2013 年达到顶峰。2012 年，教育部办公厅发布了《关于开展中小学教师队伍建设专项督导自查工作的通知》，针对编制管理情况、待遇保障情况、代课教师问题解决情况、培训经费落实情况等开展督导自查工作。2013 年，在此基础上，确立实行中小学督学制度。此外，2013 年，对中小学教师职业道德征集意见，开始实行义务教育阶段校长教师轮岗制度，针对同地区的不同地域、不同学校的教师、校长进行相互交换交流学习，使师资力量能在多所院校得到平衡，进一步提升教育公平。

3. 高中阶段教育

高中阶段教育政策主要可以分为两个方面：一是对高中阶段教育方式的探讨，二是针对高考提出的相关政策。后者是整个高中阶段教育政策中最能引起国家和社会重视及讨论的部分，在此仅对后者进行三年梳理。

（1）异地高考政策。

2012 年 8 月 30 日，国务院办公厅转发教育部等部门《关于做好进城务工人员随迁子女接受义务教育后在当地参加升学考试工作意见》，要求在因地制

---

① 《学生营养改善计划》，百度百科，http：//baike. baidu. com/link？url = fRel1CVrOLQnwQHD769 vxPj5srXQOnlHV47tldtCETqd6lNqB6DNwvB_ aZokpCZF1bz8GsoSLAzkJiqVxATiKa。

宜方针的指导下，各省、自治区、直辖市有关随迁子女升学考试的方案原则上应于 2012 年年底前出台。2013 年，省市随迁子女自当年起可就地参加高考，北京、上海等一线城市异地中高考方案相继出台，基本均设置了在本地高中读书、父母有稳定工作、住所，及满足一定时限的缴纳社保等要求。

异地高考政策的出台，是教育公平的又一体现，是坚持以人为本、保障进城务工人员随迁子女受教育权利、促进教育公平的客观要求，对于保障和改善民生、加强和创新社会管理、维护社会和谐具有重要意义。

（2）打破"一考定终身"，文理不分科，英语社会考。

继异地高考政策激起社会大范围讨论之后，2013 年 12 月，又一有关高考政策调整的"重磅炸弹"引起人们关注热议，教育部表示在系统调研的基础上，制定完成有关考试招生改革的总体方案，方案包括"在建立健全高中学业水平考试制度的基础上，减少高考科目，探索不分文理科设置考试科目"等内容；探索外语科目一年多次的社会化考试，学生可自主选择考试时间和次数，使外语考试、成绩、表达和使用更加趋于科学合理。

这一政策的出台，有利于打破我国传统的"一考定终身"现象，改善考试招生制度存在的"三个单一"——评价标准单一、选拔方式单一和入学通道单一。考试招生的大改革能真正起到让学生德智体全面发展、展现个性、减轻课业负担的作用。

（3）高考加分政策调整。

2011 年，教育部会同国家民委等 5 部门联合下发调整高考加分的通知，针对公众反映强烈的两项加分进行了大幅度的调整。内容包括：全国奥赛、科技竞赛获奖学生的保送资格被取消；取得奥赛省级比赛名次的加分资格被取消，能加分的体育特长生加分项目最多只有 10 项。调整后的新政策从 2014 年高考开始实施。

这在一定程度上能减轻普通考生家长心目中的不公平感，对于为加分而加分、增加学生负担的行为起到一定程度的减少作用。

4. 职业教育

2011～2013 年，有关职业教育的政策在国家教育政策中所占比重较大，尤其是在 2011 年，职业教育政策是当年教育政策的重中之重。纵观 2011～

2013 年的职业教育政策，主要包括职业院校建设规划、职业教师队伍建设以及学生就业发展等方面的内容。

2011 年教育部先后颁布了《关于加强中等职业学校形势与政策教育的意见》《教育部关于推进中等和高等职业教育协调发展的指导意见》《教育部关于"十二五"期间加强中等职业学校教师队伍建设的意见》等；2012 年颁布了《关于继续做好高等职业学校提升专业服务产业发展能力项目 2012 年度实施工作有关事项的通知》《教育部、财政部关于支持高等职业学校提升专业服务产业发展能力的通知》等，对于我国职业院校的教师队伍建设、学生职业发展提供了很好的政策保障。2013 年，针对职业教育，教育部颁布了《关于印发〈中等职业学校教师专业标准（试行）〉的通知》，在中等职业学校教师专业标准、职业学校教师素质以及高等职业招生考试标准等方面作出了详细的制度性规定。

5. 高等教育

每年的高等教育政策都占重要的比例，尤其以 2012 年与 2013 年出台的高等教育政策数量最多，约占当年教育政策的 1/3。2011～2013 年出台的高等教育政策中既有科研方面的政策，也有高等教育就业方面的通知，其涉及的范围既包括本科教育，也包括研究生教育。这些教育政策的出台在中国高等教育的改革与发展中发挥了重要指引作用。

（1）高等教育政策的数量呈现出不断增长的趋势。

据不完全统计，2011 年教育部出台的有关高等教育的政策仅有 3 个，主要涉及高校辅导员培训和研修基地建设与管理、全国普通高校毕业生入伍预征以及民办高校首获招硕资格等，而高等教育发展的关键问题如高等教育的招生、教育规范等并不在政策之列。自 2012 年起高等教育政策的出台呈加速发展之势，仅2012 年一年有关高等教育的政策就达到 7 个，在当年出台的所有教育政策中也占很大比重。其涉及的内容既包括高校学术造假，也包括停止普通本科大规模扩招，并且这些政策也都成为当年的舆论热点。2013 年高等教育的教育政策数量相比于 2011 年、2012 年更呈现出加速增长之势，其关于研究生教育、科研评价体系以及英语四六级考试的改革都在社会上引发较大反响。

（2）研究生教育日渐受关注，向规范化发展。

研究生教育是培养高层次教育人才的重要途径，也是提高学校教育质量的

重要途径，但是在研究生教育中也存在着一些问题。自 2012 年开始，教育部便出台一系列措施加强对研究生教育的管理。2012 年教育部出台了《研究生国家奖学金管理暂行办法》，规定研究生国家奖学金由中央财政出资设立；对于普通高校表现优秀的全日制研究生，通过科研表彰的方式增强研究生的科研积极性。2013 年，教育部再次出台一系列的政策规范研究生教育，对研究生教育进行改革。2013 年 4 月 19 日，出台了《教育部　国家发展改革委　财政部关于深化研究生教育改革的意见》，从改革招生选拔制度、创新人才培养模式、健全导师责权机制、改革评价监督机制等方面对研究生教育提出重要的改革方案。2013 年 11 月 13 日又出台了《教育部　人力资源社会保障部关于深入推进专业学位研究生培养模式改革的意见》，对于专业学位研究生的培养进行调整与规范。同时，2013 年我国首部研究生教育质量"国家标准"出台；研究生取消年龄限制、全部实行自费等政策也相继面世。由此可见，研究生教育成为近年来教育关注与改革的重点。通过教育改革促使研究生教育不断向规范的方向发展。

（3）规范科研行为，更加注重学风建设。

自 2012 年起，教育部相继出台一系列的政策，对于科研行为进行规范，对科研评价体系进行改革，更加注重学风建设。2012 年 12 月 31 日，教育部发布《学位论文作假行为处理办法》，加大了对学术不端行为的查处力度。2013 年，教育部出台《教育部关于深化高等学校科技评价改革的意见》，从建立标准评价体系、建立开放评价机制以及提高科研含金量等方面对科研评价体系进行改革，对学术论文进行规范，使学术论文从注重数量向注重质量转变。2012～2013 年教育部接连出台政策对学术科研进行规范，改革学术科研中存在的乱象。这对于维护我国学位制度的严肃性，推动学术诚信建设，提高国家的整体科研水平具有重要意义。

六　教育舆情应对策略研究

教育舆情的应对不仅关系教育事业的发展，也关系政府形象的塑造，因此政府部门尤其是教育管理部门应建立一套完整的舆情应对体系。

第一，教育政策制定需形成"制定前听证、制定后调研"的完整体系。

从三年的教育政策网络舆情整体情况来看，我国公众对于教育政策发布的满意度较低，如高考政策。网络舆情搜集分析结果表明，网络用户对于高考相关政策的意见较多。纵观三年中教育政策的制定过程，仍未形成完整体系。大部分教育政策仍在出台后公众才得知，政策制定前均由专家、政府参与，公众听证的比例较低。近些年，我国的教育政策成为引发教育舆情的主要原因，教育政策的制定和公布不仅是原先以政府为主体的事件，还变成了一项全民事件，因此扩大公众的参与范围是教育政策正确制定、良好施行的保证。教育政策制定前召集专家、教育政策制定人员、政策针对主体三方人员的听证会，是保证教育政策制定完善和有效实施的重要前提。

第二，扩大教育政策的宣传范围，多平台宣传，尤其是提高教育政策针对主体对政策的认知。

2013 年影响较大的教育舆情事件中，教育政策成为引发教育舆情的主要原因之一。虽然公众对教育政策的关注较广，但是公众对于教育政策的认知程度仍较低。这在一定程度上说明我国的教育政策在宣传普及过程中存在缺陷，同时也可能造成公众对政策的误读。因此建议在教育政策出台前制定完整的宣传策略，比如什么时候召开新闻发布会，发布会上主要解释的内容，同时注重网络平台的宣传，尤其是官方网站、官方微博中的教育政策内容须完整。

第三，提高教育事件的处理效率，形成快速问责机制和问责监督机制。

网络舆情统计数据表明，两成公众对政府的回应持质疑态度。这一比例也较前两年有所上升。这一现象须引起政府和学校有关管理部门重视。不论是政府还是学校相关部门，都应成立事件问责专属部门，对出现的教育事件、教育相关方进行问责。同时建立问责监管部门。这一部门应与公众紧密相连，尤其应利用新媒体平台及时向公众公布对教育舆情事件的问责结果，收集公众信息，以保证应问责的教育事件及时得到解决，并且公众的参与有利于事件的快速问责并对问责结果进行监督，重塑政府和教育部门信任。

第四，提高新媒体应用能力，完善教育部门政务微博、微信建设。

对近几年教育舆情事件政府干预方式的统计结果显示，政府最主要的干预方式为接受媒体访问，占比 84.7%；在微博、博客或论坛等自媒体上进行回

应的比例为23.5%。教育舆情事件发生后，政府相关方面多采用接受媒体访问的方式进行事件解释说明。这样的回应方式被动性相对较强，教育部门应多利用新媒体主动回应，争取教育舆情的引导权。目前微博对于事件的首曝比例虽然有所降低，但是微博已成为舆情事件主要的参与平台，然而教育主管部门的微博和微信建设仍不完善，一些重要的教育部门还没有开通政务微博微信。因此建议教育相关方应打造一支经营管理新媒体平台的专业团队，在教育舆情事件发生后，能够通过新媒体及时发声，同时也能够通过新媒体了解公众舆情，以便积极主动应对舆情事件。

2013 年中国反腐倡廉舆情年度报告

上海交通大学舆情研究实验室*

摘 要：

本研究梳理了 2011～2013 年 263 起影响较大的反腐倡廉舆情事件，从事件特征、传播特点到舆情应对等方面重点对 2013 年反腐倡廉舆情进行了分析。研究发现，2013 年反腐倡廉舆情事件频发，事件数量明显高于 2011 年和 2012 年；2013 年的舆情事件高发期为 11 月；广东和北京是 2013 年反腐倡廉舆情高发地区；2013 年反腐倡廉舆情事件信息传播迅速，发生至曝光时间差明显缩短；超过半数的反腐倡廉舆情事件在发生后 1 天以内曝光；2013 年舆情持续时间集中于 1 周以内和 1～2 周；反腐倡廉舆情事件的干预主体中，地方政府占比最高。2013 年反腐倡廉类事件曝光前干预的比重较大；接受媒体访问、对外公告或文件、官方网站发布消息占比较高；2013 年反腐倡廉舆情的问责方式中，免职和追究刑事责任占比较高；2013 年推动政府公共政策的占比显著提高，接近 50%。

关键词：

反腐倡廉 舆情 政府应对

反腐倡廉关系国家和社会的发展与未来，反腐工作有助于维护现代化建设的成果，推动社会的文明和进步。2013 年我国反腐倡廉工作取得了显著成果，《建立健全惩治和预防腐败体系 2013～2017 年工作规划》出台，成为反腐倡

---

* 课题责任人：谢耘耕；执笔人：刘怡；数据分析：乔睿、杨孟阳、韩文萍、刘芳。

廉的保障和支撑，这一年，十多名省部级干部落马。习近平总书记多次强调反腐，以"严峻复杂""常抓不懈""警钟长鸣""坚定不移"等关键词，对反腐倡廉予以着重强调。

随着制度反腐、科技反腐、全民参与反腐成为常态，反腐倡廉已经成为国家政治工作的重点和民众关注的焦点。从"打虎英雄"式的个人反腐到情妇、"小三"举报反腐，从匿名举报反腐到实名举报反腐，从群众举报反腐到中央巡视反腐，中国反腐倡廉舆情频发。《人民日报》微博发表微评说："十八大以来，十多名省部级干部相继落马，从省市大员，到实权部委领导，传递鲜明信号：'打虎'无禁区。权力须尊重法律，尊重人民；若是越界，只会玩火自焚。"① 一系列反腐倡廉工作的重大成绩表明国家惩治腐败的态度和决心。与此同时，中国反腐倡廉舆情事件数量在 2013 年明显增加。

基于此，上海交通大学舆情研究实验室依托自主研发的"中国公共事件数据库"，从 1994 年至今的 36000 余起网络舆情热点事件中，以舆情热度为标准，分别筛选出 2011～2013 年各年度热度排行在前 1000 的热点事件，共计 3000 起。② 其中，反腐倡廉类舆情事件共计 263 起。以此为样本，通过纵向比较三年的舆情数据，探索 2013 年度反腐倡廉舆情特点，对其进行考察，并提出对策和建议。

一 2013 年反腐倡廉舆情事件特点

1. 舆情数量：2013 年影响较大的反腐倡廉舆情事件数量大幅上升，明显高于 2011 年和 2012 年

2011～2013 年影响较大的反腐倡廉舆情事件数量变化起伏较大。2011 年为 89 起，2012 年为 74 起，2013 引起关注的反腐倡廉舆情事件的数量大幅上

---

① 《人民日报》官方微博，http://weibo.com/2803301701/AodtJ8OCg？type＝repost，2013－12－20，22：52。

② 样本选取上，2014 年蓝皮书选取 2011～2013 年各年度中热度排名前 1000 的网络舆情热点事件作为研究对象，各年度样本量相同，共计 3000 起。2013 年蓝皮书则以 2003～2012 年十年来热度排名前 5000 的网络舆情热点事件作为研究对象，其中 2011 年 919 起，2012 年 1593 起。由于样本选取标准不同，两年蓝皮书总报告和分类报告中的样本量和数据结果具有一定区别。

升，达到 100 起。也就是说 2013 年在三年影响较大的反腐倡廉舆情事件总量中占比近 40%。重要原因之一在于国家对于反腐工作的重视，中纪委 2013 年党风廉政建设和反腐败工作的"成绩单"显示：2013 年处分县处级以上干部 6400 多人，比上一年增长 36.3%；查办发生在农村的案件 8.3 万件，处分 8.7 万人。① 《法制晚报》记者统计，新一轮反腐风暴中已经至少有 17 名省部级高官因贪腐相继被宣布接受调查或被调查，查处腐败从公开消息到免职最快两天。② 在党风廉政建设加强和反腐败斗争推动过程中，2013 年反腐倡廉舆情处于高发态势。

2. 时间分布：11 月为 2013 年反腐倡廉舆情事件高发月份

2011~2013 年反腐倡廉舆情事件高发的月份分布存在显著性差异（p < 0.01）。从 2011~2013 年各年度反腐倡廉舆情事件月份分布可以看出，2011 年高发月份为 9 月，2012 年为 12 月，2013 年为 11 月。

2013 年 11 月发生的重大反腐倡廉舆情事件为 18 起，占全年比重 18.0%；其次为 1 月、12 月，各占比为 14.0% 和 13.0%。2013 年发生于 11 月影响较大的反腐倡廉舆情事件有"网曝南充官员 13 岁女儿入股合作社""中纪委：将试点公开新任领导干部子女财产等信息""南京工商局长办公室被盗事件"等。

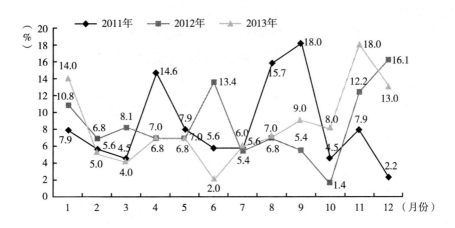

图 1 2011~2013 年影响较大的反腐倡廉舆情事件月份分布

① 王梦婕：《中央纪委通报 2013 年反腐成绩单》，《中国青年报》2014 年 1 月 11 日第 4 版。
② 温如军：《1 年间 17 省部级落马 打贪虎最快两天就免职》，《法制晚报》2013 年 12 月 31 日。

3. 地域分布：2013 年反腐倡廉舆情事件最高发省份为广东和北京

从地域分布而言，北京、广东省为反腐倡廉舆情事件的省份高发地，2011～2013 年总占比分别为 14.5%、13.8%。其中，2011 年反腐倡廉舆情事件最高省份是北京，比例高达 13.7%；其次是浙江和广东，比例均为 9.2%；2012 年为北京和广东，均占比 19.3%，领先其他省份。2013 年广东省反腐倡廉舆情事件占国内的比重达 14.0%，位居第一。全国和北京发生的反腐倡廉类事件的比重分别为 13.0%、12.0%。

2013 年广东省影响较大的反腐倡廉舆情事件有"广东'房爷'事件""广东湛江党政机关拒还 18 亿元债务""深圳原副市长梁道行被开除党籍""广州'房叔'受审"等。广东舆情高发的部分原因在于，在中国现代化的进程中广东省发展较为领先，更加典型地呈现了经济转轨和社会结构转型时期中国社会所遇到的问题和挑战。北京影响较大的反腐倡廉舆情事件有"刘铁男案""张曙光受贿案""中央编译局长衣俊卿落马事件""中石油副总王永春被调查"等。北京作为中国的政治文化经济中心，舆情事件更容易受到民众关注，而且北京具有丰富的传媒资源，信息传播迅速，媒介影响范围广，所以北京也是舆情高发地区之一。

表1　2011～2013 年影响较大的反腐倡廉舆情事件发生省份分布

单位：%

省　份＼年　份	2011	2012	2013	合计
全国	3.5	4.2	13.0	7.3
全国部分地区	3.5	4.2	0.0	2.3
北京	13.7	19.3	12.0	14.5
河北	1.1	0.0	3.0	1.5
山西	1.1	4.2	1.0	1.9
内蒙古自治区	0.0	1.4	2.0	1.2
辽宁	1.1	5.6	3.0	3.1
吉林	1.1	0.0	1.0	0.8
黑龙江	0.0	0.0	2.0	0.8
上海	4.5	1.4	4.0	3.5
江苏	4.5	2.8	6.0	4.6
浙江	9.2	1.4	3.0	4.6

续表

省份 / 年份	2011	2012	2013	合计
安徽	5.7	1.4	2.0	3.1
福建	1.1	2.8	3.0	2.3
江西	1.1	2.8	0.0	1.2
山东	6.8	6.8	4.0	5.8
河南	6.8	4.2	2.0	4.2
湖北	3.4	1.4	3.0	2.7
湖南	6.8	4.2	4.0	5.0
广东	9.2	19.3	14.0	13.8
广西壮族自治区	1.1	1.4	2.0	1.5
海南	0.0	1.4	3.0	1.5
重庆	2.3	1.4	2.0	1.9
四川	1.1	2.8	3.0	2.3
贵州	1.1	1.4	1.0	1.2
云南	3.4	0.0	2.0	1.9
陕西	1.1	4.2	4.0	3.1
甘肃	1.1	0.0	1.0	0.8
宁夏	2.3	0.0	0.0	0.8
新疆维吾尔自治区	2.3	0.0	0.0	0.8
合计	100.0	100.0	100.0	100.0

4. 行政级别：市级反腐倡廉舆情事件占比最高

涉及反腐倡廉舆情事件的行政级别主要是市级，2011～2013 年的比例依次为 49.4%、41.9%、44.0%。具体来看，2013 年反腐倡廉舆情事件发生地行政级别为市级、直辖市级和省级的数量分别为 44 起、14 起、13 起，占比为 44.0%、14.0%、13.0%。相比之下，2011 年，市级、直辖市级、省级占反腐倡廉舆情事件发生地行政级别的比重为 49.4%、15.7%、12.4%；2012 年，反腐倡廉舆情事件涉及的行政级别中，市级占比为 41.9%，直辖市占比比 2011 年下降 2.2%，为 13.5%，省级占比较 2011 年增加了 1.1%，为 13.5%。

2013 年市级影响较大的舆情事件有"山东官员办公室受贿事件""郑州房妹事件""山西房媳事件""网曝南充官员 13 岁女儿入股合作社"等。市级成为舆情最高发的行政级别，部分原因在于市级在行政级别中处于承上启下的地位，涉及范围比较广，对接的社会问题和状况相对复杂。此外，就全国范围而

言，市级的舆情应对和治理水平有待于进一步提高。

5. 舆情主体的行业分布：2013 年反腐倡廉舆情事件多集中在公共管理和社会组织行业

2011~2013 年反腐倡廉舆情事件多集中在公共管理/社会组织行业，三年占比依次为 83.1%、71.4%、67.5%。这说明公共管理/社会组织行业将继续是国家反腐倡廉的重要行业领域。这一领域反腐倡廉舆情多发的原因在于，公共管理/社会组织是我国权力较为集中的领域，权力的集中需要相应的制约，如果存在制度的缺失和制约的空白，权力集中的领域相对而言更容易滋生腐败。2013 年的公共管理/社会组织行业具有影响力的反腐倡廉舆情事件有"薄熙来宣判事件""刘铁男落马事件""江苏泰州官员吃豪餐下跪事件""遵义市委书记落马""湖北省副省长郭有明严重违纪被查""国家信访局副局长许杰涉嫌严重违纪违法被查"等。

表 2　2011~2013 年影响较大的反腐倡廉舆情事件行业类型占比分布

单位：%

行业大类 ＼ 年份	2011	2012	2013	合计
不涉及	2.3	1.4	6.1	3.5
家林牧渔业	0.0	0.0	1.0	0.4
采矿业	2.3	4.1	2.0	2.7
制造业	1.1	6.8	4.1	3.9
电力燃气及水生产/供应	1.1	0.0	0.0	0.4
建筑业	0.0	0.0	1.0	0.4
交通运输仓储/邮政业	2.3	2.7	5.1	3.5
信息传输/计算机服务/软件业	3.4	2.7	0.0	1.9
批发/零售业	1.1	0.0	0.0	0.4
住宿/餐饮业	0.0	0.0	1.0	0.4
金融业	1.1	2.7	4.1	2.7
房地产业	0.0	1.4	3.1	1.5
科学研究/技术服务/地质勘测业	0.0	0.0	1.0	0.4
居民服务/其他服务业	0.0	0.0	1.0	0.4
教育	0.0	2.7	1.0	1.2
卫生社会保障/社会福利业	1.1	1.4	1.0	1.2
文化体育/娱乐业	1.1	2.7	1.0	1.5
公共管理/社会组织	83.1	71.4	67.5	73.6
合　计	100.0	100.0	100.0	100.0

二　反腐倡廉舆情传播特点分析

1. 首曝媒介类型：2013 年占比最高的首曝媒介为网络新闻、报纸和论坛社区

2011～2013 年三年反腐倡廉舆情事件中首次曝光媒介以网络新闻、报纸、论坛社区为主，三年总比例分别为 36.4%、22.5%、13.6%。2013 年占比最高的首曝媒介为网络新闻、报纸和论坛社区，占比分别为 35.2%、25.8% 和 11.3%。其中，2013 年首曝媒介为网络新闻的反腐倡廉舆情事件有"山东官员办公室受贿事件""郑州房妹事件""张曙光受贿案""神木房姐被刑拘"等。首曝媒介为报纸的有"哈尔滨公款吃喝回潮""部分亏损央企高管被曝薪酬不降反升""原铁道部长刘志军涉受贿 6000 万被诉""黑龙江副省级干部喝酒致陪酒人死亡事件"等。首曝媒介为社区论坛的反腐舆情事件有"网曝南充官员 13 岁女儿入股合作社""福建'房嫂'事件""湖北法院院长嫖娼门""南京工商局长办公室被盗事件""中央编译局长衣俊卿落马事件"等。

整体而言，互联网等新媒体作为首曝媒介的比例明显高于以纸质媒体、广播电视为代表的传统媒体。但是报纸作为传统媒体依然具有重要的补充功能，在 2013 年舆情首曝媒介数量中占比较高，其能够在深度、权威、真实性等方面发挥优势。

2. 传播时效：2013 年发生即曝光和半天以内曝光的比重都有所上升，信息传播迅速，超过半数的反腐倡廉舆情事件在发生后 1 天以内曝光

2011～2013 年反腐倡廉舆情事件发生至曝光的时间差存在显著差异（$\chi^2 = 58.615$，$p < 0.001$），即事件发生至曝光的时间差随年度产生明显变化。其中，舆情发生至曝光时间为"发生即曝光"的反腐倡廉舆情事件占比最大，三年依次为 17.9%、26.3%、33.0%；其次半天以内的事件，三年依次占比为 17.9%、21.3% 和 26.3%，发生至曝光时间差为半年以上的事件占比三年依次为 27.4%、16.4% 和 2.6%。

反腐倡廉舆情传播时效的加快一方面源于社会化媒体使用的增加和相关技术的进步，另一方面与民众的表达意识、民主意识以及我国社会信息透明度提高等分不开。2013 年发生即曝光的重要反腐倡廉舆情事件有"郑州房妹事件"

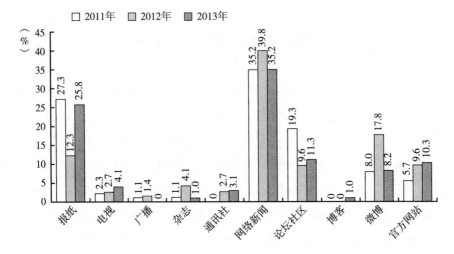

图2 2011～2013年影响较大的反腐倡廉舆情事件首曝媒介类型

"红会购别墅风波""中央编译局长衣俊卿落马事件"等。2013年曝光在半天以内的重要反腐倡廉舆情事件有"中组部开通'12380'短信举报平台""大连女骑警被指浪费公款""广东湛江党政机关拒还18亿元债务"等。这些事件通常关系国计民生，涉及公共利益，所以一旦发生，非常容易迅速引发媒体曝光和公众关注，传播时效快，影响范围广。

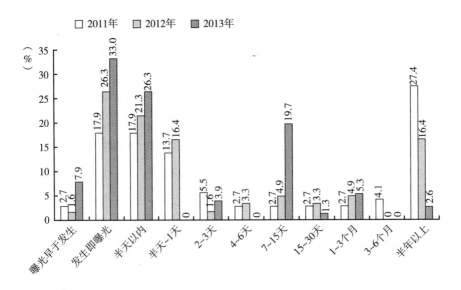

图3 2011～2013年影响较大的反腐倡廉舆情事件发生至曝光时间差

3. 舆情持续时间：2013 年舆情持续时间集中于 1 周以内和 1~2 周

2011~2013 年舆情持续时间存在显著差异（$\chi^2 = 29.610$，$p < 0.01$）。其中，2013 年舆情持续时间在 1 周以内的占 45.0%，较 2011 年（55.1%）和 2012 年（56.6%）有所下降；2013 年舆情持续时间在 1~2 周的为 30.0%，较 2011 年（28.1%）和 2012 年（14.9%）有所上升。可见，三年中反腐倡廉舆情持续时间主要为 1 周以内、1~2 周。

舆情的持续时间通常取决于事件的性质、重要程度、舆情主体回应情况、政府干预情况以及意见领袖参与等。2013 年舆情持续 1 周以内的事件有 "中纪委：将试点公开新任领导干部子女财产等信息" "福建漳州医疗腐败案" "湖北法院院长嫖娼门" "南京工商局长办公室被盗事件" 等。

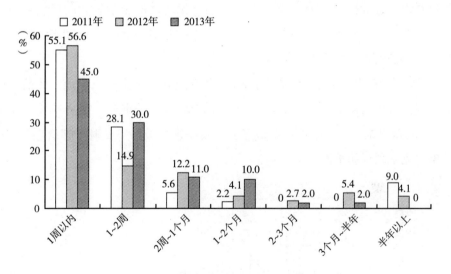

图 4　2011~2013 年影响较大的反腐倡廉舆情事件持续时间

三　2013 反腐倡廉舆情干预分析

1. 地方政府成为 2013 年反腐倡廉舆情事件主要的干预主体

2011~2013 年舆情事件的干预主体分布存在显著差异（$\chi^2 = 34.509$，$p < 0.001$）。其中地方政府为主要的干预主体，三年呈现逐步上升的趋势，由

2011 年的 61.4% 和 2012 年的 63.6% 上升为 2013 年的 73.9%。司法部门作为干预主体，三年中表现出迅速先下降后上升的趋势，2011 年为 54.5%，随后下降为 2012 年的 24.2%，最后在 2013 年反弹为 38.0%。国家部委作为干预主体，呈现稳步上升的趋势，由 2011 年的 15.9% 逐步上升为 2013 年的 31.5%。个人作为干预主体，在 2013 年达到三年中最高占比，为 29.3%。企业作为干预主体呈现先上升后下降的趋势，由 2011 年的 10.2% 上升为 2012 年的 18.2%，最后下降为 2013 年的 8.7%。

　　地方政府作为干预主体的比重最高，一方面说明基层问题是中国反腐倡廉工作中的重要组成部分，基层问题和群众利益直接相关，与群众的接触面大，接触频率高；另一方面也说明，地方政府的舆情应对积极性、舆情管理能力和危机意识都有所提高。2013 年地方政府为干预主体的影响较大的反腐倡廉舆情事件有"山东官员办公室受贿事件""郑州房妹事件""山西房媳事件""网曝南充官员 13 岁女儿入股合作社"等。

　　2013 年在国家强调反腐无禁区的背景下，国家部委作为干预主体的反腐倡廉舆情占比明显上升。相关舆情事件有"薄熙来受审""中央反腐五年规划""刘铁男案""中纪委：将试点公开新任领导干部子女财产等信息""葛兰素史克中国行贿事件"等。

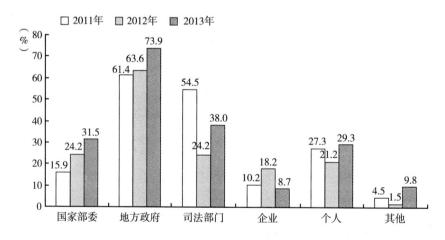

图 5　2011～2013 年影响较大的反腐倡廉舆情事件干预主体

2. 2013 年反腐倡廉舆情事件曝光前干预的比重较大，曝光即干预的占比逐年增加

2011～2013 年反腐倡廉舆情事件曝光距主体首次干预的时间差有显著差异（$\chi^2 = 39.596$，$p < 0.05$）。从图 6 可以看出，三年中反腐倡廉类事件曝光前政府进行干预的比重较大，先下降后上升，分别为 2011 年的 51.2%，2012 年的 29.7% 和 2013 年的 41.8%。曝光即干预的比例逐年增加，2011 年为 2.3%，2012 年为 9.5%，2013 年为 17.3%。曝光即干预的占比逐年增加反映出政府舆情应对速度的提高。

2013 年曝光前干预的影响较大的舆情事件有"中央反腐五年规划""张曙光受贿案""中纪委：将试点公开新任领导干部子女财产等信息""中石油副总王永春被调查"等。2013 年曝光即干预的影响较大的舆情事件有"刘铁男案""郑州房妹事件""山西房媳事件""南京工商局长办公室被盗事件"等。

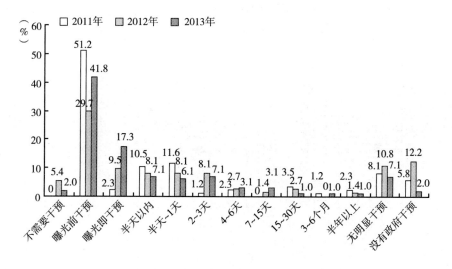

图 6　2011～2013 年影响较大的反腐倡廉舆情事件曝光至主体首次干预时间差

3. 接受媒体访问成为 2013 年反腐倡廉舆情事件主要的信息发布方式

2011～2013 年反腐倡廉舆情事件的信息发布方式存在显著差异（$\chi^2 = 35.411$，$p < 0.01$）。一起反腐倡廉舆情事件的信息发布方式不止一种。其中接受媒体访问为主要的发布方式，三年来呈现先下降后上升的趋势，由 2011 年

的 77.8% 下降为 2012 年的 60.0%，随后上升为 2013 年的 81.8%，如"山东官员办公室受贿事件""福建'房嫂'事件""湖北法院院长嫖娼门"等。新闻发布会作为发布方式，呈现稳步上升的趋势，由 2011 年的 7.4% 上升为 2013 年的 14.8%。

官方网站发布消息作为发布方式，三年中表现出逐步上升的趋势，2011 年为 13.9%，在 2013 年上升为 29.5%，2013 年事件有"中央反腐五年规划""刘铁男案""郑州房妹事件""黑龙江副省级干部喝酒致陪酒人死亡事件"等。对外公告或文件、发表声明、微博博客或论坛回应为发布方式的舆情事件均呈现逐步上升的趋势。其中微博博客或论坛回应的事件有"郑州房妹事件""山西房媳事件""红会购别墅风波""福建'房嫂'事件""大连女骑警被指浪费公款""上海浦东副区长拥豪宅事件""黑龙江副省级干部喝酒致陪酒人死亡事件""河南教育厅处长受贿案"等。

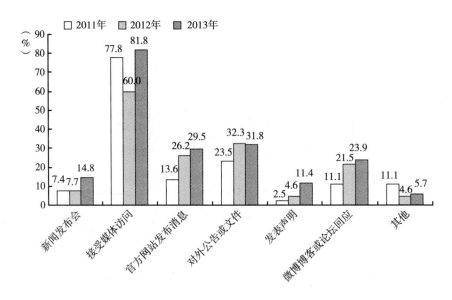

图 7　2011~2013 年影响较大的反腐倡廉舆情事件新闻发布方式

4. 免职和追究刑事责任成为 2013 年反腐倡廉舆情事件主要的问责方式

2013 年反腐倡廉舆情的主要问责方式为免职和追究刑事责任，其中 35.8% 的是免职，高于 2012 年的 29.5% 和 2011 年的 20.0%；2013 年问责方式中有31.3%追究了刑事责任，23.9%是经济责任赔偿或处罚，22.4%是党内处分，17.9%是行政处罚，16.4%是撤职，14.9%是行政记过，11.9%是停职，19.4%是其他问责，26.9%没有问责。免职和追究刑事责任的比例较高，在一定程度上说明反腐倡廉舆情事件中的问责具有严厉性，反映出政府对于反腐工作的重视和决心。

具体而言，2013年反腐倡廉舆情问责方式为免职的事件有"山西房媳事件""湖北法院院长嫖娼门""原铁道部长刘志军涉受贿6000万被诉""中央编译局长衣俊卿落马事件""重庆公安局原副局长被双开""原南京市长季建业落马被查"等。而追究刑事责任的相关事件有"刘铁男案""郑州房妹事件""张曙光受贿案""'表哥'杨达才案审理"等。

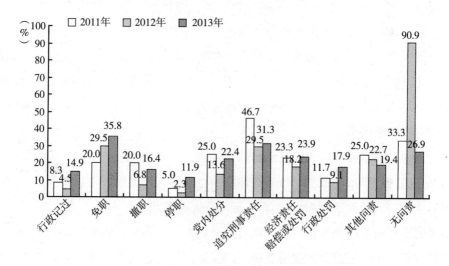

图8　2011～2013 年影响较大的反腐倡廉舆情事件问责方式

5. 2013 年反腐倡廉舆情事件推动政府公共政策的占比显著提高，接近50%

2011～2013年反腐倡廉舆情事件推动政府公共政策的方式存在显著差异（$x^2 = 77.957$，$p < 0.001$）。总体而言，未推动公共政策舆情事件的总占比为80.2%。其中，2011年和2012年对政府公共政策影响较低，而2013年推动政府公共政策的占比明显增加，为47%。2013年推动公共政策的案例有"山东副厅长承诺情妇离婚被立案调查""上海高院代院长被举报贪腐""济南历城

原公安局长被曝拥 16 栋楼""全国纪检干部限期清退会员卡""云南一部门三公经费为零引质疑"等。这说明民意在政府决策的过程中逐渐发挥重要作用，成为政府决策的参考因素。

四　2013 年反腐倡廉舆情热点话题

1. 高官落马

2013 年 1 月 22 日，习近平在中国共产党第十八届中央纪律检查委员会第二次全体会议上发表重要讲话，提出"要坚持'老虎''苍蝇'一起打，既坚决查处领导干部违纪违法案件，又切实解决发生在群众身边的不正之风和腐败问题"；"要加强对权力运行的制约和监督，把权力关进制度的笼子里，形成不敢腐的惩戒机制、不能腐的防范机制、不易腐的保障机制"。① 2013 年有 17名省部级官员接受组织调查，他们是李东生、衣俊卿、刘铁男、倪发科、郭永祥、王素毅、李达球、王永春、蒋洁敏、季建业、廖少华、陈柏槐、郭有明、陈安众、童名谦、杨刚、李崇禧。② 数量是 2008～2012 年省部级官员被调查平均数量的 3 倍多。③

薄熙来案是影响较大的反腐舆情事件，2013 年 7 月 25 日，中共中央政治局原委员、重庆市委原书记薄熙来涉嫌受贿、贪污、滥用职权犯罪一案，由山东省济南市人民检察院向济南市中级人民法院提起公诉。8 月 22～26 日，薄熙来案在济南市中级人民法院一审公开开庭审理。与以往的高官审判不同，此次庭审济南中院通过官方微博直播，以文字、图片、音频、视频等多种方式披露了庭审信息。9 月 22 日，济南中院对薄熙来案作出一审判决。10 月 25 日，山东省高级人民法院公开宣判上诉人薄熙来受贿、贪污、滥用职权一案，裁定驳回上诉，维持一审无期徒刑判决。

2013 年 5 月，国家发展和改革委员会副主任刘铁男涉嫌严重违纪，接受

---

① 徐京跃、周英峰：《习近平：反腐要"老虎""苍蝇"一起打》，http：//news. ifeng. com/mainland/special/fanfu/content－3/detail_ 2013_ 01/22/21469050_ 0. shtml。
② 《盘点 2013 落马省部级官员》，http：//news. ifeng. com/mainland/special/fanfu/lmsbjgy. shtml。
③ 《十八大后已有 18 名省部级高官落马》，《楚天时报》2013 年 12 月 30 日第 A12 版。

组织调查。2012 年 12 月，刘铁男因被《财经》杂志副主编罗昌平实名举报受关注，时隔五个月成为因网络反腐而首位落马的省部级高官。这是国家发改委自 2003 年改组成立以来，被中纪委调查的首位在任最高级别官员。此外，2013 年"高铁第一人"铁道部原部长刘志军被判死缓。高官落马显示出执政党的反腐决心，对腐败官员起到了有效的威慑作用，同时提振了群众反腐的信心，也有助于提升政府的公信力。

2. 制度反腐

2013 年反腐的另一大热点是政府开展"制度反腐"，建立了反腐倡廉的相关制度，这些制度也引发民众和媒体的关注。3 月 10 日，国务委员兼国务院秘书长马凯在第十二届全国人民代表大会第一次会议上，在《关于国务院机构改革和职能转变方案的说明》中指出，建立不动产统一登记制度，从制度上加强和创新社会管理，并为预防和惩治腐败夯实基础。11 月 20 日，李克强总理主持召开国务院常务会议，决定整合不动产登记职责，推动建立不动产登记信息依法公开查询系统。①

2013 年 5 月，中纪委下发《关于在全国纪检监察系统开展会员卡清退专项活动的通知》，要求纪检监察系统在职干部职工要在 2013 年 6 月 20 日前自行清退所收受的各种名目的会员卡，做到"零持有、零报告"。② 10 月，中纪委发出《关于严禁公款购买印制寄送贺年卡等物品的通知》。11 月，中共中央、国务院印发《党政机关厉行节约反对浪费条例》，意在整肃党风政风，打牢反腐基础。12 月，中共中央办公厅、国务院办公厅公布新修订的《党政机关国内公务接待管理规定》，对公务接待进行规范。在反腐渠道方面，2013 年 9 月，在整合机关 5 个网站基础上，中纪委监察部网站正式创建开通。"接受网络信访举报"是新网站的主功能之一。巡视制度也在悄然变革。比如，巡视组组长不再是"铁帽子"，而是一次一授权。再比如，巡视的地点、巡视的对象、巡视组的组长副组长，包括巡视办公地点、巡视最后的报告、巡视结

---

① 新华网，http://news.xinhuanet.com/politics/2013 – 11/20/c_ 125735995.htm。

② 新华网，《王岐山强调：严肃认真开展会员卡清退活动》，http://news.xinhuanet.com/politics/2013 – 05/27/c_ 115926336.htm。

果，都向社会公开。①

此外，中央军委频出新规加强党风廉政建设。经中央军委批准，我国解放军和武警部队将从 2013 年 5 月 1 日起统一使用新式军车号牌。非装备的奔驰、宝马、林肯、卡迪拉克、大众辉腾、宾利、捷豹、保时捷、路虎、奥迪 Q7 等，一律不得使用军车号牌。② 2013 年 7 月，经中央军委主席习近平批准，中央军委印发《军队实行党风廉政建设责任制的规定》，"结合军队实际，明确规定了各级党委、纪委和领导干部在党风廉政建设中的具体责任，以及检查监督和责任追究的制度措施。"③ 2013 年 8 月，总参谋部、总政治部、总后勤部、总装备部联合印发新修订的《军队会议费管理规定》，以习主席和中央军委关于加大财经管理和整治力度、加强具体制度建设的指示精神为指导，针对军队会议费管理中存在的矛盾问题，对精简会议活动、控制会议规模、严格经费管理等作了进一步明确，并优化了会议费标准结构，重新界定了会议费开支范围，完善了会议费监督管理机制。④ 8 月底，解放军总政治部颁发《关于规范大型文艺演出、加强文艺队伍教育管理的规定》。2013 年，"制度反腐"在政府、军队等层面有序进行，成为国家反腐倡廉工作的重要组成部分。

3. "反四风"

2013 年 4 月 19 日，中共中央政治局召开会议，决定从 2013 年下半年开始，用一年左右时间，在全党自上而下分批开展党的群众路线教育实践活动。中央政治局带头开展党的群众路线教育实践活动。此次实践活动，以为民务实清廉为主要内容，以县处级以上领导机关、领导班子和领导干部为重点，切实加强全体党员马克思主义群众观点教育，把贯彻落实中央八项规定作为切入点，进一步突出作风建设，坚决反对形式主义、官僚主义、享乐主义和奢靡之

---

① 《中纪委"打虎"新策》，http：//www. qhnews. com/2013zt/system/2013/11/08/011229069. shtml。

② 《非装备的奔驰宝马等不得挂军牌》，http：//news. xinhuanet. com/mrdx/2013 – 03/30/c_132273037. htm。

③ 徐毅：《经中央军委主席习近平批准 中央军委印发〈军队实行党风廉政建设责任制的规定〉》，http：//news. xinhuanet. com/2013 –07/18/c_ 116596951. htm。

④ 范炬炜：《习近平批准四总部修订印发〈军队会议费管理规定〉》，《解放军报》2013 年 8 月 21 日。

风，着力解决人民群众反映强烈的突出问题。党的群众路线教育实践活动贯穿"照镜子、正衣冠、洗洗澡、治治病"的总要求。① 2013 年 4 月 28 日，习近平总书记在同全国劳动模范代表座谈时发表重要讲话，强调坚决反对干部群众反映强烈的形式主义、官僚主义、享乐主义和奢靡之风"四风"，以身作则带领群众把各项工作落到实处。②

为了反"四风"腐败，政府对于"三公"经费进行规范和公开。2013 年 7 月 1 日，国务院办公厅印发《当前政府信息公开重点工作安排》，要求各省（区、市）政府要全面公开省本级"三公"经费。③ 8 月，财政部下发《关于推进省以下预决算公开工作的通知》，要求各省应于 2015 年之前在省内所有县级以上政府开展包括财政预决算、部门预决算及"三公"经费预决算、市（县）级汇总"三公"经费预决算等方面在内的公开工作。④ 9 月 13 日，财政部等印发《中央和国家机关会议费管理办法》，规定应当将非涉密会议的名称、主要内容、参会人数、经费开支等情况在单位内部公示，具备条件的应向社会公开。⑤ 11 月，中共中央、国务院印发《党政机关厉行节约反对浪费条例》，对党政机关经费管理、国内差旅、因公临时出国境、公务接待、公务用车、会议活动、办公用房、资源节约等作出全面规范，就监督检查、责任监督等提出明确要求，并规定应当建立健全厉行节约反对浪费信息公开制度。除依照法律法规和有关要求须保密的内容和事项外，应当按照及时、方便、多样的原则，以适当方式进行公开。⑥ 12 月 8 日，中共中央办公厅、国务院办公厅印发《党政机关国内公务接待管理规定》，细化公务接待范围、审批控制、接待

---

① 《中共中央政治局召开会议　习近平主持》，http：//news. xinhuanet. com/2013 – 04/19/c_ 115459770. htm，2013 年 4 月 19 日。

② 《习近平同全国劳动模范代表座谈并发表重要讲话》，新华网，http：//news. xinhuanet. com/ politics/2013 – 04/28/c_ 115589060. htm。

③ 《国务院公布〈当前政府信息公开重点工作安排〉（全文）》，http：//politics. people. com. cn/ n/2013/0710/c1001 – 22150437. html。

④ 《关于推进省以下预决算公开工作的通知》，http：//yss. mof. gov. cn/zhengwuxinxi/ zhengceguizhang/201308/t20130821_ 979953. html。

⑤ 《财政部等印发〈中央和国家机关会议费管理办法〉》，http：//news. xinhuanet. com/politics/ 2013 –09/23/c_ 125431009. htm。

⑥ 中共中央、国务院印发《党政机关厉行节约反对浪费条例》，http：//www. gov. cn/gongbao/ content/2013/content_ 2541872. htm。

清单、活动场所方式、住宿用房、工作餐、使用车辆以及经费支付方式，并规定县级以上党政机关公务接待管理部门应当会同财政部门按年度组织公开本级国内公务接待制度规定、标准、经费支出、接待场所、接待项目等有关情况，接受社会监督，对于违规违纪行为，纪检监察机关查处追责。①

此外，中纪委纠正公款送节礼等不正之风。2013 年 8 月，中宣部等部门发出通知，要求制止豪华铺张，提倡节俭办晚会，中纪委也作出部署，要求坚决刹住送月饼送节礼、公款吃喝和奢侈浪费等不正之风。9 月 3 日，中纪委和中央党的群众路线教育实践活动领导小组发出《关于落实中央八项规定精神坚决刹住中秋国庆期间公款送礼等不正之风的通知》，要求节日期间，严禁用公款送月饼送节礼；严禁用公款大吃大喝或安排与公务无关的宴请；严禁用公款安排旅游、健身和高消费娱乐活动；严禁以各种名义突击花钱和滥发津贴、补贴、奖金、实物。② 10 月 31 日，中纪委发出《关于严禁公款购买印制寄送贺年卡等物品的通知》，要求各级党政机关、国有企事业单位和金融机构，严禁用公款购买、印制、邮寄、赠送贺年卡、明信片、年历等物品。③ 11 月 21 日，中纪委发出《关于严禁元旦春节期间公款购买赠送烟花爆竹等年货节礼的通知》，要求严禁用公款购买赠送烟花爆竹、烟酒、花卉、食品等年货节礼。要严肃财经纪律，强化审计监督，相关费用不准转嫁摊派，一律不予公款报销。④

五　2013 年反腐倡廉舆情现象考察

1. 成本收益的计算

通常官员对于腐败行为可能会有意识或者潜意识地进行风险评估，如果腐

---

① 《中共中央办公厅、国务院办公厅印发〈党政机关国内公务接待管理规定〉》，新华网，http://news.xinhuanet.com/politics/2013 – 12/08/c_ 118467426.htm。

② 《中共中央要求坚决刹住中秋国庆期间公款送礼等不正之风》，新华网，http://news.xinhuanet.com/politics/2013 – 09/03/c_ 117214129.htm。

③ 《中纪委：严禁公款购买印制寄送贺年卡等物品》，人民网 – 中国共产党新闻网，http://fanfu.people.com.cn/n/2013/1101/c64371 – 23405530.html。

④ 《中纪委：严禁元旦春节公款购买赠送烟花爆竹等年货节礼》，人民网 – 中国共产党新闻网，http://fanfu.people.com.cn/n/2013/1122/c64371 – 23622189.html。

败风险和成本过高，将可能产生畏惧心理。风险评估的心理预期对官员自身行为具有约束作用。曾经一度出现的"裸官"，即出于贪腐的风险预期心理。所以，腐败者的行为选择被部分研究者认为是一种风险决策行为，当收益大于风险时，就可能发生腐败行为。按照美国学者 Mark J. Ruzel 的研究，政治家等腐败者的不道德行为实际上是他们各自对得失仔细权衡的结果。[1] 当他们觉得走这一步是利多弊少、得益胜过代价时，就会置公众利益于不顾，追逐个人以及自身小集团的利益。如果贪污腐化的收益减去被抓获处罚的概率乘上抓获以后的处罚之积大于一尘不染、两袖清风的收益，即：贪污所得－（概率×处罚）＞做个正人君子的收益，那么这个当官的就多半会铤而走险，不做清官做贪官了。[2] 由此可以看出，使腐败现象减少的方式如下：贪污所得尽量减少；增加腐败被发现的概率和提升腐败者所承担的责任即惩罚程度；增加廉洁者的收益。

2013 年影响较大的反腐倡廉舆情案例中，中国人民大学招生就业处处长蔡荣生因招生问题被调查，举报者多指向其利用自主招生权，通过破格录取、补录、违规发放研究生学位等收受大量贿赂。南昌航空大学党委书记王国炎被一审以受贿罪判刑 15 年，检方指控其在 14 年间，在建设学生校舍等工程中收受、索取他人财物 99 次，总计约 600 万元人民币。此外，还有浙江大学副校长褚健因涉嫌经济问题已被批准逮捕，四川一月内 3 校长因基建落马引震动。作为高学历的高校工作者，他们受过良好的教育，具有一定的社会地位，他们的堕落在一定程度上反映出对于贪腐收益预期高于风险预期。大部分腐败官员刚开始工作时是廉洁奉公、兢兢业业，但是由于后期经不住诱惑，价值观和人生观扭曲，再以权谋私一步步走上犯罪道路。由此可以看出，腐败现象的产生的原因之一是对于成本收益的计算从而引发的社会心态的转变，对于成本收益的控制是反腐倡廉工作的重要组成部分。

2. 中等收入陷阱

所谓"中等收入陷阱"，是指当一个国家的人均收入达到中等水平后，可

---

[1] 王庆生：《腐败成本收益公式对反腐的启示》，《人民论坛》2010 年第 8 期，第 46 页。
[2] 王庆生：《腐败成本收益公式对反腐的启示》，《人民论坛》2010 年第 8 期，第 46 页。

能之前迅猛发展期中所积累的矛盾会集中呈现和爆发，从而导致发展速度回落和停滞。国家统计局的统计数据显示，2012 年我国人均国内生产总值 38459.47 元人民币。① 根据国际银行 2011 年的标准，中国已被列入"中上等收入国家"。中等收入在中国当前已有初步体现：贫富差距过大，城市化进程缓慢，产业结构调整困难，受国际经济波动的冲击较大。

《人民论坛》杂志列出陷入"中等收入陷阱"国家的主要表现与基本特征有：经济增长回落或长期停滞、严重的贫富分化、过度城市化、增长转型困局、腐败问题突出、社会冲突加剧、金融体系脆弱、民主乱象等。② 从"腐败陷阱"的角度，来看中国的腐败舆情事件所反映的情况，可以发现大部分的腐败舆情都与过度干预市场行为的政府职能有关联。其中在经济领域的腐败案件，基本是因为政府控制资源配置，公共权力深层次地介入资源配置过程而形成的寻租行为和设租行为，诸如土地批租、公共建设项目等领域的腐败，就是因为政府控制了资源，公共权力在资源配置中形成了权钱交易，而且，即便是非经济领域，如在人事任免等层面腐败也存在。

但是，也有专家学者对于中等收入陷阱造成包括腐败在内的社会问题表示质疑，而认为"转型陷阱"是造成社会问题的根源。他们说："中国现在需要警惕的不是所谓'中等收入陷阱'，而是'转型陷阱'。'转型陷阱'指的是，在改革和转型过程中形成的既得利益格局阻止进一步变革的过程，要求维持现状，希望将某些具有过渡性特征的体制因素定型化，形成最有利于其利益最大化的'混合型体制'，并由此导致经济社会发展的畸形化和经济社会问题的不断积累。"③ 事实上，无论是"中等收入陷阱"还是"转型陷阱"，问题都指向腐败不仅是一种个体行为，更是一种能够反映时代特征的社会现象，所以，避免腐败现象的发生需要从个体和社会等多重因素和层面考虑治理的途径。

3. 寻租的危险

寻租理论把人当成经济人来看待，人们追求的是既得的社会经济利益，其

---

① http：//data. stats. gov. cn/workspace/index? m = hgnd.
② 《人民论坛》"特别策划"组：《中国会掉入中等收入陷阱吗？》，《人民论坛》2010 年 7 月（上）期，总第 295，第 8 页。
③ 清华大学凯风发展研究院社会进步研究所，清华大学社会学系社会发展研究课题组：《"中等收入陷阱"还是"转型陷阱"？》，《开放时代》2012 年第 3 期，第 125 页。

活动的性质就变成了"寻租"。经济学家詹姆斯·M. 布坎南的寻租理论的逻辑结论是，只要政府行动超出保护财产权、人身和个人权利、保护合同履行等范围，政府分配不管在多大程度上介入经济活动，就会导致寻租活动，就会有一部分社会资源用于追逐政府活动所产生的租金，从而导致非生产性的浪费。① 在社会制度有待于完善的环境中，资源控制者具有通过寻租行为而将权力变现的可能。

如 2013 年公众和媒体关注度较高的"原铁道部长刘志军涉嫌受贿 6000 万被诉"事件中，刘志军在任职期间，利用职务便利，为邵力平、丁羽心等 11 人在职务晋升、承揽工程、获取铁路货物运输计划等方面提供帮助，先后非法收受上述人员给予的财物共计折合人民币 6460 万余元，② 使丁羽心及其亲属获得巨额经济利益，致使公共财产、国家和人民利益遭受重大损失。

"副省长明码标价卖官黄胜案"调查显示，黄胜在任期间，利用职务便利，为他人在企业经营、职务晋升等方面谋取利益，先后多次收受国科（齐河）投资有限公司等 21 个单位或个人给予的财物共计折合人民币 1223 万余元。③ 据称，黄胜主政德州期间，官位的交易渐渐由暗箱操作变为明码标价，县委书记 50 万元，县里某个局的局长 20 万元，最低价码是副镇长 5 万元。这些都是官商勾结和权力寻租的典型体现。

六　反腐倡廉舆情事件应对策略与建议

本研究通过对于 2013 年反腐倡廉舆情中的现象、问题进行统计分析，发现 2013 年反腐倡廉舆情频发的原因具有多重因素：第一，社会化媒体的形式不断创新，手机用户大规模增加，用户使用互联网的渠道拓宽，使互联网使用率继续提升；第二，由于互联网的普及，公民的媒介素养和政治素养

---

① 百度百科：《寻租理论》，http：//baike. baidu. com/link？url = 1RuxVJUKZU2KR9nxUK － M5eFTa5OseOvHwnggxKmzh_ iO5gAwdzsP5g3bzEspZQa2。

② 杨维汉、陈菲：《刘志军受贿、滥用职权案一审开庭》，新华网，http：//news. xinhuanet. com/ photo/2013 －07/08/c_ 124973088. htm。

③ 杨维汉、崔清新：《山东省人民政府原副省长黄胜受贿案一审宣判》，新华网，http：// news. xinhuanet. com/2013 －05/03/c_ 115627912. htm。

都有所提升，民众对于民主的认知明显进步，所以普通民众具有更多的表达需求；第三，处于转型期的中国社会，在市场化、城市化进程中，不断出现新的挑战和问题，利益冲突和矛盾凸显。本报告对于反腐倡廉舆情提出如下建议和对策。

1. 加强执法效率，从根本上建立反腐的惩戒机制

建立反腐的惩戒机制，形成有效的威慑。周密和严格的法律机制能够对腐败行为发挥更有效的监督作用。通常官员对于腐败行为可能会有意识或者潜意识地进行风险评估，如果腐败风险和成本过高，将可能产生畏惧心理。风险评估的心理预期对官员自身行为具有约束作用。这就要求对贪腐官员的惩戒要具有足够的震慑力。缓解和减少舆情的发生，解决问题的关键在于官员素养，这包括政府自身制度的建设，提高政府干部的自身素养，使官员能够遵纪守法，形成良好的职业道德和个人道德。由此，任命依法守法、坚持廉政的官员干部尤为重要，是避免和解决舆情事件的根本。公关性的回应和对策仅仅是表面上解决问题，暂时缓解危机，而不能从根本和长期层面解决问题。法律的判定越周密和细致，越有利于法律在监督政府的过程中发挥作用。应做到违法必究，执法必严，通常惩罚力度的加强在一定程度上能够使和政府相关的反腐倡廉舆情降低。

2. 信息公开，将媒体监督和公众监督落在实处，形成反腐的保障机制

反腐倡廉舆情危机来源于社会组织机构中存在的诸多问题，包括信息不透明、监督机制不健全等，因此信息公开透明，有助于缓解并防范反腐倡廉的舆情危机。

形成反腐的保障机制，对于贪腐的防治，必须让曝光渠道普及化和简单化。首先，官员财产公开制度是相对有效的防火墙之一，这种信息公开制度能够预防官员的贪腐行为，从衡量标准的层面设置限制和约束。如果官员的财产公开，媒体监督和民众监督的方向会更加明晰和集中，力量会更大。目前，从"表哥"到"房叔""房妹"，从奢侈的服饰到奢华的房产，诸多落马官员由此被曝光调查。官员财产公开制度是信息公开形式之一，如果政府能够公开信息和及时回应，将有利于缓解和控制舆情。美国法官布兰狄西说"阳光是最好的防腐剂，灯泡是最有效的警察"。信息透明化有助于形成有效反腐的良性机制。

其次，推动大众传媒的监督作用。对于官员的廉政和贪腐问题，应该将党内监督和媒体监督、群众监督有机结合。媒体监督机制包括培养媒体工作者的社会责任意识，积极提高政治素养和职业素养。此外，媒体监督是国家和地区政治民主程度的重要标志。应增强媒体监督的独立性，使其能够更加广泛和深入地发挥媒体舆论的监督作用。

再次，推动民众的监督作用。强化政府组织和民众的互动，赋予民众对于社会公共生活的知情权、参与权和监督权，最大限度地调动群众参与反腐的积极性。腐败行为具有隐蔽性和复杂性。民众监督是一种自下而上的监督方式，尤其是新媒体时期的民众网络监督，能够成为党内监督和媒体监督的补充。

3. 建构有效的反腐防范机制，形成对于权力的限制和约束

高级领导干部滥用职权、贪污贿赂、腐化堕落、失职渎职等案件查办一直是反腐链条上关键一环。建立有效的防范机制对于反腐倡廉而言具有重要意义。官员的腐败关键在于拥有过多的权力，限制和约束权力对于反腐而言能够产生直接的影响。首先，树立"有限政府"观念，这一思想源于西方社会，在具体的社会语境中不断被完善和创新。"有限政府"的权力需要予以分立和受到制衡；政府官员的权力应该依法行使，即权力主体的自由裁量行为应该以宪法和法律为依据，遵循程序，并对结果负责。其次，明晰政府职能，并规范行使职能的秩序和流程，即政府的职责和功能应该清晰化，防止模糊而造成制度缺陷。从政府本身而言，政府难以兼顾所有，无法有效履行和完成社会或者市场中的诸多事务。转变政府职能，即限制政府不必要的权力，减少官员利用公共权力和私利对接的机会。通过构建公权和经济利益隔离的合适体制，使政府机构的工作人员难以利用公权谋取私利，防止垄断性腐败。再次，完善政府干部人事制度，规范官员升迁程序，限制官员的权力，防止交易型的政治腐败。

4. 建立合理疏导机制，和媒体建立良好的关系，与民众有效互动

反腐倡廉舆情事件中，舆情主体建立有效的舆情疏导机制有利于缓解舆情。对于舆情事件中的信息发布者来说，和媒体之间的关系是建立在平等基础上的合作。信息发布者向媒体传递和发布信息，而媒体正需要获取舆情事件中的具有新闻价值的信息。采集新闻的工作是媒体职业的重要部分，是服务社会

的职业化劳动，舆情事件中作为干预主体或者舆情主体代表的信息发布者需要理解和尊重媒体信息采集者的价值标准和合法的工作方式。形成和媒体、公众之间的良好沟通，有助于舆情干预主体获取社会的支持、理解，从而缓解负面舆情形成的压力，尽可能塑造良好的社会公众形象。

5. 媒体报道应该遵守真实性原则，客观报道反腐倡廉舆情，避免引发民众负面情绪

由于反腐倡廉舆情通常具有较高的媒体和公众关注度，部分媒体记者等信息源和传播中介为了发行量、收视率、点击率，过分追求轰动效应，偏离客观事实，造成民众负面情绪产生。比如2013年8月28日《南风窗》发表《村官腐败透视》，被众多网站以《村支书性侵村民留守妻子：村里一半都是我的娃》为题进行转载，事发地三门峡市有关部门及时调查后发现文中反映的部分问题与事实严重不符，但是前期报道和转载已经迅速形成网络舆情，引发网友大量关注和评论，对于三门峡市形象和网络舆论环境已经造成了不良影响。

媒体在进行新闻报道和转载时，应该坚守真实性和客观性的原则，避免为追求轰动效应而哗众取宠，夸大和扭曲事实从而引发民众的非理性关注。政府机构和社会公共组织一方面应该避免隐瞒事实和干涉媒体报道的自由，另一方面也要主动提供信息，避免媒体和民众的非理性推断和谣言产生。

6. 形成完善的反腐倡廉舆情信息搜集、研判、发布、处理和评估机制

在新媒体时代，互联网信息传播具有传播迅速和扩散广泛的特点，反腐倡廉舆情的应对需要建立一套完善的信息搜集、研判、发布、评估和处理机制。第一，设置专职人员对于主流门户网站以及微博、微信、网络论坛等进行动态监测，或者通过专业舆情监测软件，尽早发现舆情；第二，建立由专家、媒体以及政府专职人员组成的信息研判组，对于当前舆情动态进行分析和研判，迅速制定有效合适的应对方案；第三，建立信息发布制度，包括召开针对重大政策、活动和突发事件的新闻发布会，并积极使用微博、微信等社会化媒体平台，建立传统媒体和新媒体相结合的信息发布系统；第四，在舆情发生后，加大主流媒体舆论阵地建设，降低民众的负面情绪，并完善网络问政体制，形成互联网平台上听民意、汇民智、聚民心的长效机制；第五，对于舆情处理效果进行评估，总结舆情应对中的经验教训，将舆情应对纳入部门考核体系。

B.7

2013 年中国涉警涉法
舆情年度报告

上海交通大学舆情研究实验室

摘　要：

涉警涉法舆情与公众关系密切，其主体一直是舆论的焦点。涉警涉法主体能否高效有力地运作，直接关系着社会的安定团结，也影响着我国社会主义法治社会的进程。上海交通大学舆情研究实验室以舆情热度为指标，以 2011～2013 年 196 起涉警涉法案例作为样本，通过纵向比较三年的舆情数据，并对典型案例进行深入分析，重点研究 2013 年度涉警涉法舆情及其产生的原因，并提出对策和建议。

关键词：

涉警涉法　舆情　应对策略

2013 年上海高院法官集体招嫖事件令人瞠目，《新快报》记者陈永洲事件的起起落落引发了舆论的大转向，微博公开审判的盛行展现了公检法系统适应新时代要求的决心和勇气，最高法表态赞成废除嫖宿幼女罪则让公众看到了民意的力量。2013 年影响较大的涉警涉法舆情事件数量较往年有所下降，但负面舆情事件比例居高不下。公安系统的舆情事件依然占比最高，值得注意的是粗暴执法和贪污腐败类事件明显减少，公安系统在治理粗暴执法和贪污腐败类行为中有了很大进步。2013 年发生了不少推动公共政策出台或修改的舆情事件，在不同程度上推进了我国法治社会的进程。

对此，上海交通大学舆情研究实验室依托自主研发的"中国公共事件数据库",依据舆情热度、影响力等指标,筛选出 2011 ~ 2013 年 3000 起网络舆情热点事件①,选取 2013 年 58 起影响较大的涉警涉法舆情事件作为样本,通过纵向比较三年舆情数据(其中 2012 年影响较大的舆情事件 77 起,2011 年 61 起),并对典型案例进行深入分析,重点研究 2013 年度涉警涉法舆情及其产生的原因,并提出对策和建议。同时,本报告通过分析涉警涉法主体面临的时代背景,以涉警涉法主体主动适应时代要求,寻求新媒体的合理使用的诸多有益尝试作为研究案例,希望我国公检法部门认识到新媒体给涉警涉法主体提出的挑战及提供的契机。在新媒体时代,妥善合理地利用新媒体,不仅能顺利解决舆情危机,还能帮助涉警涉法主体改善与公众的关系,树立良好形象。②

一 2013 年涉警涉法舆情特点

(一)2013 年涉警涉法舆情事件特点分析

1. 数量分布:2013 年影响较大的涉警涉法舆情事件数量较前两年骤减,舆情热度在 2011 ~ 2013 年先上升后下降

2011 ~ 2013 年三年内,引起广泛关注的涉警涉法舆情事件数量变化起伏较大,2011 年为 61 起,2012 年为 77 起,2013 年骤减为 58 起,2013 年较前两年数量明显减少。为了检验不同年度涉警涉法舆情事件的媒体和公众关注度有无显著差异,运用非参数的 Kruskal – Wallis 检验方法,$p < 0.05$,表明不同年度的涉警涉法舆情事件的媒体和公众关注度存在显著差异。2011 ~ 2013 年影响较大的微博首曝的涉警涉法舆情事件的媒体和公众关注度均值中,2011 年与 2013 年水平相近,显著低于 2012 年。

---

① 样本选取上,2014 年蓝皮书选取 2011 ~ 2013 年各年度中热度排名前 1000 的网络舆情热点事件作为研究对象,各年度样本量相同,共计 3000 起。2013 年蓝皮书则以 2003 ~ 2012 年十年来热度排名前 5000 的网络舆情热点事件作为研究对象,其中 2011 年 919 起,2012 年 1593 起。由于样本选取标准不同,两年蓝皮书总报告和分类报告中的样本量和数据结果具有一定区别。

② 除特别提到外,本报告中所用的涉警涉法主体定位于四大系统:法院系统、公安系统、检察系统和其他司法系统机构以及该机构的个人。

2. 地域分布：2013 年涉警涉法舆情事件主要集中在东部地区，广东省舆情事件较前两年明显减少

如图 1 所示，2011 年、2012 年和 2013 年的涉警涉法舆情事件均主要集中在东部地区，其三年总占比高达 50.5%。东部地区地理位置优越，经济发展水平较高，是中国经济政治的重心，特别是囊括了北、上、广等特大城市，人口密集，社会矛盾突出，使其成为历年涉警涉法舆情事件最高发区。2013 年在东部地区发生的影响较大的涉警涉法舆情事件有：连云港公安局副局长撞死人事件、大悦城命案、山东平度拆迁事件、夏俊峰被执行死刑、陈宝成等涉嫌非法拘禁案等。

其中值得注意的是，广东省 2013 年影响较大的涉警涉法舆情事件数量较前两年明显减少。在 2011 年和 2012 年影响较大的涉警涉法舆情事件发生地中，广东省所占比重最大，2011 年在所有省份中占比为 14.8%，2012 年在所有省份中占比高达 23.4%，远远高于其他省份。而 2013 年广东省的涉警涉法舆情事件仅有 6 起，虽然仍是舆情事件最高发省，但比重明显下降，由 2012 年的 23.4% 下降为 10.3%。

广东是我国改革开放最前沿地区，对外开放程度较高，经济社会发展速度较快，社会结构复杂，社会矛盾频发。而当地民众的维权意识、公民意识也普遍较强，这些因素都是广东省成为涉警涉法舆情最高发地区的重要原因。2013 年广东省加强了社会治理，出台了一系列新政策，如异地高考新政策、医保新政策、广州积分入户新政策等，大大缓解了该地区的社会矛盾，使得当地治安明显改善，影响较大的涉警涉法舆情事件较前两年明显减少。同时，广东省已成为我国政务机构微博和公职人员微博数量最多的省份，政务微博在创新社会管理方法、促进政府信息公开、助力网络舆论引导、畅通社情民意反馈渠道、接受民众监督、重塑政府形象等方面都起到了积极的作用，在一定程度上化解了社会矛盾，搭建了良性沟通的平台，减少了舆情事件的发生。

3. 舆情主体：地方政府和司法部门在涉警涉法舆情事件所属主体中占比较高，但 2013 年舆情主体属于地方政府的事件较前两年明显减少

将 2011～2013 年三年间涉警涉法舆情事件的舆情主体划分为个人、组织

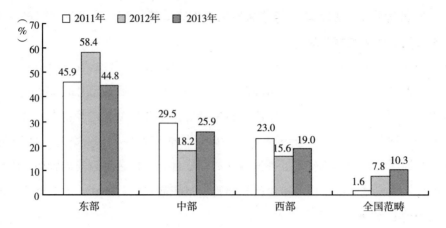

图1　2011～2013年影响较大的涉警涉法舆情事件东中西部占比分布

机构和其他三类，具体到所属部门，如图2所示，2011年～2013年涉警涉法舆情事件舆情主体所属部门排名靠前的分别是地方政府、司法部门，其中地方政府在涉警涉法事件舆情主体中的比例从2011年的65.7%上升到2012年的68.5%，随后在2013年下降为37.9%，2013年较前两年明显减少。2013年影响较大的涉警涉法舆情事件中所属主体为地方政府的事件有：福建警察围殴记者事件、连云港公安局副局长撞死人事件、女民警被当卖淫女错抓事件等。

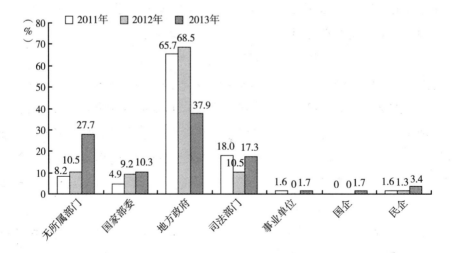

图2　2011～2013年影响较大的涉警涉法舆情事件舆情主体所属部门占比分布

4. 涉事主体：公安系统连续三年占比最高，但 2013 年较前两年比例明显下降；法院系统占比逐年上升

涉警涉法舆情事件的涉事主体可以细分为法院系统、检察系统、公安系统、其他司法系统。从图 3 可看出，2011～2013 年我国影响较大的涉警涉法舆情事件涉事主体占比最高的是公安系统，连续三年居首位，2011 年和 2012 年分别高达 73.7% 和 79.2%，比例明显高于其他涉事主体。2013 年公安系统依然占比最高，但比例较前两年有大幅下降，下降为 50.0%，类型为粗暴执法和贪污腐败的事件明显减少，粗暴执法类事件，2011 年有 6 起，2012 年有 5 起，2013 年仅有 2 起。贪污腐败类事件，2011 年有 5 起，2012 年有 3 起，2013 年仅有 1 起。这说明 2013 年中公安系统应对舆情事件、处理与公众矛盾摩擦的能力有了显著提升，并在对贪污腐败现象的治理方面取得了一定的成效。但另一方面，涉事主体为公安系统的舆情事件中，类型为滥用公权、言行争议的比例最高，这说明公安系统仍然需要加强内部建设，提升执法人员的素质，减少违纪违规行为的发生。

排名第二的涉警涉法舆情事件涉事主体为法院系统，呈逐年上升趋势。三年来占比分别为 13.1%、16.9% 和 29.3%，2013 年较前两年比例明显提高，这与 2013 年法院系统发生了较多的言行争议类事件有关，例如上海高院法官集体招嫖事件、湖南省司法厅副厅长儿子婚宴警车助阵事件、湖北法院院长嫖娼门等。

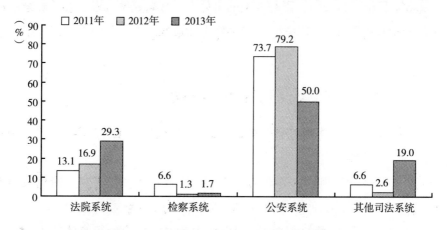

图 3　2011～2013 年影响较大的涉警涉法舆情事件舆情涉事主体分布

5. 事件类型：2013 年负面事件比例上升，言论争议类事件连续三年占比最高，引发舆情的初始原因中违法犯罪的占比最高，其次为言行不当

2011～2013 年三年间的涉警涉法舆情事件主要是负面事件，其次是中性事件，正面事件的数量较少。具体来看，负面事件的三年总占比高达 62.2%，其中每年的比例均在 50.0% 以上，2011～2013 年依次为 65.6%、51.9%、72.5%；中性事件的总占比为 29.6%，2011～2013 年涉警涉法舆情事件总体比较消极。而 2013 年的负面事件所占比例更是高达 72.5%，较前两年明显增多。

2011～2013 年涉警涉法舆情事件占比最高的事件类型是言行争议，三年共发生 47 起，占比 23.8%，三年分别占比为 29.5%、18.1%、26.1%，每年都居第一。其次是滥用公权，三年分别占比 6.6%、10.4%、15.5%，呈逐年上升趋势。这反映了涉警涉法公职人员的不法行为仍然广泛存在，且随着新媒体的发展，曝光渠道的增多，使得越来越多的滥用公权事件得到披露。粗暴执法和贪污腐败所占比例呈现逐年下降的趋势，粗暴执法类事件由 2011 年的 9.8% 和 2012 年的 6.5% 下降为 2013 年的 3.4%，贪污腐败类事件由 2011 年的 8.2% 和 2012 年的 3.9% 下降为 2013 年的 1.7%，下降明显。

从引发舆情的初始原因来看，2011～2013 年中由违法犯罪而引起的涉警涉法舆情事件的占比最高为 27.0%，其次为言行不当占比为 25.5%。2013 年由违纪违规引发的舆情事件较前两年有明显增加，由 2011 年的 4.9% 和 2012 年的 2.6% 上升为 17.2%，影响较大的事件有：聂树斌案二审、安徽交警盗用农民驾照帮官员消分、《新快报》记者陈永洲被拘事件、公安部副部长李东生被查等。

（二）2013 年涉警涉法社会舆情传播分析

1. 传播媒介：2013 年网络新闻首曝的事件大幅增加，报纸和微博作为首曝媒体的比例下降

2011～2013 年影响较大的涉警涉法舆情事件中，首曝媒介为网络新闻和报纸的占比较大，分别为 31.6% 及 25.9%，其次为微博占比为 24.4%。2011～2013 年三年中，涉警涉法舆情事件中首曝媒介为传统媒体的占比呈现先上升后下降趋势，由 2011 年的 30.0%，上升到 2012 年的 34.1%，随后下

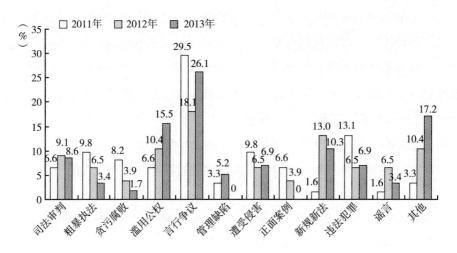

图4 2011～2013 年影响较大的涉警涉法舆情事件类型分布

降到 2013 年的 33.3%。首曝媒介为新媒体的占比呈现先下降后上升趋势，由 2011 年的 70.0% 下降到 2012 年的 65.9%，随后上升到 2013 年的 66.7%。新媒体由于其便捷性和即时性，成为舆情事件的主要曝光来源，而传统媒体凭借专业性和公信力，也依然是舆情事件的重要曝光来源。

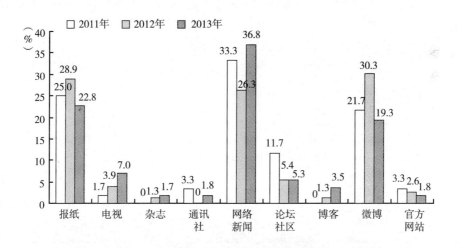

图5 2011～2013 年影响较大的涉警涉法舆情事件曝光媒介占比分布

2011～2013 年三年中微博为首次曝光媒介的比例呈现先上升后下降的趋势，由 2011 年的 21.7% 上升为 2012 年的 30.3%，2013 年下降为 19.3%。

2013年微博为首次曝光媒介的比例之所以大幅下降，可能是因为2013年下半年后，微博受到比较严厉的管制，政府加强了对谣言的管制，最高人民法院、最高人民检察院联合发布网络诽谤司法解释，使得微博的活跃度受到影响。虽然微博作为曝光媒介的比例下降，但微博参与或涉及事件的比例逐年上升，由2011年的96.7%上升为2012年的97.4%，2013年继续上升为98.3%，说明微博依然是时下社会公众参与公共舆论事件的主要战场。

2. 传播时效：传播速度加快，发生至曝光时间差在半天以内的事件占比上升

2011～2013年涉警涉法舆情事件总体曝光较快，并呈现逐渐加快的趋势。发生至曝光时间差为半天以内的占比较大，并逐年上升，由2011年的11.5%，上升到2012年的23.9%，再上升到2013年的28.1%。2013年半天以内曝光的舆情事件总比例达到40.4%，一天以内曝光的达到52.7%。例如，女武警为领导买烟要求飞机延飞事件、安徽两警察未制止少女被杀、截访小伙被上访者刺死、王老吉红罐之争开庭、两高关于生产地沟油可判死刑等事件均在发生半天以内即被曝光。伴随微博微信等新媒体的广泛应用，事件的曝光和传播速度都大大提升，这对政府应对舆情事件的能力提出了挑战和考验。

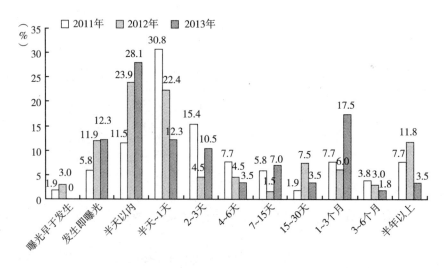

图6 2011～2013年影响较大的涉警涉法舆情事件发生至曝光时间差占比分布

3. 舆情持续时间：2013 年舆情持续时间在两周以内的事件占比高达 87.9%

2011～2013 年三年中涉警涉法舆情持续时间主要为 1 周以内、1～2 周、2 周～1 个月，三年总占比分别为 59.2%、24.5%、9.7%。持续时间在 1 周以内的舆情事件的占比先上升后下降，而持续时间为 1～2 周的舆情事件占比先下降后上升，2013 年比例升至 29.3%，高于 2011 年的 24.6% 和 2012 年的 20.8%，2013 年舆情持续时间在 2 周以内的事件所占比例总和达到 88.0%，这从一个侧面反映政府关注和处理此类舆情事件能力有了显著提升，使多数舆情事件在发生后能迅速得到解决。例如，安徽砀山警方拘留网民事件，由于宿州市公安局的快速妥善处理，使得舆情事件持续时间未超过两周。大连女骑警被指浪费公款事件，大连市公安局立即对相关问题做出回应，使得舆情持续时间也未超过两周。

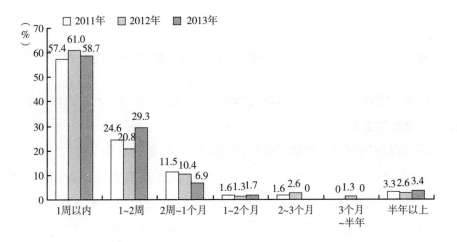

图 7　2011～2013 年影响较大的涉警涉法舆情事件的舆情持续时间占比分布

（三）2013 年涉警涉法舆情干预分析

1. 事件曝光至主体首次干预时间差中，曝光前干预占比最大

剔除事件曝光至主体首次干预时间差缺失、不需要干预以及无明显干预的 43 个样本，剩余有效样本 153 个。2011～2013 年影响较大的涉警涉法舆情事

件大多数是曝光前即干预，曝光前干预占比分别为 59.1%、64.6% 和 53.2%，曝光前干预的占比呈先上升后下降趋势。2011～2013 年涉警涉法舆情事件曝光前主体即干预的占比保持在一个平稳水平，都在六成左右。

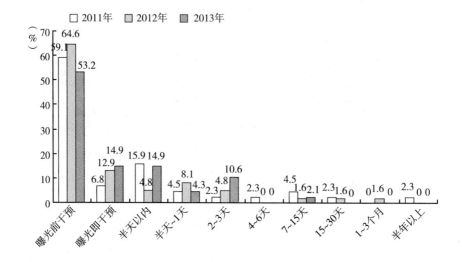

图8　2011～2013 影响较大的涉警涉法舆情事件曝光至主体首次干预时间差分布

2. 新闻发布方式：以接受媒体访问为主，对外公告或文件与微博、博客或论坛等回应方式占比上升

将 2013 年涉警涉法舆情事件的新闻发布方式进行统计，其中具体舆情事件的信息发布方式可能存在两种或两种以上。统计结果显示，2013 年涉警涉法舆情事件的新闻发布方式以接受媒体访问为主，占比 84.2%，从趋势上看，与 2012 年相比呈现上升趋势。2011～2013 年，对外公告或文件回应方式呈现上升趋势，占比分别为 15.8%、21.1%、33.3%。利用微博、博客或论坛等新媒体回应比例从 2011 年以来一直呈现上升趋势，2013 年的占比为 33.3%，一方面说明微博等新媒体的迅速发展，普及率大大提升；另一方面说明新闻发布主体利用新媒体的能力在不断提升。例如，"福建警察围殴记者"事件一经曝光立即在网络中发酵，福建警方利用官方微博迅速作出回应，还原事件经过，在保证公众知情权的同时较快地对舆情进行处理。微博、论坛的回应具有及时性、针对性的特点，有利于舆情的快速平息。

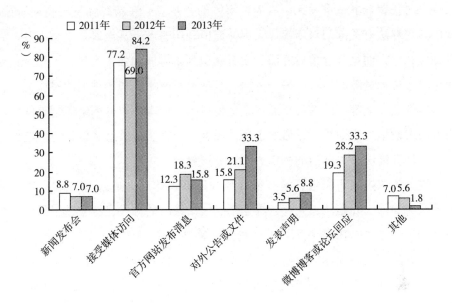

图 9　2011～2013 影响较大的涉警涉法舆情事件曝光至政府首次干预时间差分布

3. 公共政策：2013 年影响较大涉警涉法舆情事件推动公共政策占比为三年来最高，达到 46.6％

通过对 2011～2013 年三年间我国影响较大的涉警涉法舆情事件是否推动公共政策进行分析，结果显示，2013 年影响公共政策的涉警涉法舆情事件数量占比大幅增加，由 2012 年的 6.5％上升到 2013 年的 46.6％，说明涉警涉法舆情事件对公共政策的影响在逐年增加。随着我国社会经济的发展，网络技术的普及，大众传播能将潜在的社会问题上升为热点公共问题。热点公共问题要进入政策议程，关键因素是政策制定者对待公共问题的态度。大众传播连续反复的集中报道，能够形成焦点效应，造成强大的政策舆论压力，推动社会问题变成政策问题，形成舆论倒逼政策改革的现象。

二　涉警涉法事件个案研究

随着网络技术的发展，新媒体的深刻影响已经渗透到生活的方方面面，其即时便捷的信息传播方式，让每个人都掌握了话语权，成为信息发布的主体。

在这一时代背景下，谁都无法成为新媒体的旁观者。在新媒体发展初期阶段，我国涉警涉法有关部门对新媒体大都持谨慎观望态度，甚至避之唯恐不及。究其原因，一方面是观念落后守旧，没有认识到新媒体的强大力量，不愿意接受舆论全方位无缝隙的监督。另一方面，是缺乏对网络舆情事件的应对能力。我国涉警涉法有关部门的这种姿态，不仅使得很多原本简单的网络舆情事件因没有及时有效地处理而扩大，激发了民愤民怨，产生了极其恶劣的社会影响，也损坏了涉警涉法有关部门的公信力和良好形象。

在因为忽视网络舆情，没有很好地利用新媒体而"吃过亏"后，我国涉警涉法有关部门开始认识到，这种主动或被动缺席的方式，越来越不适应时代发展的迫切要求。在过去几年中，我国涉警涉法有关部门开始积极探索新媒体，在如何利用新媒体应对网络舆情、发布人民群众最关心的信息、保持与网民的良性互动、积极接受网民监督等方面作出了很多有益的尝试。下面将以2013年4个影响较大的涉警涉法案例为例，分析我国涉警涉法有关部门主动迈入新媒体时代的有益探索。

1. 中国的历史性进步——微博庭审直播

2013年以来，我国法院微博迅速发展，最高人民法院、31个省级高院及150多个地方中院全部开通官方微博，堪称我国司法史上的一次巨大革命。

2013年11月21日，中华人民共和国最高人民法院官方微博"@最高人民法院"正式在新浪微博上线，成为我国首个国家级官方微博，主要用于发布重要司法解释、各级人民法院的重大案件审判信息及重要新闻信息等内容，开通至今已吸引超过500万粉丝。最高人民法院官方微博的开通，标志着我国最高审判机关主动适应时代要求，开始迈入新媒体、全媒体时代，这不仅有利于司法信息更加公开透明，还拓宽了公众了解、参与、监督司法的渠道，满足了公众日益增长的司法知情权需求。

随着各地法院官方微博的开通，通过微博直播案件庭审已成为趋势。自2013年以来有关微博直播庭审的报道层出不穷，得到了网民的普遍认可。2013年6~7月，河北省邯郸市中院两次开庭审理王书金强奸杀人案，并通过官方微博"@河北省高级人民法院"进行庭审直播。9月，北京法院网官方微博"@京法网事"对北京大兴摔童案、冀中星案、丁书苗案、李天一轮奸案等社会热点案件均进行了微博庭审直播。9月,南京市中级人民法院通过官方微博"@南京V法院"直播南京饿死女童案庭审过程……

其中最值得关注的是济南市中级人民法院对薄熙来案的庭审直播。2013年8月,济南市中院公开审理薄熙来案,并通过官方微博"@济南中院"进行微博直播,引发了国内外巨大的舆论轰动。8月22日起,"@济南中院"发布了170多条微博,内容包括庭审进展、庭审记录、庭审现场、证据音视频、图片、宣读判决要点等近16万字的图文,滚动直播了薄熙来案审理过程,数亿人通过微博"观看"了庭审实况。微博直播之及时、详细出人意料,直播微博短时间内得到了大量转发,单条微博最高转发量超过6.5万。依靠微博庭审直播,媒体和公众及时全面地了解了薄熙来案的审判过程。国内外舆论对这次微博庭审直播一致给予高度评价。

法院微博的良性发展,庭审直播的遍地开花,既推动我国司法信息的公开透明,也向公众普及了司法常识,保障了公众知情权,提升了司法公信力,是司法在网络时代的巨大进步。

借助政务微博在一定程度上使得政府夺回互联网上的话语权,对一些社会热点事件和敏感议题更主动、更权威地发声,避免了谣言的滋生,提高了公信力。

而对受众来说,重要的是直播的内容是否准确、有效,且充分满足受众的知情权,进而便于公众即时行使监督权。因此如何保证微博直播内容的真实、有效、全面,是司法系统在进行微博直播时面临的重大挑战。

2. 公信力之争——《新快报》记者陈永洲事件

2013年10月18日,《新快报》记者陈永洲因曾连续发表多篇针对中联重科的负面报道,于10月18日在广州被长沙市公安局带走。2013年10月23日、24日,《新快报》连续两天头条分别登出《请放人》《再请放人》。一石激起千层浪,此事迅速引起舆论的广泛关注。

事件发生后,网上舆论及国内外媒体大多声援陈永洲,对长沙市警方跨省拘捕、诱捕措施及"涉嫌损害商业信誉罪"罪名是否妥当产生广泛质疑,舆论矛头直指长沙市警方。代表性观点如表7所示。

表1　网上舆论及国内外媒体对长沙警方的质疑

评论主体	主要观点
《新京报》	对经营者进行采访报道和舆论监督,是媒体的正当权利,也是宪法赋予公民的言论自由权、监督批评权的延伸。如果因为刊发批评性报道,就构成"损害商业信誉罪",就可以跨省刑拘,这触及了新闻从业者的生存底线,触及了法律和文明的底线。长沙警方仅仅根据《新快报》刊发的报道,就跨省刑拘记者,明显违反了刑法的谦抑性原则,也是滥用刑事司法权的体现①
范以锦(暨南大学新闻与传播学院院长、曾任广东省新闻工作者协会主席)	判断新闻报道失实与否,必须经过调查研究,并非所有的报道失实都等同于"损害商业信誉"。至于怀疑陈永洲"本身也有问题",这属于偷换概念,如果警方掌握了陈永洲涉嫌敲诈勒索或受贿的证据,应使用这两个罪名刑拘他,而不能"先抓后审"②

注:①《以损害商业信誉罪抓记者滥用警权》,《新京报》2013年10月24日。
②《范以锦:记者报道失实与否须经过调查　不能先抓后审》,《贵州都市报》2013年10月24日。

短短几天后,事件出现戏剧性逆转。2013年10月26日,陈永洲在看守所接受采访时,承认收钱发稿诋毁中联重科,并向中联重科、广大股民和自己的家人道歉,告诫同行"要以我为戒"。2013年10月27日,《新快报》宣布收回对陈永洲的辩护,并表示该报对稿件的审核把关不严,在事发后采取不当做法,严重损害了媒体的公信力,向社会各界致以深深歉意。致使事件性质由一起"因舆论监督受警方迫害"的"冤案"转变为一起"拿人钱财发表不实报道"的记者失职丑闻,舆论也随即纷纷转向谴责陈永洲,批评记者操守和媒体公信力,使得长沙市警方从舆论的风口浪尖上摆脱出来。代表性的观点如表2所示。

表2　事件原因查明后媒体观点

评论主体	主要观点
新华网	媒体从业人员要坚守职业操守的底线。媒体之所以是"社会公器",新闻记者之所以是"社会航船的瞭望者",就在对社会丑恶的揭露和监督是其职责和使命所在,这也是社会对媒体和记者赋予光环的重要原因,但在这种监督权力下,如果没有职业操守,丧失职业底线,失去的不仅是职业尊严,还有整个行业的社会信任①
《光明日报》	记者陈永洲及所属的《新快报》,连续刊发不实报道,扰乱视听,严重违背了新闻真实性原则,严重损害了新闻媒体公信力,造成了极其恶劣的社会影响。有关部门应对这种新闻不端行为一究到底、严惩不贷②

注:①闫祥岭:《新华网评:陈永洲的"以我为戒"说与谁听?》,新华网,2013年10月27日。
②《坚守新闻真实这条生命线》,《光明日报》2013年11月1日。

至此，陈永洲事件基本得以收场，反思整个过程，不难发现，这是一场政府和媒体话语权与公信力的对决。媒体作为社会监督的利器，历来在社会事件中占据主动权，在传统媒体、新媒体、自媒体等各个领域都掌握着麦克风。而近年来，我国政府由于各种负面事件导致公信力下降，使得事件一开始，舆论矛头便直指长沙市警方，其跨省拘捕和诱捕的"警权滥用"行为激起了公众的愤怒，纷纷抗议警方的粗暴执法。然而随着事件的进展，陈永洲收人钱财、报道不实新闻的真相浮出水面，警方掌握了主动权，利用新媒体将事件真相及时公布，舆论迅速转向，一致谴责记者有失职业操守，媒体公信力严重受损。因为舆论的转向，使得对于警方"程序正义"的质疑被忽略，然而警方动用专政力量时，展现出随意、粗暴、蛮横的事实，仍值得反思。

3. 舆论与司法的角力——最高法表态：赞成废除嫖宿幼女罪

贵州习水、陕西略阳、福建安溪、浙江永康等对未满 14 周岁的幼女性侵事件引发了人们极大关注。这些案子共同把"嫖宿幼女罪"这一法律名词再次拉入了公众视野。

1997 年新刑法修订时，在第 360 条第 2 款规定"嫖宿不满十四周岁幼女的，处五年以上有期徒刑，并处罚金"[1]。嫖宿幼女罪被从强奸罪中分离出来，成为妨碍社会管理秩序罪中的单独刑法罪名。"嫖宿幼女罪"被分离出来后，对未成年人性侵案件呈现上升趋势。全国妇联来信来访的数据显示，全国各地投诉"儿童性侵犯"的个案，1997 年下半年为 135 件，1998 年为 2948 件，1999 年为 3619 件，2000 年为 3081 件，三年间猛增了 20 多倍。[2] 嫖宿幼女罪自产生以来，存废之争一直不绝于耳，近年来更是随着性侵幼女案的频频曝光而刺激着公众的道德神经，仅在 2013 年，全国就共有 125 起被媒体报道的性侵女童案例。[3] 关于嫖宿幼女罪的存废争议，见表 3。

---

① 刘飞、温建辉：《嫖宿幼女罪存与废之立法选择》，《湖南工业大学学报》2014 年第 1 期。

② 搜狐网，《幼女频遭性侵　嫖宿幼女罪被指纵容犯罪》，2012 年 6 月 8 日，转自《海峡都市报》，http://baobao.sohu.com/20120608/n345057492.shtml。

③ 文讯网，《2013 年：全国共有 125 起媒体报道性侵女童案》，2013 年 3 月 3 日，转自《新京报》，http://news.wenxuncn.com/2014/zonghe_0303/21064.html。

表3 关于嫖宿幼女罪存废争议的代表性观点

争议点	社会舆论	部分法学家观点
幼女污名化问题	设立嫖宿幼女罪,将幼女在道德上作了区分:良家幼女和卖淫幼女,意味着刑法对幼女的保护不再是平等	法学教授高铭暄指出:设立嫖宿幼女罪的初衷,不是与强奸罪相对应的,而是与一般"不认为是犯罪"的嫖娼活动相对应的[1]
量刑问题	该罪名成了部分犯罪分子的保护伞、免死牌。犯罪分子强调"给过财物",就能把"强奸行为"转化为"嫖宿行为"	储槐植认为,嫖宿幼女罪的法定刑:5~15年,定得已经相当重[2];刑法学教授阮齐林也指出,在司法实践中,99%的嫖宿幼女罪判得比强奸罪重[3]
社会导向问题	该罪名弱化了社会对这一行为后果的认识,人们会认为"强奸"是重的,而"嫖娼"是轻的	高铭暄指出,普通嫖娼虽不合法,但并不以犯罪论,将嫖宿幼女从嫖娼行为中区别出来定成罪,是一种威慑,不是放纵
司法执法问题	建议取消嫖宿幼女罪,性侵幼女一律按强奸罪论处	由于强奸罪起刑点比嫖宿幼女罪低,取消之后,钟情于幼女的买春者,很有可能反而被轻判

注:[1]苏希杰、王梦婕:《废除嫖宿幼女罪 谁在支持谁在反对》,《中国青年报》2012年7月20日。
[2]刘长、赵蕾:《嫖宿幼女罪,被指"恶法"有点冤——存废之争:民间热,业界冷》,《南方周末》2012年6月15日。
[3]苏希杰、王梦婕:《废除嫖宿幼女罪 谁在支持谁在反对》,《中国青年报》2012年7月20日。

在倾听民意及作出专业调研的基础上,从2008年起,在全国"两会"上,几乎每年都有废除嫖宿幼女罪的呼声。2013年7月,最高人民法院答复全国人大代表孙晓梅关于废除嫖宿幼女罪的建议时,明确表示完全赞成废除嫖宿幼女罪,认为以嫖宿幼女罪定罪量刑,虽然对被告人进行了处罚,但也认可了幼女"卖淫女"的身份,这一标签是对幼女的极大侮辱。最高院的这一表态,也得到了媒体的呼应,纷纷表示支持废除嫖宿幼女罪。

表4 媒体支持废除嫖宿幼女罪

媒体	标题	主要观点
《齐鲁晚报》	《"嫖宿幼女罪"本就不该有》	所谓"嫖宿幼女"本身就是一个伪命题,嫖宿罪本就不该有[1]
《成都商报》	《废除嫖宿幼女罪 让法律回到善的根》	废除嫖宿幼女罪,以强奸论,从重处罚,十分必要[2]
《京华时报》	《废除嫖宿幼女罪亟须立法回应》	该罪的存与废需要公开博弈,亟待修法论辩的进一步深入[3]

续表

媒体	标题	主要观点
《北京青年报》	《嫖宿幼女罪理应废除》	"嫖宿幼女罪"如果要废除,必须通过立法修正的形式加以废除④
新华网	《"嫖宿幼女罪"该寿终正寝了》	无论何种情形,都应当视作强奸,打击性侵幼女行为,实现对儿童"利益最大化的保护"⑤

注：①张玉胜：《"嫖宿幼女罪"本就不该有》,《齐鲁晚报》2013 年 12 月 9 日。
②李迎春：《废除嫖宿幼女罪　让法律回到善的根》,《成都商报》2013 年 12 月 9 日。
③王云帆：《废除嫖宿幼女罪亟须立法回应》,《京华时报》2013 年 12 月 9 日。
④张倩：《嫖宿幼女罪理应废除》,《北京青年报》2013 年 12 月 9 日。
⑤张玉胜：《"嫖宿幼女罪"该寿终正寝了》,新华网,2013 年 12 月 9 日。

对"嫖宿幼女罪"存废问题的讨论,凸显了由于社会经济的发展,对于"嫖宿幼女罪"适用性出现了争议。在社会转型期,爆发出一些具有共同特征的事件而相对应的法律又不能很好地解决时,会引发公众的关注与对该法律存废的探讨,进而呼吁权力机关废止旧法,体现了社会舆论与司法的良性互动。

4. 司法制度需完善——聂树斌案

2013 年 9 月 27 日,河北高院对"王书金案"二审宣判,不认定王书金是"聂树斌案"真凶,维持一审死刑判决,再次引发公众对于"聂树斌案"的关注与讨论。

表 5　聂树斌案件回顾

时　间	案件进程
1994 年 8 月 5 日	石家庄市郊区玉米地发生一起强奸杀人案
1995 年 3 月 15 日	石家庄市中级人民法院一审判处聂树斌死刑
1995 年 4 月 27 日	聂树斌被执行死刑
2005 年 1 月 18 日	王书金在被提审时供述了在河北省强奸并杀害了 4 名妇女的罪行,其中包括石家庄市郊区玉米地的奸杀案
2005 年 3 月 15 日	媒体报道《一案两凶,谁是真凶》,引发公众舆论关注
2007 年 4 月	王书金强奸杀人案一审宣判,王书金被判死刑。王上诉,理由之一是没有认定他供认的在石家庄郊外玉米地所作的强奸杀人案
2013 年 6 月 25 日	河北省高院二审再次开庭,审理王书金案

"聂树斌案"法院最初定罪的理由是"事实基本清楚，证据基本确凿"①，折射的是重打击犯罪，轻人权保障的落后司法观念。佘祥林、赵作海、张高平叔侄等冤假错案的一再发生，不仅给当事人带来了难以磨灭的惨痛记忆，也影响了公众对于司法工作的评价，如果处理不当，更会蚕食司法公信力，动摇法制建设的根基。

坚持"疑罪从无"的裁判原则，作出有利于被告人的判断，是防范冤假错案的关键。面对中国司法审判的现实情况，党的十八届三中全会决定提出要健全错案防止机制，2013年11月21日最高法出台文件防范冤假错案，《关于建立健全防范刑事冤假错案工作机制的意见》明确提出：应该摒弃"有罪推定""宁错勿漏"执法观，坚持"疑罪从无"的裁判原则。② 曾经的收容制度因为"孙志刚案件"而终结，在继佘祥林案之后的一件件"洗冤案"后，中国的司法部门正在认真吸取教训，完善制度建设。

三　涉警涉法舆情事件应对的策略与建议

2013年引起广泛关注的涉警涉法舆情事件数量较2011、2012年有所减少。值得肯定的是，2013年涉警涉法舆情主体应对网络舆情的态度、行为和反应速度都有很大提高，由过去的忽视、控制、打压网络舆情的态度，转变为积极反应反馈的态度。但2013年的负面事件所占比例高达72.4%，较前两年明显增多。这一现象的出现有其独特的社会背景。一方面，近年来，中国互联网事业飞速发展，网民数量不断增多，伴随微博微信等新媒体的普遍应用，中国社会开始进入新媒体时代，每个人都可能成为信息渠道和意见表达的主体。而随着经济社会的进步，中国公民的整体素质普遍提高，维权意识增强，利用网络维权的事件层出不穷，使得负面事件频频通过网络曝出。另一方面，中国正处于社会转型期，社会矛盾突出，社会问题频发，负面涉警涉法舆情事件的高比例正是社会矛盾突出的体现。而涉警涉法舆情事件的发生大多与公民的切

① 周喜丰：《冤案如何平反》，《潇湘晨报》2013年6月5日。
② 杨维汉、崔清新、邹伟：《聚焦关于建立健全防范刑事冤假错案工作机制的意见》，新华网，2013年11月21日。

身利益相关，容易引发社会关注，一旦处理不当则会使舆情主体遭到社会舆论的强烈谴责，甚至有可能引发群体性事件，从而影响我国社会的稳定发展、和谐社会的建构。基于此背景，加之对具体案例的分析概括，对涉警涉法舆情主体的舆情应对提出以下建议。

1. 加强自身队伍建设，尽可能减少负面舆情事件的发生

涉警涉法舆情事件主体应该加强自身队伍建设，提高每一个相关人员的媒体意识、责任意识，严厉打击滥用公权、贪污腐败、言行不当等不良行为。而针对某些官员或部门的负面新闻一旦查实，应该迅速采取措施，率先公布事实真相，不包庇、不掩饰，并严肃处理相关人员，及时公布处理结果，给公众一个满意的交代。只有涉警涉法舆情事件主体自身队伍素质提高，才能在根源上减少负面舆情事件的发生。

2. 完善涉警涉法舆情收集研判机制，充分利用好新媒体平台，快速有效处置舆情危机

涉警涉法舆情事件主体与公众通常有着执法与被执法的关系，在这个过程中产生摩擦无法避免。加强对舆情的动态监控，特别是对于倾向性问题，相关部门要及时对信息进行有效的分析研判，抓住干预"黄金 4 小时"，及时提出应对措施。此外，涉警涉法舆情事件主体必须具备现代化能力，除了完善政府门户网站，推行政务公开，还应顺应时代要求，主动利用新媒体。新媒体的便捷普遍，不仅有利于信息的公开透明，还拓宽了公众了解、参与、监督涉警涉法主体的渠道，满足公众知情权，增加良性互动。

例如，在福建警察群殴记者事件中，实名认证记者在微博上求助，称在采访一起交通事故时遭警察围堵殴打，其中一名记者嘴、手、颈等多处受伤。微博一出立即引发网友关注与热议，福建省公安厅交警总队官方微博"@福建交警"也迅速作出回应，称经初步调查，冲突是民警劝离记者等人撤离汽车追尾事故现场时引发。民警之所以如此做，是因为"怕现场汽车爆炸，考虑周边人身安全，若执法中有不规范、不文明地方，支队表态将严肃处理"①。

---

① 罗浩、赖泳源：《福建记者采访交通事故遭警察殴打 官方回应》，华声在线，2013 年 1 月 15 日。

事件发生后，福建交警对舆情进行研判，利用官方微博平台，快速地作出反应，塑造主体负责任的形象，使得舆情危机得到最及时最有效的处理，平息了网民的愤怒。

3. 加强新闻发言人制度建设，第一时间抢占话语权，掌握舆情事件的主导权

舆情危机多是由于涉警涉法舆情事件主体封锁消息或者是前后应对不一致造成的，因此在重大涉警涉法舆情事件发生后，涉警涉法舆情事件主体发言人需要主动举行新闻发布会，准确发布消息。涉警涉法舆情事件主体在公共事件中一般占据"主场优势"，掌握的信息远比网民全面而专业，对媒体有重大影响力，且接触媒体方便容易，加上其本身具有的权威性，若第一时间发声，就可以掌握事件的主导权，有力地引导舆论，从而避免谣言的滋生和负面情绪的蔓延。

除了在第一时间应对之外，妥善合理地处理危机，对涉警涉法舆情主体提出了更高的要求。在舆情事件发生后，决不能停留在口头应对上，应该及时作出合理的处置，组织相关部门查明事件原因，公布处理结果，积极反馈事件进展。不能让事件停留在"进一步调查"中，否则，久而久之，会有损涉警涉法舆情主体的形象。

4. 注重意见领袖的培养，积极与媒体和公众合作，促进决策民主化科学化

一方面，进入互联网时代，民众拥有越来越多的自由表达权，但由于媒介资源及自身媒介素养所存在的差异，使得民众发出的声音也有所区别。普通民众通常难以形成对舆情事件的有效影响力，而主流媒体、相关专家学者的意见表达却能成为具有较高公信力的信息源。涉警涉法舆情事件主体应该培养自身体系中的意见领袖，通过意见领袖的发声来提高公信力，从而更好地对网络舆情进行引导，化解负面舆情。

另一方面，历来掌握话语权的媒体和许多新生的网络"意见领袖"，对公众和舆论走向有举足轻重的影响。涉警涉法舆情事件主体要积极与媒体及"意见领袖"沟通合作，保持良好的互动关系，要允许和鼓励他们对涉警涉法舆情事件主体各方面工作的缺失提出批评，开展舆论监督，同时通过积极沟通对话，让他们理解涉警涉法舆情事件主体在处理公共事件时的复杂性，并及时向他们传达信息，引导他们在最根本的问题上帮助涉警涉法舆情事件主体，缓释公众的某些不满情绪。

另外，在公共决策过程中，要开放民意通道，积极纳入公众意见，使公共决策走向制度化民主决策，提高公共决策的合法性，提高公众的参与热情，共同进行社会治理，促进公共决策的科学化、民主化。

网民认知与行为研究

Monographic Studies

B.8

中国网民互联网使用习惯与公共
事件传播行为调查报告

上海交通大学舆情研究实验室 *

摘 要：

　　上海交通大学社会调查中心针对中国网民的互联网使用习惯
与公共事件传播行为展开电话调查，调查范围覆盖了全国36
个城市的1080个样本。基于本调查，本文对不同网民群体之
间的行为习惯差异进行比较，并重点考察了网民的互联网使
用习惯、公共事件传播行为与社会认同感之间的关系，挖掘
中国网民互联网使用习惯与公共事件传播行为背后的心理因
素。调查结果显示：在互联网使用习惯方面，66.5%的受访
网民主要通过手机上网；超过六成受访网民上网的主要目的
是了解新闻、休闲娱乐。在公共事件传播方面，中国网民对

---

* 课题负责人：谢耘耕；执笔人：陈玮、乔睿、张旭阳；统计分析：乔睿、张旭阳。

于公共事件的关注度较高，参与传播行为的网民比例较高，且传播方式多样。互联网使用习惯与社会认同感关系方面，受访网民的上网时间长短和平均每天使用微信的频率高低与其对社会的认同感评价存在显著负相关关系；对互联网选择倾向性越强的受访网民对社会谐度感知以及社会安全度感知的评价越低。在公共事件传播行为与社会认同感关系方面，在互联网上有公共事件传播行为，尤其是有未经证实消息传播行为的网民群体社会认同感较低。

关键词：

互联网使用习惯　公共事件　传播行为　社会认同感

自 20 世纪 80 年代在美国兴起后，互联网技术高速发展，在各领域都掀起了一场"网络革命"浪潮。截至 2013 年 12 月，世界网民规模达到 27 亿①，中国网民也已突破 6 亿，互联网普及率为 45.8%，中国成为世界上网民人数最多的国家。② 目前互联网已成为继报纸、广播、电视等传统媒介之后的"第四媒介"。

近年来，互联网和新媒体技术在公共事件传播中发挥着独特的作用。2013 年发生的 1000 起影响较大的公共事件中，由新媒体首次曝光的公共事件比例达到 63.4%，超过了传统媒体。其中，由微博首次曝光的公共事件比例占 15.0%，有微博参与的公共事件比例高达 99.3%，微博、微信日益成为当今舆论的风暴中心。在这些倡导"互动、分享、关系"理念的 Web2.0 平台上，公共事件的传播突破了经典的两级传播模式，呈现出去中心化的多级传播特点。普通网民的转发、评论行为的影响力和重要性凸显，成为决定公共事件舆论走向的基础性力量。

---

① International Telecommunication Union, *The World in 2013 ICT Facts and Figures*, http://www.mcit.gov.eg/Upcont/Documents/Report_ ICTFactsFigures2013.pdf.
② 中国互联网络信息中心（CNNIC），第 33 次《中国互联网络发展状况统计报告》，http://www.cnnic.net.cn/hlwfzyj/hlwxzbg/hlwtjbg/201403/P020140305346585959798.pdf.

可以说，互联网的出现不仅为人们发布和获取信息以及参与公共事件的传播提供了新的渠道，同时作为一种新的生活方式对人们的心理、行为以及人们对社会的认知产生着潜移默化的影响。为此，上海交通大学社会调查中心开展了面向全国36个城市的电话调查，针对1080个中国网民样本的互联网使用习惯、公共事件传播行为及社会认同感评价现状进行了调查，并重点对三者之间的关系进行了分析研究。

一　文献综述

（一）网民的互联网使用习惯研究

中国互联网络信息中心2014年1月公布的第33次《中国互联网络发展状况统计报告》显示，截至2013年12月我国网民的规模达到6.18亿，其中2013年全年新增网民共计5358万人，相比2012年底提升了3.7个百分点。[①]截至2013年底，我国的互联网普及率已经高达45.8%[②]，可以说互联网越来越成为人们生活中不可或缺的一部分。近年来，有关互联网使用习惯的效果研究也逐年增多，成为传播学、心理学等学科的研究热点话题。

学者对互联网使用习惯的调查主要包括以下几个方面：（1）上网时长，即对网民上网的时间长度进行调查，一般的调查方式为让受访者回答自己平均每天或者每周的上网时间，通常以小时为单位。为了便于分析，部分学者也会依据网民上网时间的长短进一步将网民划分为长期使用组和短期使用组两类，如有学者以平均每周上网时间6小时为划分标准，将网民划分为长期使用者和短期使用者两大类。[③]（2）上网频率，即网民对互联网的使用频率，这是除上网时长外另一个测量网民互联网使用程度的重要指标。有学者以平均

---

① 中国互联网络信息中心（CNNIC），第33次《中国互联网络发展状况统计报告》，http://www.cnnic.net.cn/hlwfzyj/hlwxzbg/hlwtjbg/201403/P020140305346585959798.pdf。
② 中国互联网络信息中心（CNNIC），第33次《中国互联网络发展状况统计报告》，http://www.cnnic.net.cn/hlwfzyj/hlwxzbg/hlwtjbg/201403/P020140305346585959798.pdf。
③ 徐梅、张锋、朱海燕：《大学生互联网使用动机模式研究》，《应用心理学》2004年第3期。

每周上网 3 次为标准将网民划分为经常使用组和非经常使用组。① （3）媒介选择，即调查受访者的主要信息获取渠道。其中在对媒介选择习惯进行调查时的侧重点主要有两个：一个是对受访者日常的信息获取渠道进行调查，另一个是调查在突发事件发生时受访者首先选择的信息获取渠道。（4）上网目的，对上网目的进行调查也是目前研究网民互联网使用习惯的重点之一。但是目前我国学者在对上网目的的具体分类上尚未达成统一。学者何国平在对广州大学生的互联网使用习惯进行调查时，将上网目的概括为"获得更多新鲜信息""进行娱乐活动""结交更多朋友""向外部发布信息""好奇心驱使"五类。② 从国外的相关研究来看，早在 2000 年外国学者罗宾（Rubin）等人将人们使用互联网的主要动机概括为五个方面，分别是消磨时间、人际社交、信息查询、获取便利以及娱乐③，具有较高的认可度。（5）另外，对青少年的互联网使用习惯进行调查时，还经常对其上网时间和场所进行统计。

在针对网民互联网使用习惯的研究中，目前国内在该领域的研究对象大多集中在大学生和青少年病理性互联网使用人群中，缺乏对我国网民整体互联网使用习惯的调查和研究，因此已有研究结论的普适性仍有待进一步考量。

（二）网民的传播行为研究

从广义看，网民的传播行为属于互联网使用习惯的范畴，但随着 Web2.0 技术兴起，互联网平台上的信息传播机制及网民传播行为成为当下的热门研究主题，国内外学者在这方面积累了大量理论和实证研究成果。

目前，大量网民传播行为的研究集中于网民的虚拟特征（如微博用户的粉丝数、关注数，论坛用户的发帖量、活跃度、兴趣等）对转发评论等传播

---

① 徐梅、张锋、朱海燕：《大学生互联网使用动机模式研究》，《应用心理学》2004 年第 3 期。
② 何国平：《当前大学生互联网使用与满足的新动向——基于广州大学城的问卷调查》，《现代传播（中国传媒大学学报）》2009 年第 5 期，第 117～120 页。
③ Papacharissi, Zizi; Rubin, Alan M, "Predictors of Internet Use", *Journal of Broadcasting & Electronic Media*, 2000, 44 (2), pp. 175 – 196.

行为的影响。例如，杨（Yang）等人研究发现用户活跃度、内容重要性、用户兴趣对 Twitter 用户转发行为有影响。[1] 有学者发现 Twitter 中是否包含 URL 和话题标记对转发率有直接影响，Twitter 发布者的粉丝数、关注数、注册时长对转发率有间接影响，而 Twitter 发布者的微博数与转发率基本无关。[2] 谢婧发现微博内容、性别、粉丝数、关注数和微博数的特征对用户转发行为有影响，并基于此预测了微博的传播范围和趋势发展。[3] 谢耘耕指出有影响力的微博用户（关键节点）类型、对舆情事件的介入速度、所发微博的特征等都对转发评论有显著影响。[4]

社会学家认为，网络信息传播研究的目的是理解各种信息传播的驱动因素，例如同群效应（peer effect）[5][6]、同质性（homophily）[7]、混淆效应（confounding effect）[8] 等。基于此目的，一些学者突破了虚拟世界与现实世界的隔离，从线下收集网民的真实信息和态度，研究网民作为真实的、现实社会中的个体在网络传播过程中表现出来的行为特征及背后的驱动因素。倪琳等人基于问卷调查结果，认为目前网络新人类的互动传播行为呈现出五种行为因子，分别对应不同的互动传播行为驱动力。[9] 纪诗奇基于问卷调查数据和结构

① Yang J, Counts S, "Predicting the Speed, Scale, and Range of Information Diffusion in Twitter", *ICWSM*, 2010, 10, pp. 355 – 358.

② Suh B, Hong L, Pirolli P, et al, "Want to be retweeted? large scale analytics on factors impacting retweet in twitter network", *2010 IEEE Second International Conference on Social Computing (SocialCom)*, pp. 177 – 184.

③ 谢婧、刘功申、苏波、孟魁：《社交网络中的用户转发行为预测》，《上海交通大学学报》2013年第4期，第584～588页。

④ 谢耘耕、荣婷：《微博传播的关键节点及其影响因素分析——基于30起重大舆情事件微博热帖的实证研究》，《新闻与传播研究》2013年第3期，第5～15页。

⑤ Aral S, Walker D, "Identifying influential and susceptible members of social networks", *Science*, 2012, 337 (6092), pp. 337 – 341.

⑥ Bond R M, Fariss C J, Jones J J, et al, "A 61-million-person experiment in social influence and political mobilization", *Nature*, 2012, 489 (7415), pp. 295 – 298.

⑦ McPherson M, Smith – Lovin L, Cook J M, "Birds of a feather: Homophily in social networks", *Annual Review of Sociology*, 2001, pp. 415 – 444.

⑧ Sinan Aral, Lev Muchnik, ArunSundararajan, Matthew O. Jackson, "Proceedings of the National", *Academy of Sciences of the United States of America*, 2009, 51, pp. 21544 – 21549.

⑨ 倪琳、林频：《网络新人类互动传播行为调查》，《现代传播（中国传媒大学学报）》2012年第8期，第107～112页。

方程模型结果，发现受众的传播决策过程主要受到传播效益、态度和风险感知的影响。[①] 李晓娥以5W理论为基础，从信息源、接收者个性特征、信息内容，以及受众对不同价值效用信息的卷入度，研究 SNS 社交网站中网民信息分享行为的影响因素。[②] 东方基于行为动因的视角，针对微博用户行为的影响因素问题进行了问卷调查，发现用户通过增加对微博的娱乐性、群体归属感而增加其使用微博的宣传推广度。[③] 彭柯等人以新浪微博为研究对象，归纳出微博用户共享行为的六个影响因素，并构建了影响因素模型，结果显示信任和互惠这两个因素对微博用户的共享行为有显著影响。[④]

目前针对网民传播行为的研究，大量地局限于互联网虚拟用户的研究，无法将网民定位至真实的、社会中的人，从而无法得知网民在现实生活中的个人基本信息和观点态度。而少数能兼顾网民线上传播行为和线下真实信息的研究，则更侧重于网民的社交行为、购物行为等日常生活行为，对公共事件传播的讨论较少。

（三）网民社会认同感与互联网行为习惯的关系研究

近年来，随着互联网技术的快速发展，基于认知心理学的互联网使用习惯效果研究逐年增多，而互联网用户的信息传播行为，尤其是谣言传播，也一直是认知心理学的研究重点。

关于互联网使用习惯的效果研究可以借鉴传统媒体的相关研究，作为传统媒体的电视对人们认知、判断和世界观产生的影响已经得到了理论层面的证实。涵化理论侧重对电视给观众带来的长期影响效果的研究，不同于之前仅重视对观众短期行为层面的影响研究。该理论的提出者格伯纳指出，相比于观看

① 纪诗奇：《受众信息传播行为的影响因素：模型的构建与实证研究》，《情报杂志》2013年第3期，第30~36页。
② 李晓娥：《SNS社交网站信息分享行为的影响因素》，《媒体时代》2011年第4期，第18~21页。
③ 东方：《微博用户行为影响因素问卷调查分析》，《中国科技资源导刊》2013年第6期，第88~94页。
④ 彭柯、朱庆华、王雪芬：《微博用户共享行为影响因素研究》，《图书情报知识》2013年第2期，第81~87页。

电视时间较短的人来说，观看时间越长的受众更倾向于认同电视所呈现出来的社会图景。①

有关对互联网使用习惯的效果研究，可以大致分为两大类：一类是对网民自我心理感知产生的效果研究，第二类是对网民社会整体感知的效果研究。

第一类研究中以互联网使用习惯对网民孤独感、幸福感等心理健康的影响研究居多。如为了解释互联网使用习惯（主要是使用时间）对网民的社会心理健康的影响，维瑟（Weiser）引入了互联网使用态度这一中介变量来解释两个变量的关系。② 维瑟（Weiser）将网民的互联网使用态度划分为社会情感调节类和信息获取类两大类，对网民的使用态度与其心理健康水平的关系进行了研究。研究结果表明，第一类网民对互联网的使用可能会造成其社会的参与度降低等效应，从而产生降低其心理健康水平的结果；相反，第二类网民对互联网的使用则通过加强了社会的整合度的途径，最终达到提高了该类网民的心理水平的结局。另外，我国学者张锋、马定松等运用心理学试验的方法研究不同动机网络使用者对网络相关线索以及负性线索的注意力偏向差异。③ 该实验运用"大学生病理性互联网使用行为量表"和"大学生互联网使用动机量表"筛选出符合标准的被试 50 人，其中具有"人际情感性动机"互联网使用被试 29 人，"信息获取性动机"互联网使用被试 21 人。试验结果显示，使用互联网时具有互联网信息获取性动机的试验被试的注意力显著偏向于网络信息获取线索，而具有人际情感性动机的试验被试的注意力显著偏向于负性情绪线索和网络情感满足线索。总体来说，学界对互联网使用习惯对网民自我心理感知效果研究的成果还是很丰富的，并且有大量的研究采用了实证量化的研究路径，对本文的研究具有很重要的参考意义。

---

① 转引自廖圣清、景杨、张帅《大学生的媒介使用、社会接触和国家印象：以刻板印象为研究视角》，《新闻与传播研究》2011 年第 1 期，第 40～50 页。

② Weiser E. B, "The function of internet use and their social and psychological consequences", *Cyber Psychology and Behavior*, 2001, 4 (6), pp. 723–743.

③ 张锋、马定松、周艳艳：《不同动机网络使用者对网络使用线索的注意偏向》，《应用心理学》2007 年第 2 期，第 108～114 页。

第二类研究中，多以某一具体人群为研究对象，找一个切入点对互联网使用习惯与社会认同感之间的关系进行研究。如廖圣清等学者以刻板印象为切入点，采用自由反应研究方法探讨了大学生的媒介使用和社会接触对国家印象的影响。[①] 为准确把握网民的互联网使用习惯，该研究分别从以下几个维度进行了调查：媒介使用的时长和频率，使用媒介阅读、收听或收看的主要新闻内容的类型（如财经新闻、政治新闻、娱乐体育新闻、国内外重大突发事件报道等）。另外还对受访者的人口学变量进行了调查（如性别、年龄、受教育程度等）。研究结果显示，受访者对电视媒体的使用频率会显著影响其个人对国家的印象，其中接触电视媒体频率越高的受访者越倾向于对国家形象持有正面评价。但是以全部网民作为研究对象的相关研究在国内至今都很少见，因此研究结论的广泛代表性存在不足。

相比而言，从认知心理学视角出发的关于互联网信息传播活动与网民传播行为的研究则更加丰富，这是由于早期的传播研究本身就是由心理学家和社会学家主导的，例如 20 世纪 60 年代由心理学家霍夫兰（Hovland）领导的"耶鲁传播与态度变迁计划"就是传播效果研究的里程碑之作。目前已有不少学者对传播行为与社会认同感之间的关系展开研究。例如，操慧重点探讨了新闻传播与社会认同感的关联，认为两者之间是一种互相影响与互相建构的关系。[②] 有学者发现群体认同水平在谣言传播中起到调节作用。[③] 在此基础上，赵娜等人指出谣言在传播过程中同时受到个体和群体两个水平上的认知和情绪变量的影响，其中群体认同和群体规范等群体因素会影响谣言的传播强度和速度，群体认同会影响到人们是否相信谣言并进一步对谣言进行传播。[④] 杨光辉等人认为谣言实际上是一种由信息传播影响的集群行为，其产生与传播既与参

① 廖圣清、景杨、张帅：《大学生的媒介使用、社会接触和国家印象：以刻板印象为研究视角》，《新闻与传播研究》2011 年第 1 期，第 40～50 页。

② 操慧：《论新闻传播对社会认同感的建构》，《郑州大学学报》（哲学社会科学版）2011 年第 2 期，第 126～130 页。

③ Einwiller, S. A., Kamins, M. A, "Rumor has it: The moderating effect of identification on rumor impact and the effectiveness of rumor refutation", *Journal of Applied Social Psychology*, 2008, 38, pp. 2248 – 2272.

④ 赵娜、李永鑫、张建新：《谣言传播的影响因素及动机机制研究述评》，《心理科学》2013 年第 4 期，第 965～970 页。

与者的个体心理因素有关，也与在具体情境下的社会心理因素有关，当社会成员正常生活所需的条件（包括安全需求、生理需求和信息需求等）无法满足时，集聚的集体压力将诱发集群行为的产生。[①]

二 研究设计

（一）研究问题

本文旨在通过全国范围的大规模调查，客观、准确、全面地刻画中国网民的互联网使用习惯和公共事件传播行为特征，并比较不同网民群体之间的差异。另外，本文还重点考察网民的互联网使用习惯、公共事件传播行为与社会认同感之间的关系，从"行为改变认知，认知影响行为"的研究视角对中国网民的行为特征和心理动因进行深入挖掘。

（二）研究方法

为了解中国网民的互联网使用习惯、公共事件传播行为及网民对社会认同感的现状，2014 年 5 月，上海交通大学社会调查中心针对全国 36 个城市（包括直辖市、省会城市、副省级城市）开展"中国网民互联网使用习惯与公共事件传播调查"。

上海交通大学社会调查中心通过采用多阶段复合抽样，对全国拥有住宅固定电话或手机的年满 16~84 岁的常住居民进行调查。由于本次调查的目标总体限定为使用过互联网的居民，即"网民"，因此在问卷的第一题设置筛选性问题，选择"从不上网"的受访者将立即终止答卷。第一阶段从全国地级以上城市中，综合考虑各城市的政治、经济、文化影响力抽取了 36 个城市，较全面地覆盖了东、中、西部地区和一、二、三线城市。第二阶段在调查城市中，采取"随机电话号码拨号"（RDD）的抽样方法进行调查，对每个城市随

---

① 杨光辉、高昊：《灾害流言、谣言传播心理因素分析——以 3·11 东日本大震灾中的流言、谣言传播为例》，《文化与传播》2013 年第 3 期，第 8~13 页。

机抽取 30 名受访者。在调查样本量的确定上，在 95% 的置信水平下按简单随机抽样的抽样误差不超过 3% 的要求进行计算，需要抽取样本量 1067 个。本次调查综合考虑调查城市数量、调查费用以及可行性等因素，最终获得有效样本 1080 个。

在对样本数据按照第六次人口普查男女比例进行加权处理并剔除信息不明确的无效样本后，本次调查样本结构最终如下：男性占比 51.0%，女性占比 49.0%；非农业户口者 60.1%，农业户口者 39.9%。20 ~ 29 岁受访者居多，占 47.3%，30 ~ 44 岁占 31.0%，其他为 45 ~ 59 岁，占 9.6%；20 岁以下，占 9.4%；60 ~ 74 岁，占 2.5%；75 岁及以上，占 0.3%。被调查者受教育程度较均衡，大学本科占 34.0%；高中及中专、大专的受访者人数相差不多，各占 23.6% 和 22.6%，另外初中文化程度占 12.4%；研究生及以上占 4.3%，小学及以下占 4.3%。

从受访者职业来看，涵盖各职业人群。按照比重由大到小排列依次为：专业技术人员（22.6%）、学生（18.4%）、商业服务业人员（17.9%）、个体经营人员（8.4%）、办事人员和有关人员（7.5%）、自由职业（5.6%）、生产运输工人和有关人员（5.4%）、离退休人员（4.0%）、无业人员（3.4%）、党政企事业单位负责人（3.4%）、农林牧副渔水利业生产人员（2.5%）、其他（0.7%）、军人（0.3%）。从受访者收入情况来看，18.9% 的受访者月收入在 3001 ~ 4000 元，位居第一；无收入者、2001 ~ 3000 元月收入者位居第二、第三，分别占 18.5%、15.0%；其他依次为：4001 ~ 5000 元（13.3%）、5001 ~ 6000 元（8.6%）、10000 元以上（6.7%）、1001 ~ 2000 元（6.6%）、1 ~ 1000 元（3.7%）、6001 ~ 7000 元（2.7%）、7001 ~ 8000 元（2.5%）、9001 ~ 10000 元（2.4%）、8001 ~ 9000 元（1.1%）。

（三）数据处理

本次调查主要使用 IBM SPSS Statistics 21 软件包对数据进行处理，综合使用描述性分析、均值比较、卡方检验、相关性分析等方法，以期达到反映我国网民的互联网使用习惯与公共事件传播特点的目的。

表 1 调查城市分布

城市	直辖市	省会城市	计划单列市	合计
东部	北京、上海、天津	石家庄、沈阳、南京、杭州、福州、济南、广州、海口	大连、宁波、青岛、厦门、深圳	16
中部	—	太原、长春、哈尔滨、合肥、南昌、郑州、武汉、长沙	—	8
西部	重庆	呼和浩特、南宁、成都、贵阳、昆明、拉萨、西安、兰州、西宁、银川、乌鲁木齐	—	12
合计	4	27	5	36

三 中国网民互联网使用习惯调查

(一)上网方式：66.5%的受访网民通过手机上网，占比最高

通过对受访者上网方式进行调查，同一受访者可能采用多种上网方式。调查结果显示通过手机上网的网民数量最多，占比66.5%，使用台式机电脑和笔记本电脑上网的网民数量依次位列第二、第三，占比分别为49.4%和41.1%，而使用平板电脑上网的网民数量相对较少，占比为23.5%。

进一步分析通过手机、台式机、笔记本、平板电脑上网人群的特征后发现：

女性、29岁以下、大学本科学历、商业服务业人员、学生、农业户口人群，通过手机上网的比例较高；男性、30岁以上、学历为高中及中专或大专、党政企事业单位负责人、专业技术人员、办事人员和有关人员、个体经营人员、非农业户口的人群通过台式机电脑上网的比例较高；同时，男性、20~29岁、大学本科或研究生学历、党政企事业单位负责人、专业技术人员、学生、非农业户口的人群通过笔记本电脑上网的比例较高；30~44岁、大学本科或研究生学历、专业技术人员、非农业户口的人群通过平板电脑上网的比例较高。

表2　使用各类上网方式的受访网民结构分布

单位：%

		台式机电脑	笔记本电脑	手机	平板电脑	样本比例
性别	男	55.8	54.2	49.8	50.9	51.0
	女	44.2	45.8	50.2	49.1	49.0
年龄	20 岁以下	5.8	7.0	10.1	8.3	9.4
	20~29 岁	40.8	55.4	51.4	43.7	47.2
	30~44 岁	38.4	31.0	29.6	38.8	31.0
	45~59 岁	11.3	5.0	8.0	7.0	9.6
	60~74 岁	3.3	1.6	0.9	1.9	2.5
	75 岁及以上	0.4	0.0	0.0	0.3	0.3
文化程度	小学及以下	3.0	2.0	3.0	3.1	3.2
	初中	12.0	5.3	11.7	8.8	12.4
	高中及中专	26.0	15.2	23.7	14.6	23.5
	大专	26.1	22.2	21.7	21.4	22.6
	大学本科	28.3	48.2	36.3	45.6	34.0
	研究生及以上	4.6	7.1	3.6	6.5	4.3
职业	党政企事业单位负责人	4.2	5.7	3.0	5.0	3.4
	专业技术人员	26.9	26.1	22.4	31.2	22.6
	商业服务业人员	17.8	16.8	18.5	14.6	17.9
	办事人员和有关人员	8.4	8.0	7.7	9.1	7.5
	农林牧渔水利业生产人员	2.6	1.1	3.0	1.5	2.5
	生产运输工人和有关人员	5.6	2.9	5.9	2.8	5.4
	个体经营人员	9.4	7.4	7.9	10.8	8.4
	军人	0.2	0.6	0.3	0.3	0.3
	离退休人员	4.2	1.4	2.4	2.4	4.0
	无业人员	3.1	2.7	3.3	3.4	3.4
	学生	10.5	23.0	19.3	13.4	18.4
	自由职业	6.2	4.1	5.7	5.2	5.6
	其他	0.9	0.2	0.6	0.3	0.7
户口	农业户口	35.5	35.7	42.5	28.6	39.9
	非农业户口	64.5	64.3	57.5	71.4	60.1

（二）受访网民对各媒体类型的接触情况

1. 接触率：受访网民对电视的接触率最高，对报纸、广播、杂志的接触率较低

本研究对受访网民的传统媒体接触情况进行了调查。调查结果显示受访网

民对电视的接触率最高，有74.3%的受访网民在日常生活中接触电视这一媒介。其次为报纸，51.4%的受访网民使用报纸这一媒介。相比之下，受访网民对广播和杂志的接触率较低，分别有54.6%和50.4%的受访网民基本不接触这两种媒介形式。

2. 平均每天接触时长：互联网 > 电视 > 广播 > 杂志 > 报纸

本研究对受访网民平均每天接触各类媒体的时长进行了调查。统计结果显示，受访网民平均每天对互联网的使用时长明显多于其他传统媒体。有近半数（占比49.6%）受访网民平均每天接触互联网时长在1~4小时，另外互联网使用时长在8小时及以上的受访网民占比13.9%。从受访网民对传统媒体的平均每日使用时长情况来看，受访者对电视这一传统媒体的使用时长明显长于广播、杂志和报纸等媒体形式。其中，平均每日对广播、杂志、报纸的接触时长在0.5小时以下的受访网民均在六成以上，所占比例分别为64.1%、65.1%和70.1%，平均每天对电视的使用时长在0.5小时以下的受访网民数量仅占总体样本的22.5%。

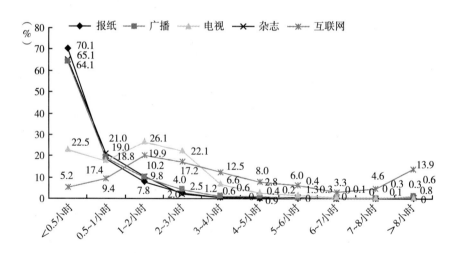

图1　受访网民各类型媒体使用时长分布

对比不同年龄网民每天接触互联网的时长可知，以45岁为分界点，小于45岁的网民在每天使用时长2~5小时的范围中占比最高，超过45岁的网民在0.5~2小时的范围内占比最高。此外，对于年龄在20岁以下的网民，在不同上网时长区间中的比例分布比较分散。

中国网民互联网使用习惯与公共事件传播行为调查报告

表3　不同年龄受访网民互联网使用时长分布

单位：%

		年龄					
		20岁以下	20~29岁	30~44岁	45~59岁	60~74岁	75岁及以上
互联网使用时长	小于0.5小时	12.0	5.3	5.6	9.2	16.6	0.0
	0.5~2小时	33.6	20.7	29.1	55.0	43.0	100.0
	2~5小时	35.3	40.6	38.3	23.1	29.1	0.0
	5小时以上	19.1	33.4	27.0	12.7	11.3	0.0
	合　计	100.0	100.0	100.0	100.0	100.0	100.0

对比不同文化程度网民每天接触互联网的时长可知，以大专为分界点，文化程度低于大专的网民在每天使用时长0.5~2小时的范围中占比最高，文化程度为大专及以上的网民在2~5小时的范围内占比最高。此外，随着网民文化程度的提高，每天使用互联网小于0.5小时的比重越来越小。综上可知，文化程度高的网民每天接触互联网时间相对较长。

表4　不同文化程度受访网民互联网使用时长分布

单位：%

		您的文化程度					
		小学及以下	初中	高中及中专	大专	大学本科	研究生及以上
互联网使用时长	小于0.5小时	22.9	18.9	7.4	2.7	4.0	0.0
	0.5~2小时	37.1	40.2	35.8	26.7	21.0	23.1
	2~5小时	23.3	29.6	32.1	37.1	43.4	44.6
	5小时以上	16.7	11.3	24.7	33.5	31.6	32.3
	合　计	100.0	100.0	100.0	100.0	100.0	100.0

对比不同性别网民的互联网接触时长状况。每天接触时长小于半小时的网民中男女比重大致相当。当网民每天上网时长在0.5~5小时时，男性比重略大于女性；一旦上网时长超过5小时大关，女性网民比重超过男性。

（三）互联网使用目的：超过六成受访网民上网的主要目的是了解新闻、休闲娱乐

本研究对受访网民的互联网使用目的进行了调查，其中部分受访网民的使

253

表5 不同性别受访网民互联网使用时长交叉

单位: %

		性别	
		男	女
互联网使用时长	小于 0.5 小时	6.4	6.7
	0.5~2 小时	30.0	27.5
	2~5 小时	39.8	34.3
	5 小时以上	23.8	31.5
合 计		100.0	100.0

用目的可能存在两种或两种以上。调查结果显示，比例由高到低依次是了解新闻（68.1%）、休闲娱乐（60.8%）、获取专业知识（45.7%）、购物（45.7%）、社交（42.8%）、消磨时间（40.8%）、获取生活信息（39.8%）、增长见识（39.4%）、搜索应用（30.5%）与其他（0.2%）。

对比不同年龄网民上网动机可知，29 岁以下网民最主要上网动机是休闲娱乐，随着年龄的增加，网民对休闲娱乐的重视程度呈不断递减趋势。当网民年龄大于 30 岁时，了解新闻开始成为网民上网的最主要动机。获取专业知识主要是 30~44 岁网民的上网动机。消磨时间、社交与购物这三类动机最受 20~29 岁年轻人群体重视。

表6 不同年龄受访网民互联网使用动机分布

单位: %

		年龄					
		20 岁以下	20~29 岁	30~44 岁	45~59 岁	60~74 岁	75 岁及以上
上网动机	休闲娱乐	69.6	67.6	56.9	43.0	23.8	0.0
	了解新闻	53.3	66.3	73.4	71.3	79.9	100.0
	增长见识	34.2	42.5	40.8	26.9	50.6	26.3
	获取生活信息	31.2	40.5	45.0	31.8	41.5	52.5
	获取专业知识	32.0	48.5	55.2	25.7	26.8	26.3
	消磨时间	31.5	46.5	41.5	26.6	34.8	0.0
	社交	49.5	50.2	39.5	25.7	20.1	0.0
	购物	41.7	51.3	47.6	26.0	29.9	0.0
	搜索应用	24.8	34.4	32.5	13.4	36.0	26.3

对比不同文化程度网民上网动机可知，了解新闻是文化程度为小学及以下、高中及中专、大专与大学本科、研究生及以上网民最主要的上网动机；获取专业知识是文化程度为研究生及以上的网民的最主要的上网动机。对于休闲娱乐这一上网动机，大学本科网民对其重视程度最高；增长见识动机更受文化程度为研究生及以上网民的重视；获取生活信息主要是大学本科网民的上网动机；消磨时间则主要为大专网民的上网目的；社交、购物与搜索最受文化程度为研究生及以上的网民群体重视。

表7 不同文化程度受访网民互联网使用动机分布

单位：%

		文化程度					
		小学及以下	初中	高中及中专	大专	大学本科	研究生及以上
上网动机	休闲娱乐	50.0	56.8	53.7	63.3	66.7	63.5
	了解新闻	62.9	52.5	62.4	74.0	74.2	73.7
	增长见识	30.5	22.7	34.0	42.6	45.3	56.7
	获取生活信息	30.5	26.6	31.8	45.5	47.9	40.4
	获取专业知识	28.5	23.9	35.2	53.0	54.9	76.9
	消磨时间	32.4	43.8	32.7	45.9	43.7	40.4
	社交	33.3	30.4	33.2	46.1	52.1	53.5
	购物	32.8	26.2	41.2	53.4	51.2	68.1
	搜索应用	23.8	16.5	25.8	37.3	34.0	51.4

（四）社交应用：受访网民对 QQ、微信和微博的使用普及率明显高于其他社交应用

了解网民上网动机分布状况后进一步分析其日常互联网社交应用程序的使用情况。本研究对受访网民日常使用的社交应用进行了调查，其中部分受访网民日常使用两种或两种以上的社交应用。调查结果显示，受访网民对 QQ、微信和微博的使用普及率较高，分别占比78.5%、73.2%和42.0%，显著高于其他社交应用。余下社交应用的使用比率从高到低排序依次为人人网（13.7%）、YY（10.0%）、其他应用（7.9%）、MSN（7.7%）、豆瓣（5.7%）、开心网（5.2%）、Facebook（3.6%）与 Twitter（2.9%）。

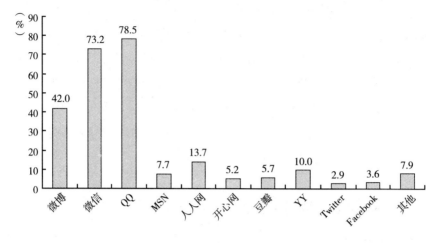

图2 受访网民日常社交应用使用情况

（五）公共事件发生时，56.7%的受访网民选择新闻媒体作为信息的主要获取渠道，微信的信息获取功能超过微博

此次调查对公共事件发生后受访网民选取的主要信息获取渠道进行了调查，部分受访者在公共事件发生时可能采取两种或两种以上的渠道获取信息。统计结果显示，有56.7%的受访者选取新闻媒体作为主要的信息获取渠道，位列第一，接下来分别是手机新闻客户端和微信，使用手机新闻客户端和微信作为获取公共事件信息的主要渠道的受访网民均在四成以上，所占比例分别为

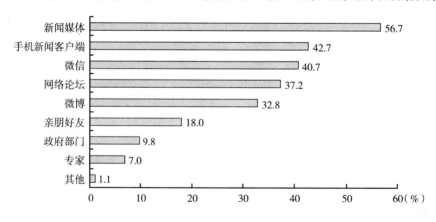

图3 受访网民获取公共事件信息的主要渠道分布

42.7%和40.7%。值得一提的是，微信超越了微博，成为最主要的三个信息获取渠道之一。

四　中国网民公共事件传播行为调查

（一）近四成受访网民比较关注公共事件

调查结果显示，39.8%的受访网民对公共事件比较关注，35.9%一般关注，17.7%非常关注，5.1%不太关注，1.5%从不关注。总体而言，网民对公共事件的关注度较高。

从事件类型来看，超过五成的受访网民关注时事政治、民生问题类公共事件，占比最高，说明网民对于与自身利益联系紧密的公共事件相对更加关注；其次有44.4%的受访网民关注灾害事故类公共事件，这一方面是由于我国近年来自然灾害频发，另一方面是由于危及人民生命安全的灾害事故更易引起人民的关注；再次，有32.8%的受访网民关注违法违规类公共事件，说明网民对危害社会安全的负面公共事件较为关注；而关注企业财经、科技发现、大型活动、言行不当类公共事件的受访网民比例均低于三成。

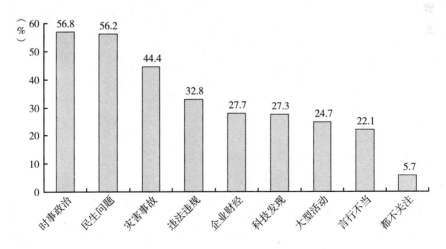

图4　受访网民关注的公共事件类型分布

本研究进一步针对公共事件发生后受访网民第一时间最想了解的信息内容进行了调查，其中部分受访网民想要了解的信息内容包括两种或两种以上。调查结果显示，在发生公共事件后，网民第一时间最想了解到的信息依次为：政府如何处理（51.1%）、事件发展状况（48.7%）、事件原因（47.8%）、事件危害（42.3%）。由此可见，与其说网民更关注公共事件的信息，不如说网民更关注政府的应对行为，而网民对涉及自身利益的信息反而较不在意，仅24.5%的受访网民希望第一时间了解公共事件跟自己是否相关。

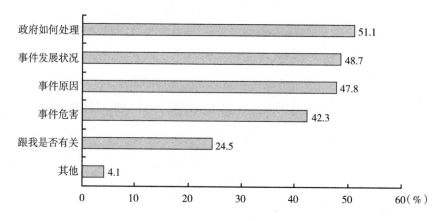

图5　受访网民在公共事件发生后第一时间最想了解的信息分布

（二）传播行为：64.7%的受访网民表示有公共事件传播行为，七成受访微博、微信用户表示会转发评论公共事件

当了解公共事件之后，64.7%的受访网民表示会有所行动，35.3%的受访网民无任何行动。在微博、微信平台上，70.1%受访用户会发生转发、评论行为，但29.9%受访用户无转发、评论行为。

为了比较不同网民群体的传播行为特征，对网民有无传播行为与性别、年龄等人口学因素进行交叉分析，结果发现不同性别、年龄的网民群体的传播行为存在差异。当了解公共事件后，71.2%的女性受访者表示自己有传播行为，而仅有58.5%的男性受访者有传播行为，41.5%则无任何行动。卡方检验的结果显示（$\chi^2 = 19.138$，$p < 0.001$），在0.05显著性水平下，网民的性别与其有无传播

行为有关，女性网民有传播行为的比例显著高于男性。当了解公共事件后，年龄越大的受访者群体中有传播行为的比例越低，20 岁以下的受访者中超过七成有传播行为，而 60 岁及以上的受访者中仅三成会有传播行为。卡方检验的结果显示（$\chi^2 = 31.302$，$p < 0.001$），在 0.05 显著性水平下，不同年龄的网民在有无传播行为上存在显著差异，即网民的年龄与其有无传播行为有显著相关。

（三）传播目的：65.2% 的受访网民参与公共事件的传播的主要目的是提醒家人、朋友规避风险

针对了解公共事件后有传播行为的受访网民群体调查其传播目的，其中部分受访网民有两个或两个以上的传播目的。调查发现 65.2% 的受访网民参与公共事件的传播的主要目的是提醒家人、朋友规避风险，40.9% 的受访网民是为了表达自己的态度，38.4% 的受访网民期待看到政府的态度。

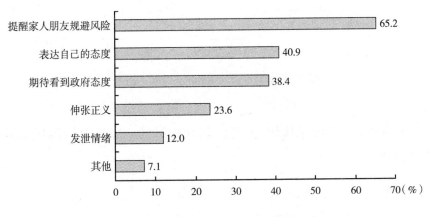

图6　受访网民公共事件的传播目的分布

（四）传播方式多样，线上线下传播相结合

针对了解公共事件后有传播行为的受访网民群体进一步调查，发现其主要的传播方式依次为口头转告他人（35.3%）、通过微信转发（27.0%）、通过微博转发（19.4%）、通过论坛或 QQ 转贴（13.7%），部分受访网民同时采取了多种传播方式。由此可见，在公共事件传播方式的选择上，面对面的人际传播最为

普遍，其次是微信这种基于"强关系"、以网络媒介为中介的间接人际传播途径，再次为微博、论坛等开放性强、信息量大、用户之间呈"弱关系"或"无关系"的媒介平台。网民在传播方式上倾向于选择隐私保护性更强的传播方式，可能是由于公共事件所具有的敏感性特征所致。

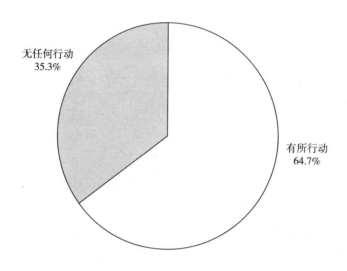

图7　受访网民公共事件的传播方式分布

（五）传播内容：四成受访网民偏好在微博、微信上传播民生问题类公共事件

在微博、微信上，网民对传播内容的偏好存在差异，受访网民可能倾向于在微博、微信上转发两种或两种以上公共事件类型。调查显示，民生问题是微博或微信用户最愿意转发或评论的公共事件类型，40.1%的受访者愿意传播此类事件。其次为灾害事故和时事政治，分别有28.3%和25.9%的受访网民愿意转发或评论此两类事件。另有29.9%的受访者表示自己不会在微博、微信上转发或评论各种类型的公共事件。以往学者对于内容偏好的研究主要集中在受众身上，例如受众对报纸内容的阅读偏好①，或对互联网内容

① 张铮、熊澄宇：《中国城市人媒体内容偏好研究——以报纸为例的十城市调查》，《现代传播》2006年第5期，第151～152页。

的使用偏好①,然而我们发现网民在传播过程中同样对媒体内容存在偏好,网民倾向于传播那些与自身利益切实相关、与现实生活联系紧密的公共事件。

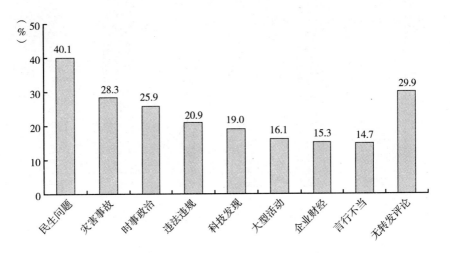

图8 受访微博微信用户的公共事件传播内容偏好分布

(六)信源公信力:重大公共事件中政府公信力不足

在香农的通信系统模型②中,一般包括信源、信道、信宿三大部分,其中信源是信息的发送者或起源,是发出信息的地方,是信息传播的起点。作为一种重要的社会资本,信任在交换关系中起着关键性作用。网民的公共事件传播行为本质上属于信息的交换,因此网络环境下的信任,尤其是对信源的信任对传播行为决策有重要影响。

调查结果显示,在重大公共事件中,28.1%的受访网民谁都不信,21.6%相信事件当事人,19.4%相信政府,14.8%相信媒体,仅有7.2%相信专家学者。整体而言,网民对各类信源的信任情况均不容乐观,尤其是对政府这一官方信源的信任比例较低,不足1/5。作为信息传播的重要一环,网民对信源的

---

① 李秀敏:《互联网内容偏好与大学生人格特质关系的研究》,《心理科学》2004年第3期,第559~562页。
② 宋克振:《信息管理导论》,清华大学出版社,2005。

信任构成了信源的公信力，或称为可信度（credibility），该结果反映了在网民群体中政府公信力不足的现状。

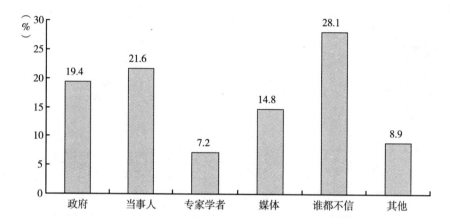

图9　受访网民在重大公共事件中最相信的信源比例

本调查进一步考察了微博用户对于微博平台上各信源的信任程度，对信任度从低到高计为1~5分。调查结果显示，在更信任的信源选择问题上，微博用户对娱乐明星的平均信任度最低，对亲朋好友的平均信任度最高，两者之间存在显著差异（配对样本t检验t = 19.869，p < 0.001）。受访微博用户中"非常相信"及"比较相信"亲朋好友发布的微博信息的比例合计达到62.4%，说明基于真实人际关系的信源更容易获得微博用户的信任。受访微博用户对传统媒体官方微博、政务微博的信任度较高，平均信任度分别为3.56和3.14，仅次于亲朋好友，说明在微博平台上官方信源仍保持着较高的公信力，得到了网民认可。

表8　受访微博用户对微博信源的信任情况

单位：%

	政务微博	专家学者	娱乐明星	传统媒体官方微博	著名草根	机构内部知情的普通人	亲朋好友
根本不信	3.8	5.2	14.4	1.8	7.8	10.0	1.9
不太相信	24.2	24.0	36.1	10.5	23.2	24.5	12.0
没感觉	31.1	27.7	35.6	23.9	39.0	33.0	23.7
比较相信	36.3	39.9	12.5	58.0	27.3	30.2	48.0
非常相信	4.6	3.2	1.4	5.8	2.7	2.3	14.4
合　计	100.0	100.0	100.0	100.0	100.0	100.0	100.0

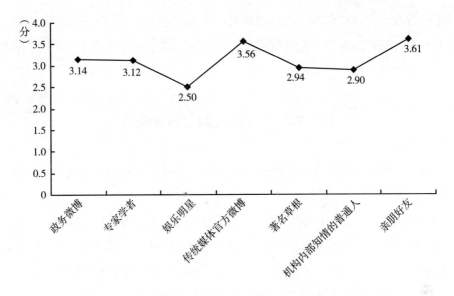

图 10 受访微博用户对微博信源的平均信任度得分

对比网民在重大公共事件中在微信和微博平台上对各信源的信任情况，可以发现，网民在重大公共事件中表现出信任缺失的现象，同时政府、媒体等官方信源的公信力降低；但仅就微博平台的信息发布而言，政府、传统媒体等官方信源仍保持着较高的公信力。由此推知，政府等官方信源的公信力缺失问题集中在重大公共事件的信息发布上。为了证实该推测，调查进一步邀请网民对其所在地政府在突发公共事件新闻发布中的表现进行评价。调查结果显示，17.5%的受访网民认为其所在地政府在突发公共事件新闻发布中存在严重的"缓报瞒报"现象，有28.4%的受访网民认为"缓报瞒报"现象一般，13.6%认为"缓报瞒报"现象不太严重，10.4%认为不存在该现象，另有30.1%表示不清楚。尽管认为政府存在"缓报瞒报"现象的人仅是少数，但不容忽视。

（七）受访微博、微信用户中，均有超过八成的人表示自己不会转发未经证实的消息

在受访的微博、微信用户中，均有超过八成的人不会转发未经证实的消息，分别占比 83.6%、86.3%。其中，受访的微博用户中会转发的比例（16.4%）略高于微信用户（13.7%）。由此可见，随着互联网和微博、微信

的不断普及，大多数微博、微信用户对于未经证实消息的态度逐渐趋于理性，能够避免大面积地轻信、乱传谣言。另一方面，这也从侧面佐证了微博上未经证实消息的传播现象更加严重。

五　中国网民社会认同感调查

为了考察网民对社会的认同感情况，本文将社会现状划分为和谐、安全与公平三个维度。

对于社会和谐程度认同感，各评价占比由高到低依次为一般（41.5%）、比较和谐（27.7%）、不太和谐（18.5%）、很不和谐（5.8%）与很和谐（3.0%）。对于社会安全程度认同感，各评价占比由高到低依次为比较安全（35.1%）、一般（33.2%）、不太安全（18.9%）、很安全（7.3%）与很不安全（3.8%）。对于社会公平程度认同感，各评价占比由高到低依次为一般（34.5%）、不太公平（27.2%）、比较公平（21.1%）、很不公平（9.6%）与很公平（3.7%）。

关于网民的社会认同感评价，由图12可知网民对社会公平度的了解程度最低，其次是和谐程度，最后是安全程度。在负面评价中，社会公平度占比最高，可见网民对社会公平程度最不满。在正面评价中，社会安全度占比最高，可见网民对社会安全程度比较满意。在中立评价中，社会和谐度占比最高。

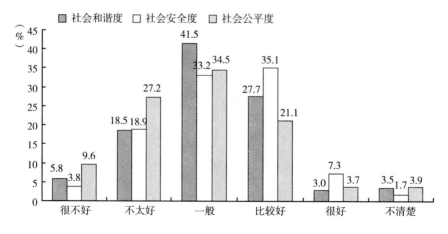

图11　受访网民社会认同感评价情况

剔除不清楚选项，以 1～5 分为很不好至很好赋值，计算社会认同感各项评分分别为：社会和谐程度 3.04 分，社会安全程度 3.24 分，社会公平程度 2.81 分。将计算出的评分均值与一般水平所代表的 3 分进行比较，根据检验结果（t 和谐 = 1.295，p > 0.05；t 安全 = 7.980，p < 0.001；t 公平 = −5.944，p < 0.001）可知广大网民认为社会和谐程度与一般水平无显著差异，社会安全程度显著高于一般水平，社会公平程度显著低于一般水平。

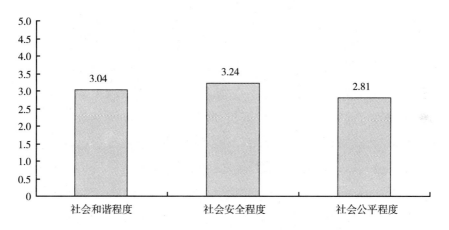

图 12　受访网民各项社会认同感评价均值分布

六　中国网民互联网使用习惯与公共事件传播行为的心理因素分析

（一）互联网使用时长与社会认同感的相关性研究

对受访网民互联网使用时长和社会认同感做 Pearson 相关性检验，采用平均每天上网时长作为自变量，分别对社会和谐度感知、社会安全度感知以及社会公平度感知进行解释，相关性检验结果显示，受访网民每日平均上网时长的长短与社会和谐度感知、社会安全度感知存在显著负相关关系，与社会公平度感知之间无显著关系。也就是说，平均每日互联网使用时长越长的受访者对社

会和谐度感知评价以及社会安全度感知的评价越低。与此同时，互联网使用时长不会对受访网民的社会公平度感知造成显著影响。

表9　互联网使用时长与社会认同感相关系数

	社会和谐度感知	社会安全度感知	社会公平度感知
Pearson r	− 0. 070 *	− 0. 073 *	− 0. 059

注：* p < 0. 05。

（二）微博微信使用频率与社会认同感的相关性研究

对受访网民微博、微信使用频率和社会认同感做 Pearson 相关性检验，采用平均每天微博、微信使用频率作为自变量，分别对社会和谐度感知、社会安全度感知以及社会公平度感知进行解释。相关性检验结果显示，受访网民平均每天使用微信频率的高低与社会安全度感知存在显著负相关关系，与社会和谐度感知以及社会公平度感知之间无显著关系；而受访网民平均每天对微博的使用频率的高低与各项社会认同感评价之间不存在明显的相关关系。也就是说，受访网民随着微信使用频率的上升对社会安全感的评价呈下降趋势。

表10　微博、微信使用频率与社会认同感相关系数

		相关系数		
		社会和谐度感知	社会安全度感知	社会公平度感知
微博使用频率	Pearson r	0. 025	− 0. 050	0. 031
微信使用频率	Pearson r	− 0. 046	− 0. 061 *	− 0. 003

注：* p < 0. 05。

（三）媒介选择倾向与社会认同感的相关性研究

平均每日对不同媒体形式的使用时长可以反映人们对不同媒体的使用偏好。本研究中的媒体使用偏好，是指受访者在接触和使用媒体时对网络媒体和传统媒体的使用偏好。判断标准为受访者平均每日对网络媒体、传统媒体的使

用时长比较。其中，将平均每日对报纸、广播、电视、杂志的使用时长大于互联网使用时长的受访者视为传统媒体偏好者；将平均每日对报纸、广播、电视、杂志的使用时长小于互联网使用时长的受访者视为网络媒体偏好者；将平均每日对报纸、广播、电视、杂志的使用时长等于互联网使用时长的受访者视为无明显偏好者。如上文所述，根据受访网民平均每日使用互联网和传统媒体时长关系的不同，可以将受访网民分为传统媒体偏好受访者、无明显偏好受访者以及网络媒体偏好受访者三类。

本研究将媒体选择倾向名义标签进行赋值，其中"1"代表传统媒体偏好受访人群，"2"代表无明显倾向受访人群，"3"代表网络媒体偏好受访人群。随后对受访网民的媒体选择倾向和社会认同感做 Pearson 相关性检验，采用媒体选择倾向作为自变量，分别对社会和谐度感知、社会安全度感知以及社会公平度感知进行解释。相关性检验结果显示，媒体选择倾向不同的受访者对社会和谐度感知、社会安全度感知存在显著负相关关系，与社会公平度感知之间无显著关系。也就是说，对互联网选择倾向性越强的受访网民对社会的整体和谐度感知以及社会安全度感知的评价越低。

表 11　媒介选择倾向与社会认同感相关系数

	社会和谐度感知	社会安全度感知	社会公平度感知
Pearson r	− 0. 103 **	− 0. 060 *	− 0. 047

注：* p < 0. 05。

（四）互联网使用动机与社会认同感的相关性研究

本研究对受访者的互联网使用习惯采用的是多选题的形式，题目为"您接触互联网的主要目的是?"包括休闲娱乐、了解新闻、获取生活信息等在内的九个选项。为了便于统计分析的进行，本研究参照 Weiser 对网民的互联网动机的划分，进一步将互联网使用目的一题中的九个选项划分为信息获取动机和情感获取动机两类，其中"了解新闻""增长见识""获取生活信息"和"获取专业知识"属于信息获取类动机；而"社交"则属于情感获取类动机；

"购物"和"搜索应用"等两项由于倾向性较弱，故未被划入两类动机中。由于对上网目的的调查是一道多选题，因此依据上述标准可以将受访网民分为四大类：第一类受访网民为只有信息获取动机，第二类为只有情感获取动机，第三类为两者都有，第四类则是两者都没有。

本研究将受访者互联网使用目的名义标签进行赋值，其中"1"代表仅有信息获取性动机受访人群，"2"代表仅有情感获取性受访人群，"3"代表同时包含两种动机受访人群，"4"代表两种动机都不具备的受访人群。针对不同互联网使用动机的受访人群对各项社会感知的评价进行均值比较，得到以下结论。

对社会和谐度感知评价方面，只有信息获取动机和只有情感获取动机的受访网民评价均值分别为 3.08 和 2.76，两种动机都具备的受访者评价均值（3.00）介于前两类之间，由此可以看出只有信息获取动机的受访网民对社会整体的评价略高于只有情感获取动机的受访网民，但是这种差异并不显著（F = 2.280，p > 0.05）。对社会安全评价和社会公平评价方面，不同互联网使用动机的受访者的评价均值仅略有差异，这种差异不具备统计学意义上的显著性。

表12　不同互联网使用动机的网民群体的社会认同感评价均值

	社会和谐度感知	社会安全度感知	社会公平度感知
只有信息获取动机	3.08	3.27	2.83
只有情感获取动机	2.76	3.25	2.80
信息 & 情感动机	3.00	3.18	2.80
非信息非情感动机	3.09	3.30	2.80
方差分析:F 统计量	2.280	0.721	0.079

（五）社会认同感与公共事件传播行为的关系研究

将受访者对于社会安全、社会公平、社会和谐的认知由低到高计为 1～5 分，独立样本 t 检验结果显示，了解公共事件后有传播行为的网民的平均社会安全感显著低于无传播行为的网民群体（t = 2.170，p < 0.05），在微博、微信

上有转发评论行为的用户的平均社会安全感、平均社会和谐感也均显著低于无转发评论行为的用户（t = 2.739，p < 0.01；t = 2.930，p < 0.01），在微博、微信上会转发未经证实的消息的用户的平均安全感显著低于不会转发的用户（t = -1.924，p < 0.05；t = -2.519，p < 0.05）。因此，网民（包括微博、微信用户）的公共事件传播行为与社会安全感有关系，社会安全感较低的人倾向于发生传播行为，社会和谐感较低的人倾向于在微博、微信上发生转发评论行为。

然而，并不是所有的社会认知状况都会影响网民的公共事件传播行为，独立样本 t 检验结果显示，在 0.05 显著性水平下，了解公共事件后有传播行为和无传播行为的网民对社会公平、社会和谐的认知无显著差异，在微博、微信上有转发评论行为和无转发评论行为的用户对社会公平的认知不存在显著差异，在微博、微信上会转发和不会转发未经证实消息的用户对于社会公平、社会和谐的认知无显著差异。

综上所述，有传播行为的网民社会安全感显著较低，在微博、微信上有转发评论行为的网民社会安全感、社会和谐感均显著较低，在微博、微信上会转发未经证实消息的网民社会安全感显著较低。

表13　不同传播行为的受访网民社会认知的平均状况

		社会安全	社会公平	社会和谐
网民传播行为	无传播行为	3.33	2.82	3.06
	有传播行为	3.19	2.81	3.02
	独立样本 t 检验 t 值	2.170*	0.067	0.586
微博或微信用户传播行为	无传播行为	3.38	2.88	3.18
	有传播行为	3.19	2.79	2.99
	独立样本 t 检验 t 值	2.739**	1.166	2.930**
微博用户对于未经证实的消息	会转发	2.98	2.70	2.88
	不会转发	3.20	2.83	2.97
	独立样本 t 检验 t 值	-1.924*	-1.149	-0.811
微信用户对于未经证实的消息	会转发	3.01	2.77	2.96
	不会转发	3.24	2.80	3.01
	独立样本 t 检验 t 值	-2.519*	-0.262	-0.575

注：*** p < 0.001，** p < 0.01，* p < 0.05。

七　结论

本研究对全国 36 个城市网民进行大规模电话调查，通过对我国网民的互联网使用习惯、公共事件传播行为以及网民对社会认同感评价的调查，并分析我国网民的互联网使用习惯、公共事件传播行为与社会感知的关系，得到以下主要结论。

（1）从互联网使用习惯来看，中国网民的主要上网方式为手机，其次为台式机电脑，再次是笔记本电脑，最后是平板电脑。网民每天接触互联网 2~5 小时的占比最高。在各媒体每天接触超过 5 小时的网民中，互联网使用者占比最高。对比不同年龄网民每天接触互联网的时长可知，以 45 岁为分界点，小于 45 岁的网民在每天使用时长 2~5 小时的范围中占比最高，超过 45 岁的网民在 0.5~2 小时的范围内占比最高。当网民每天上网时长在 0.5~5 小时时，男性比重略大于女性；一旦上网时长超过 5 小时大关，女性网民比重超过男性。

各类社交应用的使用比率从高到低排序依次为 QQ、微信、微博、人人网、YY、MSN、豆瓣、开心网、Facebook 与 Twitter。QQ 软件的使用比率占比第一，且男女分布大致相当。使用频率排名第二的是微信，在微信的使用上女性要略多于男性。第三位是微博，对于微博的使用女性要显著多于男性。基本上大多数社交应用的使用女性用户较多，仅在 YY 和其他应用上男生占比高于女生。

剖析网民使用互联网的主要目的，比例由高到低依次是了解新闻、休闲娱乐、获取专业知识、购物、社交、消磨时间、获取生活信息、增长见识、搜索应用与其他。对比不同年龄网民上网动机可知，29 岁以下网民最主要上网动机是休闲娱乐。随着年龄的增加，网民对休闲娱乐的重视程度呈不断递减趋势。当网民年龄大于 30 岁时，了解新闻开始成为网民上网的最主要动机。与此同时我们发现，关于增长见识这一上网动机，60~74 岁网民对其重视程度最高。获取生活信息动机更受 75 岁以上网民重视。获取专业知识主要是 30~44 岁网民的上网动机。消磨时间、社交与购物这三类动机最受 20~29 岁年轻人群体重视。对比不同文化程度网民上网动机可知，了解新闻是文化程度为小学及以下、高中及中专、大专与大学本科、研究生及以上网民最主要的上网动机；休闲娱乐是文化程度为大学本科网民的最主要上网动机；获取专业知识是文化程度为研究生及以上的网民的最主要的上网动机。

（2）在公共事件传播方面，首先，中国网民对于公共事件的关注度较高，近四成受访网民比较关注公共事件。其中，时事政治、民生问题是获得关注最多的两类事件，反映出网民对于与自身利益联系紧密的公共事件相对更加关注。

对公共事件的关注成为中国网民积极参与公共事件传播的基础，64.7%的受访网民表示自己有公共事件传播行为，且传播方式多样，其中面对面的人际传播最为普遍，其次为微信传播，再次为微博、论坛等，体现出线上传播与线下传播相结合、人际传播与大众传播相结合的特点。就传播目的而言，随着中国进入风险社会，网民参与传播的最主要目的是提醒家人、朋友规避风险，其次是出于期待看到政府态度、表达自己态度的目的。

信任是人们进行信息传播行为决策的要素之一，然而中国网民在重大公共事件中存在信任缺失的现象，近三成的受访网民对各类信源都不信任，尤其是政府公信力在网民心目中较低，17.5%的受访网民甚至认为其所在地政府在突发公共事件新闻发布中存在严重的"缓报瞒报"现象。然而在微博平台上政府、传统媒体等官方信源作为一个普通的信息发布者，而非重大公共事件信源，仍保持着较高的公信力，得到了网民认可。由此可见，政府在重大公共事件的信息发布和危机应对方面亟须改进，以期重拾在网民心中的公信力。

（3）关于网民的社会认同感评价，网民对社会公平度的了解程度最低，其次是和谐程度，最后是安全程度。广大网民认为社会和谐程度与一般水平无显著差异，社会安全程度显著高于一般水平，社会公平程度显著低于一般水平。

（4）我国网民的上网时长与社会和谐度感知和安全度感知评价呈负相关关系，与受访网民对社会公平度感知的评价无关。也就是说，平均上网时长越长的网民对社会和谐度和安全度的感知评价越低，但是受访网民对社会公平度

感知的评价不会受到上网时间长短的影响。从媒体使用偏好来看，对互联网选择倾向性越强的受访网民对社会的整体和谐度感知以及社会安全度感知的评价越低，但是对社会公平度认知的影响并不显著。造成这一差异的原因主要有两个方面：一方面由于我国媒介所坚持的以正面报道为主的报道原则①，使得传统媒体呈现出的符号现实多以正面为主；另一方面以互联网为代表的新媒体高度的互动性，使互联网成为人们发泄不满情绪的重要渠道，再加上近年来大量威胁社会和谐和安全的谣言都是在网络平台上得以扩散传播的。综上所述，涵化现象在网络使用者之间也确实存在，但是影响效果与传统媒体接触者正好相反。

（5）受访网民平均每天使用微信频率的高低与社会安全度感知存在显著负相关关系，与社会和谐度感知以及社会公平度感知之间无显著关系；而受访网民平均每天对微博的使用频率的高低与各项社会认同感评价之间不存在明显的相关关系。微信和微博天生具备的一些差异，可能是导致网民对两大社交应用使用习惯不同对其社会认同度感知的影响存在差异的原因。从社交应用用户的关系来看，微信用户的关系具有对等的双向关系，即只有双方互加好友才可以进行信息的交流，而微博用户的关系呈现非对等的特点，只需单方面的加关注就可以进行信息的传播。从信息传播的方式来看，微信的信息传播属于在各自私密空间内进行的封闭式交流；而微博的信息传播则呈现开放式的扩散传播。微博和微信的这两点差异增加了微博用户在传播信源不明且有可能对网民造成降低社会安全感评价的信息的成本。

（6）研究发现，有公共事件传播行为的网民社会安全感较低，在微博、微信上有转发评论行为的网民社会安全感、社会和谐感均较低，会在微博、微信上转发未经证实消息的网民社会安全感较低。总体而言，在互联网上有公共事件传播行为，尤其是有未经证实消息传播行为的网民群体社会认同感较低。从群体心理学的角度来看，群体认同和群体规范对信息传播，尤其是

---

① 廖圣清、李晓静、张国良：《中国大陆大众传媒公信力的实证研究》，《新闻大学》2005年第1期，第19～27页。

谣言传播有着重要影响，个体对于自己所在的群体认同感越强，他们对群体中消极谣言的传播意愿就越小，相应的传播行为也越少发生。① 因此，提升网民的社会认同感，有利于抑制谣言传播，促进互联网空间秩序和公共事件传播的健康发展。

本研究试图采用实证量化的研究方法，对我国网民整体的互联网使用习惯、公共事件传播行为以及社会认同感评价进行调查，试图反映我国网民的整体现状，并对三者之间的关系进行研究，抛弃了以往仅研究个别网民群体的不足，以期获得具有普适性的规律。但是，本研究仅是在该研究问题上进行的一个初步探讨，可能在一些方面还存在欠妥之处，尤其是在互联网使用习惯对社会认同感的系统影响机制研究方面，仍需要在今后的研究中不断地深化和改进，充分考虑到现实社会中的各种可能对研究结果产生影响的因素。

---

① 赵娜、李永鑫、张建新：《谣言传播的影响因素及动机机制研究述评》，《心理科学》2013 年第 4 期，第 965 ~ 970 页。

B.9
微博情绪对微博评论转发行为的影响

摘　要：

本研究旨在探索微博信息携带的情绪类型及强度对微博评论转发情况的影响。在 2013 年五大微博平台搜索量排名前 300 的公共事件中，随机选取了 24 例公共事件作为研究样本，以新浪微博作为平台进行抽样，共抽取有效微博样本 7114 条。对所抽取微博的情绪种类、情绪强度、情绪针对主体、博主信息等进行编码，并记录微博的评论数、转发数。研究的主要内容包括各类微博情绪的指向性，微博情绪强度与其他变量间的相关性，微博评论转发数的影响因素。研究发现微博情绪强度对微博评论转发数的影响十分显著。

关键词：

微博情绪　情绪强度　微博评论数　微博转发数

微博的评论转发行为对微博内容的传播、微博情绪的感染与扩散起到至关重要的作用。它是微博公共事件情绪共振的核心机制之一。而究竟拥有哪些特性的信息更容易引发用户的转发评论行为呢？国外已有部分学者关注了这一课题。Berger 通过实验证明了情绪"唤起"在一定程度上可以促使人们分享信息。[1] 他

---

* 课题负责人：谢耘耕；执笔人：刘丛、万旋傲；数据采集：荣婷、陈玮、乔睿、李明哲、郑广嘉、高璐、王瑶瑶、孔玲慧、荆喆、杨慧芳、张新苗、霍雅曼、刘淑姣、凌云、刘博晓、邓银华、何佳、马静、潘徐徹、王娟、叶利明、张静、张梦霞、席芹可。

[1] J. Berger, and K. Milkman. 'What makes online content viral?' *Journal of Marketing Research*, 2012, Apr, Vol. 49, pp. 192 – 205.

在文章中统计了《纽约时报》的分享数据后发现，报纸上刊登的情绪类文章被转发率最高。激发正面情绪的文章一般都被广而传之；而激发负面情绪的文章的情况就比较复杂，焦虑和愤怒一类的负面情绪会提高传播率，而其他诸如悲伤的情绪则会降低传播率。那些能够激起人们包括焦虑在内的情绪的文章更容易被分享给他人。中国科学院心理研究所陈爽等对微博平台上用户情绪与传播行为关系进行研究后发现，唤起程度对情绪效价与微博信息转发、评论的关系有调节作用。[①] 也就是说，对于高唤起的微博信息而言，积极情绪的信息转发、评论程度均显著高于消极情绪的信息；对于低唤起的微博信息而言，积极情绪信息与消极情绪信息两者的转发、评论均无显著差异。大量文献还表明负面情绪刺激在心理加工上占据优势地位，负性事件可以更多、更快、更强地吸引人的注意与心理资源。Dang-Xuan 等通过对大选期间微博行为的实证研究发现，微博中所包含的情感成分（正面的或负面的）越高，该微博被转发的频率越高；微博中包含的带有政客感情色彩的评价（正面的或负面的）越多，该微博被转发的频率越高，速度越快。[②]

意见领袖在微博上的言论、情绪的表达对微博的转发评论频率也起到了至关重要的作用。Bae & Lee 通过对微博的情感分析探索了受欢迎用户及其听众之间情绪的关联，发现意见领袖有正面和负面听众；意见领袖的情绪会影响其听众的情绪；听众正面-负面情绪的改变会随着其意见领袖的情绪变化而变化，且其中存在一定的因果关系。[③] Thelwall、Buckley 和 Paltoglou 探究了微博情绪与社会共鸣之间的关系，评估了关注度较高事件的情绪强度是否有增加的趋势。[④] 通过

① 陈爽、周明洁、张建新：《微博信息的情绪效价与唤起程度对信息传播的影响》，《中国心理学会．第十五届全国心理学学术会议论文摘要集》，2012。

② L. Dang-Xuan, S. Stieglz, J. wladarsch, and C. Neaberger, "An Investigation of Influentials and the role of Sentiment in political communication on Twitter during election periods". *Information, Communication, and Society*, 2013. Apr. Vol. 16, pp. 795-825.

③ Bae, Y., and Lee, H. "Sentiment analysis of Twitter audiences: Measuring the positive or negative influence of popular twitters". *Journal of American Society for information Science and Technology*. 2012, Vol. 03, No. 12.

④ Thelwall, M., Buckley, K., Paltoglou, G., Cai, D., and Kappas, A., 'Sentiment in short strength detection informal text'. *Journal of the American Society for Information Science and Technology* 61 (12) 2010, pp. 2544-2558.

对热度前 30 的事件进行分析发现,热度较高的事件通常负面情绪的强度更高,且时间热度峰值时段的正面情绪强度显著高于热度峰值时段之前及之后的强度。Bollen、Pepe 和 Mao 对公众情绪与社会指标的关系进行了研究,对每天的情绪从六个维度进行分析(分别为紧张、抑郁、愤怒、欣快、疲劳、困惑)。[①] 研究者通过对比每天情绪的波动及股票市场、原油价格、大型事件(如大选和感恩节),发现社交、政治、文化和经济领域均会对情绪的特定维度产生显著和即时的影响。

一 研究方法

本文根据五大微博搜索平台(新浪、腾讯、搜狐、网易、人民)的搜索量,对截至 2013 年 9 月的公共事件进行排名,从排名位于前 300 的公共事件中随机选取了 24 例公共事件进行研究。样本的公共事件名称、搜索关键词及每个事件抽取的微博条数详见表 1。以新浪微博作为平台进行抽样,抽样分为三个步骤:第一,对从事发日起到抽帖日止新浪微博上相关微博的数量波动进行分析;第二,在此基础上大致将该事件微博舆论划分为潜伏期、发展期、爆发期、消退期四个阶段;第三,根据每个阶段微博数量的比例进行等比例抽样,使四个阶段的抽帖数比例与总帖数比例一致。对每个案例最终抓取大约 300 条微博作为样本。经统计本研究总共抽取的有效微博样本共计 7114 条。

表 1 微博样本统计

序号	公共事件名称	搜索关键词	抽取微博条数
1	长春盗车杀婴案	长春 盗车 杀婴	299
2	薄熙来庭审	薄熙来 庭审	300
3	山西 6 岁男童被挖眼事件	被挖眼 男童	320
4	曾成杰被执行死刑	曾成杰	300
5	朝鲜第三次核试验	朝鲜核试验	300
6	陕西神木房姐事件	房姐	284
7	凤凰古城收费事件	凤凰古城收费	240
8	父陪女练摊被打风波	练摊	300

---

① Johan Bollen, Huina Mao, and Alberto Pepe, *Determining the public mood state by analysis of microblogging posts*, Proceedings of the Proc. of the Alife XⅡ Conference, Odense, Denmark, MIT Press, August 2010. (Reviewer - selected for Plenary Presentation)

续表

序号	公共事件名称	搜索关键词	抽取微博条数
9	国五条出台引热议	国五条	300
10	湖北小学踩踏事件	小学踩踏	300
11	湖南临武瓜农死亡事件	临武　瓜农	300
12	华裔女生蓝可儿被杀案	蓝可儿	300
13	黄浦江漂浮死猪事件	黄浦江死猪	298
14	李天一强奸案	李天一	300
15	南周新年献词事件	南周献词	295
16	三亚海天盛筵聚众淫乱事件	海天盛筵	300
17	山东潍坊地下水污染事件	潍坊水污染	300
18	上海毒校服事件	毒校服	300
19	大部制改革事件	大部制改革	300
20	微信收费门风波	微信收费	300
21	习近平首次出访	习近平出访	300
22	香港奶粉限购令	香港奶粉限购	282
23	新交规黄灯细则惹争议	闯黄灯	300
24	长沙坠井女孩	长沙坠井	296
合　计			7114

　　所抽取的微博样本由来自上海交通大学的24名经过统一培训的研究生组成的团队进行统一编码，编码内容包括情绪种类、情绪强度、情绪针对主体。情绪种类分为9类，分别为认可、恐惧、质疑、担忧、反对、愤怒、悲哀、惊奇及无明显情绪的信息陈述。仅对每条微博表达的最主要情绪进行编码。情绪强度有1~5个等级（1＝很弱，2＝比较弱，3＝一般，4＝比较强，5＝很强），对情绪种类为"信息陈述"的微博不进行情绪强度编码。情绪针对主体分为7类，包括政府、社会、媒体、当事方、第三方、博主及其他。除以上需要人工编码的变量外，还需记录微博发布日期与事件发生日期的时间差（以天为单位）、博主加V情况（分为普通、黄V＝通过认证的个人、蓝V＝通过认证的企业）、博主的粉丝数、博主的微博数、微博的评论数、微博的转发数。

二　研究结果

（一）各类情绪指向性分析

　　通过绘制微博情绪与微博情绪针对主体的列联表，对每种微博情绪所针对

的主体进行统计分析，将各情绪针对的主体占比在20%以上的主体定义为该情绪主要针对的主体，结果见表2。认可情绪主要针对当事方（35.9%）；恐惧情绪指向性较分散，无特定主体；质疑情绪主要针对当事方（30.0%），其次针对政府（27.8%）；担忧情绪主要针对当事方（41.0%），其次针对社会（30.3%）；反对情绪主要针对当事方（32.9%），其次针对政府（24.1%），再次针对社会（20.4%）；愤怒情绪主要针对当事方（38.0%），其次针对政府（24.1%）；悲哀情绪主要针对当事方（32.7%），其次针对社会（28.4%）；惊奇情绪主要针对当事方（44.7%）。总体来讲，情绪指向最多的为当事方，其次是社会和政府。

表2　微博情绪与针对主体列联表

单位：%

		针对主体							总计
		政府	社会	媒体	当事方	第三方	博主	其他	
微博情绪	认 可	19.8	6.5	2.8	35.9	13.0	0.9	21.1	100.0
	恐 惧	1.3	11.8	0.4	12.7	7.4	1.3	65.1	100.0
	质 疑	27.8	12.3	3.3	30.0	10.2	0.8	15.8	100.0
	担 忧	10.7	30.3	0.9	41.0	6.8	3.4	6.8	100.0
	反 对	24.1	20.4	4.0	32.9	4.2	2.8	11.6	100.0
	愤 怒	24.1	16.6	3.0	38.0	8.7	0.5	9.2	100.0
	悲 哀	15.6	28.4	1.8	32.7	4.3	1.5	15.6	100.0
	惊 奇	7.3	14.7	0.0	44.7	11.3	2.7	19.3	100.0
	总 计	19.8	6.5	2.8	35.9	13.0	0.9	21.1	100.0

（二）情绪强度与其他变量间的相关分析

1. 情绪强度与评论转发数的相关分析

情绪强度与其他变量间的相关性见表3。被转发数与被评论数、粉丝数、微博数及情绪强度呈正相关，与时间差天数呈负相关。被评论数与粉丝数、情绪强度呈正相关，与时间差天数呈负相关，与微博数无显著相关。情绪强度与被评论、被转发数量均呈正相关，微博情绪越强，其被评论转发的数量也越多。情绪强度与时间差天数呈负相关，微博发布日期距离事件发生的天数越多，微博情绪强度越弱。

表3　情绪强度与其他变量间的相关分析

	被转发数	被评论数	粉丝数	微博数	时间差天数	情绪强度
被转发数	1					
被评论数	0.68**	1				
粉丝数	0.09**	0.09**	1			
微博数	0.03*	0.02	0.22**	1		
时间差天数	-0.02*	-0.03*	-0.02	-0.03*	1	
情绪强度	0.04*	0.04**	-0.08**	-0.13**	-0.22**	1

注：***$p < 0.001$；**$p < 0.01$；*$p < 0.05$。

2. 负面情绪与评论转发数的相关分析

负面情绪包括恐惧、质疑、担忧、反对、愤怒、悲哀。负面情绪强度与其他变量间的相关性见表4。被转发数与被评论数、粉丝数、微博数及负面情绪强度呈正相关，与时间差天数无显著相关。被评论数与粉丝数、微博数、负面情绪强度呈正相关，与时间差天数无显著相关。负面情绪强度与被评论、被转发数量均呈正相关，微博负面情绪越强，其被评论转发的数量也越多。负面情绪强度与时间差天数呈负相关，微博发布日期距离事件发生的天数越多，微博负面情绪强度越弱。

表4　负面情绪强度与其他变量间的相关分析

	被转发数	被评论数	粉丝数	微博数	时间差天数	负面情绪强度
被转发数	1					
被评论数	0.79**	1				
粉丝数	0.14**	0.13**	1			
微博数	0.09**	0.08**	0.16**	1		
时间差天数	-0.02	-0.03	-0.02	-0.04*	1	
负面情绪强度	0.04*	0.04*	-0.01	-0.03	-0.13**	1

注：***$p < 0.001$；**$p < 0.01$；*$p < 0.05$。

3. 正面情绪与评论转发数的相关分析

正面情绪主要为认可。正面情绪强度与其他变量间的相关性见表5。被转发数与被评论数、微博数呈正相关；与粉丝数、时间差天数、正面情绪强度无显著相关。被评论数与微博数呈正相关，与其他变量均无显著相关。正面情绪强度仅与时间差天数呈负相关；与其他变量无显著相关，微博发布日期距离事件发生的天数越多，微博正面情绪强度越弱。

表5 正面情绪强度与其他变量间的相关分析

	被转发数	被评论数	粉丝数	微博数	时间差天数	正面情绪强度
被转发数	1					
被评论数	1.0**	1				
粉丝数	0.06	0.00	1			
微博数	0.21**	0.19**	0.51**	1		
时间差天数	-0.02	-0.02	-0.01	-0.03	1	
正面情绪强度	0.03	0.02	-0.08	-0.07	-0.20**	1

注：*** p < 0.001；** p < 0.01；* p < 0.05。

4. 全体意见领袖微博情绪强度与转发评论数的相关分析

意见领袖为所有黄V及蓝V用户。意见领袖微博情绪强度与其他变量间的相关性见表6。意见领袖微博的被转发数与被评论数、粉丝数及情绪强度呈正相关，与时间差天数呈负相关，与微博数无显著相关。意见领袖微博的被评论数与粉丝数、情绪强度呈正相关；与微博数、时间差天数无显著相关。意见领袖微博的情绪强度与被评论、被转发数量均呈正相关，微博情绪越强，其被评论转发的数量也越多。意见领袖微博情绪强度与时间差天数呈负相关，微博发布日期距离事件发生的天数越多，微博情绪强度越弱。

表6 全体意见领袖微博情绪强度与其他变量间的相关分析

	被转发数	被评论数	粉丝数	微博数	时间差天数	情绪强度
被转发数	1					
被评论数	0.73**	1				
粉丝数	0.15**	0.08**	1			
微博数	0.03	-0.01	0.18**	1		
时间差天数	-0.05*	-0.04	-0.03	-0.01	1	
情绪强度	0.13**	0.11**	-0.05	-0.12**	-0.28**	1

注：*** p < 0.001；** p < 0.01；* p < 0.05。

5. 蓝 V 用户微博情绪与转发评论数相关分析

蓝 V 用户为通过认证的企业微博用户。蓝 V 用户微博情绪强度与其他变量间的相关性见表7。蓝 V 用户微博的被转发数与被评论数、粉丝数、微博数及情绪强度呈正相关，与时间差天数无显著相关。蓝 V 用户微博的被评论数与粉丝数、微博数呈正相关，与情绪强度及时间差天数无显著相关。蓝 V 用户微博的情绪强度与转发数呈正相关，微博情绪越强，其被转发的数量也越多。蓝 V 用户微博情绪强度与时间差天数呈负相关，微博发布日期距离事件发生的天数越多，微博情绪强度越弱。

表7　蓝 V 用户微博情绪强度与其他变量间的相关分析

	被转发数	被评论数	粉丝数	微博数	时间差天数	情绪强度
被转发数	1					
被评论数	0.94 **	1				
粉丝数	0.12 **	0.16 **	1			
微博数	0.09 **	0.10 **	0.34 **	1		
时间差天数	− 0.005	− 0.04	− 0.03	− 0.02	1	
情绪强度	0.13 *	0.10	− 0.01	− 0.19 **	− 0.35 **	1

注：$*** p < 0.001$；$** p < 0.01$；$* p < 0.05$。

6. 黄 V 用户微博情绪与转发评论数相关分析

黄 V 用户为通过认证的个人微博用户。黄 V 用户微博情绪强度与其他变量间的相关性见表8。黄 V 用户微博的被转发数与被评论数、粉丝数及情绪强度呈正相关，与微博数、时间差天数无显著相关。黄 V 用户微博的被评论数与粉丝数、情绪强度呈正相关，与微博数、时间差天数无显著相关。黄 V 用户微博的情绪强度与被评论、被转发数量均呈正相关，微博情绪越强，其被评论转发的数量也越多。黄 V 用户微博情绪强度与时间差天数呈负相关，微博发布日期距离事件发生的天数越多，微博情绪强度越弱。

舆情蓝皮书

表8　黄 V 用户微博情绪强度与其他变量间的相关分析

	被转发数	被评论数	粉丝数	微博数	时间差天数	情绪强度
被转发数	1					
被评论数	0.78 **	1				
粉丝数	0.19 **	0.08 *	1			
微博数	− 0.02	− 0.03	0.01	1		
时间差天数	− 0.05	− 0.04	− 0.04	− 0.00	1	
情绪强度	0.11 *	0.11 *	0.06	0.06	− 0.22 **	1

注：*** $p < 0.001$；** $p < 0.01$；* $p < 0.05$。

（三）微博评论转发数的影响因素

1. 微博评论数的分层回归模型

微博评论数的影响因素可能受到三个方面因素的影响：（1）微博发布日期距离事件发生日期的天数差（即时间差天数）；（2）发布该微博博主的粉丝数、微博数；（3）该微博所携带的情绪强度。通过分层回归模型分析发现（见表9），时间差天数对微博的评论数无显著影响（$\beta = -0.02$，$p > 0.05$）。在控制时间差天数影响的情况下，微博博主的粉丝数越高，微博的评论数越高（$\beta = 0.12$，$p < 0.001$）；微博博主的微博数对微博的评论数无显著影响（$\beta = 0.03$，$p > 0.05$）。在控制前两类因素作用的情况下，微博情绪越强，微博的评论数越多（$\beta = 0.05$，$p < 0.01$）。微博的评论数主要受博主粉丝数及情绪强度的正面影响，且微博情绪强度对微博评论数的影响超越了粉丝数的影响。

表9　微博评论数影响因素的分层回归模型

		B	SE	β	t	p
第一层	时间差天数	− 0.78	0.57	− 0.02	− 1.38	0.167
第二层	粉丝数	0.00	0.00	0.12 ***	7.02	0.000
	微博数	0.01	0.00	0.03	1.58	0.115
第三层	情绪强度	71.11	22.29	0.05 **	3.19	0.001

注：*** $p < 0.001$；** $p < 0.01$；* $p < 0.05$。

2. 微博转发数的分层回归模型

微博转发数的影响因素可能受到同样三个方面因素的影响：（1）微博发布日期距离事件发生日期的天数差（即时间差天数）；（2）发布该微博博主的粉丝数、微博数；（3）该微博所携带的情绪强度。通过分层回归模型分析发现（见表10），时间差天数对微博转发数无显著影响（β=-0.02，p>0.05）。在控制时间差天数影响的情况下，微博博主的粉丝数越高，微博的转发数越高（β=0.12，p<0.001）；微博博主的微博数对微博的转发数无显著影响（β=0.02，p>0.05）。在控制前两类因素作用的情况下，微博情绪越强，微博的转发数越多（β=0.05，p<0.01）。微博的转发数主要受博主粉丝数及情绪强度的正面影响，且微博情绪强度对微博转发数的影响超越了粉丝数的影响。

表10　微博转发数影响因素的分层回归模型

		B	SE	β	t	p
第一层	时间差天数	-1.54	1.52	-0.02	-1.02	0.310
第二层	粉丝数	0.00	0.00	0.12***	6.90	0.000
	微博数	0.01	0.01	0.02	1.34	0.181
第三层	情绪强度	177.94	59.68	0.05**	2.98	0.003

注：*** p<0.001；** p<0.01；* p<0.05。

三　讨论

本研究通过对微博情绪针对主体分析，及微博情绪强度与其他变量间的关系分析，主要总结出以下几点重要发现：

第一，微博负面情绪所针对的主体主要是当事方。除此之外，对社会的担忧、反对、悲哀情绪，以及对政府的质疑、反对、愤怒情绪也较为突出。总体来说，微博平台关注度高的公共事件通常为负面事件，因此微博信息中携带的情绪难免较为悲观。如公众在听闻或经历许多丧失伦理道德、社会不公平现象的案例后，对当前社会风气的担忧和无奈情绪会不断聚积，逐渐形成对社会的

不信任感和不公平感。通过微博公众情绪的分析，政府及社会有关部门能够更加深入并充分地了解公众悲观情绪的指向性，有利于整治社会风气、化解公众情绪、开展公众舆论引导的工作。

第二，通过对微博情绪强度与其他相关变量的相关性研究发现，微博负面情绪越强烈，其被评论转发的数量越多，而微博正面情绪强烈程度与其被转发、评论的数量无相关性；正面及负面情绪强度均会随时间的推移而衰退。微博正面及负面情绪间的比较说明负面情绪的强烈程度相对于正面情绪与其被评论、转发的次数有着更紧密的联系。这也可以推断出负面情绪更容易在微博平台上广泛传播。这一发现尤其值得关注，由于负面情绪的可蔓延性及感染性，很容易在某一社交网络平台上迅速聚积并引起网民的情绪共振，造成难以控制的网络集群事件。有关部门应当实时监控微博负面情绪，并采取适当的情绪疏导及化解措施。

第三，通过认证的企业用户（蓝 V 用户）所发微博的情绪强度越强烈，其被转发数越高；而通过认证的个人用户（黄 V 用户）所发微博的情绪强度越强烈，其被转发数越高，被评论数也越高。企业用户及个人用户在微博情绪强度及评论数的关系上存在差异。网民更倾向于对加 V 的个人用户评论并互动，而企业用户多数为官方发言，与普通网民的距离感较强，网民通常对其采取多转发、少评论的行为。

第四，对微博的被评论及转发情况的影响因素进行分层回归分析发现，微博发布日期与事件发生日期的天数差并不会显著影响其被评论、转发的次数；在不考虑时间差影响的情况下，微博用户粉丝数越多，该微博被评论、转发的次数越多；凌驾于前两个因素影响力之上的是微博情绪强度，该微博所携带的情绪越强烈，其被评论、转发的次数越多。总体来说，微博情绪强度对该微博被评论、转发次数的影响超越了该微博用户粉丝数的影响。换言之，当一名粉丝数较少的用户发布一条情绪十分强烈的微博，而另一名粉丝数量较多的用户发布一条情绪较弱的微博时，前者被评论、转发的次数可能会超过后者。

综上所述，微博的情绪表达与微博行为之间相互联系方面的研究工作现实意义深远。它不仅有利于相关方深入了解网络信息传播扩散行为的影响因素和作用机理，更能够促进有关政府部门及社会组织在网络社会情绪的监测、情绪化解、舆论引导等方面工作的开展。

2013 年网络热词年度报告

上海交通大学舆情研究实验室*

摘　要:

　　网络及智能手机的普及与发展，网民数量的增多，催生出大量的网络热词。2013 年的网络热词包含了社会生活、公共事件、企业财经、网络用语、政策法规、热点人物等各个方面，其成词与流行速度之快、传播之广都大大超过之前的网络热词。从词汇风格上看，2013 年的网络热词延续了以往网络热词的诙谐、讽刺风格。从内容上看，2013 年网络热词不仅仅是网民为求新求异而造出来的词，它更多的是反映现实。热词反映时弊，反映出社会的舆情与民意所向。

关键词:

　　网络热词　舆情　民意

　　中国互联网络信息中心（CNNIC）于 2014 年 1 月发布的第 33 次《中国互联网络发展状况报告》显示，"截至 2013 年 12 月底，我国网民数量已达 6.18 亿，互联网普及率为 45.8%"[1]。同时，"截至 2013 年 12 月，我国手机网民规模达 5 亿，较 2012 年底增加 8009 万人，网民中使用手机上网的人群占比由 2012 年底的 74.5% 提升至 81.0%，手机网民规模继续保持稳定增长"[2]。互联网与手机的迅速发展与普及使用，在语言、文化、社会等各方面带来一系列巨大的变化。从语言方面来说，互联网与手机的发展与应用，催生了大量的网络

---

　*　课题负责人：谢耘耕；执笔人：孙茜。

[1]　中国互联网络信息中心：《中国互联网络发展状况报告》，2014 年 1 月，第 15 页。
[2]　中国互联网络信息中心：《中国互联网络发展状况报告》，2014 年 1 月，第 18 页。

语言，其中直接体现语言发展与变化的网络词汇更是层出不穷，这些词汇不仅折射出社会现实与舆情导向，更深刻体现出社会的集体意识和民众心态。

2013年的网络热词包含了社会生活、公共事件、企业财经、网络用语、政策法规、热点人物等各个方面，其成词与流行速度之快、传播之广都大大超过之前的网络热词。

一 2013年度网络热词概述

2013年末，各大媒体、网站相继发布"2013十大热词"，对2013年出现的热词进行盘点、排行。《环球科学》发布"2013年十大科技热词"；《咬文嚼字》公布"2013十大流行语"；《中国外汇》公布"2013年二十大财经热词"；此外，新浪微博网友所发布的一条长微博引起转发热潮，该长微博收录了"何弃疗""我伙呆""人干事""十动然拒""喜大普奔""人艰不拆""说闹觉余""累觉不爱""火钳刘明""细思恐极""不约而同"等在2013年广为流传的热词。

表1 2013年网络热词概览*

热词	释 义
雾霾	2013年，雾霾波及中国25个省份，100多个城市。其波及范围之广、影响程度之深前所未有。"雾霾"成为中国人避之唯恐不及的一个词。从2013年年初北京及津冀地区遭遇严重雾霾，到年终之时，雾霾袭击上海及长三角，影响范围进一步扩大。中国人谈"雾霾"色变，随之引起公众对环境污染的担忧以及对健康受影响等问题的焦虑。更有网友以"厚德载雾，自强不吸，霾头苦干，再创灰黄"进行调侃，并衍生出"十面霾伏"等词汇
单独二胎	"单独二胎"，是指夫妻双方一人为独生子女，第一胎非多胞胎，即可生二胎。2013年11月，十八届三中全会通过的《中共中央关于全面深化改革若干重大问题的决定》明确：坚持计划生育的基本国策，启动实施一方是独生子女的夫妇可生育两个孩子的政策。该政策的实施，得到多数网友的支持与拥护
转发500次	"转发500次"是指在网络中所发布的诽谤信息实际被点击、浏览次数达到5000次以上，或者被转发次数达到500次以上的，就属于情节严重，认定为犯罪；后果标准：行为人实施诽谤，造成被害人或者其近亲属精神失常、自残、自杀等严重后果的，不论网帖内容被点击和转发的次数是多少，就构成诽谤罪
转基因	"转基因"因其争议性，在2013年依然是公众关注的热点。方舟子与崔永元关于"转基因"的是与非发起论战；61名院士集体请愿转基因水稻产业化，称"再迟将误国"。"转基因"到底是"天使"还是"妖魔"，在2013年始终处于舆论的风口浪尖

续表

热词	释 义
棱镜门	2013 年 6 月,美国前中情局(CIA)职员爱德华·斯诺登将两份绝密资料交给英国《卫报》和美国《华盛顿邮报》。2013 年 6 月 5 日,英国《卫报》率先披露:美国国家安全局有一项代号为"棱镜"的秘密项目,要求电信巨头威瑞森公司必须每天上交数百万用户的通话记录。6 月 6 日,美国《华盛顿邮报》报道,过去 6 年间,美国国家安全局和联邦调查局通过进入微软、谷歌、苹果、雅虎等九大网络巨头的服务器,监控美国公民的电子邮件、聊天记录、视频及照片等秘密资料。引发美国乃至世界关注,舆论随之哗然
比特币	2013 年,"虚拟货币"出身的比特币成为投资神话,特别是中国投资者的热情参与,让比特币的交易价格上演了"疯狂"行情,从年初的 14 美元左右一度飙升至 1200 美元上下,但随后又跌至 700 美元左右。与此同时,"比特币中国"成为世界交易额最大的比特币交易所。2013 年 12 月 5 日,中国人民银行等五部委发布《关于防范比特币风险的通知》,明确比特币不是货币,并将其纳入监管。然而仍有不少投资者对其"痴心不改"
中国大妈	2013 年 4 月中旬开始,在经过了近一年的酝酿造势之后,华尔街的大鳄们终于挥起做空黄金的屠刀,世界为之哗然,黄金价格的大幅下跌,在中国却引发了另一番景象。大量中国中老年妇女冲进最近的店铺抢购黄金制品,一买就是几公斤,她们被外国媒体称作是抄底黄金市场的"中国大妈"
社会抚养费	所谓"社会抚养费",是指为调节自然资源的利用和保护环境,适当补偿政府的社会事业公共投入的经费,而对不符合法定条件生育子女的公民征收的费用。社会抚养费属于行政性收费,具有补偿性和强制性的特点。2013 年,因媒体爆出张艺谋超生事件,按其收入需要交纳 700 万元巨额"社会抚养费"遭到网友热议。是否应该缴纳、"社会抚养费"去向如何也引发诸多的关注与讨论
香港限奶令	从 2008 年中国内地自产配方奶粉出现三聚氰胺事件后,中国婴儿父母对大陆奶粉的信任度降低,美国、新西兰、德国、荷兰的奶粉则受到追捧。离内地最近的香港也受到影响。巨大的需求量,使得香港地区的"奶粉脱销现象严重",鉴于这种现象,香港政府决定《2013 年进出口(一般)(修订)规例》于 2013 年 3 月 1 日起执行:对离境人士所携带出境的奶粉数量进行限制,每人不得超过两罐,违例者一经定罪,可被罚款五十万元及监禁两年。该政策的实施,引起内地年轻父母的一致反对
土豪	"土豪"原指在乡里凭借财势横行霸道的坏人,该词汇被中国人所熟知,与土改和革命时期的"打土豪,分田地"有关。当时的土豪,是被专政与被打击的对象,因为为富不仁、盘剥贫苦农民、破坏革命等是他们的标签。后在网络游戏中引申为无脑消费的人民币玩家。再后来指文化修养不高的有钱人。2013 年 9 月 9 日,微博上发起"与土豪做朋友"以及"为土豪写诗"活动,产生了"土豪我们做朋友吧"这句名言,再次加剧了"土豪"的走红,该词汇也多了许多调侃的意味
女汉子	"女汉子"一词的流行,是由名模、主持人李艾在新浪微博发起的"女汉子的自我修养"这一话题引起。通常是用来形容那些外表是女的但是性格"纯爷们"的姑娘。同时,女汉子也代表着不拘小节、有自我性格、不依附男性的女性性格特点,性格上趋向大大咧咧、不怕吃苦、不是过分注重形象等。有人把女汉子归为男人和女人之外,世界上存活的第三种人。社会发展,男女平等意识提高,大量的女性不再以"小鸟依人"的形象出现,而是涌现出越来越多独立自主的"女汉子"

续表

热词	释义
丽媛 style	"丽媛 style",也称丽媛风,源于2013年3月,彭丽媛随中国国家主席习近平访问俄罗斯及非洲国家期间,其端庄典雅,颇具中国风的服装造型引发网友追捧,被网友称为丽媛 style。"丽媛 style"在提升中国外交形象的同时,也对中国本土时装业产生了重要影响
人艰不拆	"人艰不拆",是"人生已如此艰难,有些事就不要拆穿"的缩略形式。来源于林宥嘉的歌曲《说谎》,其中有段歌词为:"别说我说谎,人生已经如此的艰难,有些事情就不要拆穿。"该歌曲的流行,带动了"人艰不拆"的传播。该词汇常出现在网友回帖中,发帖人说出了一个让人无法面对的真相,回帖网友感同身受,只是一时没法面对
累觉不爱	"累觉不爱",网络流行语,是"很累,感觉自己不会再爱了"的缩略形式。多指最近发生的事情比较多而且比较让人烦恼,当所有事情结束后,会感叹道"累觉不爱",也称"累感不爱"
何弃疗	"何弃疗",网络流行语,"为何放弃治疗"的简写。意思是说,一个人有病,可是放弃了治疗。暗语是说"你有病,快去治"。其原话来自于治疗网瘾少年的杨永信医生,一些网瘾少年在治疗过程中因被使用电疗而多被指责。杨永信在采访中所说的一句"为什么要放弃治疗",后简称为"何弃疗"被广大网友传播,现在多用于嘲讽以及自黑,跟"停药治疗"同一个意思
房姐	2013年1月,关于陕西神木县"房姐"帖子在网上热传,称神木县农村商业银行副行长龚爱爱有两个身份,在北京有20多套房产,总价值近10亿元。后又爆出龚爱爱还有另外两个身份证。经网络曝光后,龚爱爱的三个虚假户口相继被陕西、北京警方注销。2013年3月4日,神木县公安机关向神木县人民检察院提请批捕龚爱爱,3月8日,检察机关决定批准逮捕
上海法官嫖娼	指的是上海市高级人民法院法官陈雪明、赵明华等人在夜总会娱乐并参与色情活动。2013年8月2日在网上曝光引起热议后,经上海市纪委、上海市高院党组等部门联合调查查证,相关法官被开除党籍,提请开除公职
致青春	改编自辛夷坞同名小说,由赵薇的首部导演作品《致我们终将逝去的青春》(简称致青春),2013年4月26日在全国公映后,票房火爆,由该片引发一批"致青春"热潮。该片对于青春的怀念,对逝去岁月的追忆,引起许多人的怀旧情绪与共鸣
邓文迪	邓文迪,江苏徐州人。曾是传媒大亨——新闻集团总裁鲁伯特·默多克的第三任妻子,曾任新闻集团亚洲卫星电视业务副主席,有"一个传奇的中国女人"之誉。2013年6月,默多克提出与邓文迪的离婚申请引发东西方新闻媒体的共同关注与议论。2013年11月,邓文迪与新闻集团老板默多克正式离婚,关于邓文迪"上位"、离婚原因、财产分割等的各种讨论也持续成为焦点
主席套餐	2013年12月28日,习近平总书记在北京庆丰包子铺月坛店购买了一份午餐。该午餐包括二两猪肉大葱包子6个,一碗炒肝,一盘芥菜,花费21元。经曝光后,庆丰包子铺火了,该"主席套餐"也得到民众的热捧

* 该表格中收录的网络热词根据各大媒体、网站中公布的热词整理而成。

除表1中所列出的网络热词之外,纵观各大媒体、网站中所发布的2013网络热词,这些热词所包含的领域非常广泛,既有党的十八届三中全会以后,习近平总书记在参观国家博物馆主办的"复兴之路"展览时提出的"中国梦",也有北京一家民间公益组织发起的"光盘"行动;既有集温柔与彪悍于一身,拥有女人的外表和男子汉内心的"女汉子",也不乏让人羡慕嫉妒恨的"土豪";从财经领域的"中国大妈"到搅热上半年房地产市场的"房产个税";从科技领域的"4G"到"大数据";从政治到经济,从科技到网络用语,一时间关于各领域的热词之讨论风起云涌。

二 2013 网络热词来源

2013 年网络热词来源按其出现的平台与主要流行的媒介可以分为六类。

第一类来源于电视剧、电影、综艺节目、流行歌曲、体育等娱乐性节目。如"爸爸去哪儿""致青春""我是歌手""人鱼线""病毒歌曲""冯氏春晚"等热词,由于电视、电影节目的火爆带动了相关热词的传播与普及。"爸爸去哪儿"是湖南卫视从韩国引进的一档亲子户外真人秀节目,第一季的节目中邀请到林志颖、田亮、张亮、郭涛、王岳伦等五位明星爸爸带其子女加盟拍摄,将明星爸爸在生活中和子女相处的真实情况如实呈现,播出后在网络上掀起一股追星热潮。"致青春"则因其为赵薇的导演处女作,王菲演唱主题曲,在宣传中首先占据了领先优势,由其引发的怀旧情绪也让许多人唏嘘不已。由台湾地区歌手林宥嘉的单曲《说谎》中的歌词"别说我说谎,人生已经如此的艰难,有些事情就不要拆穿"缩略而成的"人艰不拆",将生活中的无奈以词汇的形式表达出来,引起网友的共鸣。因电视剧、电影、娱乐节目、流行歌曲所产生的热词广泛传播,一方面是由于粉丝的热捧;另一方面,也是电影、电视节目的宣传方有意为之,在宣传推广阶段刻意制造话题,浓缩为热词的形式,引起关注与传播。

第二类来自于各类社交网络或论坛,包括各类门户网站、论坛、微博、微信等载体,其中不仅包括网友对各种社会事件的调侃与讽刺,也包括他们对于自身生活方式和生活状态的调侃与讽刺的总结。如因为"雾霾"而产生的"十面霾伏"一词,既包含了网友对于"雾霾"的不满情绪,谈"雾霾"色变,也有对环境恶化的不满与无奈。"土豪"一词经过在网络上的传播与调侃,由贬义词演变为一个更多具有调侃意义的词。

第三类来自于国内外政治、经济活动或政策法规，如"单独二胎""转发500次""八项规定""以房养老""社会抚养费""中国大妈"等热词，都是脱胎于政策法规、经济活动。这些热词背后所代表的国家政策的改变对公众带来的切身影响以及公众参与意识的增强，使得这些词成为关注之焦点。

第四类是由公共事件演变和发展而来的，如"第一口奶""薄熙来""上海法官嫖娼案""李天一"等热词。甚至许多中性的词，由于一些公共事件的发展与演变变得具有了很明晰的情感倾向，例如用"临时工"来讽刺工作出了乱子时首先被开除的替罪羔羊，用"火箭官员"来指称年纪小、工作时间短但是迅速上位而受到质疑的年轻官员，这些本身不带情感倾向的词由于公共事件的发生而演变为带有明显贬义色彩的词。此外，"PX项目""房姐""表哥"等词也是如此，因事件或人物而赋予词情感色彩。

第五类来源于方言。网络因其开放性，不同区域的网民可以即时对话，不可避免地，有些地区的方言进入网络语言系统。如2013年在网络中流行的"熊孩子"一词。该词原来主要是在江苏北部、山东省、安徽北部部分地区以及东北地区使用的一个词，用来形容非常调皮、不守规矩、惹人生气的孩子。在网络中流行后，成为一个被广泛使用的词。方言对于网络语言的渗透与影响，由此可见一斑。

第六类来源于公益活动。如"待用快餐""光盘行动"。2013年4月，微博网友陈里发起"待用快餐"的行动，提倡"富而有爱，贫而有助，待用公益，尊严相助"的爱心理念。"光盘行动"则是由一批人发起，其宗旨为：餐厅不多点、食堂不多打、厨房不多做。养成生活中珍惜粮食、厉行节约、反对浪费的习惯，而不要只是一场行动。不只是在餐厅吃饭打包，而是按需点菜，在食堂按需打饭，在家按需做饭。由公益活动产生的网络热词，涵盖了整个活动的内容与意义，其简洁性利于该活动的传播与推广。

三　2013年网络热词特点

1. 由娱乐衍生的词汇热度持续

网络既是沟通平台，也是娱乐平台。网民往往能够在这个平台上掀起一阵又一阵的娱乐高潮。2013 年的网络热词延续了这一娱乐化浪潮。无论是各种"体"，还是王宝强的贱表情，网友在这里充分发挥了自己的创造力，图文并茂，制造了 N 种模式把这些词运用到各种领域。"爸爸去哪儿""我是歌手"等网络热词在热搜榜中居高不下，反映了该娱乐节目的热度和高收视率。并由此带动"爸比""亮长今"等词语的高热。汪峰"上头条""菲鹏离婚"等与娱乐圈人物有关的事件所引发的关注与转发都充满着网友对当事人的调侃态度与疯狂追捧。由此类事件引起的"帮汪峰上头条""我还好，你也保重"等句式也急剧升温。

2. 自娱自乐、调侃的词汇继续保持

每一年在网络中都会流传各种充满着调侃意味的词语，2013 年的网络热词也不例外。"人艰不拆""累觉不爱""说闹觉余"等词或者无奈，或者自嘲，都充满着调侃的意味。"待我长发及腰"等句式更是图文并茂，有图有真相，引发了网民的娱乐狂欢。"作死"这一词语还被配合上一些网友挑战高难度行为失败的搞笑动态图广泛发布。毛尖在其文章《不要拆穿》中认为："从网络新词想到英国女王，是因为，新词也好，女王也好，都是这个时代的软弱表达。'人艰不拆'是什么？表面上是温情脉脉的彼此包容，骨子里却是没法拆穿不能拆穿和不敢拆穿。"[①] 在巨大的生活压力下，这种自娱自乐、调侃的生活态度不失为一种放松方式。

3. 与国家领导人相关的热词增多

继"胡哥""涛哥"成为网友对胡锦涛主席的昵称之后，新浪微博网友"学习粉丝团"在其微博中首次使用"习大大"这一对习近平主席的昵称，其平民化又富亲切感的称呼得到公众的追捧，热度不减。此外，由于习近平主席与第一夫人彭丽媛的出访，又刮起一阵"第一夫人"旋风，随之出现了与其相关的词汇，如"丽媛 style"，同时，彭丽媛所穿的具有中国风的服装造型也成为热议的话题。2013 年末，习近平主席排队买包子这一新闻也随之产生了"主席套餐"这一词语。这一现象体现了民众对国家领导人务实、亲民、廉政风格的赞赏与期待。

---

① 毛尖：《不要拆穿》，《东方早报》2013 年 8 月 4 日。

4. 与社会民生有关的词汇仍具有较高热度

继2012年出现大量与社会问题、政策法规有关的词汇之后，2013年出现的此类词汇也屡见不鲜。"镉大米"反映了公众对食品质量的担心；"十面霾伏"既有对环境污染的讽刺，也充满着担忧之情。"临时工"多了一层讽刺的感情色彩。雅安地震之后的"理性救灾"等词语折射出了当灾难性事件发生时，民众除了关切之外，更多了一些理性。这些词语折射出我国社会生活中所出现的一系列社会问题，也反映了人们对中国社会发展及民生的关注，对解决社会问题的热切期望，体现出民众广泛的社会参与程度。而新出台的一系列政策法规也受到了公众的极大关注，"单独二胎""交通拥堵费""光盘行动""中国梦""雾霾津贴""防空识别区""国家安全委员会""383改革方案""以房养老"等词语持续高热，虽然人们对这些政策的态度褒贬不一，但明显体现出公众对社会热点的关注度越来越高。

5. 由事件浓缩而成的成语及造句体增多

2013年出现的网络热词与往年相比，网友全民狂欢式造词热的特点更为明显，如一系列网络成语的出现。"十动然拒""喜大普奔""不明觉厉""累觉不爱"等在形式上类似传统意义上的成语，由某些网络热点事件或句子缩略而来的新兴词语大量流行在各类网络媒体中，这类词语表现的含义非常丰富，如果读者不了解其产生的原始事件，很难理解这些词语的含义和使用场合。如"喜大普奔"是由"喜闻乐见、大快人心、普天同庆、奔走相告"四个成语缩略而成的，多用于嘲讽、幸灾乐祸等，其含义与原始词语的意义都有一些相似之处，但是不能用单个的原始词语来理解。网络成语在网络社交中的使用可以用最少的字获得最直接最方便的表达效果。使用这种缩略方式，有别于传统仿拟构词或其他的网络表达方式，达到了网络语言求新求异的效果，满足了网友追求新意的心理。

除网络新成语外，另外在2013年颇具特色的是以网络造句为主的"待我长发及腰"体等形式，此类造句并不带有浓重褒贬色彩，而是没有主题的随意吐槽或是带有很强烈的自我情绪抒发。"待我长发及腰"体，源于一对情侣在中学时期及大学时期的两张照片，中学时期的照片中，女孩略显羞涩，头发稍短。大学时期的照片中，女孩长发及腰，二人笑容依旧。看过照片的诸多网友，表示"又一次相信爱情"之余，为这两张照片配上解说："你陪我从齐肩短发到腰际长发，那么我陪你从纯真青涩到沉稳笃定。"并有网友作评论："待我长发及腰，少年娶我可好？"此后，"待我长发及腰"体得到广泛传播，一时间掀起造句热潮。"待我长发及腰，秋风为你上膘""待我长发及腰，拿来拖地可好"等恶搞式的造句也纷纷出现。由这个填词造句热潮提取出来的网络热词"长发及腰"也在网络中红极一时。网友使用这种网络语言，一方面达到了求新求异的自我表达效果，另一方面也符合人们盲目从众的心理。"造句营销"也被许多商家、网络推手使用，在推广产品或制造热点话题时，用填词造句的方式达到营销的目的。

四　2013 年网络热词背后：舆情与民意表达

词汇是人们对客观事物感性认识和理性认识综合性的产物，既包括对客观事物本质的概括，也包括对客观事物形象的认识，还隐含着人们对客观事物的主观感受和体验。网络热词的出现自然是对某一阶段的政治经济、社会文化等状况的反映。从这些网络热词的文化指向，我们能够看到它们所负载的生活、事件和思想的变迁轨迹，看到中国人在一定时期多元化的生存状态。2013 年的网络热词也折射出这一年中各式各样的社会现象和人们的生存百态。

1. 公众对社会问题及政策法规的关注

随着社会的发展，公众对社会问题的关注度越来越高。"镉大米""十面霾伏""临时工""坑爹假期"等词语的热度折射出了我国社会生活中所出现的一系列社会问题，也反映了人们对中国社会发展及民生的关注，对解决社会问题的热切期望，体现了民众的社会参与程度有所提高。而新出台的一系列政策法规也受到了公众的极大关注，"单独二胎""交通拥堵费""光盘行动""中国梦""雾霾津贴""南方供暖"等词语的热度居高不下，虽然人们对政策的态度褒贬不一，但这却明显体现了公众对社会热点的关注度越来越高。

2. 公众对国际热点的关注度有所增加

随着媒体的发展，国际热点事件的传播速度越来越快。公众对国际热点

事件并没有抱着"事不关己，高高挂起"的心态，而是利用新媒体的便捷性，时刻保持着持续关注。在2013年的网络热词中，与国际热点事件有关的热词数量也较多。"棱镜计划""斯诺登"等词汇的热度表现了人们对美国非法监听的强烈不满，进而也引发了人们对美国与其他国家之间的关系的讨论。"美国政府停摆"引起了人们对中美体制的对比。"艾弗森""贝克汉姆""曼德拉国际日""撒切尔夫人"等词汇的高热度表现了网友对他们的关注与追捧。"韩亚空难"引发了国内对游学团体的讨论。"埃及清场行动"表现出人们对国际政治事件的关注。随着新媒体的快捷与迅速发展，信息共享的速度加快，这些与国际热点相关的词汇的高热，体现出公众对相关事件与人物关注度的增加。

3. 网络热词概括多元人群

"物以类聚，人以群分"，惯于在群体中寻找归属感的网民，在网络热词所归纳出的各种"新新人类"群体中自动对号入座。"跨省上班族"将数十万因难以承受北京高昂的房价而选择在河北居住的工薪族一概纳入，"跨省上班"几个字流露出几多无奈，几多辛酸。与父辈勤俭节约的消费观念不同，早期"月光族"讲究的是追逐新潮，追求的是"今朝有酒今朝醉"，活在当下；但现在随着物价上涨，房贷车贷的增加，"月光族"由主动变为被动，还完房贷车贷，去掉生活消费，工资所剩无几，甚至由"月光族"变为"周光族"也不足为怪。"低碳乐活族""80分男人""37度女人"等词语背后则是有着自己的生活方式的人群，他们按照自己的兴趣选择环保健康的生活，在繁忙的生活中，保持着积极的生活态度，或者由于某个方面的优点而受到人们的喜爱与欣赏。

4. 网络热词生动形象、嘻哈揶揄的风格反映了娱乐化、世俗化的文化氛围

在中国的传统文化中，人们耳濡目染的是高尚的、理想的、唯美的文化形式，即使是民间文化，也多经过正统思想的洗礼，被剔除了其中原生态的粗糙，提炼出了精华。而网络的兴起搭建了一个"草根"文化的平台，人人都可参与到这个平台中来，许多为正统文化所摒弃的现象和事件未经筛选与沉淀就进入人们的视野并受到热捧，呈现出全民自由参与、自主狂欢的特征。这一现象在网络用语中表现得尤为明显。"坑爹假期""累觉不爱""经拿滚""战五渣""碉堡了""活撸辈"等词语就是这一现象的反映。

5. 网络热词反映出当今科学文化的普及与中外语言、文化的交流

大量的专业术语是网络热词中不可忽视的组成部分。在信息时代,网络媒体对科学知识的普及也发挥了重要的作用,许多专业术语使用频率增加,如有关财经、医药、教育、科技等领域的"谷歌税""电梯黑匣子""上帝粒子""转基因食品""比特币""卵活""H7N9 禽流感"等词汇。

2013 年的网络热词中有很大一部分是从其他语言、文化中引进的新词语、新概念。如"YOLO"是英语"you only live once"首字母的缩写,"YOLO 族"代表了拥有这种及时行乐、活在当下观念的年轻人;"Gotys 族"是英文"Getting Older, Thinking Younger"的缩写,该词汇源于英国 2013 年 11 月的一项调查:50 岁以上的英国人年龄在增大,想法却变得更年轻,他们对生命有着完全不同的理解,拥有跳跃的思维和年轻的心态。"Gotys 族"将"莫道桑榆晚,为霞尚满天"的积极与乐观豁达很好地概括出来,两种文化,两种表达,但有"异曲同工"之妙。

五 2013 年网络热词:昙花一现还是留存史册?

由于网络热词与一定时期的社会现实紧密相关,一旦热词所反映的社会现实发生变化或者出现新的更吸引目光的事件,该词汇的热度会迅速降温甚至可能随之沉睡,形成"昙花一现"的现象。但如果在之后的热点关注中出现了类似的情景和社会现象时,该词汇有可能被再度激活,再次进入人们的视野。例如 2013 年 9 月在网络论坛中出现了"五仁月饼滚出月饼界"的帖子,"五仁月饼"随之成为当月的网络热词,其大致的使用期限在中秋节前后,但是随着中秋节的结束,对"五仁月饼"的讨论也被新的话题所取代;2013 年 6 月的热词"避暑神器",其大致的使用时间是在夏季,夏季过后,该词的热度也下降,退出了热词榜。

人物类的热词,只有在该当事人出现比较重大的事件时才能成为热词,这

类词汇的时效性更短，因为网络每天传输海量信息，网友的关注点随时转移，一旦新的事件产生，就会迅速取代旧的事件。这也是为什么大部分的月份热词，很难进入年度热词的范畴，更难走出网络进入日常生活。时效性是网络热词的主要特征之一，我们也可以发现，2012 年的大部分热词的热度和使用范围在 2013 年都有所下降和减少。当然，这并非绝对，也有部分词汇反映的现象是社会中一直存在的，只要这类现象存在，该类词就不会消亡，例如 2012 年的词汇"高富帅""白富美""屌丝"和 2013 年一直高热的"土豪"，这类词汇存在的社会基础可能短期内并不会消失，它们的生命周期可能比"韩亚空难"等单纯由社会事件产生的词汇要长。

　　网络热词的短暂不稳定性与其争议性，使得传统媒体以及相关专家对其持有谨慎观望态度。虽然从 2010 年《人民日报》头版头条文章《江苏给力"文化强省"》始，"给力"登上大雅之堂，并因其标题"新潮"在网上引起热烈反响与积极响应，但传统媒体在正式场合使用网络热词时，仍持观望与保守的态度。2013 年 9 月，新浪微博上一张图片显示，用毛笔写出的"亲""萌""图样图森破"等网络热词、新词的书法作品并排挂在北京大学一座教学楼中。北大学生和微博网友对此褒贬不一。有人在网上称赞此举："新潮、紧跟时代步伐、值得称赞。"但此举也引起一些专家学者的不满与反对，仅仅几天的时间，这些新潮书法作品就被撤掉。这些词汇在网络中的"热"与现实中的"冷"仍有相当大的一段距离。《中国语言生活状况报告（2012）》中说："2006 年到 2010 年共搜获年度新词语 2977 条，在 2011 年语料中，这些年度新词语有 40% 能留存下来，年使用频次在 10 以上，如博客、微博、动车、80 后、保障房；有 1/4 低频使用，年频次在 10 以下，如晒友、高新蓝、秒杀族、雷词、发票奴；还有 1/3 会隐退，从语言生活中消失，如撞峰、晒黑族、有碗族、楼断断、俗贿。"① 从报告中的数据可见，能够留存且持续实用的年度词语不到一半。这些热词能否留存使用并进入词典中，在语言系统中长久地保存下来，需要喧嚣之后，历经时间的考验与沉淀。

---

① 教育部语言文字信息管理司组编《中国语言生活状况报告（2012）》，教育部、国家语委发布。

六 结语

2013 年的网络热词以一种浓缩、简练的方式汇集了网络热点事件，反映了网民的情绪与关注焦点。从这些词汇的风格上看，2013 年的网络热词延续了以往网络热词的诙谐、讽刺风格。从 2013 年网络热词的传播上看，随着新媒体的发展，网络热词的传播速度越来越快，影响范围越来越广，"朝发夕传"甚至"事发词传"，网络的迅猛发展为网络热词的快速传播注入了强大的力量。从内容上看，2013 年网络热词不仅仅是网民为求新求异而造出来的一些词，而且是更多地反映现实中的各种问题，词映时弊，反映出社会的民意所向，尤其是诸多的公共事件催生出大量的网络热词，这些热词的传播又使得这些公共事件为更多人所熟知。从网络到现实，从小众到大众，网络热词已经成为一个鲜明的社会现象，其在大众传播及社会舆论中的地位也将受到更多的重视。

B.11

突发公共事件中网络谣言
传播机制实证研究

上海交通大学舆情研究实验室*

摘　要：

　　本文在对网络谣言传播进行历史梳理的基础上，基于 2010 ~ 2012 年社会影响较大的公共事件及其中出现的网络谣言信息，对网络谣言传播现象中的谣言生成机制、传播机制、干预机制等进行实证分析。研究发现，网络谣言对舆情持续时间的增长影响有限，但对提升媒体和网民关注度作用较大；某些特定类型的公共事件中谣言传播更易发生，应当提前做好预警与研判；复杂传播环境下，网络中流通信息的真实性对管理部门公信力带来更大挑战，应鼓励社会力量参与辟谣，增强辟谣传播效果。

关键词：

　　公共事件　网络谣言　传播机制

　　谣言现象自古有之，新媒体环境下，网络谣言更是层出不穷，屡屡在突发公共事件中推波助澜，影响着事态的发展演变。在网络媒体高度发达的今天，信息传播效率极大增强，谣言出现、消解及产生后续影响的周期也在迅速缩短，考验着公众对信息的判断能力与社会管理者的应对能力。基于此，本文试图回答网络谣言传播经历了怎样的历史变迁，突发公共事件中的网络谣言传播又有着怎样的机理，政府在突发公共事件中面对网络谣言时有何反应等问题。

---

* 课题负责人：谢耘耕；执笔人：王理。

一 网络谣言传播相关研究综述

网络传播崛起以来，基于网络特性，谣言传播速度快、影响覆盖面广等特征更为明显，而受众构成的复杂性也为谣言传播提供了更广阔的空间。近年来，网络谣言在不少公共事件中频频出现，对事件的发展演变造成一定影响，学术界对网络谣言的研究开始逐渐增多。

1. 国外研究

目前国际上对网络谣言的主流研究思路多为借鉴流行病传播、病毒传播，利用不同的传播模型模拟谣言传播，以追踪和回溯信息源、实时监测鉴别谣言信息。如有研究利用特定算法追踪网络谣言信息的传播源头，并可以检测、预防信息蔓延。[1] Seo E. 等人的研究则证明了在社交网络中，如果设置足够多的观测节点，完全可以高精确度地识别大多数谣言的信息源。[2]

在对网络谣言传播模型的研究中，模型中种群内的个体被抽象为几类，每一类都处于一种典型状态，其基本的状态包括：易染状态（Susceptible，S，又称健康状态）、感染状态（Infected，I）、被移除状态或免疫/恢复状态（Recovered，R）。目前研究最彻底、应用最广泛的为 SIR 模型（易染群体被感染后恢复健康并可免疫）[3] 和 SIS 模型（易染群体被感染后再度易染）[4]。Sudbury 最早借鉴 SIR 模型研究谣言的传播，在同一村庄中随机选取两人间电话通话内容做实验，结论得出舆论最多只能传递到 80% 的人群。[5] 研究者认为，由于谣言一旦被识破，人们自然会具有免疫力，不再相信和传播。

[1] Pinto P. C，Thiran P，Vetterli M. Locating the source of diffusion in large-scale networks. *Physical Review Letters*，2012，109（6）：068702.

[2] Seo E，Mohapatra P，Abdelzaher T. *Identifying rumors and their sources in social networks*，*SPIE Defense*，*Security*，*and Sensing*. International Society for Optics and Photonics，2012.

[3] Bailey N. T. J.，*The Mathematical Theory of Infectious Diseases and Its Applications*. New York：Hafner Press，1975.

[4] Hethcote H. W.，The mathematics of infectious diseases. *SIAM Review*，2000，42：599 – 653.

[5] Sudbury A. The proportion of the population never hearing a rumour. *Journal of applied probability*，1985：443 – 446.

就不同类型、特征的谣言而言，除上述 SIR 和 SIS 模型外，研究者们还发现了其他若干传播模型以适应不同的传播环境，如利用 SIRS 模型分析免疫期有限、可能会重复出现的谣言①等。这些传播模型对于互联网出现之前的传统谣言传播网络适用，对目前虚拟网络中的谣言传播同样适用。如 Jin 等人通过 SEIS（susceptible，exposed，infected，skeptic）模型对事件中出现在 Twitter 平台上的新闻信息和谣言信息实现了区分，并尝试加以实时辨别。②

不同平台的网络谣言研究方面，如 Garrett 在 2008 年美国总统大选后立即进行全国电话调查，发现谣言通过电子邮件发送给朋友/家人更容易被相信并与他人分享，而从这些信息流通和信仰中表现出了公众强烈的政治偏见。③ Yuko Tanaka 等人通过对 2011 年日本地震后推特平台上的 10 条谣言信息和辟谣信息进行评价实验，分析发现在灾后的社交媒体上，谣言传播与其信息重要性相关，而与准确性和焦虑感并无关联。④

2. 国内研究

2002 年华中师范大学硕士学位论文《网络谣言与新闻真实》是目前可检索文献中首次对网络谣言进行专门研究的著作，作者潘相国对网络谣言的特征、传播等作出了系统梳理，认为其对新闻真实带来极大危害，进而提出控制网络谣言、维护新闻真实的建议方案。⑤

然而，尽管黄爱萍教授的《网络谣言的传播特点与传播形态初探》一文在 2003 年才发表，但其刊发于网络空间后以更大的影响力被视为国内学者对网络谣言研究的经典之作，文章系统研究了网络谣言的形态特征并分析了谣言产生的社会基础，提出了相应的应对措施。⑥ 此后，巢乃鹏和黄娴对网络谣言

① 朱志：《基于复杂网络传播动力学的谣言传播研究》，《东南传播》2009 年第 12 期，第 19~21 页。

② Jin F, Dougherty E, Saraf P, et al. Epidemiological modeling of news and rumors on Twitter, Proceedings of the 7th Workshop on Social Network Mining and Analysis. *ACM*, 2013：8.

③ Garrett R K. Troubling consequences of online political rumoring. *Human Communication Research*, 2011, 37 (2)：255–274.

④ Tanaka Y, Sakamoto Y, Matsuka T. *Transmission of Rumor and Criticism in Twitter after the Great Japan Earthquake*, Proceeding of the Annual Meeting of the Cognitive Science Society. 2012：2387–2392.

⑤ 潘相国：《网络谣言与新闻真实》，华中师范大学硕士学位论文，2002。

⑥ 黄爱萍：《网络谣言的传播特点与传播形态初探》，紫金网，2003 – 01 – 01，http：// www. zijin. net/blog/user1/135/archives/2003/732. shtml。

应对策略的研究亦较具代表性，作者从谣言的源头、受众、中介环境三方面解释谣言产生的原因，通过研究网络谣言的传播特点和过程，提出了对网络谣言的控制策略。[①] 由于研究较早且相对全面系统地论及了网络谣言各基本要素，上述两篇文章成为国内谣言研究中引用率极高的文献。

近年来，国内学者对网络谣言的研究逐渐丰富，从信息传播的各个环节、要素对网络谣言进行了不同角度的剖析。

谣言阶段研究方面，如陈虹和沈申奕的研究从新媒体环境下信息的传播特点出发，指出新媒体所带来的信息证实危机造成加速谣言流通、扩大传播主体、弱化把关控制等影响，研究将谣言传播阶段划分为形成期、高潮期和衰退期，认为其传播特征主要为传播速度加快、在互动中不断完善、传播主体隐蔽性增强、传播内容蛊惑性加大、心理因素加剧谣言传播和传播影响力加强等，并就此提出了对策建议。[②] 任一奇等采用生命周期分析方法将微博谣言的演化分为造谣、传谣、极化和辟谣等阶段，并指出存在张冠李戴、无中生有、断章取义、添油加醋、关联名人和冒名顶替等造谣方式；裂变、合力和漏斗等传谣形式；拼图效应和雪崩效应等谣言的极化过程；自然消散和人为辟谣等消解路径。[③]

谣言传播模型方面，黄爱萍曾将网络谣言的传播模式抽象为链状传播、树状传播、放射状传播、"旋涡"型复式传播4类[④]，由于这4类传播模式高度抽象，具有较强的解释力，适用于绝大多数网络谣言传播的实际情况，因此被后来的研究者广泛借鉴。顾亦然和夏玲玲根据真实在线社交网络中谣言的传播特点以及有疾病潜伏期的传染病模型，提出了 SEIR 模型，适用于在线社交网络的谣言传播，并提出高效抑制在线社交网络谣言传播的免疫策略——重要熟

---

① 巢乃鹏、黄娴：《网络传播中的"谣言"现象研究》，《情报理论与实践》2004 年第 6 期，第 586 ~ 589 页。

② 陈虹、沈申奕：《新媒体环境下突发事件中谣言的传播规律和应对策略》，《华东师范大学学报》2011 年第 3 期，第 83 ~ 91 页。

③ 任一奇、王雅蕾、王国华等：《微博谣言的演化机理研究》，《情报杂志》2012 年第 5 期，第 50 ~ 54 页。

④ 黄爱萍：《网络谣言的传播特点与传播形态初探》，紫金网，2003 – 01 – 01. 参见 http：// www. zijin. net/blog/user1/135/archives/2003/732. shtml。

人免疫策略。① 匡文波和郭育丰以"7·23"动车事故为例,借鉴奥尔波特的谣言传播模型,认为事件的重要性、模糊性和信息不对称性造就了谣言的传播,并据此建立了微博谣言传播、扩散及消解模型。② 张芳等建议,在谣言传播的研究中,需要对谣言传播的复杂性、心理特征、蝴蝶效应、从无序到有序的演化等问题进行深入思考,并借鉴舆论传播等多学科的现有成果,以建立基于 Agent 的复杂网络上的谣言传播模型。③ 从不同类别谣言的角度看,以传播渠道之别为研究重点的文献囊括了短信谣言、论坛谣言、微博谣言等,如杨令羡研究了网络论坛谣言对"把关人"理论的挑战④;禹卫华⑤、翟杉⑥、张晓东⑦等人对手机短信谣言的社会影响、传播特点、应对方式等作出分析;微博谣言的研究近年来逐渐增多,如张自立和姜明辉以新浪微博为数据来源,研究影响微博谣言关注度的相关因素⑧,谭超⑨、周诗妮⑩、全会和方彦蘅⑪等人则分析了微博谣言现象、成因、辟谣方式等。

从不同的内容领域来看,还有较多研究分别聚焦于灾难谣言(尤其是地震谣言)、商业谣言、政治谣言、科技谣言、假新闻等。

在灾难谣言研究中,以地震谣言为核心的文献较为集中,如孙嘉卿等借助

① 顾亦然、夏玲玲:《在线社交网络中谣言的传播与抑制》,《物理学报》2012 年第 23 期,第 544～550 页。

② 匡文波、郭育丰:《微博时代下谣言的传播与消解——以"7·23"甬温线高铁事故为例》,《国际新闻界》2012 年第 2 期,第 64～69 页。

③ 张芳、司光亚、罗批:《谣言传播模型研究综述》,《复杂系统与复杂性科学》2009 年第 4 期,第 1～11 页。

④ 杨令羡:《网络论坛谣言对"把关人"理论的挑战》,《青年记者》2008 年第 6 期,第 76～77 页。

⑤ 禹卫华:《从手机谣言到恐慌行为:影响因素与社会控制——基于第三人效果框架的历时研究》,《新闻与传播研究》2012 年第 6 期,第 57～64 页。

⑥ 翟杉:《手机短信谣言传播特点与对策》,《青年记者》2008 年第 14 期,第 88 页。

⑦ 张晓东:《手机短信谣言的传播学解析——以山西"等地震"事件为例》,《东南传播》2010 年第 8 期,第 70～72 页。

⑧ 张自立、姜明辉:《社会媒体用户对谣言关注度的实证研究》,《情报杂志》2013 年第 12 期,第 81～85 页。

⑨ 谭超:《微博谣言分析及新浪辟谣机制》,《新闻实践》2011 年第 9 期,第 62～65 页。

⑩ 周诗妮:《微博辟谣:公共突发事件中网络谣言治理的新模式——以日本"3·11"地震事件为例》,《东南传播》2011 年第 4 期,第 9～11 页。

⑪ 全会、方彦蘅:《微博谣言现象的成因及对策》,《青年记者》2012 年第 2 期,第 43 页。

扎根理论对"5·12"汶川地震发生后两个月内出现的网络谣言进行了内容分析等定性研究①；孙燕使用内容分析法，选取日本地震和温州动车事故之后的两次谣言风暴现象进行研究，通过对 20 例谣言样本的分析，对谣言风暴的形成与衰变、媒介角色、谣言的文本特征和受众态度进行深入探究②；施爱东认为，稳定的灾难谣言都有相似的形态特征，他以"5·12"汶川地震的灾后谣言为例，对各种灾难谣言进行了形态学的分析③。

商业谣言方面，何欣在其博士学位论文中对我国股票市场上的媒体效应进行全面分析，重点研究了官方新闻效应、市场谣言效应和基于两类媒体效应的投资策略检验。④ 赵静梅等认为，谣言已经成为扰乱我国证券市场秩序的重大问题，投资者对谣言的处理存在不理性行为，其中存在的制度性问题值得监管层和上市公司高度重视。⑤ 彭伟英研究发现，由于商业活动与人们生活紧密关联，因此一旦出现商业谣言传播，大量普通民众将被波及，且造谣者与传谣者时常为一体，谣言传播者也可能制造出新的谣言。⑥

此外，还有对网络政治谣言的成因、特点和社会控制等方面的相关研究⑦⑧。关于科技谣言的研究则多与科技传播相结合分析，如刘滢⑨、党伟龙⑩、雷建树⑪、

① 孙嘉卿、金盛华、曹慎慎：《灾难后谣言传播心理的定性分析——以"5·12 汶川地震"谣言为例》，《心理科学进展》2009 年第 3 期，第 602～609 页。
② 孙燕：《谣言风暴：灾难事件后的网络舆论危机现象研究》，《新闻与传播研究》2011 年第 5 期，第 11 页。
③ 施爱东：《灾难谣言的形态学分析——以 5·12 汶川地震的灾后谣言为例》，《民族艺术》2009 年第 4 期，第 28～45 页。
④ 何欣：《中国股市媒体效应研究：官方新闻、市场谣言与有限注意力》，西南财经大学博士学位论文，2012。
⑤ 赵静梅、何欣、吴风云：《中国股市谣言研究：传谣，辟谣及其对股价的冲击》，《管理世界》2010 年第 11 期，第 38～51 页。
⑥ 彭伟英：《商业网络谣言的传播研究》，湖南大学硕士学位论文，2012。
⑦ 张雷：《论网络政治谣言及其社会控制》，《政治学研究》2007 年第 2 期，第 52～59 页。
⑧ 张盈、杨锦、孙瀛等：《论网络政治谣言及其成因》，《沈阳大学学报》2010 年第 1 期，第 32～34 页。
⑨ 刘滢：《他们是怎样"粉碎"核辐射谣言的？——民间科普组织"科学松鼠会"的启示》，《中国记者》2011 年第 4 期，第 86～87 页。
⑩ 党伟龙：《网络环境下科普平台的特征分析——以果壳网"谣言粉碎机"为例》，安徽首届科普产业博士科技论坛暨社区科技传播体系与平台建构学术交流会论文集，2012。
⑪ 雷建树：《微媒体时代科技媒体应对科学谣言的策略》，《新闻爱好者》2012 年第 7 期上半月，第 23～24 页。

杨鹏[①]、夏倩茹[②]等人通过对"科学松鼠会""谣言粉碎机"等民间科普组织的运作分析来研究伪科学谣言的辟谣传播。有部分研究对网络假新闻、失实报道等作出分析，研究了其与网络谣言间的关系，如吴瑛[③]、谢耘耕[④]、曹文龙[⑤]、戴丽娟[⑥]等人均有对网络假新闻的探讨。

不过，对这些文献梳理后可以看到，目前研究仍主要停留在理论层面的探讨，感性认识和定性分析尚占主流研究思路，缺少对谣言传播机理的系统而深入的实证量化研究。对此，本文将在对中国网络谣言传播历史梳理的基础上，运用实证量化方式，对谣言传播的机理进行深入分析，以为政府相关部门网络谣言应对提供些许参考。

二　中国网络谣言传播的模式演进

中国的"谣言史"渊源已久，千百年来，谣言由最初的预言功能逐渐多样化，其属性和传播方式愈加复杂，变得难以把握。而随着媒介技术的不断进步，谣言的传播形态更是发生了诸多变化。纵观网络谣言传播历史，大体可分为以下几个阶段。

1. 1994～2000 年：网络谣言的萌芽阶段

2000 年既是新千年的开始，从网民人数角度来看，也是我国互联网发展的一个分水岭：网民人数由 1999 年 12 月底的 890 万人，突破千万大关，在 2000 年中迅速翻倍达到 1690 万。在 1999 年之前，我国的网民数量不足 200 万，互联网普及率很低，多数组织机构，如政府部门、公司企业、传统媒体等均未搭建自己的网站，商业门户网站也尚未形成一定社会影响，此

---

① 杨鹏、史丹梦：《真伪博弈：微博空间的科学传播机制——以"谣言粉碎机"微博为例》，《新闻大学》2012 年第 4 期，第 145～150 页。

② 夏倩茹：《伪科学传播问题及对策研究》，成都理工大学硕士学位论文，2012。

③ 吴瑛：《网络假新闻的法律解读》，《新闻记者》2002 年第 3 期，第 50～51 页。

④ 谢耘耕、王平：《从"金庸去世"看微博假新闻的传播与应对》，《新闻记者》2011 年第 1 期，第 3 页。

⑤ 曹文龙：《微博假新闻的传播机制与应对策略》，《新闻实践》2011 年第 3 期，第 23～25 页。

⑥ 戴丽娟：《"国际馒头"事件与网络假新闻的防控》，《传媒观察》2008 年第 8 期，第 47～48 页。

时的互联网可谓小众媒体。在互联网兴起初期，网络传播的匿名性成为一部分网民触网的最大动力，因为虚拟交流为受众的角色扮演提供了条件，部分网民出于移情心理，借助互联网实现对信息内容的角度置换，以达成心理满足。这样的背景下，多数网络谣言均以"网络新闻"的身份出现，网上未经证实的零碎信息拼贴而成一则新闻，再经由传统媒体播报，造成假新闻的传播。

2. 2000～2009 年：人际传播的数字化延伸

2000～2009 年，是我国网民队伍极速膨胀的阶段，截至 2009 年底，3.84 亿人的网民数量使得互联网并入大众媒体阵营。这一时期，于 1999 年启动的中国"政府上网工程"始见成效，电子政务建设渐成体系；媒介融合成为传媒业发展的大背景，传统媒体纷纷迈入数字化阶段；大多数社会组织也建立起了自己的网站，一些商业门户网站在这十年里发展壮大，业务迅速拓展，成为用户数量巨大的综合媒体平台。而网络谣言在这一阶段也拥有了更多的受众，开始对社会造成一定影响。仅 2001 年下半年，就有"换头术""大活人两肾被偷""19 岁中国女孩打破牛津记录"等多条假消息广为流传①，这些信息有的是首先在网络上发布后经过传统媒体转载而扩大影响，有的则是直接由传统媒体炮制的假新闻。

3. 2010 年以后：由去中心化到再中心化

Bucker 曾提出了两个谣言传播模型："一对一"和"一对多"。② 他指出，在现实的传播过程中，"一对一""一对多"的两种模式可以整合在一起。谣言从一个人传递到另一个人的过程属于单线条传播；谣言如果由一个人同时向多个主体传播，或一则消息在同一时间传向多个主体，则属于"一对多"的传播。在对上述中国各历史阶段的谣言事件分析中，我们看到，更多的传播属于一对多的模式。不论是通过报纸、传单、揭帖、大字报等正式/非正式媒体传播的谣言，还是通过互联网、手机短信、聊天软件等新媒体进行传播的谣言，都可视为"一对多"的传播。特别是进入信息时代后，一则流传在互联

---

① 吴瑛：《网络假新闻的法律解读》，《新闻记者》2002 年第 3 期，第 50～51 页。
② Buckner H. T. A theory of rumor transmission. *Public Opinion Quarterly*, 1965, 29 (1)：54－70.

网上的消息可以同时被无数个体接受，然后在人群中进行散布。① 然而，随着社交网络的兴起，尤其是自 2009 年底新浪微博内测开始，传统媒介"一对多"的广播模式被逐步消解，自媒体"去中心化"的信息传播特征开始显现，进而逐渐形成了"多对多"的交互式多极传播模式。与此同时，新的传播技术革命带来了"公民表达自由权的拓展，大大增加了民主论战和民主干预的可能性和力度"②，网络空间的话语权结构由去中心化再度形成了新的中心化。人们对其衍生了"一种希望，一种寄托——他们渴望打破传统媒体的'中心化'结构，渴望打破信息传播的垄断壁垒"③。

这个阶段，传播主体的平民化、传播内容的碎片化、传播时空的即时化和传播方向的分层化使得每个个体都可以拥有信息发布能力，进而形成一个个分散的传播节点用以接收及传递信息，从而实现传播的内容、范围、深度、广度和效果的爆炸式扩大。与此同时，这样的信息传播模式也为谣言的生成与生存制造了更多机会，大大增加了社会隐患。

三 突发公共事件中的网络谣言传播分析

（一）研究设计

本研究以 2010～2012 年社会影响较大的 3119 起公共事件中涉及谣言传播的 251 起事件样本和其中 168 起事件中出现的 210 条谣言信息样本作为主要研究对象，在此基础上，进一步筛选出其中 89 件突发公共事件及其涉及的 122条谣言信息进行深入分析，力求发现网络谣言在突发情况下的特定传播规律。

研究所用材料均以公开报道或发布的资料为主，通过第一手文本资料，操作化为可测量的评估指标（一级指标 5 个、二级指标 18 个、三级指标 37 个），对谣言信息的基本特征分布、传播形态、媒介特征、传播时效、干预应对、关

---

① 张楠迪扬：《中国抗争政治中的谣言与动员：以义和团与五四运动为主线》，香港中文大学学位论文，2009。
② 李名亮：《微博空间公共知识分子的话语策略与身份建构》，《湖南师范大学学报》2012 年第 5期，第 134～139 页。
③ 张跣：《微博与公共领域》，《文艺研究》2010 年第 12 期，第 95～103 页。

注热度等多个方面进行详细分析，试图通过对事实特征的规律化呈现，发现传播中各基本要素的相关性。

（二）研究结论

1. 研究结论一：谣言在特定类型公共事件中的触发特点

（1）地域分布：全国多地同时出现的谣言比例较大，北京及东部沿海地区谣言高发。

在总样本库中，将 2010～2012 年 2750 起地域指标明确的热点公共事件中地域指标与"是否出现谣言"进行交叉分析发现，谣言事件总共涉及 4 个直辖市、22 个省、3 个自治区和 1 个特别行政区。其中谣言事件在 20 起以上的省份有 2 个，分别为北京 26 起、广东 21 起；除这 2 个省份外，谣言事件在 10 起以上的省份有 7 个，分别为江苏 15 起、上海 12 起、四川 12 起、浙江 12 起、河南 12 起、湖北 11 起、湖南 11 起。

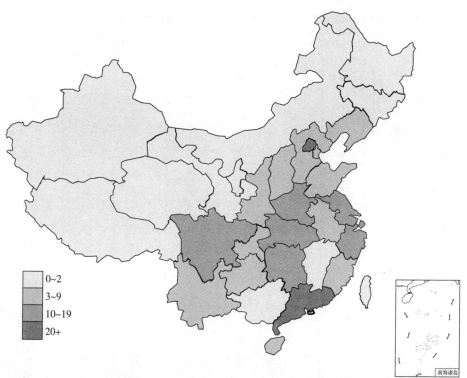

图 1　2010～2012 年出现过网络谣言的热点公共事件省份分布图

具体来看，在出现过谣言的 236 起热点公共事件中，有 37 起波及全国范围，占比 15.7%，如抢盐事件（2011 年）、家乐福退出中国事件（2012 年）等均出现了在全国范围内引起巨大影响的谣言传播现象。全国性事件由于影响范围较广，舆论参与人数较多，信息传播过程中往往会经过较多节点，易致使原始信息失真。其次，发生地在北京的谣言事件共 26 起，占比 9.3%。北京地区由于聚集了较多的行政、经济资源，国家部委或大型企业机构等相对较多，发生舆情事件的基数本身较大，信息渠道也更多，事件中出现谣言传播的比率相应增加。此外，广东和江苏分别以 21 起（8.9%）和 15 起（6.4%）位居其后。发达地区互联网普及率较高，众多网民倾向于通过互联网对社会热点事件进行关注及表达，同时其发布及获取信息的渠道也相对更丰富，更易引致舆情爆发。而谣言作为社会集体情绪的重要表现形式之一，则在一定程度上映射出不同地域间社会矛盾压力的差异。

表 1　2010～2012 年影响较大的热点公共事件是否有网络谣言与省份分析

省份	2010 年		2011 年		2012 年		合计
	否	是	否	是	否	是	
港澳台	8	1	9	0	21	0	39
全国及跨省份	95	9	127	15	202	13	461
北京	48	6	108	7	202	13	384
天津	1	0	2	1	9	4	17
河北	9	2	14	1	29	2	57
山西	11	1	10	0	22	4	48
内蒙古自治区	5	0	4	1	8	1	19
辽宁	12	0	16	1	28	2	59
吉林	4	0	6	0	3	1	14
黑龙江	5	0	11	1	14	0	31
上海	19	0	32	6	38	6	101
江苏	17	3	36	3	67	9	135
浙江	18	3	40	5	66	4	136
安徽	8	0	16	0	12	3	39
福建	7	0	11	3	15	3	39
江西	6	0	18	0	22	0	46
山东	11	1	28	0	44	5	89
河南	30	1	33	4	66	7	141

续表

省份	2010 年		2011 年		2012 年		合计
	否	是	否	是	否	是	
湖北	20	2	25	3	41	6	97
湖南	19	1	21	6	56	4	107
广东	43	2	71	10	150	9	285
广西壮族自治区	10	1	4	0	15	1	31
海南	7	0	6	1	14	3	31
重庆	15	0	12	0	20	4	51
四川	14	3	23	4	44	5	93
贵州	4	1	8	2	7	2	24
云南	14	0	15	2	27	1	59
西藏自治区	0	0	0	0	0	0	0
陕西	6	1	17	2	29	5	60
甘肃	5	0	10	0	14	2	31
青海	1	0	1	0	4	0	6
宁夏回族自治区	0	0	2	0	3	0	5
新疆维吾尔自治区	3	0	7	1	4	0	15
合　计	475	38	743	79	1296	119	2750

（2）行业分布：公共管理和社会组织行业内事件谣言多发，制造业亦频现谣言。

去除 2010～2012 年社会热点公共事件中 272 个行业指标缺失样本，将 2847 个有效样本中的行业指标与是否出现谣言二者交叉分析发现，共有 231 起事件中出现过谣言。

其中，行业归属公共管理和社会组织的事件出现谣言占比远高于其他行业，三年共有 95 起，分别为 2010 年 9 起（占当年出现谣言总比的 23.7%）、2011 年 34 起（43.6%）、2012 年 52 起（45.2%）。如公务员倒地死（2011年）、贵州安顺警察枪击致死案（2010 年）等出现过谣言的公共事件均属公共管理和社会组织行业范围。某种程度上讲，谣言反映了社情民意，一方面，涉及公共管理的谣言反映出部分民意需求或民众期待的政策意向；另一方面，一些社会力量也倾向于通过操纵谣言传播来影响公众行为和政府决策。

其次，制造业三年共有 27 起谣言事件，其中 2012 年为 15 起，在全部行

业中占比 13.0%，略高于 2011 年的 10.3%，三年中归属制造业范畴的案例如江苏响水化工厂爆炸谣言（2011 年）、比亚迪被曝安全气囊不安全（2011 年）、鲁花诽谤门（2011 年）等事件。由于制造业细分行业面广，衣食住行均涵盖在内，舆情主体的某些不当很容易触及公众的敏感神经，同时，同行间恶性的商业竞争也易于催生谣言，例如 2011 年影响较大的鲁花诽谤门事件便是由传言"金龙鱼食用油存在转基因产品影响健康"而引起。

其余行业谣言占比较少，除教育（8.7%）、文化体育和娱乐业（6.9%）、交通运输仓储和邮政业（5.2%）外，其余行业均不足 5%。

表 2　2010～2012 年影响较大的公共事件是否有网络谣言与行业分类的分析

单位：%

行业分类＼是否有网络谣言	2010 年		2011 年		2012 年		总计	
	否	是	否	是	否	是	否	是
家林牧渔业	1.3	0.0	1.7	3.8	0.7	0.9	1.1	1.7
采矿业	4.8	0.0	1.8	1.3	1.8	0.9	2.4	0.9
制造业	14.3	10.5	15.8	10.3	16.8	13.0	16.0	11.7
电力燃气及水的生产和供应	0.6	0.0	0.9	1.3	1.1	0.9	1.0	0.9
建筑业	1.0	2.6	0.6	0.0	1.1	4.3	0.9	2.6
交通运输仓储和邮政业	2.3	2.6	3.1	6.4	4.4	5.2	3.6	5.2
信息传输计算机服务和软件业	3.2	10.5	2.5	1.3	3.8	4.3	3.3	4.3
批发和零售业	2.3	2.6	1.9	2.6	2.4	3.5	2.2	3.0
住宿和餐饮业	1.5	2.6	1.8	2.6	2.1	2.6	1.9	2.6
金融业	4.8	2.6	5.0	7.7	1.8	1.7	3.4	3.9
房地产业	1.1	2.6	1.1	0.0	1.5	0.9	1.3	0.9
租赁和商务服务业	0.6	0.0	0.1	0.0	0.6	0.9	0.5	0.4
科学研究、技术服务和地质勘测业	1.1	0.0	1.3	1.3	0.5	0.9	0.9	0.4
水利环境和公共设施管理业	0.2	0.0	0.5	0.0	1.3	0.9	0.8	0.4
居民服务和其他服务业	0.4	0.0	0.4	0.0	0.5	0.0	0.4	0.0
教育	10.1	21.1	12.7	9.0	6.3	4.3	9.0	8.7
卫生社会保障和社会福利业	2.5	5.3	3.4	3.8	4.0	0.9	3.5	2.6
文化体育和娱乐业	3.8	10.5	2.9	3.8	4.1	7.8	3.7	6.9
公共管理和社会组织	39.0	23.7	38.2	43.6	42.5	45.2	40.5	41.1
国际组织	0.8	0.0	0.8	1.3	0.3	0.0	0.5	0.4
军队	4.6	2.6	3.4	0.0	2.5	1.7	3.2	1.3
总　计	100.0	100.0	100.0	100.0	100.0	100.0	100.0	100.0

（3）首曝媒体：出现谣言的事件中经由新媒体曝光的占绝大多数，其中微博与网络新闻占比最多。

将 2010～2012 年影响较大的 3119 起热点公共事件首曝媒介分为国内媒体和国外媒体，剔除缺失样本，对剩余的 3107 个有效样本进行统计发现，三年间有网络谣言的公共事件的首曝媒介主要为国内媒体，共有 247 起，三年分别为 39 起、82 起、126 起。进一步将国内媒体分为传统媒体和新媒体，剔除不详样本，对剩余的 3058 个有效样本进行分析发现，有网络谣言的事件主要集中在首曝媒介为新媒体的事件，有 173 起，占比超过传统媒体，三年占比分别为 69.2%（27 起）、70.7%（58 起）、69.8%（88 起），整体走势为先上升后下降；但从绝对数量上看，2012 年新媒体曝光的网络谣言事件数最多。

表3　2010～2012 年影响较大的公共事件是否有网络谣言与首曝媒介的分析

单位：%

首曝媒介 是否有网络谣言		传统媒体	新媒体	合计
2010 年	否	39.4	60.6	100
	是	30.8	69.2	100
2011 年	否	37.3	62.7	100
	是	29.3	70.7	100
2012 年	否	35.1	64.9	100
	是	30.2	69.8	100
三年总计	否	36.6	63.4	100
	是	30	70	100
	合计	36	64	100

从 2010～2012 年影响较大的热点公共事件具体的媒介类型上看，剔除具体媒介不详样本，对剩余的 3068 个有效样本进行分析发现，三年间，243 起公共事件中都曾出现过谣言。有网络谣言的事件中，主要集中在首曝媒介为微博的事件，三年占比分别为 10.5%、36.1%、33.6%，整体走势为先上升后下降。其次，首曝媒介为报纸的事件中有 60 起事件出现网络谣言，占比为 24.7%，三年占比分别为 28.9%、22.9%、24.6%。再次，首曝媒介为网络新闻的谣言事件也较多，三年占比分别为 28.9%、15.7%、21.3%。

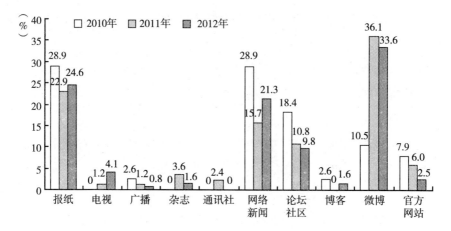

图2　2010～2012年影响较大的热点公共事件中出现网络谣言的事件首曝媒介类型分布

（4）干预主体：干预主体为地方政府的公共事件中出现谣言概率最高。

将2012年公共事件的舆情干预主体与该事件是否出现谣言交叉分析发现，2012年的统计结果 $\chi^2 = 28.758$，P = 0.000，即2012年公共事件的舆情干预主体不同，与其事件演变中是否出现谣言显著相关。总体来看，在有网络谣言的事件中，干预主体为地方政府、企业和个人的事件较多。

表4　2012年影响较大的公共事件是否有网络谣言与干预主体的分析

单位：%

干预主体	无谣言	有谣言
国家部委	27.2	14.3
地方政府	54.8	69.7
司法部门	14.3	7.6
企　　业	27.5	36.1
个　　人	25.9	30.3
其　　他	9.6	8.4

2. 研究结论二：网络谣言的基本内容特征

（1）超半数谣言信息源模糊，且内容不含佐证信息。

首先从谣言的信源方面分析，122条谣言样本中出现明确信息源的共有52条，占比42.6%；信源模糊的谣言70条，占比57.4%。其中，从具体的信源获

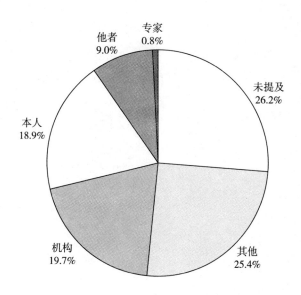

图3　2010～2012年突发公共事件中网络谣言造谣造信息源分布

取方来看，对谣言信息源丝毫未提及，仅凭空描述的谣言共有32条，占比26.2%；明确提及该信息为本人亲自体验获得的谣言共有23条，占全部谣言比例的18.9%；采用某电视台、某报纸、某政府部门、某公司，或"可靠的官方消息"等机构称谓作为信息源的谣言共24条，占比19.7%；使用亲人、朋友、同事等第三人称或其他个体的模糊称谓作为信息源（即"他者"）的谣言11条，占比9.0%；此外，还有明确指出由某专家所言的1条；称"据网友爆料""媒体报道""微博上传言"等其他类型信源的谣言有31条，占比25.4%。

其次，从谣言内容是否采用佐证信息来看，有66条谣言内容中并未提及任何佐证信息，占比54.1%；其余56条（45.9%）则不同程度利用到图片、视频、外部链接或联系方式等信息增强谣言的可信度。在122条谣言信息中，有40条或辅以图片信息，或单独以图片形态传播，占比32.8%。部分网民轻信"有图有真相"，疏于求证，使得谣言信息在网络广为流传，如温州动车事故中"神秘手"图片引发了"掩埋活人"的传言，网民一度传言事故现场新闻发布会上方格帽子为"提问专戴"等。在29条（23.8%）谣言信息中，包含外部链接，内容大多指向相关谣言信息的背景解释。另有部分谣言传播中涉及视频内容，占比11.5%，如温州动车事故中传言吊下动车车厢时有遇难者

遗体掉出、"纸馅包子"的视频假新闻等，由于视频内容看似可以更为真实地还原事件真相，更易取得公众信任。此外，还有少量网络谣言在其文本中提及相关主体的联系方式予以佐证，但往往这些联络电话或是公开地址均为虚假信息。

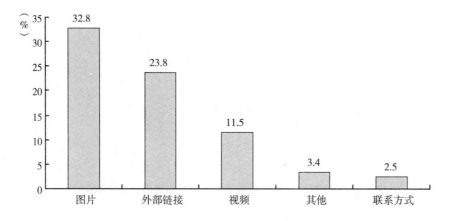

图4   2010～2012年突发公共事件中网络谣言佐证方式分布

（2）谣言目的类型相对集中，敌意型谣言占主要。

从谣言的目的类型来看，根据 Knapp 提出的"愿望型、恐惧型、敌意型"传统三分法，本研究中愿望型谣言有4条，占比3.3%；恐惧型6条，占比4.9%；敌意型84条，占比68.9%。除此之外，部分谣言并无明显对抗性的传播目的，属于无意间导致信息缺失或信息的误读，此类误传型谣言共有28条，占比23.0%。

（3）谣言感情倾向大多为负。

从谣言的感情色彩角度判断，122条谣言信息中，负面传闻最多，共有113条，占比92.6%；感情倾向相对中立的谣言8条，占比6.6%；正面感情色彩的传闻仅有1条，占比0.8%。

（4）谣传中绝大多数具有特定针对主体。

从谣言的针对主体情况看，122条谣言中，仅有2条在文本中未提及特定针对主体，即绝大多数谣言都有某一具体指向对象。其中以组织机构作为谣言对象的最多，共有75条，占比61.5%；有37条谣言针对个人，占比30.3%；

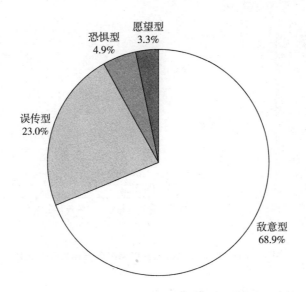

图5　2010～2012年突发公共事件中网络谣言目的类型分布

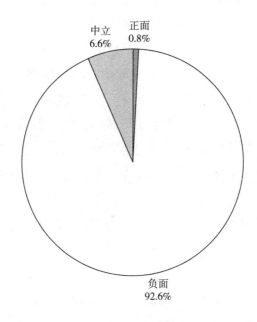

图6　2010～2012年突发公共事件中网络谣言信息感情色彩分布

另有部分谣言针对某种自然或社会现象，共有6条，占比4.9%，如2012年影响巨大的世界末日系列谣言中，有大量传言为对某些自然现象的预测。

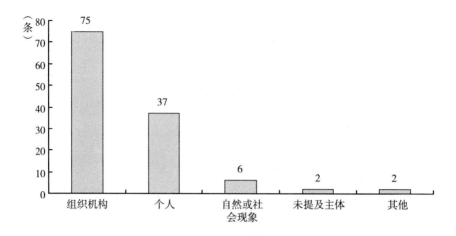

图7　2010～2012年突发公共事件中网络谣言信息针对主体分布

3. 研究结论三：网络谣言的传播规律

（1）网络谣言的扩散机理：同一谣言会经由多种渠道传播，造成线下影响的地理扩散，范围波及全国者超过半数。

首先，从传播媒介看，122条谣言信息中，涉及传播谣言信息位居第一的为微博，共有116条谣言在微博上有迹可循；第二为网络新闻，共有110条经由网络新闻传播；第三为报纸，105条谣言曾被报纸报道；论坛社区传播的谣言数位居第四，共计95条曾经由论坛传播。此外，博客、电视、广播、即时通讯、短信、邮件等传播渠道也在谣言扩散中发挥了一定作用。

其次，网络谣言的地理扩散方面，谣言事件的发生地与该谣言针对主体的所在地并非完全一致。122条谣言中，有8条谣言的针对主体所在地并非在谣言的事件地，即说明纵使谣言缘起某公共事件，但其扩散范围却不仅限于该事件。而从谣言造成线下影响的波及范围来看，有60条谣言的波及范围仅限于省内区域，尽管部分谣言在互联网相传甚广，但其真正对现实生活造成的影响范围仅作用于小部分区域；波及全国或全国多省份的谣言共计61条，占全部样本半数，可见一半的谣言在经互联网扩散后，在全国范围内造成广泛影响；此外，还有少量谣言扩散至全球或海外多个国家。

（2）网络谣言的传播周期：谣言自身传播周期较短，其持续时间与该谣言文本是否包含佐证信息、谣言的回应时效等相关。

统计 122 条谣言信息的传播持续时间发现，网络谣言的传播时效特点也与舆情事件类似，谣言引发热议的持续时间较短，1 个月以内迅速消退的占比八成以上，谣言信息传播持续时间在 1 周以内的有 74 条，占比60.7%，超过半数，包括小悦悦事件中曾传言救人阿婆陈贤妹遭辞退等不实信息，均在较短时间内得以辟谣后舆情消退。另有 25 条谣言信息其传播持续时间在 1 周~2 周，占比 20.5%；持续时间在 2 周~1 个月的谣言有 5条，占比 4.1%。总的来看，传播持续时间超过 1 个月以上的谣言仅占比8.2%，但其中部分谣言多次周期性出现，如世界末日系列谣言、金庸先生数次"被去世"等。

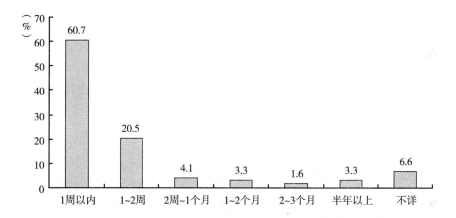

图 8 2010~2012 年突发公共事件中网络谣言传播持续时间分布

此外，对谣言传播的持续时间和其回应时效进行相关性检验发现，在0.1 的显著程度上，二者显著相关，相关系数 $r = 0.179$，即谣言涉及主体对谣言的回应时差越短，该条谣言的传播持续时间越短。如在"7·23"甬温线特别重大铁路交通事故中，尽管事发后迅速爆发出数十条谣言，但大多由于相关主体及时回应辟谣，其传播影响得到了有效控制，持续时间多在 1 周以内。

4. 研究结论四：网络谣言的干预机制

（1）谣言回应：绝大多数谣言得到过回应，且以地方政府为主要回应主体。

对 2010~2012 年突发公共事件中网络谣言的回应情况分指标编码统计后

发现，122 个样本中，有明显回应行为的谣言有 117 条，占比 95.9%。可见，不实信息在网络上传播后，不管是谣言针对主体还是第三方，大多数谣言均会有特定主体对其进行回应，对事件信息予以解释说明。

具体来看，谣言的回应主体方面，地方政府对谣言的回应最多，在 59 条谣言中对谣言作出回应，占比 48.4%；其次为个人回应，占比 14.8%，如部分谣言直接针对个人，当事人大多会直接参与谣言回应。针对企业的谣言中，当事企业大多也会第一时间对谣言作出回应，此类共有 13 条，占比 10.7%。此外，在部分谣言事件中，或有媒体作为谣言回应主体对不实传闻进行解释，占比 9.0%。国家部委、司法部门也均对谣言有所回应，占比分别为 5.7%、3.3%。

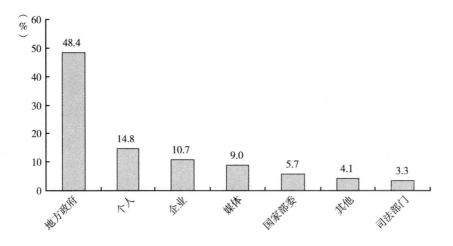

图 9　2010～2012 年突发公共事件中网络谣言首次回应主体类型分布

（2）验证评估：谣言验证方式多样，但其信息真假在短期内仍难以判别。

在对谣言信息真假验证中，除去 4 条无法验证的谣言外，将剩余的 118 条谣言在验证澄清中采用到的最主要、最有效的验证方式进行分类统计。其中部分事件由主管政府部门针对谣言进行调查后发布、通报等，此类政府回应型的谣言共有 62 条，占比 52.5%。有 20 条谣言为当事者，即谣言针对主体主动出面澄清，占比 16.9%，如甘肃校车事故中潘石屹捐校车，即由当事人潘石屹出面发表微博澄清。在谣言澄清中，媒体调查也是一股重要力量，部分谣言出现后，会有媒体记者深入现场，跟进调查，采访当事人等，呈现媒体视角的判断结果，共有 22 条谣言为媒体调查后澄清，占比 18.6%。部分谣言会有第三方机构介入证实或辟谣，如新浪的微博辟谣平台、果壳网的谣言粉碎机等，此类验证方式有 11 条，占比 9.3%。也有谣言出现后会有相关领域专家出面对信息作出专业解读以驳斥谣言，该类型共有 2 条，占比 1.7%。另有少量谣言性质恶劣，严重危及社会安全或个人名誉等，会有司法直接介入，如警方查证等。

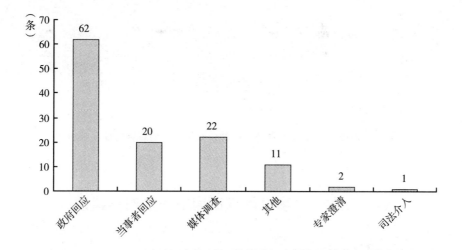

图 10 2010～2012 年突发公共事件中网络谣言信息验证方式分布

在经过各方力量对 122 条谣言信息核查澄清后，将信息证伪的共有 106 条，占比 86.9%；有 5 条谣言在经查实后，发现曾被认定为虚假的信息被证实为真，占比 4.1%；此外，有 11 条谣言尚不能判定其真伪，占比 9.0%。

从验证情况来看，现有的辟谣方式中，政府回应仍占主要部分，谣言当事者出面回应较少。在政府权威信息易受质疑的某些突发情况中，当事方现身说法往往才是谣言得以迅速澄清的有效方式。但谣言当事者为个人时，受制于自身资源限制，部分当事方多选择沉默，而非积极主动辟谣。原因在于一则个体辟谣若要实现较好的传播效果，无疑需要投入巨大成本，耗费时间、财力、物力；二则部分谣言事件的当事者担心介入辟谣会导致自身卷入更多是非，因而不愿主动出面。

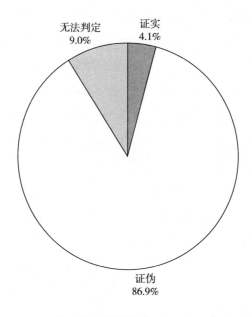

图 11 2010～2012 年突发公共事件中网络谣言信息验证情况分布

四 突发公共事件网络谣言应对的对策建议

1. 完善网络舆情预警机制、网络信息疏导辟谣机制

建议政府建立完善专门的网络舆情监测系统，对互联网各平台上的舆情信息进行全面、实时监测，以便在谣言爆发初期即可发现谣言，及时掌握其时间规律、信息内容、转移范围、传播载体等。

在谣言出现后，还应有健全的信息疏导辟谣机制。目前，政府在应对网络谣言的方式和时效等方面仍有所欠缺。直接辟谣固然是应对谣言最高效的方式，但还应讲究发布策略与平台选择，通过利用政府自身网络资源，如官方网站、博客微博账号、新闻网站专栏等，在新媒体空间掌握话语权。同时注重信息发布方式，尤其是辟谣信息的发布，应当"以证服人"，多引用当事方的实证材料，并适当借助公信力较高的第三方加以佐证。

此外，政府还应形成网络谣言事件应对预案体系，通过建立谣言信息库，打造谣言应对工具箱和方法库，从中总结规律，以便网络谣言初现端倪后，能及时启动相应应对预案。

2. 提升政府公信力，增强辟谣传播效果

通过前文谣言信息验证评估可以发现，有小部分曾被官方认定为虚假信息的谣言，在事件后期各种信息得以充分披露后被证实为真。"今天的谣言成为明天的事实"，让一些公权力部门公信力遭受挑战。实际上，舆情事件发生至所有信息经调查取证完全公开，需要一定时间。在此过程中，必然会出现信息不甚明晰的阶段。此时，政府部门需要快速响应，但不宜草率公布尚未定论的信息，以防前后信息发布不一，失信于民。上海市人民政府曾出台政府工作规则，其中针对重大或特别重大突发事件提出的"快报事实、慎报原因"的回应原则①，也适用于其他涉及谣言传播的公共事件。2014 年 4 月 1 日，国务院办公厅印发的《2014 年政府信息公开工作要点》指出，应"确保公开的政府信息准确一致，避免出现不实信息甚至'官谣'现象"②。各级政府应吸取教训，完善政府信息公开工作，提升自身公信力，确保在突发公共事件中政府的辟谣效果。

3. 加强媒体报道专业性，提升公众媒介素养

在上层士大夫看来粗鄙不堪的妖术，在下层民众当中却有着广泛的社会基础。③ 由于各种复杂的原因，网络信息鱼龙混杂，用户难以判别。传统媒体在采用信息源时，要尽量采用多信息源交叉求证，避免误传虚假信息。同时发挥舆论引导作用，积极配合政府有关部门对事件信息进行调查，消除谣言的影响。同时，宣传教育部门也应该采取各种措施，从社会层面提升公民的媒介素养，帮助网民提高对综合信息的判断和对虚假信息的免疫能力，学会辨识网络传播中的信息瑕疵，减少谣言传播的社会危害。

与国外相比，我国的媒介素养教育的发展历史较短，只有 20 年左右。所以，首先需要把媒介素养教育纳入我国公民的正常教育体系，提升民众的自律

---

① 上海市人民政府：《上海市人民政府工作规则》，上海市人民政府网站，2013 – 05 – 29，http：//www. shanghai. gov. cn。

② 《国务院办公厅发布 2014 年政府信息公开工作要点》，人民网，2014 – 04 – 01. http：//politics. people. com. cn/n/2014/0401/c1001 – 24796042. html。

③ 徐茂明：《明清以来江南妖术恐慌的衍变及其社会根源》，《史林》2012 年第 3 期，第 9 页。

意识、理性精神，使其具有必需的辨识能力和社会责任感。不管是在校学生的素质教育，还是社会民众的终身教育，都应积极利用网络、广播电视、报刊等媒体资源，灵活运用实际案例开展媒介素养培训。其次，呼吁社会力量共同参与建构国民媒介素养教育的长效机制，不仅需要政府持续关注并给予相关组织机构资金和政策的支持，还需要非政府组织等民间团体的配合，如通过网络宣传、举办专业论坛活动等，加强交流，促进公众网络媒介素养的提升。

4. 加强技术监管，隔离虚假信息传播源

当前，网络已经成为网民获取信息的重要途径，CNNIC 于 2014 年 1 月 16 日最新发布的第 33 次《中国互联网络发展状况统计报告》显示，截至 2013 年 12 月，我国的网民规模已达 6.18 亿。尽管互联网技术一直在进步，但快速增长的巨大网民基数也为网络监管带来了一定困难。逐年攀升的互联网普及率（截至 2013 年 12 月为 45.8%）使得网民结构继续向低学历人群扩散①，越来越多的草根群体介入网络传播，部分网民缺乏一定的社会经验和判断能力，有意或无意间成为网络谣言的制造者和传播者。同时，部分网络媒体在市场利益驱动下，为追求点击率求新求异，对信息把关不严，助长了网络谣言的传播。在这样的网络社会背景下，唯有先进的技术监管手段，才能从海量的数据信息中发现虚假信息源，及时阻断其传播链。但总的来看，技术手段匮乏、缺乏监管把关机制且成本过高等，是目前我国治理网络谣言中存在的较为突出的难题。鉴于此，建议相关政府部门对网络谣言的监管技术发展给予高度重视，对其加大研发投入、加强把关力度。如尝试开发类似美国的 RumorBot、Truthy 等软件，实时追踪网络谣言。

5. 鼓励多方参与，打造立体多源辟谣信息链

从前文对谣言干预和回应的分析可见，从辟谣回应看，现有的辟谣方式中，政府回应仍占主要部分，谣言当事者出面回应较少。突发公共事件发生后，政府首先有责任和义务对事件信息进行说明，保障信息公开透明，做好自身的信息发布工作。但另一方面，在某些突发情况下，政府权威信息易受质疑

---

① 第33次《中国互联网络发展状况统计报告》，CNNIC，2014 – 01 – 16，http：//www.cnnic.net.cn/hlwfzyj/hlwxzbg/hlwtjbg/201401/P020140116395418429515.pdf。

时，当事方现身说法可以更快速有效地到达公众，使谣言得以迅速澄清。因此，政府在保障官方信息流通的同时，更应鼓励谣言当事者亲自出面澄清事实。在此过程中，政府应利用自身资源协调优势，尽量为事件当事方提供各类支持，为其打消后顾之忧。除此之外，还应提倡辟谣渠道的多元化，适当借助公信力较高、民众认同的第三方予以佐证，鼓励社会力量参与辟谣，打造立体多源的信息链，以增强辟谣效果。

危机管理研究

Crisis Management

B.12

中国居民危机意识调查

上海交通大学舆情研究室实验室*

摘　要：

　　近年来，我国突发公共事件频发，许多民众人身及财产安全受损。面对风险社会这一大环境，居民的危机意识对自我保护和灾害影响的最小化至关重要。本研究将从危机意识的主观评价及客观评价两个维度展开，旨在了解我国居民面对突发事件时的心理素质因素、对危机应对基本知识技能的掌握情况、对突发事件的防范措施实施情况等，全面了解全国居民的危机意识，从而为有关部门提出更加科学的对策建议。

关键词：

　　危机意识　危机应对　突发事件　风险社会

---

* 课题负责人：谢耘耕；执笔人：刘丛；统计分析：荣婷、乔睿、张旭阳、李静。

一　文献综述

德国社会学家乌尔里希·贝克（Ulrich Beck）在 1986 年出版的《风险社会》一书中提出了风险社会理论，他认为人类历史上各个时期的各种社会形态从一定意义上说都是一种风险社会，因为所有有主体意识的生命都能够意识到死亡的危险。随着我国社会的发展与转型，我国各类突发事件的发生日趋频繁。突发事件，又称危机，是指在事先没有通知、预兆的情况下，突然发生的，有一定破坏力、一定影响力的事件，具有不确定性。[①] 近年来，我国频繁发生公共场所暴力恐怖袭击、重度雾霾天气、禽流感疫情、工厂及民宅爆炸、火灾等事故灾害等。在普通百姓看来，有些突发事件似乎距离自己十分遥远，而有些却近在咫尺，甚至可能就发生在自己的身上，社会中的每个成员都面临着某种程度的风险。面对生活中大大小小的突发事件，居民是否能够沉着应对、采取正确的救助措施等，关乎事故最终的严重程度和负面影响波及的范围。

在一项针对我国大学生进行的危机意识调查中发现，很多大学生在面对突发事件时不安全感加剧，显示出一定的焦虑情绪。[②] 也有研究指出，我国大学生在不同的危机场景中所具备的处置公共危机的科学意识还有待提高，公共危机参与意识较弱；并且大学生认为学校有必要开设相关课程，使自己接受更多的危机培训。[③] 此外，调查发现年龄、性别的差异会对大学生危机防范意识造成影响，且绝大多数参与过培训的大学生危机防范意识和处置能力都要高于没参加过培训的学生。[④]

[①] 王媛媛、杜伟、谷晓红：《突发事件对大学生心理影响的调查分析及心理危机应对机制的探讨》，《中医教育》2013 年第 4 期。
[②] 王媛媛、杜伟、谷晓红：《突发事件对大学生心理影响的调查分析及心理危机应对机制的探讨》，《中医教育》2013 年第 4 期。
[③] 耿依娜：《大学生公共危机意识现状与政策建议》，《当代青年研究》2009 年第 10 期。
[④] 朱敏、乔志宏、车宏生、朱小姝：《对北京高校大学生公共危机意识的调查与思考》，《北京教育（高教版）》2005 年第 6 期。

二 研究目的

目前已有研究存在两大缺陷：第一，研究多数局限于小规模的大学生样本中，无法代表全国居民的危机意识水平。第二，缺少全面视角。危机意识既包含知识技能、防范措施，又涵盖面对危机事件的心理素质方面的因素，两者共同决定了个体的危机应对能力。本研究数据来自 2014 年中国社会舆情调查，将从危机意识的主观评价及客观评价两个维度展开，旨在全面了解全国居民的危机意识，从而为有关部门提出更加科学的对策建议。

本研究将围绕以下几方面内容展开：（1）我国居民危机意识的主观评价水平，即居民应对突发事件的信心及心理素质情况。（2）我国居民危机意识的客观评价水平，即应对突发事件的基本技能及危机的防范措施。（3）人口学因素，包括性别、年龄、收入水平、文化程度、户口类型等对居民危机意识的影响。（4）居民危机意识主观评价与客观评价之间的关系。（5）提升我国居民危机应对能力的建议。

三 样本结构

2014 年中国社会舆情调查覆盖了中国 4 个直辖市、27 个省会城市和 5 个国家社会与经济发展计划单列市，包含了我国东部、中部、西部各行政区域的重要城市。在以上每座城市中随机抽取 30 名 18 岁以上的受访者进行电话调查，有效样本总共为 1080 个。

在进行统计分析之前，根据第六次全国人口普查资料中的性别及年龄分布对样本进行加权处理，使得样本与对应总体的性别、年龄结构吻合。第六次人口普查、加权以前的样本结构、加权以后的样本结构见表 1。

表1　第六次全国人口普查与2014年中国社会舆情调查的年龄段、性别分布比较

单位：%

年龄段	第六次全国人口普查			2014年中国社会舆情调查（加权前）			2014年中国社会舆情调查（加权后）		
	男	女	合计	男	女	合计	男	女	合计
20岁以下	4.7	4.3	9.0	3.0	3.7	6.7	4.7	4.3	9.0
20~29岁	10.4	10.3	20.7	27.8	16.7	44.5	10.4	10.3	20.7
30~44岁	15.8	15.1	30.9	22.7	10.3	33.0	15.7	15.1	30.8
45~59岁	12.2	11.8	24.0	7.4	3.5	10.9	12.3	11.8	24.1
60岁及以上	7.6	7.8	15.4	3.4	1.5	4.9	7.6	7.8	15.4
合　计	50.7	49.3	100.0	64.3	35.7	100.0	50.7	49.3	100.0

注：2014年中国社会舆情调查总体为15~84岁中国居民，第六次全国人口普查的性别、年龄比例也对应此总体计算。

四　调查结果

（一）危机意识主观评价

个人危机意识主观评价量表由8个题目组成，其中包含6个正面陈述及2个负面陈述，受访者需对每个陈述进行评价，1~5分代表从非常不符到非常符合。将2个负面陈述分数进行逆向编码处理，并计算个人危机意识主观评价总分，总分越高，代表受访者个人应对能力越强。

1. 居民危机意识主观评价处于中等偏高水平

统计受访者对量表内各陈述的选择情况，发现受访者对个人危机应对能力的自我评价较高，对于正面陈述的选择都集中在"有点符合"和"非常符合"，占比超过五成，而对于负面陈述的选择都集中在"有点不符"和"非常不符"，占比超过六成（见图1）。对负面描述进行逆向编码之后，计算个人危机应对能力平均分（即8题总分/8），单样本T检验结果显示受访者个人危机应对能力平均分为3.73，显著高于3分（代表中等水平），$t = 32.12$，$p < 0.001$，说明受访者危机意识主观评价处于中等偏高水平。

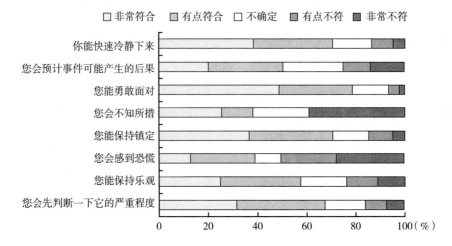

图1　居民危机意识主观评价选项统计

2. 人口学因素

T检验结果显示，男性个人危机意识的主观评价显著高于女性（$M_男 = 30.71$，$M_女 = 28.27$，$t = 7.88$，$p < 0.001$）；非农业户口者对个人危机意识的主观评价平均分显著高于农业户口者（$M_{农业} = 29.00$，$M_{非农业} = 29.80$，$t = -2.37$，$p < 0.05$）。

相关分析结果显示，年龄与个人危机意识主观评价无显著相关；文化程度与个人危机意识主观评价呈正相关（$r = 0.11$，$p < 0.01$），文化程度越高的居民对个人危机应对能力的主观评价平均分越高；收入水平与危机意识主观评价呈正相关（$r = 0.10$，$p < 0.01$），收入水平越高的居民对个人危机意识主观评价越高。

（二）危机意识客观评价

个人危机意识客观评价包含6个题目，其中4个题目为危机应对的基本技能，2个题目为危机预防措施。选择"是"计1分，选择"否"计0分，具体题目及具体得分情况见表2。总分平均分在5～6分代表个人危机应对能力较强，3～4分代表个人危机意识为中等，1～2分代表个人危机意识较差。

1. 居民危机意识客观评价处于中等偏高水平，防范措施不足

居民个人危机意识客观评价平均分为 3.92 分，处于中等偏高水平。基本技能类目中，居民选择"是"的比例明显高于选择"否"的比例；而在防范措施类目中，居民选择"是"的比例明显低于选择"否"的比例。这说明居民在危机应对的基本知识技能方面掌握程度较好，而在防范措施方面的工作仍有不足。

表 2　居民个人危机意识客观评价选项统计

单位：%

类别	题目	是	否
基本技能	您是否知道如何使用灭火器	83.5	16.5
	如果室内发生有毒、易燃气体泄漏，您是否知道该采取什么措施	87.3	12.7
	您是否知道如何进行人工呼吸	74.6	25.4
	您是否知道如何进行简单的伤口包扎	85.0	15.0
防范措施	您在家中是否安装了火灾报警器、煤气泄漏警报器等警报装置	30.6	69.4
	您是否参与过危机事故现场的抢救工作，或者演习	30.5	69.5

2. 人口学因素

T 检验结果显示，男性个人危机意识客观评价显著高于女性（$M_{男} = 4.09$，$M_{女} = 3.73$，$t = 4.76$，$p < 0.001$）。非农业户口者对个人危机应对能力的客观评价平均分显著高于农业户口者（$M_{农业} = 3.72$，$M_{非农业} = 4.04$，$t = -3.82$，$p < 0.001$）。

相关分析结果显示，年龄与个人危机意识客观评价呈负相关（$r = -0.09$，$p < 0.01$），年龄越大的居民对个人危机意识客观评价越低；文化程度与个人危机意识客观评价呈正相关（$r = 0.22$，$p < 0.01$），文化程度越高的居民对个人危机意识的客观评价平均分越高；收入水平与危机意识客观评价呈正相关（$r = 0.16$，$p < 0.01$），收入水平越高的居民对个人危机应对能力的客观评价越高。

（三）客观评价与主观评价的关系

相关分析结果显示，危机意识的主观评价与客观评价呈正相关关系（r =

0.20，p＜0.01），主观评价与基本技能的掌握呈正相关关系（r＝0.14，p＜
0.01），主观评价与防范措施的采取呈正相关关系（r＝0.17，p＜0.01）。说
明危机意识的客观评价越高，居民危机应对能力的主观评价越高。主观评价在
一定程度上反映了居民对自身危机应对能力的信心，而客观评价反映居民实际
掌握的技能及预防措施，两者的正相关关系说明当居民在较大程度上掌握了应
对危机的技能并采取了一定的防范措施时，其对自身应对危机的能力更有
信心。

表3　危机意识主观评价与客观评价相关分析

	危机应对 主观评价	危机应对 客观评价	危机应对 客观评价 －基本技能	危机应对 客观评价 －防范措施
危机应对 主观评价	1	0.196 **	0.144 **	0.170 **
危机应对 客观评价	0.196 **	1	0.858 **	0.698 **
危机应对 客观评价 －基本技能	0.144 **	0.858 **	1	0.231 **
危机应对 客观评价 －防范措施	0.170 **	0.698 **	0.231 **	1

注：** p＜0.01。

（四）危机应对能力的提高

调查还问及居民认为自己在危机应对方面需要哪些提高，结果显示，绝大
多数居民都认为自己应当接受更多的相关知识和救助技能的培训（70.7%），
超过半数居民还认为自己应当提高心理素质（55.6%），只有 4.6% 的居民认
为不需要提高（见图2）。

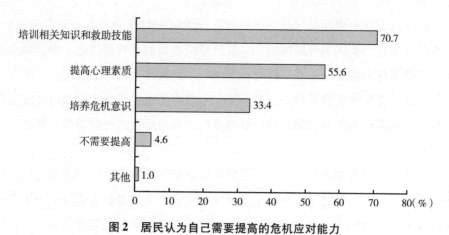

图2　居民认为自己需要提高的危机应对能力

五　讨论

本研究对我国居民危机意识的主观评价及客观评价分别进行了分析，并分析两者的联系，探索了人口学因素对危机意识的影响，并且对我国居民危机意识的提升进行了深入探讨（见图3）。

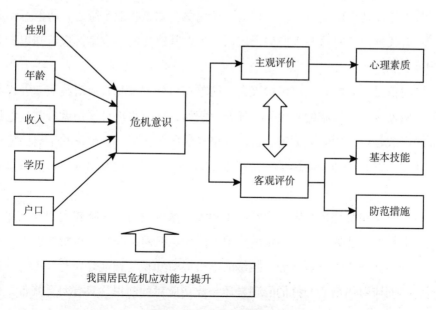

图3　研究内容逻辑关系图

危机意识的主观评价反映了居民对自身危机应对能力的信心及心理素质。调查研究发现，我国主要城市居民对自己危机意识的主观评价处于中等偏高水平，这说明当面临突发公共事件时，居民在一定程度上能够沉着应对，使自己保持镇定，并且事后能够快速冷静下来。但总体主观评价并未达到较高或很高的水平，仍有很大上升空间，这需要各部门加强对居民危机应对信心及心理素质的培训。

危机意识的客观评价反映了居民危机应对知识技能的掌握情况和对危机的预防措施。调查结果显示，我国主要城市居民危机应对意识客观评价处于中等偏高水平。这说明居民在一定程度上掌握了应对突发事件的基础知识技能，如人工呼吸方法、灭火方法等，并采取了一些预防危机的措施，如安装火灾报警器、参与演习等。然而在知识技能，特别是预防措施方面尚存在很大的上升空间，相应部门应当加强相关培训。

对于危机意识的主观评价与客观评价，男性、非农业户口居民、文化程度高及收入水平高的居民均得到了相应更高的分数，说明这些群体对自身应对危机能力的效能感高，信心充足，同时也掌握了更多的应对知识技能，采取了一定的危机预防措施。相反的，女性、农业户口居民、文化程度低、收入水平低的弱势群体，他们的危机应对心理素质更脆弱，知识技能更匮乏，防范意识更薄弱，有关部门应对这些人群加强培训，帮助其建立信心、掌握应对知识、加强防范意识。

同时值得注意的是，居民对灭火、简单伤口处理等基本应对技能掌握程度较高，然而，防范措施的采用仍不理想，例如，仅有少部分受访者参与过危机事故演习或是在家中安装火灾报警器及煤气泄露警报器。这也反映出居民危机意识薄弱，没能做到未雨绸缪，在宣传教育中，还应重点突出危机预防举措的重要性。

危机意识主观评价与客观评价的正相关关系说明当居民在较大程度上掌握了应对危机的技能并采取了一定的防范措施时，其对自身应对危机的能力更有信心，遇事能够更加沉着冷静。熟练的危机应对知识与技能是应对危机的基础要素，然而应对的信心与好的心理素质是成功应对的前提，只有两者兼备，才能够在危机事件中最大限度地进行自我保护并保护他人的生命及财产的安全。

最后，调查发现居民对自身的应对技能的欠缺把握较为准确，他们大多数都认为自己危机应对的相关知识还不够丰富，相关救助技能还比较匮乏，也愿意接受相关培训和演练；同时也能够意识到心理素质在危机应对中的重要性，希望锻炼自己面对危机时的心理素质。

综上所述，居民危机意识的主观与客观评价调查，反映出加强危机应对知识技能及心理素质的培训是一项迫在眉睫的需求，与此同时，居民在主观意愿上也十分愿意接受相关培训。两个角度的调查同时指出了增设相关培训项目的必要性与高需求，有关部门、单位、学校应提高认识，并积极开展相关工作。

B.13
公众对政府应急管理能力的
评价及其影响因素研究

上海交通大学舆情研究实验室 *

摘　要：

政府应急管理能力是体现政府执政水平和社会和谐发展的标志。本报告以公众对政府评价的差异性及影响因素为研究对象，结果表明：公众对中央政府评价最高，对所在基层政府评价最低；对消防部门评价最高，对食品药品部门评价最低；公众的人口学、媒体信源偏好、公共危机意识、对所在地政府的评价等因素显著影响公众对中央政府应急能力的评价；公众对交通、公安、医疗卫生和安全生产部门的应急管理能力评价越高，对所在地政府应急管理能力的总体评价越高；对地震、消防、医疗卫生和教育部门的应急管理能力评价越高，对中央政府应急管理能力的总体评价越高。

关键词：

政府应急能力　公众评价　影响因素

一　研究背景

应急管理是基于发生重大事故和灾害风险等特殊问题提出的，是指政府和其他公共机构在应对突发事件的管理过程中，通过建立必要的反应机制，

---

* 课题负责人：谢耘耕；执笔人：荣婷，刘丛。

采取一系列必要措施，最大限度地减少人员伤亡、降低财产损失和破坏程度，以最快的速度和最低的成本终止危险状态，促进社会和谐发展。① 我国幅员辽阔，地质、地理条件复杂、气候多变，经常遭受多种自然灾害的侵扰。加之，我国处于社会经济转型的关键时期，各种矛盾冲突显现，导致突发公共事件时有发生，这不仅对公众的生命健康和财产安全构成威胁，也给我国各级政府应急管理工作带来严峻的挑战。作为突发公共事件的直接和主要受影响群体，公众对政府应急能力的评价，事关政府应急管理工作的成效，是政府应急管理工作的关键内容。

近几年来，应急管理研究是学界关注的热点，从政府应急管理能力现状、运行机制体制、原则及工作方法，到国内外经验介绍都不乏文献进行详尽探讨。对于政府应急管理能力的评价研究，国内外已广泛开展。国外应急管理能力评价研究主要集中在美国、日本、加拿大等发达国家。美国是世界上开展应急能力评价最早最完善的国家，1997 年研究了一套州与地方政府应急能力评价系统（Capability Assessment for Readiness，CAR），已在全美 55 个州、地方和海岛完成评估工作。② 日本设定了地方公共团体防灾能力的评价项目，包括危机的掌握与评估、减轻危险的对策、整顿体制等九个方面。③ 加拿大的 13 个省和地区建有专门的应急管理组织，安大略省的全面应急计划（Ontario County Comprehensive Emergency Management Plan）中，从预防和减灾、应对和恢复方面对应急管理能力进行评估。④

我国针对突发事件应急管理的大规模研究源于 2003 年引起全国性恐慌的"非典"事件，对政府应急管理能力的评价，侧重于内容、指标和方法的研究。韩传峰等从以政府为主体的角度，构建了包括 20 个二级指标的指标评价

① 李赛赛、王文奎、陶永丽：《城市突发公共事件应急管理研究》，《经济研究导刊》2012 年第 1 期，第 227～228 页。

② Federal Emergency Management Agency（FEMA）and National Emergency Management Association（NEMA）（2000），State *Capability Assessment for Readiness*（*CAR*）. http：//www. fema. gov/doc/ rrr/afterreport doc. December 16，2004.

③ 施邦筑：《灾害防救工作执行绩效评估之研究》，（台湾）《行政院灾害防救委员会委托研究报告》，2003。

④ Ontario County. *Ontario County Comprehensive Emergency Management Plan*.（2003 – 12 – 19）［2009 – 02 – 12］. http：//www. co. ontario. ny. us/emergency_ mgt/occemp. pdf.

体系，并运用 AHP – FCE 法对突发事件应急能力进行综合评价。① 陈安等认为应急管理中存在"可挽救性""可减缓性""可恢复性"三大类灾中评估，并设计了一个可量化计算的"可挽救性"评估模型。② 陈升基于受灾群众评价视角，对汶川重灾区的政府应急能力评价进行实证研究。③ 清华大学公共管理学院危机管理课题组和 eData – Power 在线联合对中国城市居民危机意识的网络调查发现，过半数的公众认为中国危机管理投入不足，重视不够。④

　　纵观国内外的研究成果发现，对政府应急管理能力的评价，主要围绕如何构建指标体系和评价模型展开，评价主体多以政府部门、公共团体和专家为主，这种评价方法对提高政府应急能力具有较高的理论参考价值，但不足之处在于未考虑突发公共事件中主要受影响群体即广大公众，无法直接测量和了解公众对政府应急管理工作的真实态度，最终不能得到广泛认可。然而，目前将公众作为政府应急管理能力评价主体的文献鲜见。为加强相关研究，有效检验政府应急管理工作的成效，本文采用电话调查的方式收集全国公众对政府应急管理能力评价的数据，分析不同公众对政府评价的差异性及影响因素，旨在了解国内各级政府应急管理工作在公众心中的评价，并提出相关对策建议，为公众对政府应急能力评价的实证研究提供应用参考。

二　研究设计

（一）研究问题

　　由于此类研究较少，本文只能借鉴与之相关的成果。Kevin J. O'Brien、李连

---

① 韩传峰：《政府突发事件应急能力综合评价》，《自然灾害学报》2007 年第 8 期，第 149～153 页。
② 陈安、刘霞、范晶洁：《公共场所突发事件的应急管理研究》，《科技促进发展》2013 年第 2 期，第 69～77 页。
③ 陈升：《汶川特大地震五大极重灾区政府应急能力评价研究——基于受灾群众评价视角》，《公共管理评论》2009 年第 8 卷，第 112～131 页。
④ 清华大学课题组：《中国城市居民危机意识网络调查报告》，《中国公共安全》（综合版）2006 年第 6 期，第 35～52 页。

江等通过调查发现农村受访者对中央政府具有较高的满意度，随着政府层级的降低，满意度逐渐下降。[1] 李连江发现公民对中央政府高度信任，而对地方政府的信任程度却逐级下降。[2] Tianjin Shi 的全国普查结果显示对地方政府不满意的公众对中央政府还是信任的。[3] 这种现象同样存在于中国的城市地区，只是其满意度的上升不太明显。[4] 应急管理是履行政府社会管理和公共服务职能的重要内容，对政府应急管理工作的满意度是否也存在类似情况呢？应急管理工作涉及各级政府及相关部门，与之对应公众对政府的评价不仅包括对中央政府、省市政府、基层政府的评价，还包括对相关部门的评价。由此产生第一个问题：

问题 1：公众对各级政府以及相关部门应急管理评价有何差异？

Saich 等学者研究表明，不同人口统计特征的公众对政府评价有差异，初中教育水平以下和高等教育水平及以上的城市居民的满意度低于初、高中教育水平的居民。[5] Tang，W. 等人发现年龄较大的人群对政府会更加支持。[6] David Swindell 和 Jenet Kelly 发现不同人口统计特征的公众对同样的城市具体服务的满意度评价是有差异的，不同教育程度的群体对同样的服务的评价也是有差异的。[7] 郑方辉、王珺研究发现，受访者个体特征对其评价有显著影响，居民收入与其满意程度呈现"倒 U 型"关系。[8] 对于政府的应急管理能力

[1] Lianjiang Li. and Kevin J. O'Brien, 1996. "Villagers and Popular Resistance in Contemporary China". *Modern China*. 22, Vol, 22., No. 1（1996）; Thomas P. Bernstein, and Xiaobo. Lu, "Taxation without Representation: Peasants, the Central and the Local States in Reform China." *China Quarterly*. No. 163）.（2000）, pp, 742 – 763; Guo, Xiaolin, Land Expropriation and Rural Conflicts in China. *The China Quarterly*, 166: 422 – 439, 2001.
[2] Lianjiang L., 2004. "Political Trust in Rural China." *Modern China*. 30（2）.
[3] Tianjin Shi, "Culture Values and Political Trust: A Comparison of the People's Republic of China and Taiwan". *Comparative Politics*, Vol. 33. No. 4. pp. 401 –419.
[4] Saich Tony：《对政府绩效的满意度：中国农村和城市的民意调查》，《公共管理评论》2006 年第 2 期，第 1 ~19 页。
[5] Saich Tony：《对政府绩效的满意度：中国农村和城市的民意调查》，《公共管理评论》2006 年第 2 期，第 1 ~19 页。
[6] Tang, W. and Parrish, W. L., *Chinese Urban Life Under Reform: The Changing Social Contract*, New York：Cambridge University Press, 2000.
[7] 吕维霞、王永贵、赵亮：《保障性住房新政下公众对政府评价的实证研究——以北京市为例》，《国家行政学院学报》2011 年第 4 期，第 106 ~110 页。
[8] 郑方辉、王珺：《地方政府整体绩效评价中的公众满意度研究——以 2007 年广东 21 个地级以上市为例》，《广东社会科学》2008 年第 1 期，第 44 ~50 页。

评价,不同人口统计特征的公众评价是否也存在差异呢? 由此产生第二个问题:

问题2:不同人口统计特征的公众(包括性别、年龄、文化程度、婚姻状况、地域、户籍)对政府应急能力的评价的有何差异?

英国危机管理专家里杰斯特(Regerster)指出,"对公众沟通的有效管理如同处理危机本身一样重要"①。突发公共事件发生后,媒体是信息沟通的主要渠道,是公众最主要的信息来源。公众对政府应急管理能力的评价与危机信息传播紧密相连,其根源就在于危机信息对公众感知的影响。李普曼认为,新闻媒介影响公众的感知。② 赵路平的博士论文也曾提到,媒体的信息发布是否全面准确,导向是否正确,将直接影响到公众的心理反应乃至对政府危机事件应对的评价。③ 目前在中国,报纸、电视、互联网是突发公共事件中信息沟通最重要的三大载体,探讨媒体信源偏好的不同公众对各级政府及相关部门的评价是否有区别,对政府加强信息沟通、改善媒体议程设置、维护社会稳定具有十分重要的意义。由此产生第三个问题:

问题3:突发公共事件发生,不同媒体信源的偏好,是否会影响公众对政府应急管理能力的评价?

由于突发公共事件具有不可预知性、危害性等特点,加强公众的危机意识管理是政府应急管理能力工作的基础。公众对危机的关注和认知能力,在很大程度上代表着社会公众的危机意识。④ 罗伯特·希斯、斯洛威克以及卡普兰等指出,危机认知是指人们对公共危机的感知方式和程度,直接影响公众对社会安全的认识,直接影响公众对政府危机处理能力的判断。⑤ 在本文中,主要采用公众对突发公共事件数量变化的感知、对突发公共事件关注度、对城市公共风险感知、对中国整体公民危机意识评价四个指标来衡量公众的危机意识。由此产生第四个问题:

问题4:不同危机意识的公众(包括突发公共事件数量的变化、突发公共

① 迈克尔·里杰斯特:《危机公关》,陈向阳译,复旦大学出版社,1995。
② 李普曼:《公共舆论》,阎克文、江红译,上海人民出版社,2006。
③ 赵路平:《公共危机传播中的政府、媒体、公众关系研究》,复旦大学博士学位论文,2007。
④ 任轶群:《媒体危机传播对公众危机感知的影响研究》,中国科学技术大学硕士学位论文,2009。
⑤ 陆昇:《改革开放30年我国政府应急管理机制的发展——以汶川抗震救灾为例》,《中共成都市委党校学报》2008年第4期,第13~16页。

事件关注度、城市公共风险、中国公民整体危机意识）对政府应急管理能力评价有何差异？

中央政府作为应急管理工作的最高决策者和方向把握者，其工作的成效直接影响省级政府、基层政府以及相关部门工作的有序开展。而目前已有的研究鲜有通过实证量化方法对政府应急管理能力公众评价进行综合性研究。本研究的重点则是弥补这方面的不足，进一步探讨影响政府应急管理评价的综合因素。基于此，本文提出最后两个问题，厘清这些问题对于加强中央政府应急管理能力及协调各部门工作具有关键作用。

问题5：公众人口学特征、媒体信源偏好、公众危机意识以及对地方政府评价等因素如何共同影响公众对中央应急能力的评价？

问题6：公众对哪些部门应急管理能力的评价会影响其对所在地政府、中央政府的评价？

（二）变量说明

基于以上问题，本文涉及变量如表1所示：人口学因素（性别、年龄、地域、文化程度、收入、户籍）、媒体信源（报纸、电视、互联网）、危机意识感知（突发公共事件关注度、突发公共事件数量变化、城市公共风险、中国公民整体危机意识）及公众对中央政府、所在地省市政府、基层政府及相关部门的应急管理能力评价。

表1　变量及编码设计

类别	变量	变量编码
人口学因素	性别	1＝男性　0＝女性
	年龄	1＝20岁以下　2＝20~29岁　3＝30~44岁　4＝45~59岁　5＝60岁及以上
	地域	1＝东部　2＝中部　3＝西部　1＝一线　2＝二线　3＝三线
	收入	0＝无收入　1＝1~3000元　2＝3001~5000元　3＝50001~10000元　4＝10000元以上
	户籍	1＝农业户口　0＝非农业户口
媒体信源	报纸、电视、互联网	1＝使用　2＝未使用

类别	变量	变量编码
危机意识感知	突发公共事件关注度	5＝非常关注　4＝比较关注　3＝一般　2＝不太关注　1＝从不关注
	突发公共事件数量变化	5＝大幅增加　4＝有一些增加　3＝没有明显变化　2＝有一些减少　1＝大幅减少
	城市公共风险	5＝风险非常大　4＝风险较大　3＝风险一般　2＝风险较小　1＝风险非常小
	中国公民整体危机意识	5＝非常强　4＝比较强　3＝一般　2＝比较弱　1＝非常弱
各级政府及相关部门评价	中央政府、所在地省市政府、基层政府应急管理能力评价	评价从最低到最高以"0～10分"计分
	交通、铁路、气象、水利防汛、地震、建设、公安、消防、医疗卫生、环保、食品药品、教育、安全生产部门应急管理能力评价	

（三）研究方法

本研究采用描述性统计分析、方差分析、相关分析、多层回归分析等多种定量研究方法，探求不同公众对政府应急管理能力评价的差异性及其影响因素。

（四）样本结构

本研究所用数据来自 2014 年中国社会舆情调查，数据采集与处理方式、样本规模与结构和该调查数据一致。

本次调查对象覆盖了中国 4 个直辖市、27 个省会城市和 5 个国家社会与经济发展计划单列市，包含了我国东、中、西部各行政区域的重要城市。在以上每座城市中随机抽取 30 名 18 岁以上的受访者进行电话调查，总共有效样本为 1080 个。

在进行统计分析之前，根据第六次全国人口普查资料中的性别及年龄分布，对样本进行加权处理，使得样本与对应总体的性别、年龄结构吻合。第六次人口普查、加权以前的样本结构、加权以后的样本结构见表 2。

表 2　第六次全国人口普查与 2014 年中国社会舆情调查的年龄段、性别分布比较

单位：%

年龄段	第六次全国人口普查			2014 年中国社会舆情调查（加权前）			2014 年中国社会舆情调查（加权后）		
	男	女	合计	男	女	合计	男	女	合计
20 岁以下	4.7	4.3	9.0	3.0	3.7	6.7	4.7	4.3	9.0
20~29 岁	10.4	10.3	20.7	27.8	16.7	44.5	10.4	10.3	20.7
30~44 岁	15.8	15.1	30.9	22.7	10.3	33.0	15.7	15.1	30.8
45~59 岁	12.2	11.8	24.0	7.4	3.5	10.9	12.3	11.8	24.1
60 岁及以上	7.6	7.8	15.4	3.4	1.5	4.9	7.6	7.8	15.4
合计	50.7	49.3	100.0	64.3	35.7	100.0	50.7	49.3	100.0

注：2014 年中国社会舆情调查总体为 15~84 岁中国居民，第六次全国人口普查的性别、年龄比例也对应此总体计算。

三　研究结果

（一）公众对各级政府及相关部门应急管理能力的评价比较

1. 各级政府

公众对中央政府评价最高，对所在地基层政府评价最低。从表 3 来看，受访者对中央政府评价均值最高（M = 7.83），其次是对所在地省市政府（M = 6.84），评价最低的是对所在地基层政府（M = 6.10）。配对样本 t 检验结果显示，公众对中央政府的评价显著高于对所在地省市政府及基层政府的评价（t = 19.963，p < 0.001；t = 22.054，p < 0.001），且所在地省市政府评价显著高于所在地基层政府评价（t = 12.361，p < 0.001）。这表明，作为应急管理的最高决策部门，中央政府应急管理的机制体制受到公众的较高肯定，而地方政府作为突发公共事件的先期处理主体，在近几年来的多起突发公共事件应对中出现过失行为，公众对此评价相对较低。此外，单样本 t 检验结果表明，公众对各级政府评价虽有差异，但总体来看，公众对各级政府的评价良好，均值全部都显著超过中间值（M = 5）。

舆情蓝皮书

表3 公众对各级政府应急管理能力评价均值比较

各级政府	排名	N	评价均值	t(单样本)	p 值
中央政府	1	898	7.83	44.644	0.000
所在地省市政府	2	917	6.84	26.050	0.000
所在地基层政府	3	911	6.10	14.299	0.000

2. 政府相关部门

公众对消防部门应急能力评价最高，对食品药品的评价最低。配对样本 t 检验结果显示，对消防部门的评价均值显著高于其他各部门（t = 22.206，p < 0.001；t = 9.321，p < 0.001；t = 9.865，p < 0.001；t = 13.292，p < 0.001；t = 18.500，p < 0.001；t = 17.098，p < 0.001；t = 18.149，p < 0.001；t = 23.641，p < 0.001；t = 13.833，p < 0.001；t = 28.565，p < 0.001；t = 18.369，p < 0.001）。该结果与 2006 年清华大学公共管理学院危机管理课题组和 eData - Power 在线联合对中国城市居民危机意识的网络调查结果一致，即在处理公共突发事件中，公众认为消防部门的表现最好。[1]

除此之外，从高到低的评分依次是气象部门、铁路部门、水利防汛部门、教育部门、公安部门、医疗卫生部门、安全生产部门、建设部门、交通部门、地震部门、环保部门；公众评价最低的是食品药品部门。配对样本 t 检验结果显示，对食品药品部门的评价显著低于其他各部门（t = - 9.550，p < 0.001；t = - 16.647，p < 0.001；t = - 19.126，p < 0.001；t = - 14.044，p < 0.001；t = - 11.220，p < 0.001；t = - 13.712，p < 0.001；t = - 14.034，p < 0.001；t = - 5.732，p < 0.001；t = - 18.209，p < 0.001；t = - 12.728，p < 0.001；t = - 28.565，p < 0.001）。近年来，由食品安全、药品质量引发的公共危机事件频频爆出，食品药品部门作为相应的管理和应对机构有着不可推卸的责任，因此公众对这个部门的危机应该能力评价最低。

此外，公众对相关部门的应急管理能力评价虽有差异，但总体上来看，公众对各相关部门的评价均显著超过中间值（M = 5），整体评价较好。

---

① 清华大学课题组：《中国城市居民危机意识网络调查报告》，《中国公共安全》（综合版）2006 年第 6 期，第 35～52 页。

表4　公众对政府相关部门应急管理能力评价均值

政府相关部门	排名	N	评价均值	t(单样本)	p 值
消　　防	1	953	7.72	46.772	0.000
气　　象	2	894	7.06	29.169	0.000
铁　　路	3	747	7.03	27.187	0.000
水利防汛	4	754	6.73	22.072	0.000
教　　育	5	963	6.67	22.916	0.000
公　　安	6	936	6.46	18.631	0.000
医疗卫生	7	975	6.35	18.113	0.000
安全生产	8	819	6.34	17.650	0.000
建　　设	9	834	6.22	15.123	0.000
交　　通	10	971	6.15	17.119	0.000
地　　震	11	637	5.82	7.049	0.000
环　　保	12	963	5.79	10.029	0.000
食品药品	13	927	5.31	3.933	0.000

（二）不同人口学特征的公众对各级政府应急管理能力评价的差异性

（1）性别差异：基于性别社会化和社会角色的不同，男女在对政府应急管理能力评价上显著不同。女性对所在地省市政府、基层政府的应急管理能力评价均值（M = 7.05，M = 6.66）显著高于男性（M = 6.38；M = 5.86）（t = -2.78，p < 0.01；t = -3.39，p < 0.01）。对于中央政府应急管理能力评价，男性与女性评价均值都高（M = 7.79；M = 7.88），无显著差异。

（2）年龄差异：不同年龄的公众对中央政府、省市政府、基层政府评分均值有显著差异（F = 11.322，p < 0.001；F = 9.284，p < 0.001；F = 5.893，p < 0.001）。总体而言，公众年龄与对中央政府评价均值呈显著正相关（r = 0.18，p < 0.01），即公众年龄越大，对中央政府的评价越高，说明中央政府的应急管理工作在年龄偏大的群体中更能得到肯定。而年龄与对所在地省市政府、基层政府评价无显著相关。如图1所示，对于中央政府，20岁以上的公众对中央政府的评价均值随年龄增大而变高，评价最低的是20～29岁群体，评价最高的是60岁及以上群体。对省市政府和基层政府的评价均值最低的是

30～44 岁群体，小于 40 岁的公众，其评价均值随年龄减小而变高，大于 40 岁以上的公众，其评价均值随着年龄的增大而变高。

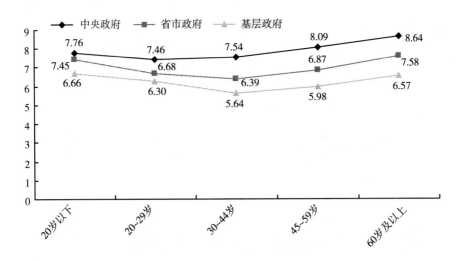

图1　不同年龄的公众对各级政府应急管理能力评价均值比较

（3）地域差异：不同地域（一、二、三线城市，东、中、西部）的公众对中央政府评分均值有显著差异（$F = 5.136$，$P < 0.05$；$F = 3.285$ $P < 0.05$），三线评价最高（$M = 8.14$），二线其次（$M = 7.75$），一线最低（$M = 7.50$）。LSD 两两比较，三线城市评分均值显著高于一线、二线城市（$p < 0.01$；$p < 0.01$）；西部地区公众对中央政府评价最高（$M = 8.08$），其次是中部（$M = 7.80$），最低是东部（$M = 7.68$）。LSD 两两比较，西部地区评分均值显著高于东部地区（$p < 0.05$）。调查结果显示，不同地域的公众对所在地省市政府、所在地基层政府评价无显著影响。

（4）收入差异：不同收入水平的公众对中央政府（$F = 9.824$，$p < 0.001$）、省市政府（$F = 3.749$，$p < 0.01$）、基层政府（$F = 4.203$，$p < 0.01$）评分均值有显著差异。总体而言，收入水平与对中央政府评价呈显著负相关（$r = -0.09$，$p < 0.01$），说明收入越高的公众对中央政府应急管理能力工作有更高的期望，而收入水平与对所在地省市政府、基层政府评价无显著相关。对于中央政府，除无收入群体，收入越高，对中央政府评价越低，1～3000 元

公众评分均值最高；对于省市政府，5001～10000元收入评分显著低于5000元以下收入评分，无收入评分均值最高；对于基层政府，无收入评分均值最高。3000元以上的收入群体，随着收入增高，对基层政府应急管理能力评价降低。

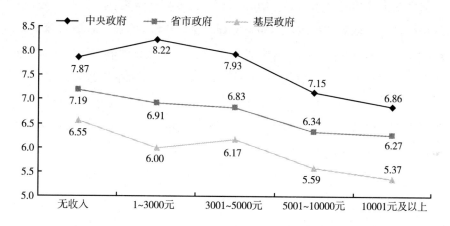

图2　不同收入的公众对各级政府应急管理能力评价均值

（5）文化程度差异：不同学历的公众对中央政府应急管理能力评价有显著差异（F = 11.953，p < 0.001），而对所在地省市及基层政府无显著差异。总体而言，文化程度与中央政府应急管理能力评价呈显著负相关（r = - 0.23，p < 0.01），公众文化程度越高，对中央政府的应急管理能力评价越低。

（6）户籍差异：户籍制度"塑造了一个代代相传的永久的空间等级结构"[1]。户籍作为一项重要的社会资源，不仅给公众在就业、教育等方面带来不平等，也影响了公众对政府应急管理能力的认知。调查显示，持有农业户口的公众对中央政府危机应对能力评价均值（M = 8.06）显著高于非农业户口的公众（M = 7.74；t = 2.38，p < 0.05）。持有不同户籍的公众对所在地省市政府及基层政府评价无显著差异。

---

[1]　Tiejun Cheng and Mark Selden，"The Construction of Spatial Hierarchies：China's Hukou and Danwei Systems Cheek"，Timothy（EDT）/ Saich，Tony（EDT），*New Perspectives on State Socialism in China*（Armonk，N. Y.：M. E，Sharpe，Inc，1997），p. 45.

（三）媒体信源偏好不同的公众对各级政府应急管理能力评价的差异性

如表5所示，突发公共事件爆发后，不同媒体信源偏好的公众对各级政府应急管理能力评价有显著差异。具体而言，首先使用电视作为信源的公众较未使用该渠道的公众对中央政府（M = 8.18，M = 7.51）、省市政府（M = 7.13，M = 6.57）、基层政府（M = 6.41，M = 5.83）的应急管理能力评价更高。同样首先使用报纸作为信源的公众较未使用该渠道的公众对中央政府（M = 8.06，M = 7.75）、省市政府（M = 7.17，M = 6.72）、基层政府（M = 6.41，M = 6.00）的应急管理能力评价更高。首先使用互联网了解突发公共事件的公众较未使用该渠道的公众对中央政府（M = 7.57，M = 8.48）、省市政府（M = 6.70，M = 7.17）、基层政府（M = 5.98，M = 6.40）的应急管理能力评价更低。这说明在突发公共事件中，通过传统媒体如报纸、电视传播的消息对公众评价更容易产生正面影响，通过互联网传播的消息对公众评价容易产生较为负面的影响。

表5　媒体信源偏好不同的公众对政府应急管理能力评价均值比较

媒体信源	各级政府	均值（接触）	均值（未接触）	t	p 值
电视	中央政府	8.18	7.51	5.453	0.000
	省市政府	7.13	6.57	3.990	0.000
	基层政府	6.41	5.83	3.855	0.000
报纸	中央政府	8.06	7.75	2.180	0.030
	省市政府	7.17	6.72	2.825	0.005
	基层政府	6.41	6.00	2.319	0.021
互联网	中央政府	7.57	8.48	-7.163	0.000
	省市政府	6.70	7.17	-3.024	0.003
	基层政府	5.98	6.40	-2.545	0.011

（四）不同危机意识感知的公众对各级政府应急管理能力评价的差异性

1. 突发公共事件的关注度

调查显示，对突发公共事件的关注度不同的公众，对中央政府、省市政府、基层政府的应急管理能力评价无显著差异。其中,公众对突发公共事件的关注度与对省市政府的评价呈微弱的显著负相关($r = -0.079$,$p < 0.05$),说明对突发公共事件关注度越高的公众,对省市政府评价越高。

2. 突发公共事件数量变化

对突发公共事件数量变化不同感知的公众对中央政府、所在地省市政府、基层政府的应急管理能力评价有显著差异($F = 9.795$,$p < 0.01$;$F = 5.453$,$p < 0.01$;$F = 4.554$,$p < 0.05$)。公众认为近十年突发公共事件数量增加幅度越大,说明各级政府应急管理能力越低。公众对我国近十年突发公共事件数量变化的感知与对中央政府、地方省市政府、地方基层政府的评价呈显著负相关($r = -0.20$,$p < 0.01$;$r = -0.15$,$p < 0.01$;$r = -0.12$,$p < 0.01$)。

3. 城市公共风险感知

对城市公共风险感知不同的公众对中央政府、所在地省市政府、基层政府的应急管理能力评价有显著差异($F = 3.838$,$p < 0.01$;$F = 5.946$,$p < 0.01$;$F = 42.525$,$p < 0.05$)。公众认为所在城市公共风险越大,说明所在地省市政府应急管理能力越低。公众对所在城市公共风险的感知与对中央政府、所在地基层政府评价无显著相关,与对地方省市政府的评价呈显著负相关($r = -0.10$,$p < 0.01$)。

4. 对中国公民整体危机意识的感知

对中国公民整体危机意识感知不同的公众对中央政府、所在地省市政府、基层政府的应急管理能力评价有显著差异($F = 15.246$,$p < 0.01$;$F = 16.922$,$p < 0.01$;$F = 14.343$,$p < 0.01$)。对中国公民整体危机意识感知与对中央政府($r = -0.253$,$p < 0.010$)、省市政府($r = -0.223$,$p < 0.01$)、基层政府($r = -0.267$,$p < 0.01$)呈显著正相关,即认为中国公民整体危机意识越高的公众,对各级政府及相关部门的应对能力评价越高。

(五)公众对中央政府应急管理能力评价的影响因素

以下,本文将从人口学因素、信源偏好因素、危机感知、政府部门评价四

个层面探索对中央政府应急管理能力评价的影响因素。四个层面的影响因素
如下：

（1）人口学因素：性别、年龄、文化程度、月收入、户籍、地域（东、
中、西部）；

（2）信源偏好因素：报纸、电视、互联网

（3）危机感知因素：对突发公共事件关注度、突发公共事件数量变化的
感知、对城市公共风险的感知、中国公民危机意识评价；

（4）对政府部门评价因素：所在地省市政府评价、所在地基层政府评价。

分层回归分析结果如表6所示。

表6　公众对中央政府应急管理能力评价分层回归模型

变量		模型一		模型二		模型三		模型四	
		B	SE	B	SE	B	SE	B	SE
人口学因素	性别	0.05	0.17	0.00	0.16	-0.04	0.16	-0.15	0.12
	年龄	0.24**	0.07	0.16*	0.08	0.14	0.08	0.14*	0.06
	文化程度	-0.21**	0.07	-0.17*	0.07	-0.12	0.07	-0.12*	0.05
	月收入	-0.11***	0.03	-0.10***	0.03	-0.08**	0.03	-0.03	0.02
	户籍	-0.04	0.17	-0.11	0.17	-0.17	0.17	-0.33**	0.13
	西部对中部	0.48*	0.21	0.39	0.21	0.23	0.20	0.36*	0.15
	东部对中部	0.13	0.20	0.08	0.19	-0.02	0.19	0.01	0.14
信源偏好因素	报纸			0.06	0.20	0.05	0.19	0.12	0.14
	电视			0.31	0.18	0.18	0.17	-0.01	0.13
	互联网			-0.46*	0.22	-0.43*	0.21	-0.20	0.16
危机感知	突发公共事件数量变化					-0.27**	0.08	-0.12*	0.06
	城市公共风险					-0.26**	0.08	-0.11*	0.06
	中国公民危机意识					0.37***	0.09	0.05	0.07
	公共事件关注度					0.13	0.10	0.05	0.07
政府部门评价	所在地省市政府							0.59***	0.04
	所在地基层政府机构							-0.01	0.04
	ΔR²	0.11***		0.02*		0.07***		0.36***	

注：***$p<0.001$，**$p<0.01$，*$p<0.05$。

在人口学因素中，年龄、文化程度、月收入、地域均显著影响公众对中央政府应急管理能力的评价。年龄越大，对中央政府应急管理能力评价越高（B＝0.24，p＜0.01）；文化程度越高，对中央政府应急管理能力评价越低（B＝-0.21，p＜0.01）；月收入越高，对中央政府应急管理能力评价越低（B＝-0.11，p＜0.001）；西部城市公众对中央政府应急管理能力评价高于中部城市（B＝0.48，p＜0.05）。

在信源偏好因素中，前面均值比较时，对电视、报纸、互联网作为信源的偏好不同，公众对中央政府评价有显著差异，而现在只有互联网因素显著（B＝-0.46，p＜0.05），这是由于本回归分析是考虑多种因素的综合影响，说明互联网对中央政府应急管理能力的公众评价影响大。通过互联网获取突发公共事件信息的公众比不使用互联网的公众，对中央政府应急管理能力评价低。可能的解释是，随着网络技术的发展，以微博、微信等为代表的新媒体赋予了公众极大的信息自主选择权，政府对互联网的管理相比传统媒体较为宽松，特别是在突发公共事件中，由于"把关人"的弱化容易使互联网成为滋生谣言、负面信息的温床，造成公众对政府做出消极的评判。

在危机感知因素中，公众对中国突发公共事件数量变化的感知、对所在城市公共风险评估及对中国公民危机意识评估显著影响对中央政府应急管理能力的评价。对中国突发公共事件数量增长幅度感知越大，对中央政府应急管理能力评价越低（B＝-0.27，p＜0.01）。对所在城市公共风险的感知越高，对中央政府应急管理能力评价越低（B＝-0.26，p＜0.01）。对中国公民整体危机意识评价越高，对中央政府应急管理能力评价越高（B＝0.37，p＜0.001）。

在对所在地政府评价因素中，对所在地省市政府的评价显著影响对中央政府应急管理能力的评价。对所在地省市政府应急管理能力评价越高，对中央政府应急管理能力评价越高（B＝0.59，p＜0.001）。在突发公共事件中，省市政府往往是危机应对的重要主体，是中央政府的应急管理总方针、宏观政策的具体执行者，其危机应对能力势必影响到公众对中央政府的评判。

综合来看，人口学因素中自变量对因变量的解释力显著，$\Delta R^2 = 0.11$，p＜0.001；信源偏好因素解释力显著高于人口学因素，$\Delta R^2 = 0.02$，p＜0.05；危机感知因素解释力显著高于人口学因素及信源偏好因素，$\Delta R^2 = 0.07$，p＜

0.001；对所在地政府评价的解释力显著高于人口学因素、信源偏好因素及危机感知因素，$\Delta R^2 = 0.36$，$p < 0.001$。

（六）公众对各部门应急管理能力评价与对省市政府、中央政府评价的关系

将公众对各部门应急管理能力评价与对所在地政府应急管理能力整体评价及对中央政府应急管理能力整体评价做回归分析，结果见表7。说明对所在地交通、公安、医疗卫生、安全生产部门的评价显著影响对所在地政府应急管理能力的总体评价。对所在地交通部门（$B = 0.25$，$p < 0.001$）、公安部门（$B = 0.19$，$p < 0.001$）、医疗卫生部门（$B = 0.17$，$p < 0.01$）、安全生产部门（$B = 0.17$，$p < 0.05$）的应急管理能力评价越高，对所在地政府应急管理能力的总体评价越高。对所在地地震、消防、医疗卫生、教育部门的评价显著影响对中央政府应急管理能力的总体评价。对所在地震部门（$B = 0.11$，$p < 0.01$）、消防部门（$B = 0.29$，$p < 0.001$）、医疗卫生部门（$B = 0.11$，$p < 0.05$）、教育部门（$B = 0.12$，$p < 0.05$）的应急管理能力评价越高，对中央政府政府应急管理能力的总体评价越高。

结果显示，公众对所在地政府应急管理能力的评价与对中央政府应急管理能力的评价受不同部门应急管理能力工作的影响，如图3所示。在所调查的13个部门中，交通、地震、公安、消防、医疗卫生、教育、安全生产部门应急管理能力尤为重要。它们的应急管理能力工作表现直接或间接地影响着公众对所在地政府及中央政府应急管理能力的评价。公众对所在地政府应急管理能力工作的评价主要通过对公共交通情况、社会治安、安全生产以及医疗卫生几个方面的情况来衡量；而对中央政府应急管理能力能工作的评价则主要通过政府在应对地震等自然灾害、火灾等人为灾害、教育政策、医疗卫生几个方面的情况加以衡量。

结合之前的分析结果，对地方政府应急管理能力工作的评价又在很大程度上影响了对中央政府的评价。尤其是医疗卫生部门的应急管理工作，既影响对所在地政府的评价，又影响对中央政府的评价。这说明居民对医疗卫生类突发公共事件的应急管理工作格外关注，如医患冲突、食物中毒、重大传染疫情等突发事件。此类公共事件的应对是应急管理工作的重中之重，应当加大力度加以解决。

表7　各部门评价与所在地政府、中央政府评价的关系

各部门	所在地政府		中央政府	
	B	SE	B	SE
交　　通	0.25 ***	0.05	0.07	0.05
铁　　路	−0.04	0.06	0.06	0.06
气　　象	0.06	0.06	0.00	0.05
水利防汛	−0.04	0.06	0.05	0.06
地　　震	0.01	0.04	0.11 **	0.04
建　　设	0.01	0.06	−0.05	0.05
公　　安	0.19 ***	0.05	0.03	0.05
消　　防	0.02	0.06	0.29 ***	0.06
医疗卫生	0.17 **	0.06	0.11 *	0.05
环　　保	−0.04	0.05	−0.05	0.05
食品药品	0.00	0.06	−0.05	0.06
教　　育	0.09	0.06	0.12 *	0.05
安全生产	0.17 *	0.07	0.06	0.06

注：　*** $p < 0.001$，** $p < 0.01$，* $p < 0.05$。

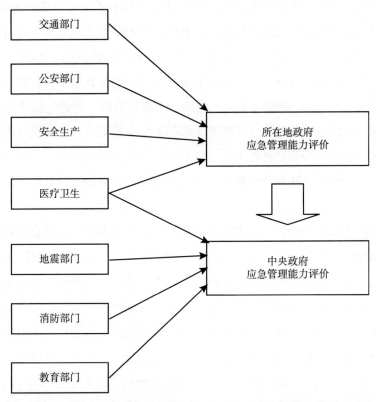

图3　公众对相关部门应急管理能力评价与对省市政府、中央政府应急管理能力评价的关系

四 对策建议

应急管理工作是政府履行社会管理和公共服务职能的重要内容，关系到政府的执政水平与和谐社会的构建。为提高各级政府及相关部门的应急管理工作水平，根据以上分析结果，本文提出如下建议。

第一，建立健全突发性公共事件应急体系，完善应急联动机制建设。

应急管理系统建设是一项长期而复杂的工程，需要各级政府及各相关部门协调配合，完善应急联动机制建设。研究结果表明，公众对政府应急管理能力评价随着政府层级的降低而下降；对省市政府应急管理能力评价越高，对中央政府应急管理能力评价就越高；对所在地政府应急管理能力的评价与对中央政府应急管理能力的评价受不同部门应急管理能力工作的影响。省市政府往往是各种突发公共事件的先期处置主体，是联动中央政府和基层单位的关键环节。因此，国家需及时调整政府工作重点，有的放矢地进行危机管理，着力加强省市政府的应急管理工作，应继续贯彻"纵向到底，横向到边"的应急预案体系，按照垂直管理的要求，由中央政府统一领导，省市政府牵头负责，乡镇级基层单位配合①，重点加强与交通、公安、地震、消防、教育、安全生产等部门的沟通与协作，尤其是加强医疗卫生部门的应急管理工作，协调各方面的资源和力量，共同做好应对处置工作。

第二，加强对互联网的管理和疏导，提高媒体在突发公共事件中的议程设置能力。

随着网络技术的发展，互联网已经成为政府与民众沟通的重要途径，但政府对互联网的利用是一把"双刃剑"。研究结果显示，使用互联网作为信源的公众较未使用互联网的公众对中央政府应急管理能力评价更低，使用报纸、电视的公众较未使用该媒体的公众对省市政府、基层政府的应急管理能力评价更高。与传统媒体时代公众处于被动位置不同，互联网的诞生改变了信息传播者与受众的关系，信息获取渠道的多样化赋予公众极大的信息自主权利，加之政

---

① 李勤领：《政府应急管理研究》，郑州大学硕士学位论文，2012。

府对互联网的监管方式相比传统媒体相对宽松，容易使负面、虚假信息大肆传播。因此，为正确引导公众在突发公共事件中的感知与行为，提高媒体议程设置能力，防止谣言的产生，达到维护社会的稳定和谐的目的，政府一方面应加强与传统媒体合作，通过传统媒体的权威性和可靠性向公众发布权威消息，掌握舆论制高点；另一方面应加大对互联网的管理和疏导，建立健全信息通报管理机制，发挥舆情收集研判功能，高度重视专家声音，培养网络意见领袖，让信息的传递与沟通成为应急管理协调的第三只手，确保舆论导向的正确性。

第三，增强公众的危机意识，提高公众在突发公共事件中的自救能力。

公众危机意识是危机预警的起点，是政府应急管理工作的根本保证。研究结果表明，公民的危机意识显著影响其对中央政府的评价，对中国公民整体危机意识评价越高，对中央政府应急管理能力评价越高。因此政府应加强对公众的危机关注意识、防范意识、应对意识的培养，提升公众应对突发事件的自救能力，配合有关部门做好突发公共事件应急管理的预警机制和协调机制。具体而言，强化宣传，扎实培训，提升公众安全应急知识水平和自救、互救能力，如定期不定期地邀请有关专家、专业人员对公众进行安全应急培训；应以国家减灾日、国际减灾日等安全宣传日为契机，大力开展重要节点的安全应急工作，提高居民应急知识水平和应对突发事件的能力，将突发事件带来的灾害降到最低。[1]

第四，完善政府应急信息公开机制，形成应急信息的全面共享。

政府应急信息发布既是政府应对突发事件的重要环节，也是政府信息公开的必要组成部分。[2] 首先，要完善信息预警机制，并着重加强对危机重灾区监控，及时做出事前的预报工作，将突发公共事件迅速遏制在征兆期，有效降低突发事件的爆发率。[3] 其次，完善应急信息报送机制，及时派专人前往突发事件现场核实情况并采取必要的应急措施，保证报送信息及时、真实、全面。再次，完善信息发布机制，建立新闻发言人制度，在重大突发事件发生后，除大

---

① 王君磊、马建军：《城市突发公共事件应急管理研究》，《现代企业教育》2012年第6期，第132～133页。

② 彭雅愉：《重大突发事件应急信息公开的问题及对策研究》，湘潭大学硕士学位论文，2013。

③ 王小东：《政府应急信息公开失范及规范研究》，湘潭大学硕士学位论文，2011。

众媒体外积极开拓其他信息发布形式和渠道，如开通市民热线电话、政府与公众在网上对话等。最后，健全应急信息资源整合与共享机制，在政府不同层级与不同部门之间实现应急信息交流与共用，保障上下级政府部门、各职能部门、社会其他组织内部和相互之间信息畅通，从而形成应急信息的全面共享。

第五，建立社会动员机制，充分发挥民间力量的作用。

国内外实践表明，应对重大突发事件，必须广泛动员社会力量参与。目前，中国的应急管理仍然是"强政府、弱社会"格局，与美国、日本政府与民众之间的合作关系形成鲜明对比。因此需建立完善社会动员机制，坚持政府主导，通过政策引导、经费资助等多种途径发动民间力量参与到应急事务的处置中来，壮大志愿者队伍、民间应急力量，使之成为政府重要的应急补充力量。各地政府要切实发挥群众团体、红十字会等民间组织和公民在灾害防御、紧急救援、救灾捐赠、医疗救助、卫生防疫、恢复重建、灾后心理支持、宣传教育、社会监督等方面的作用。

影响政府网络发布平台使用
及评价的主要因素探究

上海交通大学舆情研究实验室 *

摘　要：

本文基于上海交通大学社会调查中心对全国36个城市1080个样本的电话调查，分析公众对所在地政府网络发布平台的使用与评价情况。结果显示：公众职业、对当前社会安全感、公平感的认知情况会显著影响政府网络发布平台的使用，公众户口状况，收入水平，对现实社会公平感、和谐度的认知情况，对传统媒体评价及对当下中国网络秩序状况的评判会影响到政府网络发布平台的公众评价。

关键词：

政府网络发布平台　政府网站　政务微博　政务微信

政府官方网站、政务微博、政务微信作为当今中国三大网络问政平台，已成规模化发展态势，不仅数量众多，而且业已形成不同级别、地域协同发展矩阵。"截至2013年12月31日，新浪网、腾讯网、人民网、新华网4家微博客网站共有政务微博客账号258737个。其中，党政机构微博客账号183232个；党政干部微博客账号75505个。"① 至2013年12月，"据不完全统计，全国的政务微信数量已近4000个，覆盖了公安、共青团、旅游、教育、文化、税务、政

---

* 课题负责人：谢耘耕；执笔人：刘锐、荆喆；统计分析：荣婷、张旭阳。

① 华春雨：《2013年中国政务微博客评估报告发布　我国政务微博客数量较上年增长46%》，中央人民政府门户网站，2014 - 04 - 08，http：//www. gov. cn/xinwen/2014 - 04/08/content_2654609. htm。

府新闻办、检察院、纪检监察、劳动保障、公共卫生、法院等 20 多个行业，整体活跃率在 20% 左右"[1]。而中国各级政府及组织机构网站数量已逾 8 万个。[2]

这些信息发布平台在信息公开、危机公关、建设服务型政府、提升政府公信力等方面作用重大，相关研究对于其在政府信息发布、突发事件中的作用，政府与媒体、公众关系等进行了深入的研究，为我们的研究奠定了一定的前期基础，但对于政府网络发布平台尤其是所在地政府网络发布平台在公众中的使用与评价情况，则缺少相关的实证性研究。为此，本文将基于上海交通大学社会调查中心对全国 36 个城市 1080 个样本的电话调查，分析公众对所在地政府网络发布平台的网民使用、评价及其影响因素，为政府更好地建设完善网络发布平台提供参考。

一 文献回顾

（一）政府网络发布平台实践的整体研究

国内外学者从新闻发布平台的功能、影响、运营管理、问题对策等多方面对政府新闻网站、政务微博、政务微信进行了较为系统的研究。研究认为，以政府网站、政务微博、微信为代表的政务新闻平台使得政府的信息发布成本大大降低，从而有利于社会管理模式创新，提高信息透明度和主动发布意识，改善政府公共服务水平和能力，满足公众的政治参与和互动需求，提高政府公信力和政府形象。（Gant[3]；Stewart；Pardo；Walle；陈晓筑[4]；周琼[5]；董立人[6]，杨峰[7]；董立

① 张志安、易海燕：《广东政务微信报告》，腾讯网，2013 - 12 - 27，http：//gd. qq. com/a/20131227/015410_ all. htm。
② 《政府网站在加强政务服务的转变中快速发展》，找政府网，2011 - 4 - 28，http：//blog. zhaozhengfu. cn/？ action = show&id =179。
③ Gant D. B. *Web Portal Functionality and State Government E-service*. Proceedings of the 35th Hawaii International Conference on System Science，2002，12（5）：237 - 248.
④ 陈晓筑：《中国政府网站的建设与实践》，人民出版社，2006，第 1 ~ 2 页。
⑤ 周琼：《政府信息发布："跑" 出来的不止是生命》，《人民公安》2008 年第 10 期，第 36 ~ 39 页。
⑥ 董立人：《提升政务微博质量促进社会管理创新》，《中国浦东干部学院学报》2012 年第 1 期，第 127 ~ 132 页。
⑦ 杨峰：《社会管理创新视野下的政务微博实践探索》，《电子政务》2012 年第 6 期，第 17 ~ 22 页。

人、郭林涛①）

当前我国政府信息发布平台存在的主要问题有：发展不平衡；时效性差，更新缓慢；信息不公开；栏目设置不完善或流于形式，内容空洞缺乏信息量，信息效用度低；互动平台不健全，官民沟通效果不佳，信息咨询服务意识欠缺；在线办公能力差；内容整合度差；缺少品牌营销意识；缺乏应急体系建设；没有统一完善的长效组织、管理机制等。（郑文晖②；侯迎忠、余菲③；崔学敬④；陈超贤⑤）

为此，相关学者纷纷提出建议：加强基础设施建设，普及信息技术应用；增加开通部门类型，弥补地区差异；加强队伍建设；及时发布权威信息；丰富平台内容、发布形式；增强互动效果；增强信息服务意识，提高服务水平；建立常规管理机制、处理督办机制和办理不力的问责机制，健全政务微博运行管理联动机制；整合资源，提供"一站式"服务等。（孙兵⑥；邓勇⑦；刘锐、谢耘耕⑧；王玥、郑磊⑨）

（二）政府网络发布平台与突发事件研究

国内外对政府网络发布平台与应对突发事件的研究主要集中于政府网络发

① 董立人、郭林涛：《提高政务微信质量提升应急管理水平》，《决策探索》2013年第8期下，第34页。
② 郑文晖：《我国政府网站政务信息公开的现状及对策分析——基于55个省（市）级政府网站的调查》，《现代情报》2007年第12期，第19~22页。
③ 侯迎忠、余菲：《地方政府新闻发布网络平台建设初探》，《当代传播》2012年第5期，第71~73页。
④ 崔学敬：《我国政务微博的现状、问题和对策》，《党政干部学刊》2011年第11期，第51~53页。
⑤ 陈超贤：《政务微信发展的现状、问题及对策》，《中共青岛市委党校 青岛行政学院学报》，第37~39页。
⑥ 孙兵：《我国地方政府网站建设影响因素及现状分析》，《中山大学研究生学刊》2009年第1期。
⑦ 邓勇：《政务微博现象之解读及其行政规制初探》，《公法研究》2012年第1期，第269~289页。
⑧ 刘锐，谢耘耕：《中国政务微博运作现状、问题与对策》，《编辑之友》2012年第7期，第10~15页。
⑨ 王玥、郑磊：《中国政务微信研究：特性、内容与互动》，《电子政务》2014年第1期，第66~77页。

布平台的角色定位、传播功效、应对突发事件的传播策略以及政府形象修复等几个方面。

政府网络发布平台在突发事件中可以第一时间发布信息,遏制谣言滋生;提供大量信息,从多角度满足受众需求;多向互动,合力解决突发状况。王晓辉通过对地方政府网站在突发事件信息传播中的定位进行分析,认为地方政府应充分重视其在政府突发事件应对中所起的作用,健全网站建设,完善突发事件应急体;第一时间发布最新信息,抢得媒体报道的先机;将政府网站打造成为舆论引导的先锋和服务型政府的示范窗口。①

邵祺翔认为突发事件中政府微博应建立健全信息核实机制,畅通突发事件信息获取渠道,从体制机制上保证"快";坚持"快报事实、慎报原因、重在态度",在信息内容上突出"准";采取分级分类发布原则,避免一般事件炒作升级,信息发布主体讲求"分";加强信息发布后的跟踪,在与网友良性互动中既要坚持"听",更要主动"答"。②

董立人等提出,政务微信有助于政府在处理突发事件中抢占舆论阵地,提升政务信息传送的有效性、政府公信力和政务信息的辐射力,并认为应从政府微信的内容真实性、时效性,领导干部的媒介、舆情素养,建立相应的支撑和保障机制,增量与网民的交流等方面入手提升应急管理水平。③

(三)政府网络发布平台的公众使用与评价

目前从媒介使用角度对政府网络发布平台进行的研究刚刚起步,主要集中于运用问卷调查、内容分析研究政府网络发布平台的传播效果、可信度等。

刘晓娟等对政务微博传播效果的影响因素进行研究后发现,从内容上讲,话题类别、@符号的使用、语言风格、微博的原创性和长度是政务微博传播效

---

① 王晓辉:《地方政府网站在突发事件信息传播中的定位分析》,西南交通大学硕士学位论文,2011,第21~45页。
② 邵祺翔:《充分发挥政务微博在突发事件信息发布中的作用——以"上海发布"及上海政务微博群为例》,《中国应急管理》2012年第9期,第32~35页。
③ 董立人、郭林涛:《提高政务微信质量 提升应急管理水平》,《决策探索》2013年第8期下,第34页。

果的显著影响因素；受公众的生活习惯、微博的发布时间对其传播效果具有一定的影响，但微博发布的日期是否为工作日对微博的传播并无显著的影响；微博发布者的特征与微博的传播效果也是密不可分的。[1]

刘琼通过问卷调查对政府网站的新闻可信度进行的实证研究发现，影响政府网站新闻可信度的相关影响因素中，教育程度负向影响网民对政府网站新闻可信度的评价；人际信任、政治信任正向影响网民对政府网站新闻可信度的评价；传统媒介依赖正向影响网民对政府网站新闻可信度的评价部分成立。[2]

毕晟[3]从微博的信源特征、受众特性两大方面研究了政务微博的可信度问题，认为政务微博的信源权威性与影响力均会显著影响用户对其微博可信度的评价。同时用户的群体归属性，即是否相关微博的粉丝，用户的线下经验，即对相关微博的知识背景、预存立场等，会积极影响受众对该微博可信度的评价。

（四）相关研究评析

由以上分析可知，前期相关研究中，对于政府网络发布平台的研究大多从相关案例和经验出发，从公共管理、电子政务的角度提出政府网络发布平台对于政府的积极意义，以及其管理运营中遭遇的困境等，并提出较为宏大的对策建议，而基于受众视角对政府网络平台展开的实证研究则主要为政府网站绩效评估及可信度研究两大方面，对于其他问题的研究则严重匮乏。

有关研究表明，政府网络发布平台的利用率较低，公众关注度不高。一项针对广东市民及周边民众的调查发现，57.5%的受访者表示从未浏览过政府新闻发布网络平台，另有38.8%的受访者表示偶尔浏览过，只有极

---

① 刘晓娟等：《基于微博特征的政务微博影响因素研究》，《情报杂志》2013 年第 12 期，第 40 页。

② 刘琼：《中国网络新闻可信度研究》，华中科技大学博士学位论文，2011，第 127、124 ~ 125 页。

③ 毕晟：《政务微博可信度的影响因素：基于信源、受众视角的实验研究》，上海交通大学硕士学位论文，2011。

少数人（3.7%）经常浏览政府网络平台。新闻网络发布平台仅发挥了其信息传播的媒介职能，并未发挥其联系民众、解决问题的政府职能和服务职能。而在突发事件中，不少政府网络发布平台也未成为公众获取信息的主渠道。①

由于该项调查样本量偏小，并未涉及全国样本，因此我们不禁要问，我国政府网络发布平台的使用状态究竟如何？网民对其在突发事件中的评价到底如何？影响政府网络发布平台的因素有哪些？哪些因素会影响到政府网络发布平台在突发事件中的公众评价？对这些问题的追问成为本文研究的出发点和解决问题的着力点。

二 研究设计

1. 研究方法

上海交通大学社会调查中心通过采用多阶段复合抽样，对全国年满16～84周岁的常住居民进行调查。第一阶段从全国地级以上城市中，综合考虑各城市的政治、经济、文化影响力抽取了36个城市，较全面地覆盖了东、中、西部地区和一、二、三线城市。第二阶段在调查城市中，采取"随机电话号码拨号"（RDD）的抽样方法进行调查，对每个城市随机抽取30名受访者。在调查样本量的确定上，在95%的置信水平下按简单随机抽样的抽样误差不超过3%的要求进行计算，需要抽取样本量1067个。② 本次调查综合考虑调查城市数量、调查费用以及可行性等因素，最终获得有效样本1080个。

在对样本数据按照第六次全国人口普查男女比例进行加权处理并剔除信息不明确的无效样本后，本次调查样本结构最终如下：男性，占比67.5%，女性占比32.5%；非农业户口者60.1%，农业户口者39.9%。20～29岁受访者

---

① 侯迎忠、庞巧利：《地方政府应对突发事件新闻发布效果研究》，《今传媒》2012年第12期，第8～10页。

② $n = \dfrac{\mu_\alpha^2 p\ (1-p)}{d^2}$

居多，占比47.3%，30~44岁占31.0%，其他为：45~59岁，占9.6%；20岁以下，占9,4%；60~74岁，占2.5%；75岁及以上，占0.3%。被调查者受教育程度较均衡，大学本科占比34.0%；高中及中专、大专的受访者人数相差不多，各占23.6%和22.6%，另外初中文化程度占12.4%；研究生及以上为4.3%，小学及以下为4.3%。

从受访者职业来看，涵盖各职业人群，按照比重由大到小排列依次为：专业技术人员（22.6%）、学生（18.4%）、商业服务人员（17.9%）、个体经营人员（8.4%）、办事人员和有关人员（7.5%）、自由职业（5.6%）、生产运输工人和有关人员（5.4%）、离退休人员（4.0%）、无业人员（3.4%）、党政企事业单位负责人（3.4%）、农林牧副渔水利业生产人员（2.5%）、其他（0.7%）、军人（0.3%）。从受访者收入情况来看，18.9%的受访者月收入在3001~4000元，位居第一，无收入者、2001~3000元月收入者位居第二、第三，占比18.5%、15.0%；其他依次为：4001~5000元（13.3%）、5001~6000元（8.6%）、10000元以上（6.7%）、1001~2000元（6.6%）、1~1000元（3.7%）、6001~7000元（2.7%）、7001~8000元（2.5%）、9001~10000元（2.4%）、8001~9000元（1.1%）。

2. 研究假设

相关研究表明，人口学变量、媒介使用变量、媒介内容评价、社会因素等均影响到媒介使用（Jay G. Blumler, Elihu Katz[1]; Davis, F. D.[2]; Alan M. Rubin[3]; 易前良、王凌菲[4]; 甘勇灿[5]）；而媒介评价的因素中，与受众相关的

[1] Jay G. Blumler, Elihu Katz, *The Uses of mass communications: current perspectives on gratifications research*, Sage Publications, 1974, pp. 167–212.

[2] Davis, F. D. Perceived usefulness, perceived ease of use, and user acceptance of information technology. *MIS Quarterly*, 1989, 13（3）: 319–340.

[3] Alan M. Rubin, Zizi Papacharissi. Predictors of Internet Use. *Journal of Broadcasting & Electronic Media*, 2000（2）: 175–196.

[4] 易前良、王凌菲：《青年御宅族的媒介使用与亚文化取向研究》，《青年探索》2011年第4期，第19~26页。

[5] 甘勇灿：《我国老年群体新媒介使用行为与影响因素研究》，哈尔滨工业大学硕士学位论文，2011。

人口学变量、信任变量和媒介使用变量是研究者考察最多的影响因素（李晓静①）。除此之外，心理变量、传播者的形象、文化背景、媒体信息的来源等也对媒体评价存在影响（刘琼②；兰敏③）。基于此，并在对政府网络发布平台网民使用情况进行小样本前测及焦点访谈的基础上，本文提出如下研究假设：

　　假设一：公众人口学因素会影响政府网络发布平台使用及评价；

　　假设二：公众媒体使用习惯会影响政府网络发布平台的使用及评价；

　　假设三：公众对传统媒体评价会影响政府网络发布平台使用及评价；

　　假设四：公众社会认知因素会影响政府网络发布平台的使用及评价；

　　假设五：公众对政府网络发布平台的评价会影响对其的使用；反之亦然。

3. 变量测量

（1）政府网络发布平台使用及对其评价：由于所在地政府网络发布平台与当地公众工作生活关系更为紧密，相关研究对于政府网络发布平台效果改善更具针对性，因此本调查将主要针对公众所在地政府网络发布平台进行研究。将所在地政府网络发布平台按照使用程度的不同，分为：完全不看、偶尔使用、有时使用、经常使用4级，用1～4分计值，并对政府网站、政务微博、政务微信分别测量，并基于测量结果，取其算数平均数分析整体政府网络发布平台使用程度。对于政府网络发布平台的评价，由于突发事件中缓报瞒报为政府新闻发布中最为公众所诟病的问题，因此对这一问题的测量，将主要聚焦于公众对政府网络发布平台缓报瞒报现象的评价，依照其程度不同，将其划分为：不存在、不太严重、一般、比较严重、非常严重共5个等级，分别计值为1～5分。

（2）人口统计学因素：分别考察性别（男女）、户口（农业、非农业）、年龄（分为20岁以下、20～29岁、30～44岁、45～59岁、60～74岁、75岁及以上共6级）、月收入（分为无收入、1～1000元、1001～2000元、2001～3000元、3001～4000元、4001～5000元、5001～6000元、6001～7000元、

①　李晓静：《社会化媒体可信度研究——理论探讨与实证分析》，《新闻大学》2012年第6期，第105～113页。
②　刘琼：《中国网络新闻可信度研究》，华中科技大学博士学位论文，2011。
③　兰敏：《受众对传统媒体信任度的实证研究》，西南交通大学硕士学位论文，2013。

7001～8000 元、8001～9000 元、9001～10000 元、10001 元及以上共 12 级）、文化程度（分为小学及以下、初中、高中及中专、大专、大学本科、研究生及以上共 6 级）、职业（分为党政企事业单位人员负责人，专业技术人员，商业、服务业人员，办事人员和有关人员，农、林、牧、渔、水利业生产人员，生产、运输工人和有关人员，个体经营人员，离退休人员，无业人员，学生，自由职业，军人）对政府网络发布平台使用及对其在突发事件中的评价的影响。

（3）媒体使用习惯：从公众的日常使用习惯和在突发事件中的媒体选择两方面进行考察。日常习惯方面，以 6 小时为界，对公众每天使用互联网时长等于或大于 6 小时者认为是经常使用互联网者，而对每天使用时长小于 6 小时者视为非经常使用互联网者；将报纸＋广播＋电视＋杂志每天使用时间小于互联网使用时长者作为网络媒介偏好使用者，将报纸＋广播＋电视＋杂志每天使用时长大于互联网使用时长者作为传统媒体偏好者，将报纸＋广播＋电视＋杂志每天使用时长等于互联网使用时长者作为无明显倾向偏好者进行编码。突发事件媒体选择方面，主要考察当突发公共事件发生时公众主要通过哪种渠道（政府部门、新闻媒体、专家、亲朋好友、网络论坛、手机新闻客户端、微博、微信、其他）获取相关信息，本问题设计为多选。

（4）公众对传统媒体评价：我国特殊的传媒体制使得传统媒体发展及报道受政府宣传政策、管理的影响甚深，传统媒体一定意义上被看作政府部门政策、指令、意向的传导者，因此公众对于传统媒体报道评价或将影响到政府网络发布平台的使用与对其在突发事件中的评价，基于此，本研究将对此展开探索性研究，考察公众对传统媒体在突发事件中存在问题（报道不及时、不真实、不全面、不公正、热衷于炒作、不敢报道真相、其他）严重程度的评价对政府网络平台使用及评价的影响。问题设计采取多选形式，选项越多代表问题越严重，最终结果从不严重到严重共分为 5 级，作为公众对传统媒体报道问题严重程度的评价标准。

（5）社会认知因素：现实社会整体环境如何将会影响到媒体使用与评价。当今中国，现实社会的和谐、安全、公平是影响政府公信力和形象的三大指

标，然而，其对于媒介使用与评价的影响，学界却鲜有对此展开研究，仅有一些学者（姚君喜①）对社会认知因素对媒介使用与评价的影响进行了单向度的研究。为此，本文将对此探究，以公众对社会和谐度、安全度和公平度的认知三大变量来评估现实社会环境对政府网络发布平台使用与评价的影响。对社会和谐度、安全度、公平度的公众认知主要采取五级量表形式，按照严重程度不同，从严重到不严重，以 1~5 分取值。另设不清楚选项。

4. 数据处理

本次调查将主要使用 IBM SPSS Statistics 21 软件包对数据进行处理，综合使用描述性分析、回归分析等方法，研究公众对于所在地政府网络发布平台的使用情况及影响因素。

三　研究发现

（一）基本情况描述

1. 公众对政府网络发布平台的使用及评价

所调查的样本中，政府网络发布平台的使用率较低。整体来看，完全不看的比例高达 68.6%，即近七成居民不关注政府网络发布平台；另有三成以上使用过政府网络发布平台，其中偶尔使用者占总体样本的 23.3%，有时使用者占比 6.3%，经常使用者比重为 1.8%。就不同政府网络发布平台而言，对政务微博、政务微信的关注度不及对政府新闻网站。其中 61.5%、76.9%、77.7% 选择完全不看所在地政府官方网站、政务微博、政务微信，22.4%、14.5%、14.4% 选择偶尔关注所在地政府官方网站、政务微博、政务微信，9.4%、5.7%、4.1% 有时关注所在地政府官方网站、政务微博、政务微信，另有 6.7%、2.9%、3.7% 经常关注所在地政府官方网站、政务微博、政务微信。

---

① 姚君喜：《媒介接触与社会公正——以在校大学生为对象的实证研究》，《当代传播》2012 年第 1 期，第 17~25 页。

从公众对政府网络发布平台的评价来说，评价程度为一般及以上者占比较高。调研样本中，认为政府网络发布平台在突发事件中表现较好、不存在缓报瞒报现象的占比14.9%，认为缓报瞒报现象不太严重的比例为19.4%，认为缓报瞒报程度一般的比重最高，为40.6%，而认为政府网络发布平台缓报瞒报程度严重的也占有一定的比例，其中认为比较严重的占17.5%，认为相当严重的占7.5%。

2. 公众的媒体使用习惯

公众的日常媒介使用习惯中，每天使用互联网时长等于或超过6小时者占比21.6%；少于6小时者占比78.4%；属于传统媒体偏好使用者占比32.6%，网络媒介偏好使用者占比63.2%，网络媒介偏好使用者几近传统媒体偏好使用者的2倍；无明显偏好使用者占比较低，仅为4.2%。而当突发公共事件发生时，主要通过新闻媒体了解情况的公众最高，占比56.7%。其次为手机新闻客户端、微信、网络论坛和微博，分别占比42.7%、40.7%、37.2%、32.8%，亲朋好友、政府部门、专家、其他的比例相对较低，分别占比18.0%、9.8%、7.0%、1.1%。① 这说明以传统媒体和门户网站为代表的新闻媒体是公众了解突发事件情况的主要渠道，而以手机新闻客户端、微信、网络论坛和微博为代表的新媒体在公众对突发公共事件认知中的地位正在上升，相比之下，亲朋好友、政府部门、专家等人际沟通渠道和组织渠道等在整个突发事件过程中的比例并不高。

3. 对传统媒体存在问题的认知

对传统媒体存在问题的评价，认为"不敢报道真相"和"报道不全面"的占比最高（47.9%、41.8%），其他依次为热衷于炒作（33.1%）、报道不真实（30.6%）、报道不及时（26.4%）、报道不公正（21.4%）、其他（14.9%）。按照选项的多少来考察问题的严重程度，数据显示，认为传统媒体不存在问题的占比13.4%；问题不太严重的占比60.3%；问题严重程度一般的占比7.9%；问题比较严重的比重为6.1%；问题非常严重的比例为12.4%，表明公众认为我国传统媒体问题总体来看仍不太严重。

---

① 由于为多选，所以百分比之和大于100%。

4. 公众的社会认知因素

统计数据表明，社会和谐度认知中，大多数公众认为我国社会和谐度在一般及以上程度。其中和谐程度为一般的比重最高，为41.5%，其次为比较和谐，占比27.7%；其他依次为：不太和谐（18.5%）、很不和谐（5.8%）、不清楚（3.5%）、很和谐（3.0%）。

社会安全度认知中，我国居民关于现实社会安全状态的平均分为3.24，经过单样本 t 检验（t = 7.980，p = 0.000）发现平均分显著高于"一般"水平（3分）。其中认为我国社会比较安全的比重最高，占比35.2%；其次为安全程度一般，占比33.2%，两者合计占比68.4%，即近七成公众认为我国社会安全度在一般及以上水平，其他依次为：不太安全（18.9%）、很安全（7.3%）、很不安全（3.8%）、不清楚（1.7%）。

社会公平度认知中，认为我国社会公平程度一般和不太公平的比重较高（34.5%、27.1%），居于前两位，其他依次为比较公平（21.1%）、很不公平（9.6%）、不清楚（3.9%）、很公平（3.7%）。剔除不清楚选项，我国居民关于现实社会公平认知的平均分为2.81，单样本 t 检验（t = − 5.944，p = 0.000）显示，平均分显著低于一般水平（3分）。

（二）影响公众对政府网络发布平台使用情况的回归分析

由于除去完全不看、偶尔使用外，有时使用和经常使用的样本量较少，这里将政府网络发布平台使用情况重新编码为使用、未使用二分类变量，其中未使用即完全不看政府网络发布平台，而使用则为偶尔、有时、经常使用政府网络发布平台，运用 logistic 回归分析影响政府网络发布平台使用情况。

需要说明的是由于职业类型中的军人样本较少，这里将其删除。其他职业类型自由职业，党政企事业单位人员负责人，专业技术人员，商业、服务业人员，办事人员和有关人员，农、林、牧、渔、水利业生产人员，生产、运输工人和有关人员，个体经营人员，离退休人员，无业人员，学生分别编码为0～10，无明显媒介偏好、网络媒体、传统媒体选择偏好分别编码为0、1、2；另将性别（男、女）、户口（农业户口、非农业）转换为1～0二元变量。

回归分析结果显示，模型系数综合检验卡方值为 45.089，p = 0.004 < 0.05，最大似然估计值 = 722.101，Nagelkerke R^2 = 0.101，表明回归分析模型显著，自变量对因变量具有一定的解释力。回归方程拟合度检验中，Hosmer 和 Lemeshow 检验卡方值为 4.400，p = 0.819 > 0.05，接受零假设，意味着回归方程的拟合优度较好。观测值中校正百分比为 66.3%，说明通过该方程预测结果正确率可以达到 66.3%。

回归方程变量表显示，公众职业（Wals = 22.195，p = 0.014 < 0.05）、对现实社会安全感的认知（Wals = 7.723，p = 0.005 < 0.05）、对现实社会公平感的认知（Wals = 11.387，p = 0.001 < 0.05）会显著影响政府网络发布平台的使用。其他变量如公众性别、户口、月收入、文化程度、年龄、互联网使用频率、媒体选择倾向、传统媒体问题严重程度评价、对政府网络发布平台缓报瞒报的评价、现实社会和谐度认知不显著影响政府网络发布平台使用。

其中职业为企业事业单位负责人对政府网络发布平台使用会产生边际显著影响（Wals = 3.459，p = 0.063 < 0.1），且这种情况为正向影响（B = 1.170），即越是企业事业单位负责人，越倾向于使用政府网络发布平台。从 Exp（B）= 3.223 来看，职业为企事业单位负责人使用政府网络发布平台的概率是非该职业人群的 3.223 倍。

对社会状况安全度感知将负向影响政府网络发布平台使用情况（B = −0.308），即认为社会越安全者，对政府网络发布平台的使用率越低，越倾向于不使用政府网络发布平台，而认为社会不安全者，对政府网络发布平台的使用率较高。从 Exp（B）= 0.735 看，社会安全感较高者使用政府网络发布平台的概率是社会安全感较低者的 0.735 倍。

对当前社会公平感的认知会正向影响到政府网络发布平台的使用（B = 0.359），即认为社会越公平者，越倾向于使用政府网络发布平台，而认为社会不公平者，越选择不使用政府网络发布平台。从 Exp（B）= 1.431 看，社会公平感较高的人使用政府网络发布平台的概率是社会公平感较低的人的 1.431 倍。

其他因素如个人月收入、文化程度、年龄、性别、户口、现实社会和谐度

认知、对政府网络发布平台的评价、网络媒体使用频率、媒体选择倾向、传统媒体问题认知对政府网络发布平台的影响不显著。

表1　影响公众对政府网络发布平台使用情况的回归分析结果

	B	S. E,	Wals	df	Sig.	Exp（B）
性别（1）	0.043	0.196	0.049	1	0.826	1.044
户口（1）	0.110	0.205	0.285	1	0.593	1.116
月收入	−0.028	0.040	0.475	1	0.491	0.973
职业类型			22.195	10	0.014	
职业（1）	1.170	0.629	3.459	1	0.063	3.223
职业（2）	−0.353	0.457	0.596	1	0.440	0.703
职业（3）	−0.171	0.471	0.132	1	0.717	0.843
职业（4）	0.808	0.535	2.280	1	0.131	2.243
职业（5）	−0.983	0.775	1.609	1	0.205	0.374
职业（6）	−0.364	0.554	0.431	1	0.511	0.695
职业（7）	0.195	0.494	0.155	1	0.694	1.215
职业（8）	−1.077	0.776	1.923	1	0.165	0.341
职业（9）	−0.104	0.705	0.022	1	0.883	0.901
职业（10）	−0.372	0.516	0.520	1	0.471	0.689
文化程度	0.082	0.088	0.860	1	0.354	1.085
年龄	−0.019	0.139	0.019	1	0.891	0.981
互联网使用频率	−0.195	0.242	0.651	1	0.420	0.822
媒体选择倾向分类			2.594	2	0.273	
媒体选择倾向分类（1）	0.074	0.217	0.116	1	0.733	1.077
媒体选择倾向分类（2）	−0.686	0.472	2.110	1	0.146	0.503
传统媒体问题严重程度评价	−0.044	0.083	0.279	1	0.597	0.957
对政府网络平台缓报瞒报评价	−0.053	0.085	0.393	1	0.531	0.948
现实社会和谐度认知	0.053	0.117	0.203	1	0.653	1.054
现实社会安全度认知	−0.308	0.111	7.723	1	0.005	0.735
现实社会公平度认知	0.359	0.106	11.387	1	0.001	1.431
常量	−0.351	0.863	0.165	1	0.685	0.704

（三）影响公众对政府网络发布平台在突发事件中评价的回归分析

将公众对政府网络新闻平台的评价作为因变量，公众的人口统计学因素、网络媒体使用频率、媒体使用偏好、政府网络发布平台使用情况、对传统媒体报道问题严重程度的判断、公众的社会认知因素作为自变量进行逐步回归分析，最终回归分析结果显示，$R^2 = 0.119$，调整后的 $R^2 = 0.099$，回归方程方差 $F = 5.936$，$p < 0.05$，显示回归方程结果十分显著，但由于还有其他变量会影响到公众对政府网络发布平台的评价，因此 R^2 相对较小，但因本文属探索性的结构性分析而非预测，故 R^2 较小并不影响本文的分析结果。

回归结果表明，在 0.05 显著性水平下，人口学因素中的户口（$\beta = -0.154$，$p < 0.001$）、月收入（$\beta = 0.100$，$p < 0.05$）、现实社会和谐度认知（$\beta = -0.119$，$p < 0.05$）、现实社会公平度认知（$\beta = -0.146$，$p < 0.05$）对公众对政府网络新闻发布平台评价的影响十分显著。在 0.1 显著性水平下，文化程度（$\beta = .077$，$p < 0.1$）、传统媒体问题严重程度评价（$\beta = 0.078$，$p < 0.1$）对公众对政府网络新闻发布平台评价会产生边际显著影响。

从回归系数来看，在 0.05 显著性水平下，排除其他变量的影响，非农业户口居民相比农业户口居民，对政府网络发布平台的评价更低（$B = -0.354$）；月收入水平越高，对政府网络发布平台的评价越低（$B = 0.036$）；社会公平度和和谐度认知显著影响公众评价。对当前社会和谐度（$B = -0.144$）、公平度（$B = -0.164$）的整体评估情况越差，认为社会越不和谐、不公平的人，认为政府网络发布平台的表现越不尽如人意，其存在缓报瞒报的程度越高。在 0.1 显著性水平下，文化程度越高，对政府网络发布平台的评价越低（$B = 0.070$）；认为传统媒体存在的问题越严重，对政府网络新闻发布平台的评价越低（$B = 0.076$）。

依照相关因素对政府网络发布平台评价影响程度的不同，按照 β 绝对值由高到低排列依次为：户口 > 现实社会公平感认知 > 现实社会和谐度认知 > 月收入 > 传统媒体问题严重程度评价 > 文化程度。整体来说，影响政府网络发布平台评价的影响因素中，人口统计因素和现实社会问题因素较媒体因素来说，更能影响政府网络发布平台的公众评价。其他因素如性别、职业、年龄、社会安全度认知、媒体选择倾向、政府网络发布平台使用对公众评价的影响不显著。

表2　影响公众对政府网络发布平台评价的回归分析结果

模型		非标准化系数		标准系数	t	Sig.
		B	标准误差	Beta		
1	（常量）	3.063	0.294		10.422	0.000
	性别	-0.106	0.097	-0.047	-1.097	0.273
	户口	-0.317	0.101	-0.138	-3.133	0.002
	月收入	0.035	0.017	0.098	2.013	0.045
	文化程度	0.077	0.040	0.085	1.934	0.054
	年龄	0.024	0.057	0.019	0.428	0.669
	职业类型	-0.009	0.013	-0.031	-0.653	0.514
2	（常量）	2.663	0.358		7.445	0.000
	性别	-0.099	0.096	-0.044	-1.031	0.303
	户口	-0.325	0.101	-0.142	-3.225	0.001
	月收入	0.034	0.017	0.095	1.955	0.051
	文化程度	0.057	0.041	0.063	1.407	0.160
	年龄	0.052	0.058	0.040	0.904	0.366
	职业类型	-0.003	0.013	-0.012	-0.240	0.811
	互联网使用频率	0.051	0.121	0.019	0.419	0.675
	媒体选择倾向分类	0.055	0.056	0.045	0.987	0.324
	政府网络平台使用程度	-0.081	0.063	-0.052	-1.281	0.201
	传统媒体问题严重程度评价	0.123	0.040	0.126	3.044	0.002
3	（常量）	3.948	0.408		9.672	0.000
	性别	-0.113	0.094	-0.050	-1.205	0.229
	户口	-0.354	0.098	-0.154	-3.606	0.000
	月收入	0.036	0.017	0.100	2.105	0.036
	文化程度	0.070	0.040	0.077	1.764	0.078
	年龄	0.063	0.056	0.048	1.109	0.268
	职业类型	-0.003	0.013	-0.012	-0.257	0.797
	互联网使用频率	-0.010	0.118	-0.004	-0.086	0.931
	媒体选择倾向分类	0.032	0.054	0.026	0.584	0.560
	政府网络平台使用程度	-0.052	0.062	-0.033	-0.835	0.404
	传统媒体问题严重程度评价	0.076	0.040	0.078	1.890	0.059
	现实社会和谐度认知	-0.144	0.056	-0.119	-2.554	0.011
	现实社会安全度认知	-0.063	0.053	-0.055	-1.191	0.234
	现实社会公平度认知	-0.164	0.051	-0.146	-3.211	0.001

四 结论、讨论与建议

（一）结论与讨论

以上对政府网络发布平台使用与对其在突发事件中的评价情况及影响因素进行了探索性研究，从统计分析可以得出如下结论：

（1）人口统计学因素对政府网络发布平台使用与在突发事件中的评价的影响，假设一得到部分证明。职业因素尤其是是否企事业单位负责人会影响到政府网络发布平台的使用情况，一般而言，企事业单位负责人因工作关系和职业要求，对政府网络发布平台的信息需求较大，使用率较高，而人口统计学的其他因素则不会影响政府网络发布平台的使用；而就政府网络发布平台在突发事件中的评价而言，户口、月收入、文化程度则会显著影响到公众对政府网络发布平台在突发事件中的评价。非农业户口，月收入、文化程度较高者对政府网络平台的评价较低，认为突发事件中政府网络发布平台存在缓报瞒报问题比较严重者较高。

（2）媒体使用习惯对政府网络发布平台使用与其评价的影响：统计分析显示，公众是否经常使用互联网，以及主要通过传统媒体还是网络渠道抑或其他渠道了解相关信息，对政府网络发布平台使用与评价的影响不显著，假设二并未得到支持。其原因可能在于，不同媒体偏好者尽管每天都将一定时间花费在网络媒介上，但更多的是用于浏览每日新闻、娱乐、社交，政府网络新闻发布平台信息未必是每日阅读的必需品，加之，政府新闻网站本身亦存在诸多问题，"目前社会公信力下降导致的信任危机，以政府、专家及媒体最为严重"[①]，导致其使用率偏低，评价不高。这或许是假设二结论未被证实的一大原因。

（3）公众对传统媒体评价对政府网络发布平台使用与评价的影响，假设三得到部分支持。相关数据显示，对传统媒体问题严重程度的评价对是否使用政府网络发布平台的影响不显著，而对政府网络发布平台的评价影响较为显

---

① 林天宏：《公信力下降致信任危机以政府专家媒体最严重》，《中国周刊》2011 年 11 月 17 日。

著。这说明政府网络发布平台尽管其宣传导向、与政府的紧密关系等与传统媒体相比，具有一定的类似性，但仍具有一定的独立性，因此公众对传统媒体问题的评价并不会影响到对政府网络发布平台的使用，但因其具有太多相似的基因，因此对传统媒体的评价一定程度上将影响到对政府网络发布平台的评价，两者呈"一荣俱荣、一损俱损"关系。

（4）社会认知因素对政府网络发布平台使用与评价的影响，假设四得到部分验证。社会安全度和社会公平度认知将显著影响政府网络发布平台的使用；社会安全感越低、社会公平感越强的人越倾向于使用政府网络发布平台；反之，社会安全感越高、公平感越低的人，越倾向于不使用政府网络发布平台。对政府网络发布平台的评价方面，社会公平度认知和社会和谐度认知显著影响公众评价。认为社会越不和谐、不公平的人，认为政府网络发布平台在突发事件中的表现越差，其存在缓报瞒报的程度越高。

然而，此问题的提出给相关政府部门出了一道难题：如何处理公众的社会安全感对于政府网络发布平台使用率的影响，一方面，社会安全感的提高将会带来政府网络发布平台使用率的降低，不少人甚或弃而不用政府网络发布平台，但政府的相关职能又要求提升公众的社会安全感，如何处理这一问题将着实考验相关政府部门的智慧。

（5）政府网络发布平台使用与评价的相互影响：假设五未得到证实，政府网络发布平台的使用不会显著影响对其的评价，同样，对政府网络发布平台的评价也不会显著影响到对其的使用情况。这说明，政府网络发布平台的使用与评价之间并非直线的一一对应关系，政府网络发布平台使用率的提高并不代表其美誉度的提升，同样其美誉度的提高也不代表其使用人数的增加。单纯追求其使用率而不注重美誉度的提高将无助于政府网络发布平台的公信力的提高。

（二）相关建议

（1）加大政府网络发布平台建设力度，稳定并提升其使用率。统计结果显示，我国政府网络发布平台的使用率较低，完全不看政府网络发布平台者大有人在。虽然这本身并不显著影响对政府网络发布平台的评价，但使用率的提高将有助于公众获得较为权威、可靠的信息，以及官民之间的沟通，塑造服务型政府形象。因此，有必要通过加强政府新闻发布平台的易用性、实用性，通过与高到达率、接触率的媒介的整合、内嵌，进行一站式政府网络平台建设，加强与普通大众的沟通，切实解决公众实际问题等，扩大政府网络发布平台覆盖率。

（2）增强政府网络平台在突发事件中的发布能力，有效减少缓报瞒报现象。突发事件中网络信息传播迅速而芜杂，政府网络发布平台能否第一时间发出声音，并引导网络舆论将极大影响政府公信力及其形象塑造。为此，各地政府要在重视政府网络平台日常维护的前提下，深入了解网络舆论演化规律，遵守信息发布 3T 原则（Tell You Own Tale; Tell It Fast; Tell It All），形成一套快速搜集、分析、研判、反应、联动、评估、问责的机制，以便在突发事件来临之时有备无患，不缓报、不瞒报，积极有效地引导网络舆论。

（3）提高政府网络发布平台对非农业户口和高收入、高文化程度人群的吸引力。调查显示，非农业户口，月收入、文化程度较高者对于政府网络发布平台的评价较低。这一方面表明我国现有政府网络发布平台仍有极大的改进空间，因此有必要通过民意调查，了解这部分公众的需求以便有针对性地改善；另一方面表明随着城镇化进程的加快，全体公民收入水平的提高，政府网络发布平台更需与时俱进，而非裹足不前，如此才能适应我国公民意识提升、对政府提供信息要求剧增的发展趋势。

（4）切实解决传统媒体问题，提升传统媒体公信力。研究表明，对传统媒体问题的评价将对政府网络发布平台评价产生显著影响，认为传统媒体问题越严重者，对政府网络发布平台的评价越低。基于此，从传统媒体问题出发，切实解决其存在的报道不及时、不真实、不全面、不公正、热衷于炒作、不敢报道真相等问题，不但有助于传统媒体公信力提升，同时也将有利于政府网络发布平台使用和评价效果的改进。

（5）提升居民现实社会安全感、公平感和和谐感，增强政府公信力。分析显示，社会公平度感和和谐感会显著影响到对政府网络发布平台的评价，而社会安全感、公平感将影响政府网络发布平台的使用，因此，提升居民社会安全感、公平感、和谐感对于政府网络发布平台使用效果意义重大。虽然社会安全感的提高可能并无益于其使用率的提高，但相关政府部门仍应以社会安全感的提高为要务，宁可降低使用率，也要积极提升公众社会安全感知，提高公众生活质量。

社会信任与消费信心研究

Social Trust and Consumer Confidence Studies

B.15
居民社会信任感分析

上海交通大学舆情研究实验室 *

摘　要:

本调查旨在了解我国居民的社会信任感,主要包括对社会的总体信任程度以及对各个部门及机构的信任度的评价。调查范围覆盖了我国4个直辖市、27个省会城市和5个国家社会与经济发展计划单列市,包含了我国东部、中部、西部各行政区域的重要城市。共有1080位受访者参与了调查。调查结果将为有关部门在社会诚信建设方面的工作提供决策建议。

关键词:

社会信任　制度信任　诚信建设

本调查以居民的社会信任中的制度信任为核心,旨在探索居民对社会的总体信任程度、对各个部门及机构的信任度的评价,并基于调查结果为有关部门

---

* 课题负责人:谢耘耕;执笔人:刘丛;统计分析:荣婷、乔睿、张旭阳、李静。

提出相应的对策建议。

社会信任包含人际信任及制度信任两大维度。中国传统社会以自然经济为导向，处于关系本位社会阶段，人际之间的信任是社会信任关系的核心构成要素；而随着中国社会向市场经济的转型，人际交往的效力被工业化、城市化、信息化的社会环境所削弱，相反对制度的信任变得愈发重要。国内外越来越多的学者开始将社会信任的核心指向制度信任。制度信任中暗含的规范以及对他人的道德约束力使得共处于相同制度中的人建立相互信任的关系。因此，制度信任依赖于对社会制度规范、法律法规约束力的信任。制度信任本身并不是信任的制高点，其依然是为人际信任的最终实现做基础。

一 居民的社会信任感分析

1. 居民社会信任感高于"一般"水平

居民对社会的信任程度进行评价，1~5 分分别代表非常不信任、不太信任、一般、比较信任和非常信任。居民社会信任感评分如图 1 所示。选择对社会信任程度一般的占比最高，达 39.2%，选择比较信任的占比居第二，达 34.7%。剔除不清楚选项，居民社会信任感平均值为 3.24，单样本均值 t 检验结果（t=8.530，p<0.001）表明居民对社会的总体信任程度评价显著高于一般水平。

年龄越大，社会信任度评价越高。相关分析结果显示，居民年龄与社会信任度呈正相关，r = -0.15，p<0.01。受访者年龄越大，对社会的信任程度越高。同时也说明年轻群体对社会的信任程度较低。

文化程度越高，社会信任度评价越低。相关分析结果显示，居民文化程度与社会信任度呈负相关，r = -0.13，p<0.01。受访者文化程度越高，对社会的信任程度越低。

收入越高，社会信任度评价越低。相关分析结果显示，居民收入与社会信任度呈负相关，r = -0.16，p<0.01。受访者收入水平越高，对社会的信任程度越低。

性别及户籍因素不影响居民社会信任度评价。单因素方差分析结果显示，男性与女性居民、农业户口与非农业户口居民的社会信任度评价无显著差异。

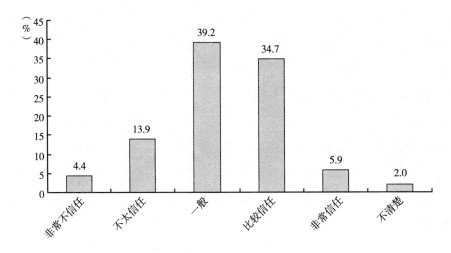

图1 居民社会信任感评价示意图

2. 地域因素：三线城市居民社会信任度高于一线、二线城市居民；东部城市居民社会信任度低于西部城市居民

单因素方差分析结果显示，一线城市居民社会信任度（M=3.16）评价低于二线（M=3.27）及三线城市（M=3.41）。一线、二线、三线城市居民对社会信任度的评价存在显著差异，F=3.031，p<0.05。LSD两两比较发现，三线城市居民社会信任度评价显著高于一线及二线城市（p<0.05；p<0.05）。

单因素方差分析结果显示，东部城市居民社会信任度评价（M=3.22）低于中部（M=3.28）及西部城市（M=3.42）。东部、中部、西部城市居民对社会信任度的评价存在显著差异，F=4.015，p<0.05。LSD两两比较发现，东部城市居民社会信任度评价显著低于西部城市（p<0.05）。

地域因素造成的差异反映了经济发达地区居民的社会信任度低于经济欠发达地区居民。

3. 居民对公共事业单位信任度最高，对非政府组织、商业企业信任度最低

居民对政府机构、媒体、公共事业单位或部门、非政府组织、商业企业分别进行信任度评价，1~5分分别代表非常不信任、不太信任、一般、比较信任和非常信任。居民对各机构、部门、单位的信任度评价均值如图2所示。居民对公用事业单位或部门信任度评价最高，均值为3.11，单样本均值t检验结

果（M = 3. 11，t = 8. 530，p < 0. 001）表明居民对公共事业单位或部门的信任
度评价显著高于一般水平。居民对政府机构与媒体信任度评价的平均值分别为
3. 00 和 2. 98，单样本均值 t 检验结果（t = - 0. 074，p > 0. 05；t = - 0. 481，
p > 0. 05）表明居民对政府机构与媒体的总体信任度评价与一般水平无显著差
异。居民对非政府组织、商业企业信任度评价最低，均值分别为 2. 86 和
2. 86，单样本均值 t 检验结果（M = 2. 86，t = - 4. 260，p < 0. 001；M = 2. 86，
t = - 5. 525，p < 0. 001）表明居民对非政府组织、商业企业信任度评价显著低
于一般水平。结果显示居民对政府直接组织监管的机构和单位的信任度高于非
政府监管的机构和单位。

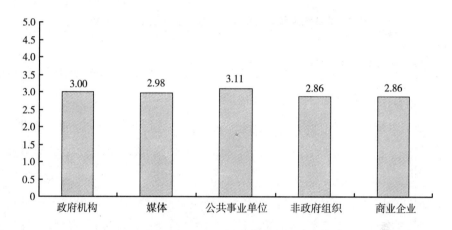

图2　居民对机构、单位、组织的信任度评价

（1）性别差异：女性对政府机构信任度高于男性。

单因素方差分析结果如图3所示，男性与女性对各部门的信任度评价大体相
似，但女性对政府机构信任度评价显著高于男性，男性与女性对政府机构信任度平
均值分别为 2. 91 和 3. 09，F = 8. 08，p < 0. 01。男性比女性对政府机构更缺乏信任感。

（2）户籍差异：非农业户口居民对政府机构信任度高于农业户口居民。

单因素方差分析如图4所示，农业户口与非农业户口居民对各部门的信任
度评价大体相似，但非农业户口居民对政府机构信任度评价显著高于农业户口居
民，农业户口与非农业户口居民对政府机构信任度平均值分别为 2. 87 和 3. 06，
F = 7. 67，p < 0. 01。农业户口居民比非农业户口居民对政府机构更缺乏信任感。

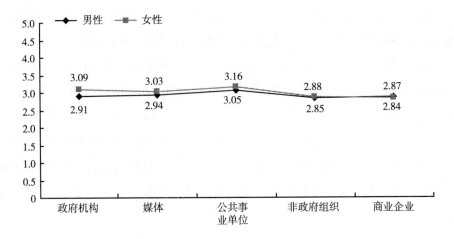

图3 男性与女性对各机构、单位、组织的信任度评价

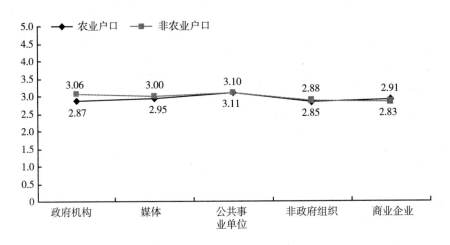

图4 农业及非农业户口居民的社会信任度评价

4. 居民对地方政府信任度显著低于中央政府

居民对中央政府、地方政府、全国人大、全国政协分别进行信任度评价，1~5分分别代表非常不信任、不太信任、一般、比较信任和非常信任。居民对各政府部门的信任度评价均值如图5所示。居民对中央政府信任度评价最高，其次为全国人大和全国政协，信任度评价均值分别为3.92、3.58和3.58，单样本均值t检验结果（M = 3.92，t = 31.645，p < 0.001；M = 3.58，t = 16.414，p < 0.001；M = 3.58，t = 16.407，p < 0.001）表明居民对中央政府、全国人大及

全国政协的信任度显著高于一般水平。居民对地方政府信任度评价最低，均值为
2.96，单样本均值 t 检验结果（M = 2.96，t = -1.313，p > 0.05）表明居民对地
方政府信任度评价处于一般水平。配对样本 t 检验结果显示，居民对地方政府的
信任度显著低于中央政府（t = -24.393，p < 0.001）。居民对中央政府信任度较
高，而对地方政府信任度偏低。

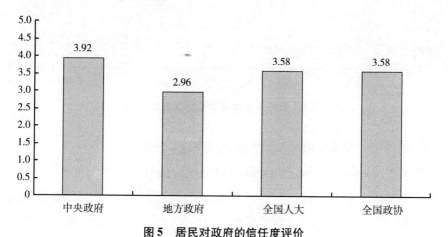

图5 居民对政府的信任度评价

（1）性别差异：女性对地方政府及全国政协的信任度高于男性。

单因素方差分析结果如图6所示，男性与女性对各政府部门的信任度评价
大体相似，但女性对地方政府及全国政协的信任度评价显著高于男性，男性与
女性对地方政府信任度平均值分别为 2.83 和 3.09（F = 16.461，p < 0.001）；
男性与女性对全国政协的信任度平均值分别为 3.50 和 3.66（F = 5.202，p <
0.05）。说明男性比女性对地方政府缺乏信任感。

（2）户籍差异：非农业户口居民对地方政府和全国政协信任度高于农业
户口居民。

单因素方差分析结果显示，农业户口与非农业户口居民对各政府部门的信
任度评价大体相似，但非农业户口居民对地方政府和全国政协的信任度评价显
著高于农业户口居民，农业户口与非农业户口居民对地方政府信任度平均值分
别为 2.81 和 3.03，F = 10.223，p < 0.01；农业户口与非农业户口居民对全国
政协信任度平均值分别为 3.69 和 3.51，F = 6.113，p < 0.05。说明农业户口
比非农业户口居民对地方政府更缺乏信任感。

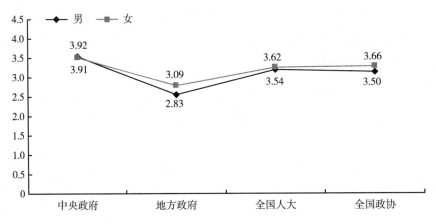

图6　男性与女性对政府的信任度评价

5. 居民对公安部门信任度显著低于检察院及法院

居民对检察院、法院、公安部门分别进行信任度评价，1~5分分别代表非常不信任、不太信任、一般、比较信任和非常信任。居民对法院信任度评价最高，其次为检察院，对公安部门信任度评价最低，信任度评价均值分别为3.34、3.29和3.27，单样本均值t检验结果（M = 3.34，t = 9.891，p < 0.001；M = 3.29，t = 8.361，p < 0.001；M = 3.27，p < 0.001）表明居民对检察院、法院、公安部门的信任度均显著高于一般水平。配对样本t检验结果显示，居民对公安部门信任度显著低于检察院及法院（t = -8.579，p < 0.001；t = -9.114，p < 0.001）。

（1）性别差异：女性对检察院和法院的信任度高于男性。

单因素方差分析结果如图7所示，女性对检察院和法院的信任度评价显著高于男性，男性与女性对检察院的信任度平均值分别为3.22和3.37，F = 4.719，p < 0.05；男性与女性对法院的信任度平均值分别为3.28和3.41，F = 3.889，p < 0.05。结果说明男性比女性对检察院和法院更缺乏信任感。

（2）户籍差异：农业户口居民对法院信任度高于非农业户口居民。

单因素方差分析结果如图8所示，农业户口居民对法院的信任度评价显著高于非农业户口居民，农业户口与非农业户口居民对法院信任度平均值分别为3.46和3.24，F = 9.734，p < 0.01。结果说明非农业户口比农业户口居民更缺乏对法院的信任感。

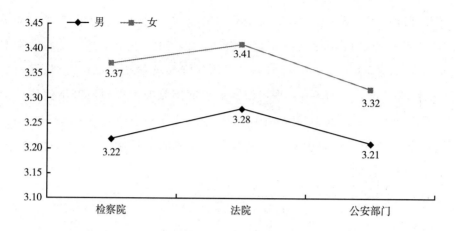

图7　男性与女性对检察院、法院及公安部门信任度评价

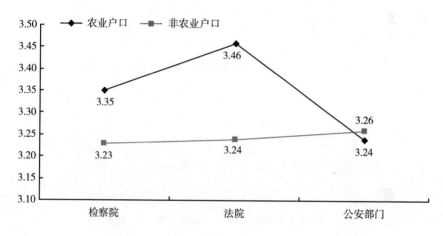

图8　农业与非农业户口居民对检察院、法院及公安部门信任度评价

6. 居民对中央媒体信任度普遍高于对地方及商业媒体信任度

居民对中央电视台、本市电视台、中央人民广播电台、本市人民广播电台、中央党报、本市党报、都市报/晚报、本市政府网站、政府新闻网站、商业网站等各类媒体分别进行信任度评价，1～5分分别代表非常不信任、不太信任、一般、比较信任和非常信任。居民对各媒体的信任度评价均值如图9所示。单样本均值 t 检验结果表明居民对各媒体的信任度均高于一般水平。居民对中央电视台信任度（M=3.76）显著高于对本市电视台信任度（M=3.39），配对样本 t 检验结果为 t=4.647，p<0.001；居民对中央人民广播电

台的信任度（M = 3.77）显著高于对本市人民广播电台的信任度（M = 3.42），配对样本 t 检验结果为 t = 5.988，p < 0.001。居民对中央党报及本市党报信任度无显著差异，但对中央党报信任度显著高于对都市报/晚报的信任度，t = 8.299，p < 0.001；居民对政府新闻网站及本市政府网站的信任度无显著差异，但对政府新闻网站的信任度显著高于对商业网站的信任度，t = 8.325，p < 0.001。结果表明，居民对中央媒体的信任度普遍高于对地方及商业媒体的信任度。

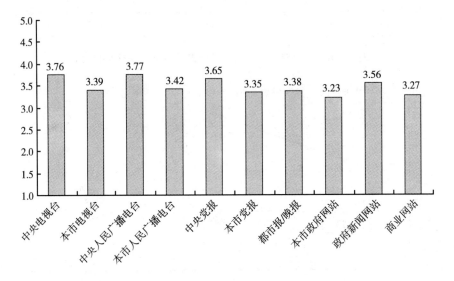

图 9 居民对各级媒体及商业网站信任度评价

（1）性别差异：女性对各类媒体的信任度普遍高于男性。

单因素方差分析结果如表 1 所示，女性对中央电视台、本市电视台、本市人民广播电台、本市党报、都市报/晚报、本市政府网站、商业网站的信任度评价显著高于男性，男性与女性对中央电视台的信任度平均值分别为 3.68 和 3.85，F = 8.202，p < 0.01；男性与女性对本市电视台信任度平均值分别为 3.30 和 3.49，F = 10.106，p < 0.01；男性与女性对本市人民广播电台的信任度平均值分别为 3.32 和 3.51，F = 7.583，p < 0.01；男性与女性对本市党报的信任度平均值分别为 3.25 和 3.47，F = 7.586，p < 0.01；男性与女性对都市报/晚报的信任度平均值分别为 3.31 和 3.46，F = 6.174，p < 0.05；男性与

女性对本市政府网站的信任度平均值分别为 3.16 和 3.32，F = 4.120，p < 0.05；男性与女性对商业网站的信任度平均值分别为 3.21 和 3.34，F = 5.378，p < 0.05。结果说明女性对各类媒体的信任度普遍高于男性。

表 1   男性与女性对各类媒体的信任度评价

		N	均值	F	显著性
中央电视台	男	526	3.68	8.202	0.004
	女	519	3.85		
	总数	1045	3.76		
本市电视台	男	479	3.30	10.106	0.002
	女	490	3.49		
	总数	969	3.39		
中央人民广播电台	男	413	3.71	3.569	0.059
	女	364	3.84		
	总数	777	3.77		
本市人民广播电台	男	383	3.32	7.583	0.006
	女	371	3.51		
	总数	754	3.42		
中央党报	男	383	3.64	0.051	0.821
	女	329	3.66		
	总数	712	3.65		
本市党报	男	337	3.25	7.586	0.006
	女	283	3.47		
	总数	620	3.35		
都市报/晚报	男	407	3.31	6.174	0.013
	女	377	3.46		
	总数	784	3.38		
本市政府网站	男	336	3.16	4.12	0.043
	女	297	3.32		
	总数	633	3.23		
政府新闻网站	男	394	3.54	0.369	0.544
	女	353	3.58		
	总数	746	3.56		
商业网站	男	415	3.21	5.378	0.021
	女	379	3.34		
	总数	794	3.27		

（2）户籍差异：非农业户口居民对商业网站信任度高于农业户口居民。

单因素方差分析结果如表2所示，农业户口与非农业户口居民对各类媒体的信任度大体一致，但非农业户口居民对商业网站信任度高于农业户口居民。农业户口与非农业户口居民对商业网站信任度平均值分别为3.15和3.36，F＝13.702，p＜0.001。结果说明农业户口比非农业户口居民对商业网站更加缺乏信任感。

表2　农业与非农业户口居民对各类媒体的信任度评价

		N	均值	F	显著性
中央电视台	农业户口	407	3.82	2.074	0.150
	非农业户口	606	3.73		
	总数	1014	3.77		
本市电视台	农业户口	369	3.38	0.043	0.836
	非农业户口	572	3.39		
	总数	941	3.39		
中央人民广播电台	农业户口	317	3.81	1.154	0.283
	非农业户口	437	3.74		
	总数	754	3.77		
本市人民广播电台	农业户口	302	3.35	1.543	0.215
	非农业户口	427	3.44		
	总数	730	3.40		
中央党报	农业户口	285	3.68	0.61	0.435
	非农业户口	406	3.62		
	总数	691	3.65		
本市党报	农业户口	249	3.31	0.452	0.502
	非农业户口	351	3.36		
	总数	600	3.34		
都市报/晚报	农业户口	307	3.33	1.08	0.299
	非农业户口	455	3.40		
	总数	762	3.37		
本市政府网站	农业户口	235	3.18	0.834	0.361
	非农业户口	385	3.25		
	总数	620	3.23		
政府新闻网站	农业户口	289	3.51	1.525	0.217
	非农业户口	436	3.60		
	总数	725	3.56		
商业网站	农业户口	309	3.15	13.702	0.000
	非农业户口	464	3.36		
	总数	773	3.28		

二 研究发现

(1) 居民的总体社会信任感处于中等偏高水平，多数人对社会信任的评价处于一般水平或比较信任的水平。其中，年龄较大者、文化程度较低者、收入较低者对社会信任程度更高；三线城市居民的社会信任程度高于一线、二线城市居民，西部城市居民社会信任程度高于东部城市居民。

(2) 居民对公共事业单位信任度最高，对非政府组织、商业企业信任度最低。

(3) 居民对地方政府信任度低于中央政府。女性及非农业户口居民对地方政府的信任高于男性及农业户口居民。

(4) 居民对公安部门信任度低于检察院及法院。女性对检察院和法院的信任度高于男性，农业户口居民对法院信任度高于非农业户口居民。

(5) 居民对中央媒体信任度普遍高于对地方及商业媒体信任度，其中女性对各类媒体的信任度普遍高于男性，非农业户口居民对商业网站信任度高于农业户口居民。

三 对策建议

(1) 重点加强经济发达地区的社会诚信建设工作，社会诚信文化建设与政府作风治理双管齐下。社会信任感既包括人际信任也包括制度信任，居民的不信任感也源于这两方面的欠缺。在经济发达地区，流动人口庞大，人与人之间的关系多数是建立在利益基础上的，缺乏人际关怀和相互信任；在制度方面，东部、一线城市等发达地区官员腐败、官商勾结现象严重。这两方面的因素都影响着居民的社会信任感。

(2) 加强对地方政府及其相关媒体的形象管理，对地方政府官员进行反腐倡廉教育，对地方电视台、网站、报刊等媒体加大审查力度。地方政府的形象在一定程度上也影响着中央政府在居民心目中的形象，加强地方政府形象建设势在必行。

（3）提高居民的社会信任感对居民整体的生活质量及幸福感的提升意义重大。制度信任是人们降低信任风险的保障，在各种法律、规章以及道德标尺的约束下，人们的交往行为得到了规范化和模式化，人们可以理解、预期、计算和他人的互动结果。因此，社会制度可以加强个人行为的规范性和可预测性，从而消除行动选择的迷茫和信任障碍。宏观上讲，对社会制度的信任会使个人体会到一种更强的社会认同感和安全感。（陶芝兰，王欢）[①]

① 陶芝兰、王欢：《信任模式的历史变迁——从人际信任到制度信任》，《北京邮电大学学报（社会科学版）》2006 年第 2 期，第 20 ~ 23 页。

B.16
中国居民消费信心影响因素

上海交通大学舆情研究实验室 *

摘　要：

消费信心是扩大国家内需的动力，是经济发展的重要因素。有关消费信心的研究已引起国内外政府、学界各方重视。为了解我国居民当前的消费信心整体情况及其影响因素，上海交通大学舆情研究室社会调查中心在搜集相关文献资料基础上设计了消费信心问卷，对全国 36 个城市的 1080 个居民进行了电话调查。研究从个人社会经济地位因素、媒介使用因素、民生现状满意度因素、社会环境因素四个方面的因素对我国居民消费信心的影响进行探索。研究结果将有有助于深入了解我国公民消费信心程度及影响消费信心的因素，以便为有关政策的制定提供科学的参考依据。

关键词：

消费信心　民生现状　社会安全感　社会信任感

居民消费信心对于国家经济发展、金融市场走势等经济社会环境具有较强的预测能力，对于居民消费信心的调查研究对于我国政府部门制定经济等各方面政策具有指导意义。因此上海交通大学舆情研究实验室社会调查中心对全国 4 个直辖市、27 个省会城市和 5 个国家社会与经济发展计划单列市的 1080 个居民进行了有关消费信心的问卷调查，以了解当前我国居民的消费信心现状，并对影响消费信心的因素进行了分析研究。

---

* 课题负责人：谢耘耕；执笔人：刘丛、李明哲、郑广嘉；统计分析：荣婷、乔睿、张旭阳、刘丛。

一 文献综述

消费者信心是指消费者根据国家或地区的经济发展形势，对就业、收入、物价、利率等问题进行综合判断后得出的一种看法和预期，是对消费者整体所表现出来的信心程度及其变动的一种测度。[①] 消费信心日益成为各国预测经济形势、公众消费行为等一系列经济发展趋势的重要指标。目前有关消费信心的测量已形成一套较为完整的测算体系，并且消费信心指数也日益成为国家部门定期调查和测算的重要指标。多数学者从消费信心内部结构、消费信心影响因素和消费信心如何影响其他因素三个方面进行消费信心研究。本次调查主要了解当前我国居民的消费信心，同时对影响我国居民的消费信心的因素进行了解和考察。

消费信心研究在国外的发展历史较长。弗莱文研究发现"消费与劳动收入具有显著的正相关"；弗里德曼提出的永久收入假说认为，"居民消费既不取决于其现期的绝对收入水平，也不取决于其现期的相对收入水平，而是由其自身的持久性收入决定的，即由在长期内可以预期的收入水平决定"[②]。也就是说消费信心受到收入预期的影响。对于消费信心的研究，国外学者多以消费信心指数为基点，研究影响消费信心指数的因素，Karel - Jan 等认为新闻媒体会对消费者信心指数的调查结果产生影响，Helder Ferreirade Mendonga 分析了宏观经济变量对消费者信心的影响，还有学者对人口学因素如性别与消费信心指数之间的关系进行了研究。同时国外学者研究表明政府财政支出、个人心理因素等都对公众消费有较大影响。[③]

国内对于消费信心的研究在近些年大量出现，同时对于消费信心指数的调查测量已成为部分省市政府的常规工作。学者研究中，根据预期理论，提出影

---

① 任韬、阮敬：《中国消费者信心影响因素实证分析》《统计与信息论坛》2010 年 1 月。

② 转引自刘险峰《居民消费影响因素及改进对策研究——以山东省为例》，天津大学博士学位论文，2011 年 5 月。

③ 转引自郭洪伟《消费者信心指数的研究——基于数据挖掘、时序模型的二级指数分析》，首都经济贸易大学博士学位论文，2012 年 2 月。

响我国消费者信心的主要因素有消费者收入预期、支出预期和消费环境等。[1] 刘晓昆在《影响我国消费信心不足的因素分析及对策》一文中分析了我国公众消费信心的影响因素，包括收入预期、支出预期、基础产品价格、消费环境等，其中消费环境包括市场秩序、产品质量和安全等一系列问题。[2] 刘险峰的博士论文通过调查，研究了居民消费影响因素，从经济增长、居民收入水平、社会保障发展程度、收入分配、供给结构和消费环境、消费文化等方面研究了当地居民的消费水平。吴荣森等人对于杭州市民的消费信心和影响因素进行了研究分析，将消费信心分为一般消费和高端消费两个层面，探讨了经济形势、社会福利、消费环境、收入和生活工作状况五个方面对于公众消费信心的影响程度的大小，研究结果认为收入是影响消费信心的关键因素。[3] 还有学者对具体的产品消费信心进行研究，如胡军燕和管跃智对于我国居民的购房信心的影响因素进行了实证研究，从城市居民消费水平、城市居民家庭人均可支配收入、房地产信贷规模、城市居民家庭人均消费性支出和购房房贷款利率五个因素切入，研究结果表明贷款利率的变化对消费者购房信心的影响十分显著。[4]

二 研究假设

基于以上文献综述，本研究认为，居民消费信心不仅受到个人及家庭的社会经济地位因素影响，如月收入、文化程度等，还将受到物价水平、就业情况等社会民生现状因素影响。此外，本研究还将探索消费者媒介使用习惯因素对消费信心的影响，以及宏观消费环境方面的因素，如社会治安及社会制度可信度因素的影响。

本研究并提出以下研究假设：①居民消费信心受到收入水平、文化程度等社会经济地位因素影响。②居民消费信心在一定程度上受到媒介使用习惯的影

---

[1] 胡军燕、管跃智：《利率变动及居民收入支出对消费者购房信心的影响分析》《商业时代》2011 年第 19 期。
[2] 刘晓昆：《影响我国消费信心不足的因素分析及对策》，《"珠江三角洲经济发展与流通现代化"大型理论研讨会论文集》，2005。
[3] 吴荣森等人：《杭州市民消费信心及其影响因素探索》《统计科学与实践》2010 年第 1 期。
[4] 胡军燕、管跃智：《利率变动及居民收入支出对消费者购房信心的影响分析》《商业时代》2011 年第 19 期。

响。③居民消费信心受社会民生现状因素的影响，如就业形势、物价水品等。④居民消费信心受社会环境因素影响，包括社会安全感、社会信任感。

三 研究方法

（一）抽样方案

本次调查的对象为中国拥有住宅固定电话或手机的、年龄在 15～84 岁的且使用过互联网的常住居民。本次调查采用多阶段复合抽样。第一阶段经过综合考虑各城市的政治、经济、文化影响力，选择了我国 4 个直辖市、27 个省会城市和 5 个国家社会与经济发展计划单列市（以下简称"计划单列市"），较全面地涵盖了我国各行政区域的重要城市，同时也包含了东部、中部、西部城市。具体区域和等级分布见表 1。第二阶段在上述调查城市中，采取"随机电话号码拨号"的抽样方法进行调查。首先通过 CATI 系统按不同号码段产生随机电话号码，拨通查明为住宅电话或个人手机号码后，对住宅电话进行家户内抽样，即要求在本户 15～84 岁的常住并说中文的成员中访问一名生日最近者，对个人手机号码则直接访问。如被抽中的电话无人接、抽中的被访者不在家或不便接受访问，访问员在不同的日期与不同的时段先后三次回拨。在本次调查过程中，根据 AAPOR 的应答率公式①计算得到本调查的应答率为 38%，同时综合考虑调查城市数量、调查费用以及可行性等因素，我们最终确定每个城市的有效样本量为 30 个，总有效样本量为 1080 个。

表 1　调查城市分布

	直辖市	省会城市	计划单列市	城市数量
东部	北京、上海、天津	福州、广州、海口、杭州、济南、南京、沈阳	大连、宁波、青岛、厦门、深圳	15
中部		长春、长沙、哈尔滨、合肥、南昌、石家庄、太原、武汉、郑州		9
西部	重庆	成都、贵阳、昆明、兰州、南宁、西安		7
城市数量	4	27	5	36

---

① Response Rate 3 = I/［（I+P）+（R+NC+O）+e（UH+UO）］.

（二）问卷设计

本次调查使用的问卷是在参考若干国内外文献、书籍、调查报告的基础上，由多位专家学者重点针对当前我国社会热点舆情设计形成的。问卷在正式投入使用前经历了至少三轮的试调查，对陈述不清、过于敏感或统计学属性较差的题目进行了修改或删除。

本研究涉及 5 项个人社会经济地位题目（性别、年龄、文化程度、收入水平、户口）；6 项获取新闻资讯主要渠道题目，包括互联网、电视、报纸、杂志、广播、亲身经历（1 = 使用，0 = 未使用）；4 项民生现状满意度题目，包括食品安全现状满意度、物价水平满意度、就业形势满意度、收入分配现状满意度（0 ~ 10 分代表从非常不满到非常满意）；2 项社会环境因素，包括社会安全感、社会信任感（1 ~ 5 分代表从非常不安全/不信任到非常安全/信任）；5 项消费信心题目如"您对于未来一年中国经济形势走向的预期如何"（1 ~ 5 分代表从非常悲观到非常乐观）。

（三）调查方法

本次调查采用计算机辅助电话调查系统（CATI），在上海交通大学舆情研究实验室电话调查中心完成。调查中心配备两台起总控制作用的服务器，56 台与服务器相连接的计算机终端、耳机式电话和鼠标，其中两台兼具管理台功能。CATI 软件包括自动随机拨号系统、问卷设计系统、自动访问管理系统、录音系统、自动数据录入和简单统计系统。

（四）样本结构

本次调查中，受访者以男性居多，占总样本总量 64.3%，女性占比 35.7%，同时存在样本年龄结构偏年轻化的问题。对此，我们在统计分析之前根据第六次全国人口普查资料中的性别分布对样本进行加权处理，使得样本与对应总体的性别、年龄结构吻合。第六次人口普查、加权以前的 2014 年中国社会舆情调查、加权以后的 2014 年中国社会舆情调查的年龄段、性别分布见表 2。加权后，剔除未透露相关信息的样本，受访者中高中及中专学历者占比

最高（29.8%），其次为大学本科（26.4%）、大专（18.0%）、初中（16.9%）、小学及以下（5.8%）、研究生及以上（3.1%）。受访者中专业技术人员最多，占比16.2%，其次为离退休人员（14.8%）、学生（12.5%）、商业或服务业人员（11.9%），其他职业为：个体经营人员（9.4%）、生产运输工人和有关人员（6.9%）、自由职业（5.9%）、党政企事业单位负责人（5.3%）、农林牧渔水利业生产人员（5.0%）、办事人员和有关人员（4.1%），无业人员占比5.3%。本次调查将个人月收入由高到低划分为11个收入区间，其中无收入者数量最多（17.5%），其次为3001~4000元收入受访者（17.4%）、2001~3000元（16.0%）、1001~2000元（13.1%）、4001~5000元（10.3%），其他收入区间的受访者比例均在10%以下，10001元及以上（6.7%）、5001~6000元（6.7%）、6001~7000元（3.6%）、1~1000元（3.2%）、7001~8000元（2.8%）、9001~10000元（1.4%）、8001~9000元（1.3%）。受访者中非农业户口者占59.8%，农业户口者占40.2%。

表2　第六次全国人口普查与2014年中国社会舆情调查的年龄段、性别分布比较

单位：%

年龄段	第六次全国人口普查			2014年中国社会舆情调查（加权前）			2014年中国社会舆情调查（加权后）		
	男	女	合计	男	女	合计	男	女	合计
20岁以下	4.7	4.3	9.0	3.0	3.7	6.7	4.7	4.3	9.0
20~29岁	10.4	10.3	20.7	27.8	16.7	44.5	10.4	10.3	20.7
30~44岁	15.8	15.1	30.9	22.7	10.3	33.0	15.7	15.1	30.8
45~59岁	12.2	11.8	24.0	7.4	3.5	10.9	12.3	11.8	24.1
60岁及以上	7.6	7.8	15.4	3.4	1.5	4.9	7.6	7.8	15.4
合　计	50.7	49.3	100.0	64.3	35.7	100.0	50.7	49.3	100.0

注：2014年中国社会舆情调查总体为15~84岁中国居民，第六次全国人口普查的性别、年龄比例也对应此总体计算。

四　研究结果

1. 消费信心量表

消费信心量表总共由5题组成，量表的内部一致性较高，Cronbach's alpha =

0.63。量表题目均值及题目间相关性见表3。中国居民消费信心整体均高于3分
（代表一般水平），其中居民对就业形势的预期均值最低（M = 3.04，SD =
0.92），对未来五年中国经济形势走向预期最高（M = 3.61，SD = 0.77）。消
费信心各项题目之间均存在显著正相关关系。

表3　消费信心量表题目均值及相关性

	M	SD	(1)	(2)	(3)	(4)	(5)
(1)就业形势的预期	3.04	0.92	1				
(2)未来一年中国经济形势走向的预期	3.48	0.84	0.30 **	1			
(3)未来五年中国经济形势走向的预期	3.61	0.77	0.25 **	0.65 **	1		
(4)您及家人的收入状况与一年前相比有什么变化	3.36	0.79	0.09 **	0.17 **	0.18 **	1	
(5)您及家人的收入状况在未来一年有什么变化	3.55	0.78	0.09 **	0.24 **	0.22 **	0.43 **	1

注：** p < 0.01。

2. 消费信心影响因素分层回归模型

对消费信心进行线性分层回归分析，模型的第一层为个人社会经济地位因
素，包括性别、年龄、文化程度、收入水平、户口；模型的第二层为媒介使用因
素，包括互联网、电视、报纸、杂志、广播、亲身经历；模型的第三层为民生现
状满意度，包括食品安全现状满意度、物价水平满意度、就业形势满意度、收入分
配现状满意度；模型的第四层为社会环境因素，包括社会安全感、社会信任感。

分层回归分析结果见表4。（1）在个人社会经济地位因素中，仅文化程度
与消费信心呈显著相关（β = - 0.13，p < 0.01），居民文化程度越高，消费信
心越弱；而性别、年龄、收入水平、户口类型与消费信心无显著相关。
（2）在控制个人社会经济地位因素影响的情况下，媒介使用因素中，仅互联
网使用与消费信心呈显著相关（β = - 0.10，p < 0.05），使用互联网获取新闻资
讯的居民的消费信心显著低于不使用互联网获取新闻资讯的居民；而其他电视、
报纸、杂志、广播的使用及亲身经历与消费信心无显著相关。（3）在控制前两
层因素影响的情况下，民生现状满意度因素中，对食品安全现状的满意度与消费
信心呈显著正相关（β = 0.14，p < 0.01），对就业形势的满意度与消费信心呈现

著正相关（β=0.27，p<0.001），对收入分配现状的满意度与消费信心呈显著正相关（β=0.15，p<0.01），居民对食品安全现状、就业形势、收入分配现状满意度越高，消费信心也越高；而对物价水平的满意度与消费信心无显著相关。（4）在控制前三层因素影响的情况下，社会环境因素中，社会安全感与消费信心呈显著正相关（β=0.19，p<0.001），社会信任感与消费信心呈显著正相关（β=0.10，p<0.05），居民社会安全感及社会信任感越强，消费信心越高。

此外，个人社会经济地位因素、民生现状满意度、社会环境因素对居民消费信心的影响逐级加强（ΔR^2=0.03，p<0.01；ΔR^2=0.22，p<0.001；ΔR^2=0.05，p<0.001）。表明居民的民生现状满意度对消费信心的影响超越了个人社会经济地位因素的影响，而居民的社会环境感知对消费信心的影响又超越了居民的民生现状满意度（见图1）。

表4　消费信心影响因素的分层回归模型

变量		模型一		模型二		模型三		模型四	
		β	t	β	t	β	t	β	t
个人社会经济地位因素	性别	0.00	-0.06	0.00	-0.05	0.00	-0.03	0.00	-0.11
	年龄	-0.07	-1.51	-0.09	-1.87	-0.07	-1.49	-0.10*	-2.33
	文化程度	-0.13**	-2.78	-0.11*	-2.15	-0.06	-1.29	-0.04	-0.86
	收入水平	0.08	1.83	0.10*	2.20	0.05	1.14	0.06	1.65
	户口	-0.06	-1.33	-0.05	-1.12	0.02	0.51	-0.01	-0.34
媒介使用因素	互联网			-0.10*	-2.00	-0.09*	-2.00	-0.04	-1.01
	电视			-0.02	-0.42	-0.04	-1.05	-0.04	-0.95
	报纸			-0.06	-1.23	-0.10*	-2.29	-0.10*	-2.48
	杂志			0.08	1.37	0.07	1.44	0.07	1.48
	广播			0.01	0.24	0.02	0.52	0.03	0.74
	亲身经历			-0.09	-1.93	-0.06	-1.59	-0.06	-1.49
民生现状满意度	食品安全现状满意度					0.14**	3.22	0.10*	2.33
	物价水平满意度					0.09	1.93	0.06	1.49
	就业形势满意度					0.27***	6.24	0.26***	6.36
	收入分配现状满意度					0.15**	3.31	0.11*	2.52
社会环境因素	社会安全感							0.19***	4.56
	社会信任感							0.10*	2.45
ΔR^2		0.03**		0.02		0.22***		0.05***	

注：*p<0.05，**p<0.01，***p<0.001。

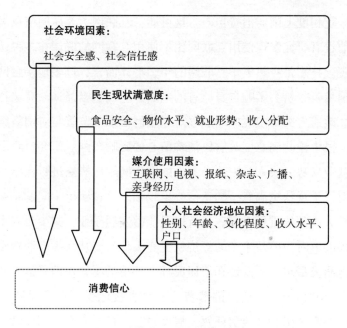

图 1　消费信心影响因素示意图

五　结论

本研究对中国36座城市居民的消费信心现状进行了调查，从多个不同角度探索了影响我国居民消费信心的因素，得出了一些重要发现。

第一，我国居民消费信心现状总体处于中等偏高水平，居民对我国未来一年及五年的经济形势发展均有较高的预期；在个人及家庭收入方面，居民也认为与一年前相比有所提高，并相信未来一年内仍会提高；然而居民对就业形势的预期并不乐观。结果体现了我国居民对我国未来的就业形势仍有一定的担忧，但对国家总体的经济发展和个人家庭收入状况仍较有信心。

第二，通过探索个人社会经济地位因素对我国居民消费信心的影响，发现居民的文化水平对消费信心影响较大，文化水平偏低的群体消费信心更充足，而收入水平并不直接影响居民的消费信心。这说明提高收入并不是加强居民消费信心的最有效途径，还需探索其他要素来增强我国居民的消费信心。

第三，通过探索媒介使用情况对我国居民消费信心的影响，发现互联网的

使用会在一定程度上削弱消费信心,这可能与互联网上充斥的信息类型偏负面有关。先前也有研究发现使用互联网比不使用互联网的群体在多种认知上偏向负面与悲观。特别是对热衷于互联网的年轻群体而言,过多地接触网络上不实或夸张的消息及分析会影响自身原有的判断,应当适当筛选,有选择性地接受网络信息。政府有关部门也应当加强对互联网信息的监管与对网络舆论引导。

第四,民生现状满意度对居民消费信心的影响较强。研究对食品安全、物价水平、就业形势、收入分配几个方面的民生问题的影响进行探索,发现总体而言居民对民生现状越满意,消费信心也越强。这说明民生问题是刺激我国居民消费、扩大内需的重要方面。只有居民能够安居乐业,减少对基本民生问题的担忧,才能够对当前及未来的经济状况充满信心,从而提高消费水平。

第五,研究最重要的发现在于居民社会环境的感知对消费信心的影响超越了先前的所有其他因素。居民的消费信心最直接地受到自身对社会环境的感知,包括社会安全感和社会信任感。居民只有在社会安全得到保障,在对人际关系、社会制度充分信任的情况下,才能够对未来国家及个人、家庭的经济充满乐观的预期,从而敢于提高自己的消费水平。

综上所述,我国居民消费信心处于中等偏高水平,仍有较大的上升空间。特别是在对未来的就业形势方面,应当加强我国就业率和就业条件;而收入水平并不是提升居民消费信心的最有效途径,应当积极探索其他因素提升居民消费信心,刺激居民消费,从而扩大内需。基本民生问题是我国应加强处理的领域,民生不仅仅是居民安居乐业的保障,同时也是我国经济发展的必经之路,居民只有在基本的生活得到保障的情况下,才能够对国家、家庭及个人的经济增长保持信心,提高消费水平。最后,如果说民生的满意度是对客观物质基础和条件的感知,那么社会安全感及信任感便是对自身所处社会环境的主观感受,高于客观物质条件之上的,是对所处社会的安全感和对社会制度、人际关系的信任感。后者是凌驾于任何其他因素之上的首要因素,也是提高我国居民消费信心、扩大内部经济需求的重中之重。因此,从宏观上讲,国家的经济发展与社会环境是息息相关的,为公民打造一个安全的社会环境,营造一个和谐的社会氛围,塑造一个可信赖的社会制度,远比单纯地增加经济收入更为重要,它是发展国家经济的制胜法宝。

Abstract

China has witnessed its globalization, marketization, and urbanization, and these transitions have enlarged the social conflicts due to interests redistribution. At the same time, the burgeoning of new media has accelerated the information diffusion process, which in turn, increases the exposure of social public events. Social public opinions are facing unprecedented challenges. Therefore, scientific, overarching, and systematic public opinion research is highly demanded in China, so as to better predict the evolution of public opinion and its future trends.

The Report on Chinese Social Opinion and Crisis Management (*2014*) has enriched its research outcomes and broken the original public opinion framework, by integrating the methods of big data analysis and social survey. It has creatively constructed the "overarching public opinion research framework". Features of this book include:

First, by continuing the advantages of previous work in public opinion research, the Public Opinion Research Laboratory of Shanghai Jiaotong University carried out studies on more than 35,000 major public events based on the longitudinal data base, by the methods of big data mining and statistics, and theoretic framework of multiple disciplines. The research outcomes are presented by five reports of public opinion including public health, education, anti-corruption, judiciary and laws, and finance and economics. The report investigated in-depth features, transmission mechanisms, netizens' attitudes, government response in public events, as well as some hot topics. It also analyzed the influence of public events on public policies, ranked the hottest public events, made the public opinion pressure map of 2003-2013, and made predictions to the future trend of the social opinions.

Second, telephone surveys were conducted to over 3000 residents from 36 cities in China by the Social Survey Center of Public Opinion Research Laboratory of Shanghai Jiaotong University. Reports shed lights on the public's attention, satisfaction to current status, and anticipation to sixteen hot social issues, consuming

psychology, and relations among different factors.

Third, the research angles were extended and the research depth was improved. In the monographic studies, "Netizen Cognition and Behavior Studies" focused on Chinese netizens' Internet use, information transmission behaviors in public events, microblog sentiment expression and sharing behaviors, online hot words, and online rumors. "Crisis Management Studies" covered Chinese residents' crisis awareness, public's evaluation on government crisis management, and public's evaluation on government web-publishing platforms, and it explored the public opinion guidance and social management mechanisms in the new media context. "Social Trust and Consumer Confidence Studies" concerned the social trust and consumer confidence of Chinese citizens from the angels of social economic status, media use, livelihood satisfaction, and social environment evaluation.

The *Report on Chinese Social Opinion and Crisis Management* (*2014*) was edited by the Public Opinion Research Laboratory, the Social Survey Center, and the Crisis Management Research Center of Shanghai Jiaotong University. It has been listed in the Humanities Development Programs by the Ministry of Education. This book may prove useful for teachers, students, and practitioners in sociology, politics, public management, business administration, journalism and communication, and many other fields. It is also a beneficial reading material for readers who are concerned about Chinese social public opinion.

Contents

B) I   General Report

Abstract: People's livelihood is the key of national development and social management in the current stage, and public opinion on citizens' livelihood issues can provide effective reference for the government. The Social Survey Center of Public Opinion Research Laboratory of Shanghai Jiaotong University conducted a social public opinion investigation of residents from 36 cities in China. The results show that respondents pay highest attention on safety issues, and more than 70 percent of respondents are concerned about social security, environment pollution, and territorial security issues; while they pay the lowest attention to the policy issues. Respondents are mostly satisfied with the anti-corruption work by the government, on the contrary, the satisfaction of real-estate price is the lowest. Respondents are more satisfied with the central government than local governments. Over 60 percent of respondents are optimistic about the future of anti-corruption work and over 60 percent of respondents believe that the real-estate price is on the rise. More than half of the respondents believe that "coping with daily living expenses" is easy, but "repaying consumer loan on time" is the more difficult. Respondents think it is a good time to buy appliances, but not a good time to buy stocks.

Keywords: Social public opinion; Hot issues; Satisfaction; Anticipation; Consumer behavior

B. 2   General Report on Internet Public Opinion in 2013   / 045

Abstract: In 2013, the high-heat public opinion events have declined compared to 2012. Most public opinions were related to different organizations, but the proportion had declined. Inappropriate behaviors, public policy, and crimes were the main reasons leading the public opinion. The public events on natural disasters were highly concerned. The public opinion occurred in Beijing takes the highest proportion than in other provinces. The time from occurrence to exposure has been shortened. The reaction speed on microblog was upgraded. New media was the main first-exposure media of public events. The proportion of traditional media being the first-exposure media has declined. The main intervention subject was the local government with relatively high efficiency. The pressure index of Sichuan Province was the highest. From 2003 to 2013, the pressure index of 2012 was the highest; over the 11 years, Beijing, Guangdong, Sichuan, Henan withstood the greatest public opinion pressure.

Keywords: Internet public opinion; New media; Internet governance; Public opinion pressure index

B II   Public Opinion on Different Topics

B. 3   Annual Report of Public Opinion on Finance and

Economics in 2013   / 090

Abstract: In 2013, the attention by the media and netizens to the finance and economics public events has increased; the speed of exposure was faster than before; the main intervention subject was the enterprises. The main way of news release was interview. Quality of product or service was the principal trigger to public events in manufacturing, transportation, storage, and postal services; the main cause of financial sector's public opinion was the behaviors of entrepreneurs; the events in information transmission, computer services, and software industries were mainly related to intellectual property rights or property transactions. Most public opinion events related to the state-owned enterprises, private enterprises, or foreign companies were caused by the quality of product or service. Events about the private entrepreneurs and the corruption of senior were the focus of the public opinion. The public events of entrepreneurs were concentrated in manufacturing, financial sector, computer services, and software industries.

Keywords: Finance and economics; Public opinion; Macroeconomic situation; Entrepreneurs

B. 4 Annual Report of Public Opinion on Public Health in 2013 / 132

Abstract: The public opinion on public health involves a number of areas, such as medical care, food safety, environment, and so on, and it is related to our country development and people's livelihood. Through a longitudinal study of a total of 547 public heath events from 2011 to 2013 that produced great impact, it was found that most public health events are negative in nature; the eastern region is the high prevalence area of public health events. Newspapers and online news are the main first-exposure media for public health opinion. The first-exposure media for medical care and food safety public health events were mainly the traditional media, while the first-exposure media for environment public health events are mainly the new media. A majority of public health events last less than two weeks. The key intervention subjects are the local governments and national ministries; the key subjects of news release are the local governments. The doctor-patient conflict, haze, and genetically modified food were the hottest issues of the public health events in 2013.

Keywords: Public health; Medical care; Food safety; Environment; Public opinion

B. 5 Annual Report of Public Opinion on Education in 2013 / 163

Abstract: Education is an important livelihood issue, it concerns the

development of the state and the society. Education has become an important component of China's soft power, and it dominates each year's public opinion. The Public Opinion Research Laboratory of Shanghai Jiaotong University selected 321 hot education-related public events from 2011 to 2013 as the samples for the study. It was found that east China has become the high-prevalence area of education-related public opinion; the number of education-related public events in Beijing are the highest nationwide. Organizations are still the main subject of public opinion; approximately 30 percent of educational public events were triggered by the words or deeds of teachers and students. The traditional media has become the major first-exposure media for educational events; the speed of exposure and intervention are relatively fast. In pre-school educational stage, school security issues drew the highest attention; the education policies were the mostly focused events in primary and middle schools; inappropriate words or deeds of teachers or students occurred the most frequently in the higher education stage.

Keywords: Education; Internet public opinion; Educational policy; Coping strategies

B. 6 Annual Report of Public Opinion on Anti-corruption in 2013

/ 195

Abstract: Through the analysis of a total of 263 public events on anti-corruption that produced great impact from 2011 to 2013, the study found that in 2013, the number of public incidents concerning anti-corruption is significantly higher than those in 2011 and 2012. In 2013, high incidence of public opinion events occurred in November. Guangdong and Beijing were the public opinion high-prevalence regions. Public opinion on anti-corruption spread rapidly, and the time interval between occurrence and exposure has significantly shortened, and more than half of the concerned public opinion incidents were exposed within one day. The majority of public opinion events were those that last less than a week or 1 −2 weeks. Local government are the major subject of intervention; the proportion of events with intervention occurred before exposure was relatively high. Interview, announcement, and official website are the mostly used new release channels. Removing and giving criminal sanctions are the main ways of accountability. Nearly 50% of the public events had promoted the public policies.

Keywords: Anti-corruption; Public opinion; Government response

B. 7 Annual Report of Public Opinion on Judiciary and Law in 2013

/ 219

Abstract: Public opinion concerning judiciary and laws has a close relationship with the public, and the subjects of the events have been the focus of public opinion. Whether the subjects of judiciary and law public opinions can work effectively concerns the stability and unity of the society, and it may also affect the process of the legal society construction. The Public Opinion Research Laboratory of Shanghai Jiaotong University selected 196 hot public events involving judiciary and law in 2011 −2013 as the sample based on the heat index of public opinion. Through the comparison of the longitudinal data for the three years and the analysis of the typical cases, the investigation explored the causes and solutions to the public events involving judiciary and laws, and provided suggestions on the coping strategies.

Keywords: Judiciary and law; Public opinion; Coping strategies

B Ⅲ Monographic Studies

B. 8 Chinese Netizens' Internet Use and Information
Transmission in Public Events

/ 240

Abstract: The Social Survey Center of Shanghai Jiaotong University conducted a nationwide telephone survey with the sample of 1080 Chinese netizens from 36 cities, so as to learn about the Chinese netizens' internet use and information transmission behaviors in public events. We compared the behavior differences between various groups of Chinese netizens, and placed emphasis on the relationship

between internet usage, information sharing behavior in public events, and social identification of Chinese netizens. The survey results show that 66.5% of the respondents use mobile phones to access the internet, and the main purpose of internet use is for news and entertainment. The survey results also show that Chinese netizens are concerned about public events and a high proportion of respondents have shared information via various ways in public events. Further research found that the time spent online and social identification were negatively correlated, and the frequency of use of Weixin and social identification are also negatively correlated. It was also found that netizens who have more internet exposure have a lower perception of social harmony and social safety. Besides, netizens who have shared unconfirmed information about public events have a lower perception of social identification.

Keywords: Internet use; Public events; Information transmission; Social identification

B. 9   Influence of Sentiment on Commenting and Sharing Behaviors on Microblogs / 274

Abstract: The study aims to learn whether microblog sentiments impact readers' message commenting and sharing behaviors. Based on the searching volume on the five major web portals in China, 24 public event cases were randomly selected from the 300 hottest public events in 2013. Sina Weibo was used as the platform for sampling microblog messages, and a total number of 7114 messages were sampled. Each of the sampled messages was further coded with respect to its sentiment polarity, strength of sentiment, subjects of sentiment, and microbloggers' information; meanwhile, the number of comments and the counts of the message being shared were also recorded for each message. The study covers the subjects of each type of sentiment, the correlation between sentiment strength and other variables, and the factors that influence the commenting and sharing behaviors on the microblog.

Keywords: Microblog sentiment; Sentiment strength; Number of comments; Sharing counts

B. 10   Annual Report on Online Hot Words in 2013   / 285

Abstract: With the development of the internet and smart phones, as well as the increase of netizens, a large number of online hot words have come into use. The online hot words in 2013 covered various fields, including social life, public events, corporate finance, internet terminology, policies and regulations, popular figures, etc. , and have been spreading much faster and more widely than ever. In terms of lexical style, the online hot words in 2013 continued to feature a witty and satirical style. In nature, they were not only words coined by netizens in pursuit of newness or diversity, but also mirror the reality, social ills, and social opinion.

Keywords: Online hot words; Public opinion

B. 11   An Empirical Analysis of Transmission Mechanisms of
         Online Rumors in Public Events   / 298

Abstract: The study analyzed the mechanisms of rumor generation, transmission, and intervention based on the data of rumors appeared in the hottest public events from 2010 to 2012. It was found that online rumors have limited impact on the public opinion duration, but they have great effect on the public attention. The study also reveals that certain types of public events are more likely to facilitate rumor spreading, and warning and judgments should given in advance. In the complex communication environment, the appeared-authenticity of online information gives the credibility of administration greater challenges, so the government should encourage social power to participate in refuting rumors in order to enhance the effect of communication.

Keywords: Public events; Online rumor; Transmission mechanism

B IV   Crisis Management

Abstract: Precipitating events are occurring frequently in recent years, which threats peoples' physical and property security. In the environment of risky society, citizen's crisis awareness plays a very important role in self-protection and minimizing the negative outcomes. The study focuses on the dimensions of subjective and objective evaluations of crisis awareness, and aims to understand Chinese netizens' psychological status when facing the precipitating events, the mastery of basic coping knowledge and skills, as well as strategies in coping with precipitating events. Research findings will provide related parties with more comprehensive understanding of Chinese citizens' crisis awareness.

Keywords: Crisis awareness; Coping strategies; Precipitating events; Risky society

Abstract: The crisis management of the government is the symbol of government efficiency and social harmony development. The report focuses on different groups of participants' evaluation of government crisis management and the factors that may influence their evaluation. Results show that the pubic rated the central government better than the grass-roots government departments with respect to their crisis management. Among all grass-roots government departments, fire department were rated the highest, while food and drug department obtained the worst evaluation. Participants' demographic factors, media preference, and crisis awareness have significant impacts on government crisis management evaluation. Higher evaluation for the transportation department, social security department, health department, and work safety department is related to higher evaluation for the municipal and provincial governments; higher evaluation for the earthquake department, fire department, health department, and education department is related to higher evaluation for the central government.

Keywords: Government crisis management; Public evaluation; Influencing factors

B. 14　Factors Influencing People's Use and Evaluation of Government
　　　　Web-Publishing Platforms　　　　　　　　　　　　　　　　/ 355

Abstract: Based on the national telephone survey including 1080 participants from 36 cities in China conducted by the Social Survey Center of Shanghai Jiaotong University, this paper analyzed people's use and evaluation of government web-publishing platforms. The results show that people's occupation and their perception of social security and fairness will significantly affect their use of government web-publishing platforms. Besides, the public evaluation of government web-publishing platforms is affected by household types, level of income, perception of current social fairness and harmony, evaluation of traditional media, and evaluation of the network order.

Keywords: Government web-publishing platform; Government website; Government microblog; Government wechat

B V　Social Trust and Consumer Confidence Studies

B. 15　Analysis on Chinese Citizen's Social Trust　　　　　　　　/ 374

Abstract: The study aims to understand Chinese citizens' social trust with respect to the general trust and trust to various departments and organizations. The survey covered 36 important cities in China which are located in the east, middle, and west regions. A total of 1080 participants were involved. Results of the study

舆情蓝皮书

will provide related parties with suggestions on the decision-making to the work of social credit construction.

Keywords: Social trust; System trust; Social credit construction

B. 16　Factors Influencing Chinese Consumers' Confidence　　/ 387

Abstract: Consumer confidence is the drive of boosting domestic demand, as well as the key factor of economic growth. Studies regarding consumer confidence have drawn attention by the government and scholars. To understand Chinese consumers' confidence and its related factors, Public Opinion Research Laboratory of Shanghai Jiaotong University have designed a telephone-survey questionnaire based on previous studies. A total of 1080 citizens from 36 cities have participated. The study covered four aspects of factors on consumer confidence, which include social economic status, media use, livelihood status, and social environment. The study shed light on Chinese consumers' confidence status as well as in-depth understanding to its related factors.

Keywords: Consumer confidence; Livelihood status; Social safety; Social trust

皮书数据库

中国社会科学院 社会科学文献出版社

首页 数据库检索 学术资源群 我的文献库 皮书动态 有奖调查 皮书报道 皮书研究 联系我们 读者咨询

搜索报告

权威报告 热点资讯 海量资源

当代中国与世界发展的高端智库平台

皮书数据库　www.pishu.com.cn

　　皮书数据库是专业的人文社会科学综合学术资源总库，以大型连续性图书——皮书系列为基础，整合国内外相关资讯构建而成。该数据库包含七大子库，涵盖两百多个主题，囊括了近十几年间中国与世界经济社会发展报告，覆盖经济、社会、政治、文化、教育、国际问题等多个领域。

　　皮书数据库以篇章为基本单位，方便用户对皮书内容的阅读需求。用户可进行全文检索，也可对文献题目、内容提要、作者名称、作者单位、关键字等基本信息进行检索，还可对检索到的篇章再作二次筛选，进行在线阅读或下载阅读。智能多维度导航，可使用户根据自己熟知的分类标准进行分类导航筛选，使查找和检索更高效、便捷。

　　权威的研究报告、独特的调研数据、前沿的热点资讯，皮书数据库已发展成为国内最具影响力的关于中国与世界现实问题研究的成果库和资讯库。

皮书俱乐部会员服务指南

1. 谁能成为皮书俱乐部成员?

- 皮书作者自动成为俱乐部会员
- 购买了皮书产品（纸质皮书、电子书）的个人用户

2. 会员可以享受的增值服务

- 加入皮书俱乐部，免费获赠该纸质图书的电子书
- 免费获赠皮书数据库100元充值卡
- 免费定期获赠皮书电子期刊
- 优先参与各类皮书学术活动
- 优先享受皮书产品的最新优惠

社会科学文献出版社 皮书系列
SOCIAL SCIENCES ACADEMIC PRESS (CHINA)

卡号：0695685390223013

密码：

3. 如何享受增值服务?

（1）加入皮书俱乐部，获赠该书的电子书

　　第1步 登录我社官网（www.ssap.com.cn），注册账号;

　　第2步 登录并进入"会员中心"—"皮书俱乐部"，提交加入皮书俱乐部申请;

　　第3步 审核通过后，自动进入俱乐部服务环节，填写相关购书信息即可自动兑换相应电子书。

（2）免费获赠皮书数据库100元充值卡

　　100元充值卡只能在皮书数据库中充值和使用

　　第1步 刮开附赠充值的涂层（左下）;

　　第2步 登录皮书数据库网站（www.pishu.com.cn），注册账号;

　　第3步 登录并进入"会员中心"—"在线充值"—"充值卡充值"，充值成功后即可使用。

4. 声明

　　解释权归社会科学文献出版社所有

皮书俱乐部会员可享受社会科学文献出版社其他相关免费增值服务，有任何疑问，均可与我们联系

联系电话：010-59367227　企业QQ：800045692　邮箱：pishuclub@ssap.cn

欢迎登录社会科学文献出版社官网（www.ssap.com.cn）和中国皮书网（www.pishu.com.cn）了解更多信息

法 律 声 明

　　"皮书系列"（含蓝皮书、绿皮书、黄皮书）由社会科学文献出版社最早使用并对外推广，现已成为中国图书市场上流行的品牌，是社会科学文献出版社的品牌图书。社会科学文献出版社拥有该系列图书的专有出版权和网络传播权，其LOGO（▧）与"经济蓝皮书"、"社会蓝皮书"等皮书名称已在中华人民共和国工商行政管理总局商标局登记注册，社会科学文献出版社合法拥有其商标专用权。

　　未经社会科学文献出版社的授权和许可，任何复制、模仿或以其他方式侵害"皮书系列"和LOGO（▧）、"经济蓝皮书"、"社会蓝皮书"等皮书名称商标专用权的行为均属于侵权行为，社会科学文献出版社将采取法律手段追究其法律责任，维护合法权益。

　　欢迎社会各界人士对侵犯社会科学文献出版社上述权利的违法行为进行举报。电话：010－59367121，电子邮箱：fawubu@ ssap. cn。

社会科学文献出版社